일본은 지금 무엇을
생각하는가?

일본 최고 전략가들이 말하는 일본의 本心

일본은 지금 무엇을
생각하는가?

2013년 1월 7일 초판 1쇄 발행
2016년 9월 30일 초판 5쇄 발행

지 은 이 | 문정인 · 서승원
펴 낸 곳 | 삼성경제연구소
펴 낸 이 | 차문중
출판등록 | 제1991-000067호
등록일자 | 1991년 10월 12일
주   소 | 서울특별시 서초구 서초대로74길 4(서초동) 삼성생명서초타워 30층
전   화 | 02-3780-8153(기획), 02-3780-8084(마케팅), 02-3780-8152(팩스)
이 메 일 | seribook@samsung.com

삼성경제연구소 도서정보는 이렇게도 보실 수 있습니다.
홈페이지(http://www.seri.org) → SERI 북 → SERI가 만든 책

일본은 지금 무엇을 생각하는가?

문정인 · 서승원 지음

삼성경제연구소

감사의 글

　이 책을 준비하고 출간하는 과정에 많은 분들로부터 도움을 받았다. 먼저 이번 연구 프로젝트를 지원해준 재단법인 아시아연구기금ARF, Asia Research Fund 의 정구현 전 이사장, 김학은 현 이사장, 프로그램위원회 위원장 김기정 교수, 사무국장 배종윤 교수, 그리고 이사진을 포함한 관계자 여러분께 감사의 뜻을 전한다. 또한 ARF의 최혜림 간사도 이번 프로젝트를 완수하는 데 큰 힘이 되어주었다. 이 책은 ARF가 추진하고 있는 '한일 양국 지식인 대화' 사업의 일부로, 일본 측에서는 게이오대학 소에야 요시히데 교수가 비슷한 형태로 한국 지식인들과의 인터뷰 프로젝트를 진행하고 있다.

　이 책의 인터뷰이들에게도 심심한 감사를 표하고 싶다. 이들 모두는 현 일본사회의 지도급 인사들로, 매우 바쁜 일정에도 불구하고 기꺼이 인터뷰에 응해주었다. 게다가 2011년 말 김정일의 사망을 기점으로 2012년 동아시아 정세는 크게 요동쳤고, 특히 한일관계에 변화가 많았다. 모든 인터뷰이들이 그와 관련한 추가 질문에 선뜻 응해주었고 또 성심성의껏 초고를 손질해주었다. 이들의 성실성과 완벽주의에 경의를 표한다. 우리가 일본에서 인터뷰를 진행하는 동안 게이오대학 동아시아연구소, 아카시 야스시 사무소, 재단법인 일본재건이니셔티브, 방위대학교, 정책연구대학원대학, 일본총합연구소 산하 국제전략연구소, 니가타현립대학, 다케나카 헤이조 사무소 등이 여러 방면에서 도움을 주었다. 이 자리를 빌려 감사의 말을 전한다.

　평소 일본에 대해 깊은 관심을 갖고 우리에게 성원과 격려를 보내준 동아시아재단의 공로명 이사장과 홍형택 국장, 연세대 정치외교학과 및 고려대 일어일문학과 교수진 여러 분께도 사의를 표한다. 그 외에 많은 분이 조언과 도움을 주었다. 국제한국연구원의 최서면 원장, 동서대의 장제국 총장과 정구종 일본연구센터 소장, 연세대의 김상준·류상영 교수, 고려대의 염재호 부총장과 박길성 문과대학장·최관 일본연구센터 소장·정병호 교수, 서울대의 박철희 일본연구소 소장과 남기정 교수, 국민대의 이원덕 교수, 세종연구소의 진창수 일본연구센터장, 국립외교원의 윤덕민 교수, 그리고 강봉주 사장께도 감사의 마음을 전한다.

이번 연구를 수행하는 동안 두 저자의 연구조교들이 강력한 원군이 돼주었다. 그중 고려대 대학원 중·일어문학과에서 석사학위를 취득하고 현재 일본 문부과학성 국비유학생으로 게이오대학에 유학 중인 허원영 군의 노력을 빼놓을 수 없다. 허원영 군은 자료조사를 도맡아주었을 뿐만 아니라 탁월한 영어 및 일본어 능력과 타고난 성실함을 바탕으로 녹취록을 완벽하게 번역하고 정리해주었다. 또한 고려대 대학원 석사 과정에 재학 중인 최하란 군도 여러모로 도움을 주었다. 연세대의 신현석·박지현·문성태 조교도 자료를 정리하느라 노력을 많이 했다. 진심으로 고맙고, 또 수고 많았다는 말을 전하고 싶다.

삼성경제연구소에서 이 책을 출간할 수 있도록 해준 정기영 소장, 임진택 팀장께도 깊은 사의를 표한다. 덧붙여 이유경 에디터에게도 특별한 감사의 마음을 전한다. 그의 진심어린 격려, 헌신적인 교정과 내용 구성 제안, 그 외에 여러 가지 세심한 배려와 조언이 없었다면 이 책의 출간은 아마 불가능했을 것이다. 그리고 출판·인쇄에 수고해준 모든 분께도 감사드린다.

마지막으로 저자 문정인을 항상 너그러이 이해해주는 재옥, 기현, 혜연, 그리고 저자 서승원의 곁에서 늘 따뜻하게 지켜봐주는 희정, 동현, 예산 부모님께 이 책을 바치고 싶다.

두 얼굴의 일본을 다시 본다

일본은 우리에게 항상 야누스의 두 얼굴을 가진 존재였다. 그 하나는 과거 식민지배와 침략의 역사를 만든 장본인 혹은 가해자로서의 일본이다. 우리는 명성황후 시해, 을사늑약과 한일강제병합, 36년의 식민통치, 징용과 징병 그리고 위안부의 비극을 아직도 생생히 기억한다. 우리의 주권과 영토를 침탈하고, 우리를 전쟁의 소용돌이 속으로 몰아넣었던 일본제국주의와 군국주의에 대한 집단기억이 한민족의 뇌리에 강력히 자리 잡고 있는 것이다. 역사 교과서 개정이나 야스쿠니신사 참배, 독도영유권 문제가 일본에서 불거질 때마다 온 국민이 분노하는 것도 바로 이런 기억 때문이다. 피해자의 눈으로 보면 가해자에 대한 관용과 용서는 절대 쉬운 일이 아니다. 어쩌면 오랫동안 사회화돼온 반일정서가 한국인의 DNA에 녹아 있는지도 모르겠다. 부정적 이미지로서의 일본은 결코 무시할 수 없는 우리의 현실이다.

그러나 다른 얼굴도 있다. 식민지근대화론의 수용 여부를 떠나 일본이 한국의 경제 발전에 공헌했다는 점 역시 전적으로 부인하기는 어렵다. 1965년 한일 수교 이후 일본의 청구권 자금과 대규모 투자는 한국 경제에 새로운 전환점을 가져온 바 있다. 한국의 압축성장을 가능케 했던 개발국가 모델, 수출주도 공업화 전략, 전략적 산업정책, 재벌 등도 따지고 보면 일본을 모방하고 학습한 결과라 할 수 있다. 더욱이 한때 일본의 종합상사는 하청업체인 한국 기업들이 세계시장으로 나가는 창이기도 했다. 더욱 중요한 것은 일본의 성공 모델이 한국인들에게 엄청난 자극을 주어왔다는 점이다. 1980년대까지 일본은 아시아 유일의 선진국이자 경제대국이었다. 이런 일본을 '따라잡아야 한다catch-up'는 집단심리가 없었다면 한국은 이렇듯 짧은 시간 내에 경제성장을 이룩하지 못했을 것이다. 그뿐만이 아니다. 올림픽을 치른 일본, 청결하고 정직한 일본인, 일사불란한 'Japan Inc.' 등은 항상 우리에게 롤모델role model로 기능해왔다.

이처럼 상충되는 두 개의 얼굴은 1998년 김대중-오부치 공동선언21세기를 향한 새로운 한일 파트너십을 위한 공동선언으로 비로소 큰 변화를 맞이했다. 두 나라가 불행했던 과거사를 청산하고 미래를 향한 새로운 협력의 지평을 열어나갈 수 있으리라는 기대와 함께, 갈등을 최소화하고 협력을 극대화한다는 공감대가 형성되었던 까닭이다. 한일 간 경제관계는 날로 확대되었고, 한국의 문화시장 개방에 대해 일본은 한류의 진원지가 돼주는 방식으로 화답했다. 2002년에는 양국이 월드컵을 공동 개최하기에 이르렀다. 이런 흐름과 더불어 사회·문화·인적 교류가 기하급수적으로 늘어났다. 이 긍정적 관계개선의 배경에는 미국을 매개로 하는 준

동맹관계와 동아시아에서는 보기 드물게 인권·민주주의·시장경제라는 보편적 가치를 한일 양국이 공유한다는 점도 크게 작용했다.

그러나 2012년 들어 상황은 또다시 급변했다. 고이즈미 준이치로 총리가 고집스레 야스쿠니신사 참배를 강행한 것이 바로 엊그제 일 같건만, 요즘에는 독도나 종군위안부 등의 문제가 온라인과 오프라인 매체를 거의 매일 빠짐없이 장식한다. 영유권 문제가 군사적 충돌로 비화될 수도 있다는 섬뜩하고 근거 없는 예측도 우리의 눈을 현혹한다. 정체모를 말뚝이나 스티커를 배낭에 짊어진 채 한국은 물론 미국 등 해외를 떠돌며 표식을 남기고 감쪽같이 사라지는 '신종 게릴라'까지 출몰하고 있다. 흡사 제2차 세계대전 당시의 대륙낭인을 보는 것 같은 착각이 들 정도다. 정치인들의 행태도 뒤지지 않는다. 조그마한 어선이나 언론사 헬리콥터에 몸을 싣고 카메라 앞에서 국기를 힘차게 휘두르며 자신만이 국민을 대표해 영토를 수호할 수 있다고 외치는 행태가 반복적으로 미디어를 장식한다.

우리 정부의 일관되지 못한 태도도 관계 악화에 한몫했다. 이명박 정부는 '가치동맹'이라는 틀 위에서 한일정보보호협정과 군수협정 체결, 한미일 3국 군사공조를 모색해왔다. 그러다 갑자기 "국제사회에서 일본의 영향력이 예전 같지 않다", "일왕이 한국을 방문하고 싶으면 독립운동을 하다 돌아가신 분들을 찾아가서 진심으로 사과해야 한다"는 등의 발언이 튀어나왔다. 언뜻 당연하고도 속 시원한 말이었지만, 일본 국민, 특히 양식 있는 시민들의 마음을 얻어 극우주의자들을 고립시키고자 한다면 전혀 도움이 되지 않는 행보였다. 일왕이라는 존재가 일본사회에서 갖는 상징성은 그리 간단한 것이 아니기 때문이다. 일본의 반응은 강경했고, 독도 문제를 국제사법재판소에 제소하겠다는 입장을 취했다. 그렇게 한일관계는 1965년 수교 이후 다시 밑바닥으로 떨어졌다.

딜레마가 아닐 수 없다. 아무리 국민정서를 고려한다지만, 일본과 날카로운 대립각만 곤추세우며 적대적 관계로 치달을 수는 없는 노릇 아닌가. 가깝고도 중요한 이웃인 일본과 불편한 관계에 놓인다는 것은 국익에도 도움이 되지 않는다. 지금 두 나라가 고민해야 하는 것은 비단 중국의 부상이나 북한의 군사적 위협만이 아니다. 그보다도 G2시대의 개막이 이 지역에 드리울 지정학적 불확실성이야말로 최대의 도전이다. 미중의 G2체제는 더는 가설이 아니라 현실이며, 이들의 전략적 포석에 따라 동북아의 운명과 역사가 크게 달라질 것이다. 만에 하나 미국과 중국이 군사적 충돌이라도 일으킨다면 한국과 일본 모두가 연루되는 커다란 재앙이겠지만, 반대로 이들이 눈짓을 주고받으며 양두지도체제를 구축하는 것도 걱정스럽기는 마찬가지다. 주변국들의 국가적 지위가 이들의 거래에 의해 결정되는 시나리오를 배제할 수 없는 까닭이다.

답은 하나뿐이다. G2체제가 완전히 굳어지기 전에 한국과 일본은 새로운 지역질서를 만드는 작업에 미래지향적으로 협력해야 한다. 우리의 운명을 우리가 결정할 수 있는 동북아 질서를 마련해내야 한다. 그런 점에서 한일 간의 건설적 협력은 어쩌면 역사적 소명이라고 할 수 있다. 군사적으로는 개별 동맹을 넘어 다자안보협력 체제를 구축하고, 경제적으로는 한중일 FTA를 확대·심화해 공동체를 만들어나가는 일이 그 구체적 목표가 될 수 있을 것이다. 그 과정에서 신뢰가 쌓이면

영토와 과거사 문제의 해법도 도출될 수 있으리라 믿는다. 한일관계의 새로운 좌표를 만들어내는 창의적 발상이야말로 다가올 100년의 역사를 좌우할 첫 열쇠인 셈이다.

한국이 동아시아의 미래를 열어갈 새로운 전략을 구축하는 출발점이 이웃나라에 대한 정확한 이해와 분석이 돼야 한다는 당위는 아무리 강조해도 지나치지 않을 것이다. 《일본은 없다》에서 《일본은 있다》에 이르기까지, 일본에 관한 책들은 이미 많이 소개되었다. 우리나라의 외국 연구 가운데 전문 연구자의 수와 역량이 가장 두터운 분야가 일본 연구라고 해도 과언이 아닐 정도이다. 그러나 그것으로 과연 충분한가. 대부분의 연구서는 일본을 일본의 시각이 아니라 관찰자적 시각에서 접근하는 한계를 벗어나지 못한다. 즉 일본 지식인들의 본심을 있는 그대로 심층적으로 파헤치고자 하는 노력은 생각보다 많지 않았다. 이 책은 바로 그런 한계를 보완하려는 시도라 할 수 있다. 일본 당대 최고 지식인들과 허심탄회하게 이야기해보는 심층 인터뷰를 통해 과거 역사에 대한 그들의 평가, 현재에 대한 진단, 미래에 대한 전망을 헤아려보고 우리에게 주는 함의를 도출하고자 하는 것이 저자들이 뜻하는 바다.

이 책은 총 4부, 14장으로 구성되었다. 먼저 제1부는 일본의 중장기적 전략 구상에 관한 내용을 다루었는데, 1장에서는 '미들파워 외교'로 명성을 떨치고 있는 소에야 요시히데添谷芳秀 게이오대학교 동아시아연구소 소장과 일본의 외교전략에 대해 심층적으로 논의했다. 2장에서는 육상자위대 중장 출신으로 대표적인 지장知將이자 군사전략가인 야마구치 노보루山口昇 방위대학교 교수와 함께 일본의 방위전략에

10

대해 접근해보았다. 또한 3장에서는 유엔 사무차장으로 오래 일했던 아카시 야스시明石康 조이세프 회장과 일본의 국제공헌전략에 대해 집중적으로 이야기를 나눴다.

이어 제2부는 주요국에 대한 일본의 외교전략을 보다 깊이 있게 다루었는데, 4장에서는 자유주의적 국제주의자로 널리 알려진 후나바시 요이치船橋洋一 전 아사히신문 주필 겸 재단법인 일본재건이니셔티브 이사장으로부터 미일관계에 대한 진솔한 의견을 들었다. 5장에서는 일본 내 중국 연구의 1인자 고쿠분 료세이國分良成 방위대학교 총장이 미래의 중일관계에 대한 심도 있는 전망을 들려주었으며, 6장에서는 일본 최고의 동남아 연구가인 시라이시 다카시白石隆 정책연구대학원대학 총장이 동아시아라는 큰 틀에서 일본과 동남아시아 관계를 진단해주었다. 그리고 7장에서는 도고 가즈히코東郷和彦 교토산업대학교 세계문제연구소 소장이 일본과 러시아의 관계에 대한 탁월한 분석을 보여주었다.

제3부는 우리의 관심이 가장 높은 주제로서 일본과 한반도의 관계를 집중적으로 조명하였다. 8장에서는 오코노기 마사오小此木政夫 게이오대학교 명예교수가 한일관계의 과거, 현재, 미래에 대해 차분하고 균형 있는 분석을 보여주며, 9장에서는 이즈미 하지메伊豆見元 시즈오카현립대학교 교수가 일본이 왜 북한에 대해 적대적인 태도를 취하게 되었는지를 비롯해 북일관계를 심층적으로 다루었다. 10장에서는 외무성 심의관으로 일본의 대북정책에 깊숙이 관여한 바 있는 다나카 히토시田中均 일본총합연구소 산하 국제전략연구소 이사장이 2002년 고이즈미 방북과 관련한 생생한 증언을 들려주며 북한 핵 문제 타결을 위한

대안을 설득력 있게 제시한다.

마지막으로 제4부는 일본의 총합안전보장과 미래 질서 구상에 대한 탐색을 담고 있다. 11장에서는 이노구치 다카시猪口孝 도쿄대학교 명예교수현 니가타현립대학교 총장가 일본의 미래 국제질서 구상에 대한 독특한 견해를 들려준다. 한편 12장에서는 '행동하는 양심'으로 불리는 와다 하루키和田春樹 도쿄대학교 명예교수가 동북아공동체 구상이 일본에게 가장 적합한 모델이라고 주장하며 이노구치 교수와는 정반대의 목소리를 들려준다. 13장에서는 최근 일본의 경험에서 가장 큰 충격을 던진 2011년 3월의 동일본대재해와 그 극복 방안에 대해 이오키베 마코토五百旗頭真 동일본대재해부흥추진위원회 위원장과 의견을 나누었다. 끝으로 14장에서는 고이즈미 내각에서 구조개혁의 선봉장을 맡았던 다케나카 헤이조竹中平蔵 게이오대학교 교수와 침체 일로에 빠진 일본경제의 반전이 가능할 것인지를 허심탄회하게 논의하였다.

원래 이번 대담의 기획취지는 패전 이후 총체적 위기를 겪고 있는 일본의 현재와 미래를 일본 지성의 눈을 통해 보다 심층적으로 들여다보자는 것이었다. 당대 최고 전략가들의 속내를 끈질기게 들춰냄으로써 일본의 본심을 노출시키고자 했던 것이다. 우리는 이러한 기획의도가 상당 부분 달성됐다고 감히 자평한다. 우리가 만났던 인사들 모두는 일본인 특유의 '다테마에建前'의 가면을 벗어던지고 '혼네本音'의 자세로 허심탄회한 의견을 개진해주었다. 좀처럼 찾아보기 힘든 신념, 철학적 깊이, 통찰력, 진솔함을 대화 곳곳에서 느낄 수 있었다. 참으로 다행스러운 일이다.

또 하나 주목할 것은, 일본의 현실을 진단하는 데 이들이 놀라울 정도의 유사성을 보인다는 점이다. 이들은 한결같이 일본이 현재 엄중한 정치·경제·사회·외교적 위기국면에 처했음을 인정했다. 20년 이상 지속돼온 헤이세이 불황, 활력을 잃은 저출산·고령화 사회, 중국에 밀려 추락하는 경제대국, 자연재해의 공포, 과거사와 영토 문제를 둘러싼 주변국들과의 거듭되는 갈등, 그리고 정치적 무기력과 국가 거버넌스 시스템의 난맥상이 미래를 어둡게 하고 있다는 것이다. 또한 이들은 거의 이구동성으로 일본 국민 어느 누구도 평화헌법 개정이나 요시다 독트린 포기를 바라지 않기 때문에 외교정책 기조에는 큰 변화가 없을 것이라고 전망했다. 특히 미일동맹에 대한 확신은 가히 충격적이다. '미국 없는 일본의 미래는 상상할 수도 없다'는 인식이 일본 지식인 사회 내부에 여전히 뿌리 깊게 자리한다는 사실을 확인할 수 있었다.

중국위협론 역시 일상화된 담론으로 자리 잡아가는 추세다. 중국의 부상과 그에 따른 위협을 일본이 당면하게 될 가장 중대한 도전으로 이들은 인식했다. 중국의 부상에 효과적으로 대처하기 위해 일본은 미국과의 군사동맹을 강화하는 한편, 한국과 러시아, 그리고 아세안 국가들과의 협력을 심화해야 한다는 시각이 주종을 이룬다. 그러나 몇 가지 예외도 있었다. 앞서 말한 대로 중국의 부상은 순탄하지 않을 것이며, 오히려 통일한반도가 일본에 가장 큰 위협일 수 있다는 후나바시 요이치의 시각이 대표적이다. 고쿠분 료세이도 한반도위협론을 명시적으로 제기하지는 않았지만 중장기적 시각에서 중국의 부상에는 구조적 한계가 있다는 점을 강조했다.

현실에 대한 분석은 대동소이하지만, 일본이 취해야 할 미래전략에 대해서는 백가쟁명百家爭鳴을 연상케 할 만큼 다양한 시각차를 드러냈다. 소에야 요시히데는 일본이 평화헌법과 요시다 독트린의 제약 속에서 '미들파워'의 길로 가는 것이 현명한 전략적 선택이라고 주문하지만, 이노구치 다카시는 일본이 뉴질랜드나 호주 같은 '미들파워' 국가가 될 수는 없다면서 군사력을 강화한 '정상국가'로 거듭나야 한다고 주장한다. 아카시 야스시는 유엔과 더불어 국제사회에 공헌할 수 있는 국제주의 패러다임이 일본의 미래가 되어야 한다는 입장이고, 와다 하루키는 한국이 주도하는 '동북아시아 공동의 집'에 동참하는 것이야말로 일본의 지역주의 전략이 가져야 할 바람직한 대안이라고 말한다. 그러나 전반적으로 보자면 동아시아공동체를 포함하는 지역주의 구상이나 '미들파워' 전략보다는 미일동맹에 기초한 정상국가로의 변신이 일본 지식인들이 선호하는 기류임을 읽을 수 있었다.

우리는 이들 일본 지식인들과의 대담에서 희망보다는 절망, 낙관보다는 비관이라는 추가 훨씬 무거워 보인다는 점을 느꼈다. 대담자들 모두 일본 위기의 본질을 정치 리더십 부재에서 찾고 있지만, 그러나 정치지도자란 결국 국민이 만든다는 사실을 간과하고 있었다. 카리스마를 가진 정치지도자 출현을 갈망하면서도 정치인들을 우스갯거리로 만드는 것이야말로 지금 일본의 지식인들이 범하고 있는 오류인 셈이다. 또한 불행히도 이들 일본의 대전략가들조차 위기 극복의 대안을 명확히 제시하지는 못했다는 점도 오랫동안 마음에 남았다. 혹 이들이 본심을 내보이지 않았던 것일까? 그렇지는 않았다. 오히려 누구도 전략을 갖고 있지 못하다는 것이 저자들이 내린 결론이다. 'Japan, Number One'의 미망에서 벗어나지 못한 채 아직도 과거의 타성에 젖어 점진적 적응에 급급해하는 모습이 지금 일본의 맨 얼굴인 셈이다.

　그 맨 얼굴에는 '잃어버린 20년'을 반전시킬 동력이 없어 보였다. 평화주의나 자유주의 세력 대신에 보수주의 우파들만 득세하는 일본의 정치지형 또한 바로 그런 토양에서 만들어지고 있다는 느낌도 들었다. 자민당이 극단적 보수주의 슬로건으로 집권하고 하시모토-이시하라 연합에 의한 '일본유신회'가 제도화된 정치세력으로 등장할 경우, 일본의 국내정치 구도는 급격히 우경화되고 대외정책도 공세적으로 변할 가능성이 크다. 우리의 우려는 바로 여기에 있다. 이오키베 마코토의 주장처럼 일본인들이 혼란한 말법末法의 힘겨운 시대를 넘어 묘법妙法의 지혜로 진흙 속에서 연꽃이 피어나듯 새로운 희망의 세계를 열게 되기를 진심으로 희망하는 이유다.

　언제나 그렇듯, 마지막 교훈은 스스로를 향한다. 일본의 오늘에서 한국의 내일을 읽는다. 사실 우리는 줄곧 일본의 궤적을 따라 걸어오지 않았던가. 이미 우리는 침몰하는 일본의 길을 따라가고 있다는 불길한 예감이 앞선다. 저출산 · 고령화 사회, 저성장 경제의 불투명한 미래, 파편화되고 무기력한 정치, 양극화된 미래 비전……이 모든 것이 한국의 내일을 예고해주고 있다. 삼성과 LG의 내일이 소니와 샤프 혹은 파나소닉의 오늘과 다르지 않으리란 보장은 어디에도 없다. 지금 한국을 움직이는 사람들, 장차 한국을 움직일 젊은이들이 오늘의 일본을 주의 깊게 살펴봐야 할 까닭이 바로 여기 있다. 아무쪼록 이 책이 그런 노력에 일조할 수 있기를 바란다.

2013년 1월
문정인 · 서승원

제1부

일본의
전략 구상

“일본의 국력이 정점에 달했을 때조차 일본은 강대국 전략을 취하지 않았는데,
그 근원을 따져보면 과거 군국주의 역사에 있다.
군국주의 경험은 지극히 무겁다. 그 때문에 다양한 복고 논의에도 불구하고
평화헌법과 미일안보를 기반으로 하는 '보이지 않는 손'은 여전히 강고하다.”

1장

전후 일본의 외교 현실과
미들파워 구상

소에야 요시히데

소에야 요시히데
添谷芳秀 / Soeya Yoshihide

1955년생. 조치(소피아)대학교 외국어학부를 졸업하고 같은 학교에서 국제관계론 석사학위를 취득했으며, 1987년 미국 미시간대학교에서 정치학 박사학위를 받았다. 1995년부터 게이오대학교 법학부에서 교수로 재직해왔으며, 게이오대학교 동아시아연구소장 및 한국연구센터장을 겸임하고 있다. '21세기 일본의 구상 간담회' 회원, 경제산업성 구조심의회(지구환경소위원회) 위원, 방위시설중앙심의회 위원, '신시대 안전보장과 방위력에 관한 간담회' 위원, 한일 신시대 공동연구 프로젝트 제1분과회 위원장 등 다양한 정부 자문활동을 해왔고, 일본국제정치학회 이사, 아시아정경학회 평의원, 영문 학술지 International Relations of Asia-Pacific(Oxford Journals, SSCI 등재) 편집장 등 학회 활동도 활발하다. 주요 저서로 《일본 외교와 중국, 1945~1972》(1995), Japan's Economic Diplomacy with China, 1945~1978(1998), United Nations Peace-Keeping Operations: A Guide to Japanese Policies(공저, 1999), 《냉전 후의 국제정치: 실증, 정책, 이론》(공편저, 1998), 《기록과 고증: 중일국교정상화·중일평화우호조약 체결 교섭》(공편저, 2003), 《일본의 동아시아 구상》(공편저, 2004), 《일본의 미들파워 외교: 전후 일본의 선택과 구상》(2005), 《일본의 세계공헌과 시빌 소사이어티》(공편저, 2008), Japan as a 'Normal Country'?: A Country in Search of its Place in the World(공편저, 2011) 등이 있다.

최근 한국의 신문이나 방송을 보면, 1980년대 중반의 논조와 분위기가 재연되는 것 아닌가 하는 느낌을 받는다. 일본의 우경화 내지 군사대국화를 걱정하는 목소리가 다시금 높아져서다. 사실 이런 상황도 어느 정도 이해할 수 있다. 제2차 세계대전 패전 이후 해외파병을 엄격히 금지해온 일본이 냉전 체제가 해체된 뒤 처음으로 유엔 평화유지활동PKO, Peace Keeping Operation에 자위대를 파견하는가 하면, 다국적군의 일원으로 멀리 이라크나 아프가니스탄에 파병을 하기도 했기 때문이다.

동북아 전체로 눈을 돌려봐도 그렇다. 북한의 핵·미사일 같은 대량살상무기WMD, Weapons of Mass Destruction 개발과 실험, 중국의 지속적 군비증강과 적극적 해양 진출 움직임에 대응해 미국이 주도하는 미일군사동맹 강화에 일본은 적극 부응해왔다. 정찰위성 추가배치, 무기체계 첨단화, 미사일방어체계MD, Missile Defence 구축 등 자국의 군비 태세도 한층 강화했다. 더욱이 일본의 정계와 언론은 기존의 평화헌법, 즉 헌법 9조를 개정해야 한다는 목소리를 높이고 있으며, 북한 미사일 기지를 직접 타격하자는 '적지공격론' 같은 돌발적이고 극단적인 언설까지 튀어나오고 있다.

과연 21세기 일본이 지향하는 국가적 진로는 무엇인가? 군사대국화 혹은 제2차 세계대전 이전과 같은 군국주의로의 회귀인가? 패전 이후 지향해온 평화국가의 다른 버전인가? 아니면 제3의 길을 추구하는 것인가? 현재의 일본을 제대로 들여다보려면 여기에 우리 스스로도 질문 하나를 추가해야 한다. "일본의 변화에 대한 우리의 관점은 과연 객관적이고 합리적인가?" 하는 것이다. 과거 식민지 경험, 종군위안부 같은 미해결 과거사, 독도 문제 등으로 대일 경계감과 반일 정서가 여전히 팽배한 탓에 중요한 부분을 놓칠 수 있기 때문이다.

소에야 요시히데 교수는 21세기 일본의 외교 전반에 걸쳐 큰 그림을 논할 수 있는 대표적 인물로 꼽힌다. 그는 일본 내에서 가장 균형 잡힌 외교전략가로 정평이 나 있으며, 국제적으로도 지명도가 높은 정치학자다. 최근에는 헌법 9조와 요시다 노선의 테두리 내에서 일본의 미래 외교전략을 구축해야 한다며 그 대안으로 '미들파워 외교론'을 제시해 국내외 주목을 받은 바 있다.

소에야 교수와의 인터뷰는 2012년 1월 10일 게이오대학교 동아시아연구소에서 이루어졌으며, 이후 서신을 통한 추가 질문과 답변이 있었다. 인터뷰에서는 "일본이 과연 우리가 생각하는 강대국이 아닌 미들파워인가?", "그렇다면 미들파워 외교의 실체는 무엇인가?" 같은 문제를 놓고 열띤 대담이 이루어졌다. 향후 일본의 국가적 진로에 관한 우리의 문제 제기에 대해 소에야 교수는 이렇게 답했다. "일본의 국력이 정점에 달했을 때조차 일본은 강대국 전략을 취하지 않았는데, 그 근원을 따져보면 과거 군국주의 역사에 있다. 군국주의 경험은 지극히 무겁다. 그 때문에 다양한 복고 논의에도 불구하고 평화헌법과 미일안보를 기반으로 하는 '보이지 않는 손'은 여전히 강고하다. 그런 의미에서 일본 외교의 현실, 일본 외교의 기본은 군국주의에 대한 반성 위에서 있으며, 이는 앞으로도 변하지 않을 것이다. 이 점을 한국인들이 이해해준다면 한일협력은 일거에 그 꽃을 피울 수 있으리라 생각한다."

일본의 국력을 어떻게 평가할 것인가? 일본의 국가전략을 어떻게 받아들일 것인가? 외교안보 측면에서 한일관계를 어떻게 재설정할 것인가? 판단은 결국 우리의 몫이다.

▌일본 외교의 양대 축은 '평화헌법 9조'와 '미일동맹'

Q 바쁜 중에도 시간을 내주어 고맙다. 소에야 선생의 《일본의 미들
파워 외교日本のミドルパワー外交》[1]를 흥미롭게 읽었다. 논지가 매우 설
득력 있다고 생각한다. 그런데 한 가지 혼란스러운 대목이 있다.
선생은 요시다 시게루吉田茂 총리 시절[2]부터 오늘날에 이르기까지
일본의 외교정책을 현실주의에 입각해 분석한다. 그러나 처방은
매우 자유주의적이다. 선생은 국제사회를 무정부상태로 간주하고
국익과 세력균형 관점을 중시하는 현실주의자인가, 아니면 경제
적·문화적 상호의존이나 교류를 통해 평화가 가능하다고 보는 자
유주의자인가? 혹은 둘 다인가? 이유는 무엇인가?

소에야 일본의 외교정책, 특히 일본의 안전보장을 논의할 때에는 국제
사회에서 일반적으로 사용하는 현실주의/자유주의라는 이분법
적 기준은 그다지 들어맞지 않는다. 일본에서 논의의 기준은 우선
'1955년 체제'라는 좌우 대립축이다.[3] 그리고 문제 설정의 축과 이

---

1 이 책은 《일본의 미들파워 외교: 전후 일본의 선택과 구상》(박철희·윤수경·이나올 옮김, 오름, 2006)으
로 번역, 출판되었다.

2 요시다 시게루는 패전 직후의 미군 점령기(1946. 5~1947. 5)와 샌프란시스코강화조약(1951. 9. 8)
을 전후한 중대한 시기(1948. 10~1954. 12)에 일본 총리를 역임했다. 이 시기에 경무장·통상국가를
기조로 한 이른바 '요시다 노선'의 기반이 마련되었는데, 안보를 미국에 의존하는 대신 경제발전을 국가의
최우선 과제로 삼았다.

3 '1955년 체제'란 1955년 혁신 진영의 좌파 사회당과 우파 사회당이 재통합하고 이어 보수계 정당인 일본
민주당과 자유당이 자유민주당(자민당)으로 통합함으로써 형성된 좌우 대립구도를 말한다. 이 체제하에
서 자민당 보수진영의 정치적 지배구조가 공고해졌고 좌우 대립은 1990년대 중반까지 경제 문제보다는
헌법과 미일동맹 등 외교안보 문제를 중심으로 전개되었다.

슈는 일본의 특수성에 기인한다. 예를 들자면 사실 자위대를 유엔 평화유지활동PKO에 참가시키는 문제는 국제사회의 상식으로 보면 군사력을 자유주의적으로 사용하는 것이다. 그러나 일본 국내의 논의에서 그것은 급진적 힘의 정치power politics라는 측면에서 비판받았다. PKO에 자위대를 참가시키는 문제에 찬성하면 그것은 일본 내에서 상당히 현실주의적인 견해로 간주되었다. 헌법을 전제로 자위대 해외파병을 반대하는 것이 일본에서 말하는 자유주의적 입장이었다.

Q 그것이 바로 선생이 말한 일본 외교정책의 '이중적 아이덴티티' 아닌가. 하나는 평화헌법 제9조[4]에서 유래하는 것이고, 다른 하나는 미일안보조약[5]일 것이다. 이러한 이중적 아이덴티티가 선생의 분석 안에 내재embedded되어 있는 것 같다.

소에야 그것이 내 연구의 출발점이며 내가 일본 외교를 분석하는 전제

---

4 1946년 11월 공포되고 1947년 5월부터 시행된 일본국헌법(日本國憲法)은 헌법 전문에 평화주의를 천명하고 또 제2장 제9조에선 전쟁 포기, 전력 불소유, 교전권 부인을 규정하여 평화헌법이라고도 불린다. 그 내용은 다음과 같다.

제2장. 전쟁 포기
제9조. (제1항) 일본 국민은 정의와 질서를 기조로 하는 국제평화를 성실히 희구하며, 국권 발동으로서의 전쟁과 무력에 의한 위협 또는 무력행사를, 국제분쟁을 해결하는 수단으로서는 영구히 포기한다. (제2항) 전 항의 목적을 달성하기 위한 육해공군 및 그 외의 전력(戰力)을 보유하지 않는다. 또한 국가의 교전권을 인정하지 않는다.

5 미일안보조약은 1951년 9월 8일 샌프란시스코강화조약을 맺던 날 체결되었고, 정식 명칭은 '일본국과 미합중국 사이의 안전보장조약'으로 미군의 일본 주둔이 핵심 내용이다. 이 조약은 1960년 1월에 체결된 '일본국과 미합중국 사이의 상호 협력 및 안전보장 조약'과 구별하여 '구안보조약'으로도 불린다.

다. 나는 요시다 노선을 "전후 헌법과 미일안보조약을 하나의 세트로 묶은 것"이라고 정의한다. 《일본의 미들파워 외교》에서도 언급했듯이 전후 헌법은 1946년에 제정되었고, 당시는 아직 냉전이 시작되기 전이었다. 반면 미일안보조약이 체결된 1951년은 냉전기였다. 국제정치와의 논리적 관계를 놓고 보자면, 헌법 9조는 냉전 이전에 있던 전후 처리의 논리 속에서 의미를 가졌다. 그러나 냉전이 시작되면서 전후 처리와는 전혀 다른 국제정치의 전제가 생겨난 것이다. 그럼에도 일본은 헌법을 개정하지 않은 상태에서 냉전의 산물인 미일안보조약을 체결했다. 두 가지가 비슷한 시기에 하나의 세트로 선택되면서 모순이 발생한 것이다.

그러나 일본은 이 두 가지를 요시다 노선의 기반으로 삼았고, 이는 일본의 정치적 행위자actors와 논의argument를 분열시키는 결과를 낳았다. 한쪽은 평화헌법을 옹호하는 입장에서 주장하고, 다른 한쪽은 냉전이라는 현실 때문에 미일안보조약을 옹호하는 입장에서 개헌을 논했다. 요시다 노선의 이러한 기반은 줄곧 이어졌다. 그런 상황에서 본다면 미일안보조약을 전제로 한 논의는 현실주의이며 헌법을 전제로 한 주장이 자유주의다. 이것이 일본의 구조structure가 되었지만, 국제정치적 현실주의/자유주의와는 전혀 다른 의미를 갖는다.

Q 결국 선생은 일본의 대전략grand strategy이 구조적으로 제약되어 있다고 분석하는 것 아닌가. 한쪽에서 보면 평화헌법이 통상적 군사력을 가질 수 없다고 규정하는데, 다른 한쪽에서 보면 일본이 자신의 안전보장을 미국에 의존하고 있으니 해외 군사행동도 그 동맹

의 틀 안에선 어느 정도 가능하다는 것이다. 그러나 독자적 대전략은 가질 수 없다는 것인가?

소에야 그렇다. 그게 일본의 현실이다.

Q 하지만 일본 정치인들의 주장과 일부 지식인의 칼럼을 보면 그들 모두가 대전략을 말하고 있다. 왜 그런가?

소에야 대전략이 없기 때문에 다들 대전략을 갖고 싶어한다. 실제로 일본에 대전략이 존재한다면 누구도 그런 이야기는 하지 않을 것이다. 기존 논의에선 대전략은 이래야 한다는 당위론이 대부분이었는데, 앞서 말한 구조적 제약 탓이다.

　우파의 대전략, 예컨대 군사적 자립이란 헌법을 개정하고 미일안보체제를 해소하지 않는 한 성립할 수 없다. 반면 좌파는 헌법을 바꾸지 않으면서 일본이 대전략을 가져야 한다고 주장한다. 예전에 우위를 차지했던 것은 '비무장중립론'[6]이었다. 어떤 의미에서는 양쪽 모두 비현실적이다. 결국 둘 다 일본의 컨센서스consensus가 되지 못한다. 이데올로기로 나뉜 양쪽이 각자의 대전략을 말하고 있지만 둘다 현실적이지 못하다는 것이 내 논의의 첫 번째 포인트이다.

Q 일본이 요시다 노선을 고수하는 한 독자적 대전략은 가질 수 없다

---

6 냉전 시기 일본사회당 등 좌파 세력이 주장한 것으로, 평화헌법에 근거하여 자위대 폐지와 미일안보조약 폐기를 내걸었다. 하지만 냉전 해체 이후에는 이들도 자위대의 존재를 인정했다.

는 것인가? 그렇다면 일본은 미국 전략의 부분집합subset에 불과하지 않은가?

소에야 아니다. 내 주장은 일본이 이 두 가지를 역사적 운명으로 받아들일 수밖에 없다는 것이다. 헌법과 미일안보조약의 내용을 바꾸기란 현실적으로 무리다. 지금 일본사회에서 이를 위한 컨센서스를 확보하는 것은 불가능하고, 나아가 국제사회에서 컨센서스를 얻는 것도 곤란하다. 결국 이 두 가지 모두를 전제로 놓고 대전략을 구상해야 하는데, 그렇다면 내가 그동안 제안해온 미들파워 전략밖에 없다. 이것이 나의 기본 입장이다.

전후 일본 외교 약사

1945. 8. 15	일본, 패전
1946. 11. 3	일본국헌법 공포
1950. 6. 25	한국전쟁 발발(~1953. 7. 27)
1951. 9. 8	샌프란시스코강화조약 조인, 미일안전보장조약 조인
1952. 4. 28	일본–중화민국 평화조약 조인
1955. 11. 15	자유민주당(자민당) 결성
1956. 10. 19	일본–소련 공동선언(국교회복)
1956. 12. 8	일본, 유엔 가입
1960. 1. 19	미일신안보조약 조인
1964. 4. 28	일본, OECD 가입
1965. 6. 22	한일기본조약 조인(국교정상화)
1969. 11. 21	닉슨–사토 공동성명
1971. 6. 17	미일, 오키나와반환협정 조인
1972. 9. 29	중일국교정상화(일본–중화민국 평화조약 실효)
1974. 1. 7	다나카 가쿠에이 총리, ASEAN 방문
1977. 8. 18	후쿠다 독트린 발표
1978. 8. 12	중일평화우호조약 조인

1979. 1. 1	미중국교회복
1979. 6. 28	도쿄 G7정상회담
1982. 8. 26	미야자와 기이치 관방장관, '역사교과서에 관한 정부 견해' 발표
1983. 1. 11	나카소네 야스히로 총리, 한국 방문
1987. 1. 24	일본 정부, 방위비 GNP 1% 틀 폐지
1989. 1. 7	히로히토 일왕 서거
1989. 6. 4	중국, 톈안먼 사건 발생
1989. 12. 2	부시-고르바초프 말타회담(냉전종결 표명)
1991. 1. 17	걸프전쟁 발발(~2. 27)
1992. 6. 15	국제평화협력법(PKO협력법) 성립
1992. 9. 17	일본 자위대, 캄보디아 PKO 파병
1994. 6. 13	북한, IAEA 탈퇴 표명
1994. 7. 20	무라야마 도미이치 총리, 자위대 합헌 및 미일안보 필요 답변
1995. 11. 28	일본 정부, 신방위계획대강 각의 결정
1996. 4. 16	클린턴-하시모토 회담, 미일안전보장공동선언 서명
1997. 7. 2	동아시아 금융위기 발발
1997. 9. 23	클린턴-하시모토 회담, 미일방위협력 신가이드라인 합의
1998. 10. 8	김대중-오부치 공동선언(신한일관계 파트너십 공동선언)
1999. 5. 24	미일 신가이드라인 관련법 성립
1999. 11. 28	ASEAN +3(한중일) 정상회담
2000. 6. 13	김대중 대통령 방북, 남북정상회담 개최
2001. 8. 13	고이즈미 준이치로 총리, 야스쿠니신사 참배(이후 매년 1회 참배)
2001. 9. 11	미국, 동시다발 테러 사건
2001. 11. 9	자위대 호위함 3척, 미군 지원을 위해 인도양 파견
2002. 5. 31	한일월드컵 공동 개최(~6. 30)
2002. 9. 17	고이즈미 총리 방북, 북일평양선언 서명
2003. 1. 10	북한, NPT 탈퇴 선언
2003. 3. 15	이라크전쟁 발발
2003. 8. 27	중국 베이징에서 6자회담 개최
2003. 12. 8	고이즈미 내각, 자위대 이라크 파병 표명
2004. 5. 22	고이즈미 총리, 제2차 평양 방문(납치피해자 가족 5명 귀국)
2005. 4. 9	중국, 대규모 반일데모 발생
2008. 7. 8	홋카이도 도야코에서 G8 정상회담 개최, 한중일정상회담
2010. 9. 7	센카쿠열도 부근, 중국어선과 일본 순시선 충돌 사건
2011. 3. 11	동일본대지진 발생

▌오해받는 '보통국가론', 대안이 될 수는 없어

Q 전 민주당 대표 오자와 이치로小沢一郎가 제창한 '보통국가론普通の國論'
은 어떻게 평가하는가? 이것은 대전략 아닌가?

소에야 **아니다.**

Q 왜 대전략이 아닌가? 오자와와 그 추종자들은 1990년대 초반부터
그것을 대전략인 듯 말하지 않았는가?

소에야 오자와는 보통국가론을 외교 논의로 제시한 게 아니었다. 국가
의 의사결정이나 행정제도 등을 모두 포함한 것이 그의 책《일본
개조계획日本改造計畫》[7]의 주된 내용이다. 이 책은 외교만 논하는 게
아니다. 외교에 중점을 둔 대전략이라기보다는, 전후 일본의 비정
상적인abnormal 부분을 고친다는 의미에서 보통normal이라는 단어를
사용한 것이다.

　걸프전 당시 일본은 자위대를 유엔 PKO에 참가시킬 수 없었다.[8]
국제사회에서 당연시되는 보통 주권국가의 행동조차 일본은 행사

---

7 1993년 고단샤에서 출간된 이 책에서 오자와는 정치개혁, 국제공헌, 경제·사회 자유화를 제창했다. 특
히 '제2부. 보통국가가 되어야'에서는 국제질서 유지를 위해 일본이 경제력에 상응하는 책임을 져야 한다
고 주장했다.

8 1991년 1월 걸프전 당시 일본 정부는 평화유지군 파병을 위해 '유엔평화협력법안'을 제출했으나 사회당
및 자민당 내 일부 세력의 반대로 폐기되었다. 이에 일본은 전쟁비용으로 130억 달러를 다국적군에 지원했
다. 하지만 그 후 미국 등 참전국으로부터 일본은 돈만 낸다며 비난받았다.

할 수 없었고 이런 비정상적 상태를 고쳐야 한다는 것이 보통국가 론의 요체였다. 그러므로 보통국가론은 일본이 군사화 노선이나 힘의 정치에 참가해야 한다는 논의가 결코 아니다. 그런 논의를 명 시적으로 내놓는 사람은 일본에 거의 없다.

Q 그러나 아베 신조安部晉三 전 총리를 비롯한 일부 자민당 인사들과 보 수적 지식인들 사이에선 평화헌법 9조를 개정해야 한다는 주장이 대 두되지 않았는가? 게다가 일본은 이미 거대한 군사력을 갖고 있다.

소예야 일본이 헌법 9조를 개정하려 해도 현실적으로는 그럴 수가 없 다. 컨센서스를 얻을 수 없기 때문이다. 지금 헌법 9조를 개정하면 일본이 위험해진다는 것이 국제사회의 상식이며, 일본 국내에서 도 그렇게 생각하는 사람이 다수다. 어떡하든 헌법 9조는 지켜야 한다고 생각하는 사람이 많다.

　일본에서 개헌론을 논하는 사람 가운데 대전략을 세우고 나서 개헌을 논하는 이는 한 사람도 없다고 본다. 단지 헌법 9조 탓에 이런저런 일이 불가능하다, 미국이 헌법 초안을 작성했기 때문에 좋지 않다는 등의 문제를 지적할 뿐이다. 물론 헌법 9조와 관련해 적잖은 문제가 있는 건 사실이다. 이런 문제를 논의하는 와중에 개 헌을 주장하고 있지만, 과연 개헌한 뒤 어떻게 할지에 대해서는 누 구도 논하고 있지 않다.

Q 선생은 미들파워로 가려면 개헌해야 한다는 입장 아닌가?

소에야 물론 개헌한 다음 일본이 미들파워 전략을 취해야 한다는 것이 나의 이론적 입장이다. 그럼 개헌한 뒤 일본에선 무엇이 바뀌는가? 먼저 유엔 PKO활동에 제대로 참가할 수 있으며 유엔의 합의 하에 무력행사도 가능하다. 지금은 이런 일이 불가능하다.

또 일본 내에서는 자위대의 존재 자체가 논쟁의 대상이다. 헌법 9조를 문자 그대로 해석하면 현재의 자위대는 위헌이라는 법률 판단도 가능하다. 과거에는 일본의 헌법학자들 중 열에 일고여덟이 '자위대는 헌법 9조 위반'이라는 논의를 폈다. 도쿄대학교 법학부 역시 그런 헌법론을 가르쳐왔다. 애당초 헌법론에 따르면, 자위대는 위헌이라고 판단해도 무리가 없는 것이다. 개헌은 이런 복잡한 부분을 바로잡는다는 의미가 있다. 따라서 개헌 후 일본이 가져야 할 전략을 함께 논의하지 않는 한 개헌은 불가능하다고 생각한다.

Q 일본은 어째서 미일동맹이 필요한가? 미국에 대해 왜 그리 종속적인가? '미국과의 동맹 없는 일본은 상상조차 할 수 없다unthinkable'는 생각이 일본사회의 주류를 이루고 있지 않은가?

소에야 평화헌법 9조가 존재하는 한 다른 대안이 없다.

Q 일본은 대국이며 눈에 보이는 급박한 위협도 없다. 그런데도 미국과의 동맹이 필요한 이유는 무엇인가? 관성 탓인가?

소에야 미일동맹은 일본방위만을 위해 필요한 것이 아니다. 일반적으로 말해 미국이 일본에 기지를 둔 이유는 일본방위가 아닌 지역안정regional stability을 위해서다. 요코스카橫須賀를 모항母港으로 하는 제7함대는 인도양까지 관할하고 있으며[9] 주일미군이 철수하면 미국의 아시아태평양 전략은 성립할 수 없다. 일본을 지키는 데 그친다면 오키나와에 주둔해 있는 미 해병대 역시 필요가 없다. 전후 오랫동안 오키나와 주둔 미 해병대는 한반도 유사시를 상정해 훈련해왔다. 즉 한국의 국방전략도 미일동맹이 없다면 완전할 수 없다는 이야기다.

　주일미군은 냉전 해체 후 중동까지 진출하고 있다. 결국 일본은 지역안정을 위해 미군을 일본에 주둔시킨 것이다. 이것이 미일안보조약의 기능 중 90%에 해당한다고 생각한다. 실제로 조약의 내용도 그렇다. 그리고 일본방위는 미군과 분업division of labor 형태로 자위대가 맡고 있다. 미군이 철수하면, 평화헌법이 존재하는 이상 일본 스스로 그 공백vacuum을 메울 수는 없다. 미일안보조약은 일본에 바로 그런 의미를 지니는 것이다.

Q　그게 이른바 '병마개론瓶の蓋論'[10]이라는 것인가?

소에야　반드시 그렇지는 않다. 하지만 이런 논의는 현실과 전혀 다르고

---

9 참고로 중동은 바레인을 모항으로 하는 5함대가 관할하고 있다.

10 병마개론이란 주일미군의 존재가 일본의 군사대국화 내지 군국주의 회귀를 억제하는 병마개(瓶の蓋) 역할을 한다는 주장을 말한다. 1971년 중국을 극비리에 방문한 미국의 헨리 키신저 국가안전보장 담당 보좌관과 저우언라이(周恩來) 총리가 이에 대해 의견 일치를 본 것으로 전해진다.

논리적으로도 의미가 없다고 생각한다. 미일안보조약이 없더라도 일본이 이른바 '병' 바깥으로 뛰쳐나가기란 불가능하다. 일본인들은 헌법을 개정하지 않을 테니까 말이다. 또한 최근 중국인들은 일본이 미일안보조약을 구실로 자위력 증강을 꾀하고 있다고 종종 말하는데, 이 역시 현실과 반대되는 논리다. 일본은 혼자 할 수 있는 일이 제한되므로 미국을 필요로 한다. 그 범위 내에서 일본이 할 수 있는 일을 하는 게 미일안보조약과 일본 자위력의 자조 노력이라는 이야기다. 이러한 논리에 대해서는 한국인들이나 중국인들이 잘 이해하지 못하고 있는 것 같다.

Q 그런데 왜 주변 국가들은 1990년대 초에 나왔던 오자와 이치로의 보통국가론을 20년이 지난 지금까지 들먹이며 일본의 보통국가화를 두려워하는 것인가?

소에야 거듭 강조하거니와 일본인은 이미 그런 논의를 접었다. 일본 바깥에서는 아직도 그런 이야기를 하지만 말이다. 주변국들은 보통국가론이 일본의 군사화를 의미한다고 생각하는데, 그건 일본인의 감각과 전혀 다르다. 주변국들이 말하는 식의 보통국가론은 어떤 일본인도 제기하지 않고 있다. 보통의 주권국가가 일상적으로 행하는 일을 하지 못하는 것이 비정상적이며, 이러한 비정상적 상태를 고쳐나가자는 게 일본인이 말하는 보통국가론이다. 그 핵심은 대외적 군사행동보다는 유엔 PKO 활동으로 대표되는 국제평화활동에 있음을 다시 환기시키고 싶다.

▌대국론과 핵무장론은 경계해야

Q 후나바시 요이치船橋洋─가 말하는 '세계민생대국Global Civilian Power'
론[11]은 어떻게 보는가? 대전략의 대안이 될 수 있겠는가? 너무 유
토피아적이고 이상적인 것 아닌가?

소에야 후나바시의 논의는 요시다 노선을 전제로 한 전략이라 할 수 있
다. 헌법은 개정하지 않을 것이며 미일동맹 역시 중요하다는 것이
다. 이를 기초로 일본이 주체적 역할을 할 수 있는 부분은 바로 세
계민생대국이라는 것이다. 그렇다고 해서 후나바시의 논의가 미
일동맹 같은 경성안보hard security를 부정하는 것은 아니다. 이는 일
본 전략의 '기초'이기 때문에 유지하겠지만 그게 곧 일본의 아이덴
티티는 아니라는 것이다.

Q 저서 《일본의 미들파워 외교》에서 선생은 '틈새외교niche diplomacy'
를 제안했다. 그리고 후나바시의 구상 역시, 선생이 말하는 두 가
지 제약에 얽매이지 않는 일종의 '틈새'처럼 보인다. 동의하는가?

소에야 동의한다. 그런 의미에서 후나바시의 구상은 나의 것과 비슷하

---

11 《아사히신문》 칼럼니스트이자 재단법인 일본재건이니셔티브 이사장인 후나바시 요이치가 저서 《일본의
대외 구상: 탈냉전기의 비전을 쓴다》(이와나미신서, 1993)에서 제창한 탈냉전기 일본의 새로운 국가상
을 말한다. 일본이 다른 나라 분쟁에 직접 개입하는 것은 불가능하지만 분쟁 후의 평화 정착이나 분쟁 예
방을 위한 평화적 환경 조성에는 적극 공헌해야 한다는 논의다. 군사대국 거부, 국제기구 등에서 경제력
에 상응한 정치력 발휘, 그리고 평화헌법 유지를 주장한다. 좀 더 자세한 내용은 이 책 4장을 참고.

다고 생각한다. 두 논의가 유사한 이유는 요시다 노선을 전제로 해서다. 개헌론도 호헌론도 아닌 것이다. 후나바시는 미일안보조약과 전후 헌법을 전제로 하는 세계민생대국을 일본의 새로운 외교역할 중 하나로 본 것이다.

그러나 후나바시는 일본을 국제적 행위자global player로 전제한다는 점에서 나와 다르다. 솔직히 그런 주장은 일종의 '대국론'이라 할 수 있다. 물론 경제·금융 측면에서 일본이 부분적으로 글로벌한 역할을 감당하고는 있지만 실제로 글로벌한 구조architecture를 만드는 데서는 그 역할이 제한적이라 본다. 일본과 가까운 지역에서 발판부터 다져나가는 게 좋다는 것이 나의 지론이다. 똑같은 틈새외교라도 글로벌하게 하는 것과 지역적으로 하는 것은 차이가 있다.

그런 의미에서 미들파워론과 세계민생대국론은 기본적으로 유사한 대전략이라고 생각한다. 하지만 대국을 포기하지 못하는 심리psyche 같은 것이 일본인에게는 있다. 나는 이것이 일본의 전략론을 방해한다는 문제의식을 갖고 있다. 후나바시와 나의 논의가 갖는 본질적 차이점은 그것이다.

Q 최근 극우 논객들이 일본도 독자적 핵무장국이 되어야 한다고 주장하고 있는데, 동의하는가? 특히 북한 핵위협이 있는 상황에서 이런 주장에 대한 일본 내부의 지지는 어떠한가?

소에야 일본이 핵무장을 해서 전략적으로 독립하라는 논의를 명시적으로 펴는 사람은 거의 없다. 전 항공자위대 막료장 다모가미 도시오

田母神俊雄나 도쿄 도지사 이시하라 신타로石原慎太郎가 그런 이야기를 한 적이 있을지도 모르겠다. 하지만 일본인이 이런 주장을 한다는 건 매우 예외적이고 극소수에 국한되는 일일 것이다. 예를 들어 일본이 1995년 당시 핵확산방지조약NPT의 무기한 연장을 비준할 때 국회에서 논쟁이 벌어져 처리가 지연된 일이 있는데. 이를 두고 일본이 핵무장을 하고 싶어하는 증거라고 보는 관점이 있었다. 하지만 당시 일본 국회의 논의는 전혀 그런 게 아니었다. 핵이라는 '선택지'를 포기하면 일본은 영원히 2등국이 되고 만다는 논의가 있었다. 이 역시 일종의 대국의식이 작용한 것으로 핵무기 포기에 대한 거부감이 내재해 있다. 그러나 이는 일본이 핵무장을 해야 한다는 전략적 논의와는 전혀 다른 것이다. 핵무기를 둘러싼 논의는 대전략과 관련된 게 아니라는 이야기다.

Q 일본이 북한의 미사일 기지를 공격할 능력을 가져야 한다고 주장하는 '적지공격론'[12]도 나오지 않았는가?

소에야 부분적으로 그런 능력을 가진다 해도 아무런 의미가 없기 때문에 그건 터무니없는 논의다. 일본이 실제로 적지공격을 감행한다면 제2의 한국전쟁을 각오하지 않으면 안 되고, 그 경우 미국을 생각하지 않을 수 없다. 결국 이런 논의는 일본이 공격 능력을 갖지 않으면 북한에 대한 레버리지를 갖지 못한다는, 폭넓지 못한 사고

---

12 2009년 5월 북한이 핵실험을 한 후 일본의 정부 및 자민당 내에서 북한이 미사일을 발사하기 전에 순항미사일 등으로 북한의 미사일 기지를 미리 공격해야 한다는 주장이 일시적으로 떠들썩하게 일어났다.

다. 종합적이고 체계적인 전략 논의로서 핵 문제나 군사력을 고려하는 일본인은 없다. 따라서 그것은 전략론이 될 수 없다.

Q 그런 논의의 지지자들은 6자회담이 북한을 비핵화하지 못할 것으로 믿고 있다. 북한이 사실상 완전한full-fledged 핵무기를 가진 국가가 되리라는 비관적 전망을 공유한다. 그렇게 되면 남한도 핵개발을 추진할 것이고, 그렇게 남북 모두 핵을 보유한다 치자. 이때 일본의 전략적 선택은 무엇이겠는가? 당연히 핵무장을 할 수밖에 없지 않은가?

소에야 그런 일은 절대로 일어나지 않을 것이다. 일본이 선택할 수 있는 옵션이 아니며, 대중의 지지public support도 얻지 못할 것이다. 이번 후쿠시마 원자력발전소 사고에 대한 일본인들의 반응을 봐도 알 수 있듯이, 핵의 평화적 이용에 대해서도 일본인 대다수는 부정적이다. 핵무장에 대한 일본의 여론조사를 본 적은 없지만, 만약 그런 조사를 실시한다 해도 그걸 지지하는 일본인은 결코 10%도 안 되리라 본다. 게다가 일본이 핵무장을 한다면 NPT체제는 무너질 것이고, 따라서 그런 급진적 목적을 논하는 일본인은 없다. 전후의 일본 외교는 핵확산방지나 비핵화 문제에 한층 더 많은 노력을 기울여왔다.

Q 2009년 민주당이 집권하기 전 국회의원 당선자를 대상으로 한 조사를 행한 주간지가 있었다. 60%가량이 핵무장에 찬성했다. 그

일은 어떻게 보는가?

소에야 그래서 국회의원들의 외교론은 안 되는 것이다. 북한에 대한 반발심 때문이었을 것이다. 적지공격론과 마찬가지로, 그런 차원의 이야기는 전략론이라 할 수조차 없다.

Q 피해의식 때문에 나온 이야기라는 것인가?

소에야 과거에 좌파가 그랬듯이 현재 일본의 우파 역시 전혀 전략론을 갖고 있지 않다. 이를 전략론이라고 생각한다면 그건 한국이나 중국의 착각이다. 그들은 불만frustration을 터뜨리고 있을 뿐이며, 그래서 핵무기를 갖자는 논의도 태연히 할 수 있는 것이다.

Q 일본은 상황주의situationalism 국가[13] 아니던가? 꼭 전략이 아니더라도 그런 불만이 쌓여 우연한 기회에 여론이 형성되면 갑자기 방향을 선회할 가능성도 있지 않은가?

소에야 일본이 독재국가가 된다면 그럴지도 모른다. 하지만 현재의 민주주의 시스템 아래서는 절대로 그런 합의가 이루어질 수 없다. 먼저 여론이 받아들이지 않을 것이고, 그럼 국회에서도 강행할 수가 없다. 일본에서 논의가 형성되는 방식을 보면, 무책임하게 말할 때

---

13 언동이나 주장에 일관성 없이 그때그때의 상황이나 분위기에 휩쓸려 행동하는 국가를 가리킨다.

는 많은 발언이 나오지만 실제로 가능성에 다가가면 그런 의견이 줄어든다. 헌법 9조 개정에 대한 논의 역시 마찬가지다. 헌법이 문제라는 이야기를 떠들고 있지만 실제로 개헌이 가까워지면, 자위대가 일본 바깥에서 실제로 군사력을 사용할 것이라는 시나리오가 보이기 시작하면, 많은 일본인이 반대할 것이라 믿는다.

'미들파워론'에서 내가 주장하는 개헌은 현실적으로는 성사되기 어렵다. 현재 호주나 한국 등은 미국의 전쟁에 참가하고 있는데, 바로 그게 '동맹관계' 속에서 미들파워가 시기와 상황을 고려해서 '해야만 하는' 역할이다. 한국도 실제로 그렇게 하고 있다. 하지만 내가 보기에 일본 국민들이 그 행동을 지지하기는 무리다. 개헌 후 일본 자위대가 미국의 동맹국으로서 실제 전쟁에 참가하는 일이 구체적 양상으로 드러난다면 일본인 대부분은 반대할 것이다.

Q 우치다 다쓰루內田樹의 '일본변경론日本邊境論'[14]은 어떻게 생각하는가? 후나바시 등은 일본을 대국big power으로 보고 선생은 일본을 미들파워로 간주한다. 반면 우치다는 '내향적이고 작은 일본'을 말한다. 국내 문제를 먼저 생각해야 한다는 것이다.

소에야 예전에 이시바시 단잔石橋湛山[15]은 한반도나 중국에 대한 일본의 확장주의를 비판했다. 이것은 과거에 이뤄진 논의로, 지금과는 문

---

14 우치다는 《일본변경론》(김경원 옮김, 갈라파고스, 2012)이라는 책에서 일본인을 항상 세계의 중심을 필요로 하는 변경의 민(民)이라 규정하며, 러일전쟁부터 태평양전쟁까지는 변경인 자신의 특성을 잃은 특이한 시기였다고 주장한다.

맥이 다르다. 최근에 와서는 신당사키가케新黨さきがけ 대표였던 다케무라 마사요시武村正義[16]가 '작지만 반짝반짝 빛나는 나라'를 말한 바 있다. 이는 일종의 소국론小國論으로 고립주의적 논의라고 생각한다. 내가 말하는 미들파워 국가는 국제적 국가를 말한다. 국제사회에서 할 수 있는 역할을 찾아내고 거기서 아이덴티티를 발견하는 것이 미들파워라는 이야기다.

대국론 관점에서 보면 그것이나 이것이나 비슷해 보일지 모르지만 나는 그렇게 생각하지 않는다. 대국론을 논의하는 한 일본은 국제적 역할을 제대로 제기할 수 없고 주변국에 오해할 거리를 제공하게 된다. 일본이 지금까지 유지해온 요시다 노선을 전제로 했을 때 전형적인 국제적 미들파워 역할이 일본의 이상적 전략 목표라고 본다. 이런 의미에서 '소국' 일본의 논의와도 전혀 다르다.

▋ 일본, 하드파워 있어도 행사 못해

Q 지금까지 대국론, 미들파워론, 소국론 등을 논의했다. 그러나 한 가지 분명한 것은 국가의 능력 면에서 일본은 대국이라는 점이다.

---

15 이시바시 단잔은 언론인 출신의 자유주의자로 자민당 정권에서 총리(1956. 12~1957. 2)를 역임했다. 자민당 내의 대표적 친중파로 총리 재임 시 사회주의 국가들과의 국교정상화, 야스쿠니신사 폐지, 미중소일 평화동맹 등을 주장했다. 언론인 시절 당시의 주류이던 '대일본주의'를 비판하면서 식민지와 군비 포기를 내용으로 하는 '소일본주의'를 제창했다.

16 신당사키가케 대표로 무라야마 내각에서 대장상(大藏相)을 역임했다. 이시바시 단잔의 소일본주의를 본받아 소속 정당의 슬로건으로 '작지만 반짝반짝 빛나는 나라'를 내걸었다. 武村正義, 《小さくともキラリと光る國·日本》(光文社, 1994) 참조.

일본이 미들파워나 소국일 수는 없다고 본다. 일본의 국력, 특히 군사력 같은 하드파워hard power는 어떻게 평가하는가?

소에야 일본은 하드파워를 갖고 있지 않다.

Q 동의하기 어렵다. 일본은 세계 제3위의 경제대국으로서 경제가 여전히 역동적으로 움직인다. 자위대의 군사력도 막강하다. 어떤 의미에선 일본이 중국보다 나은 위치에 있는 것 아닌가?

소에야 그러나 일본의 군사력은 국제 문제를 해결하는 수단으로 사용될 수 없다.

Q 힘을 당장 사용할 수는 없으나 그 잠재력을 지닌 것은 분명하지 않은가? 예를 들어 어느 날 일본이 헌법 9조를 개정하기로 했다고 가정해보자. 그럼 일본도 군사력을 국제적으로 행사할 수 있는 것 아닌가?

소에야 그런 일은 없을 것이다.

Q 어떻게 단언할 수 있는가?

소에야 나는 현실에서 헌법 개정이 이뤄지리라고는 생각지 않는다. 헌법 개정 후 취할 전략에 대한 나름의 합의를 갖지 않는 한 결코 가

시화되지 않을 일이다.

Q 매우 흥미로운 차이가 있는 듯하다. 한국, 북한, 중국, 심지어 미국
   인들도 일본은 대국이라는 생각을 갖고 이야기한다. 잠재적으로
   는 패권에 도전할 만한 국가라고 본다. 그렇지 않은가?

소예야 그것이 바로 착각이다.

Q 선생의 말은 일본이 경제력과 군사력은 가졌으나 이를 국제적으로
   행사할 수는 없기 때문에 그런 국력을 가져도 쓸모가 없다는 것 아
   닌가? 지나치게 형식주의적 해석이라 본다.

소예야 일본이 힘을 갖고 있는가의 문제도 논의의 여지가 있지만 특히
   국제정치의 도구tool로서 군사력은 없다고 보는 게 타당할 것이다.
   국력을 투사할 능력도 없고 필요한 훈련도 하고 있지 않기 때문에,
   실제로 일본이 헌법을 개정한다 해도 군사력을 사용하기는 어렵다
   고 본다. 현재로서는 미국과 함께 전쟁을 할 수도 없다. 잠재력이
   있다는 점은 논의할 수 있겠지만, 그 잠재력이 현실로 전환되지 않
   는다는 건 과거 50년 이상 일본이 웅변적으로 보여주지 않았는가.
   일본이 그런 능력을 발휘할 가능성을 보유했던 시기는 오히려
   1970년대와 1980년대, 즉 일본이 경제대국으로 부상했을 때였다.
   그러나 그때도 일본은 정상적으로 군사화되지 못했다. 지금에 와
   선 그 가능성이 점차 낮아지고 있다. 미래 전망을 보면 더욱 그렇

다. 따라서 일본이 군사화 전략에 의거해 또 한 번 일어설 것이라는 논의는 현실성이 없다. 헌법을 개정하지 않으면 안 된다는 것도 그 중요한 원인이겠지만, 나는 일본이 헌법을 개정한다 하더라도 군사화는 불가능하다고 생각한다.

Q 이 부분은 논란의 여지가 매우 많다. 이른바 '외부 인식'과 내부 인식 사이의 간극이 아주 커 보인다.

소예야 바로 그것이 문제다. 일본이 어떤 행위자actor인가에 대한 주변국의 인식 및 관점과 일본의 현실 사이에 간극이 너무 크다. 따라서 한국과 일본이 서로 협력하면 가능한 일이 얼마든지 있는데도, 우리는 그 잠재력에 주목하지 않는다. 인식의 간극으로 인해 중일관계도 상당히 악화되었다. 이는 새로운 문제가 아니라, 패전 이후 항상 그래왔다. 점점 일본은 여러 가지 의미로 군사화 같은 건 불가능한 나라가 되고 있기 때문에, 주변국이 그런 인식을 바꾸지 않으면 안 된다.

Q 일본에 대한 인식과 상관없이 일본의 힘power은 객관적 현실이다. 일본은 경제력이나 군사력에서 대국이다. 그렇다면 일본이 지닌 그러한 힘이 지향하는 목적purpose은 무엇인가? 일본 외교정책이 지향하는 바intention는 무엇인가? 단지 살아남는 것인가?

소예야 그 점에 대한 컨센서스는 없다.

Q 그렇다면 일본의 의도에 대한 여러 해석이 서로 대립하는 이유는 무엇인가? 한국은 아직 과거사에 사로잡혀 있다. 대동아공영권 같은 과거의 기억이 남아 있으며, 일본이 군국주의로 회귀하는 것은 그저 시간문제일 뿐이라고 여기는 사람이 많다. 일본은 대국이 되기 위한 기본 요소들을 가지고 있다는 말이다.

소에야 그것이 한국과 중국의 문제다. 일본이 틀림없이 어떤 의도나 전략을 갖고 있으리란 믿음이 착각을 가져온 것이다. 실제로는 그런 게 없기 때문이다. 없는 것을 있다고 생각하려면 스스로 상상할 수밖에 없다. 한국과 중국 사람들은 이 모두가 일본의 전략이라고 말한다. 그러나 일본 입장에서 보면 그런 건 없다. 없을 리 없다고 생각하니까 야스쿠니신사나 센카쿠열도, 역사 문제, 반중反中 감정 등으로 눈을 돌리게 된다. 영어로 말하면 '서로 상관없는 점을 연결하는 전형적 사례the typical case of connecting unconnected dots'라 하겠다.

▌요시다 노선은 일본 외교의 '보이지 않는 손'

Q 그런 발언은 선생의 저서 내용과 모순되어 보인다. 선생은 저서에서 요시다 노선, 사토 에이사쿠佐藤榮作의 자주와 대미 협조, 다나카 가쿠에이田中角榮의 데탕트détente, 긴장완화 외교, 나카소네 야스히로中曾根康弘의 비핵중급국가론 등을 다루었다.[17] 또한 이 외에도 고이즈미 준이치로小泉純一郎, 심지어 아베 신조와 아소 다로麻生太郎조차 그들 나름의

국가전략을 갖는다고 보고 있다. 그렇지 않은가?

소에야 그들은 의제agenda는 있었지만 국가전략national strategy은 갖고 있
지 않았다.

Q 목적과 의도 없는 의제 설정이 가능한가? 명시적 전략은 아니어도
국가정책의 큰 흐름에 대해선 분명한 방향성을 가졌던 것 아닌가?

소에야 일본의 정치가들은 그런 발상을 갖고 있지 않다. 우리, 연구자
입장에서 보면 정말로 그렇다. 아베도 헌법을 개정해야 한다는 의
제는 있었다. 그러나 그 의제를 포괄하는 국가전략은 없었다. 그래
서 '아름다운 나라美しい國' 같은 것밖에는 말하지 못한 것이다.

Q 아소가 말한 '자유와 번영의 호the Arc of Freedom and Prosperity' 구상은
어떠한가?

소에야 그건 사실 외무성에서 나온 아이디어다.

_____

17 사토 총리(1964. 11~1972. 7)는 취임 직후 핵무기에 관심을 표명했으나 1967년 12월부터는 이후
국시로 정착되는 '비핵 3원칙(핵무기의 제조·보유·반입 불허)'을 천명했다. 미일교섭을 통한 오키나와
반환 실현, 한일 국교정상화 등의 외교 업적을 거두었다. 다나카 총리(1972. 7~1974. 12)는 미소 데
탕트 및 미중화해의 와중에 중일 국교정상화를 실현했다. 자민당 내 최대 파벌인 다나카파의 수장으로
일본열도개조론을 제창했다. 한편 나카소네 총리(1982. 11~1987. 11)의 비핵중급국가론이란 자신
의 자주방위와 비핵 3원칙을 일체화한 것으로 미일안보체제 아래서 일본 고유의 방위체계를 확립하자는
구상이었다.

Q 외무성이 영향을 줄 수 있다면 그 아이디어 역시 일본의 의도가 될 수 있는 것 아닌가?

소에야 그런 아이디어는 여러 곳에서 많이 나온다. 그렇기 때문에 시간이 지나면 다른 아이디어가 또 제시된다. '자유와 번영의 호' 역시 당시 외무성 정책 담당자들의 생각을 반영한 것이라 보면 된다. 실제로 이 구상은 그 뒤로 계속 추진되지도 않았다. 정권이 바뀌면 누구도 그 이전 정책은 말하지 않는다. 일본에는 이런 한계를 뛰어넘는 포괄적 대전략이 없다. 동남아시아 정책의 경우에도 경제산업성과 외무성 지역정책국의 의견이 상이하다. 관료주의적 분절화bureaucratic fragmentation의 전형적 예다. 예부터 일본 총리의 외교방침 연설은 관료가 써준 것을 총리가 그대로 읽었다. 나카소네 같은 인물은 원고에 손을 대기도 했지만, 일본의 정치가 대부분은 평상시 외교에 대해 아무 생각이 없다. 기껏해야 자신의 취향을 부분적으로 집어넣는 정도다. 일본은 그런 나라다.

아까 당신이 모순된다고 느낀 것은 '보이지 않는 손invisible hand'이 있어서다. 아무도 종합적이고 전략적인 주장, 국가적 의도나 전략 같은 식으로는 생각하지 않는다. 앞서 말했듯 처음부터 일본은 이데올로기적으로 분열되어 있었기 때문에 논의의 형태에서도 이러한 양극화 현상이 표출되는 것이다. 우파의 논의가 전형적인 좌파 공격의 형태를 띤다. 이는 전략이 아니라, 국내의 소모적 논쟁에 지나지 않는다.

Q 그렇다면 일본에 대해 전혀 우려할 필요가 없다는 이야기인가? 일본은 정치적 리더십도, 명백한 국가전략도 없다는 말인가? 일본 총리의 정치적 의도와 의지가 부재하고 외무성이나 외교 관련 기관들은 관료정치나 하고 있으니 참으로 혼란스러운 나라라는 이야기로 들린다. 그건 거의 무정부상태나 마찬가지 아닌가?

소에야 맞다. 그렇기 때문에 일본의 의도나 전략에 대한 걱정은 필요 없다. 내 요점은 일본을 추동하는pushing Japan '보이지 않는 손'이 존재한다는 것이다.

Q 그 '보이지 않는 손'이란 무엇인가?

소에야 바로 요시다 노선이다.

Q 그것은 '보이지 않는 손'이라기보다는 일종의 관성inertia 아닌가?

소에야 경로의존성path dependency[18]이라고 할 수도 있겠다. 당신 말대로 매우 관성적인 것이다. 외무성이 미일안보조약의 중요성을 줄기차게 이야기하는 것은 분명 관성이다. 전략적으로 어떤 의미를 갖는지, 거기까지 생각해서 말하는 우수한 사람도 있다. 그러나 대부분은 전후의 관성에 빠져 있다. 결국 미일안보조약을 중시하면 거

---

18 경로의존성이란 제도나 틀이 과거의 경위나 역사적 우연 등에 속박되는 것을 말한다.

기에 자리 잡게 된다는 점을 정책결정자들은 알고 있는 것이다. 예를 들어 1980년대 미국과 일본의 경제관계가 어려워졌을 때도 외무성의 한 국장은 "현재 상황이 어렵지만 언젠가는 돌아가야 할 곳으로 돌아가게 된다"는 말을 한 적이 있다. 이는 논리가 아니라 감각으로 하는 말이다. 그리고 그 말대로 되었다.

내가 말하는 '보이지 않는 손'이란 평화헌법과 미일안보조약이 있고 이는 현실적으로 바뀌지 않을 테니 일본의 모든 외교행위는 이 두 가지가 전제된 틀 안에서 움직인다는 의미다. 누구도 좀처럼 이 틀 바깥으로 뛰쳐나가려 하지 않는다. 자위대의 PKO 참가도 내 논의에서 보자면 이러한 요시다 노선 안에서 이뤄진 변화다. 그 틀을 부수는 변화는 아니라는 것이다. 보통국가론 역시 요시다 노선의 틀 안에서 가능한 일을 하자는 것이다. 반면 한국·중국이나 미국에서 보통국가론을 일본의 군사화와 동일시하는 것은 이것이 요시다 노선이라는 틀을 깰지도 모른다는 우려 때문이다. 그것이 결정적인 차이다. 방위청이 성省으로 승격[19]되었을 때도 보통국가로 나아가는 첫발이라는 비판이 많았지만, 내가 보기에는 그 역시 요시다 노선 안에서 이뤄진 변화다.

Q 그러나 일본 내의 민족주의 흐름과 공세적 외교행태는 그렇게만 볼 수 없게 만든다……

---

19 2007년 1월 아베 내각 당시 총리부·내각부의 외국(外局)이던 방위청(Defense Agency)이 방위성(Ministry of Defense)으로 승격되었다.

^{소에야} 이 틀을 움직이는 충동_{urge}은 분명히 요시다 노선이라는 틀 외부에 존재한다. 아베든 아소든 그들의 내셔널리즘적 충동이 그렇다. 외부의 충동이 틀 안에서 변화를 이끌어내고 있는 것이다. 그러나 그들이 틀을 부수는 일은 일어나지 않는다. '보이지 않는 손'은 매우 강력하기 때문이다. 계속 말했듯이 일본의 전략은 평화헌법과 미일안보조약을 전제할 수밖에 없다. 이는 요시다 노선의 틀을 좀 더 투명하게, 눈에 보이는 것으로 만들어 일본인 모두가 합의할 수 있는 전략을 도출해야 한다는 이야기다. 그렇게 볼 때 일본은 결국 미들파워 전략을 택할 수밖에 없고, 이것이 가장 현실적인 일본의 미래 전망이다.

▌유일한 대안은 미들파워 외교전략

Q 미들파워 외교만이 실행 가능한 일본의 전략이라는 것인데, 그렇다면 대체 그 전략의 구체적 성격은 무엇인가? '미들'이라는 개념은 어떻게 도출하는가?

^{소에야} 나는 일본 외교의 모순을 알기 쉽게 설명하기 위한 개념으로 '미들'을 사용하고 있다. 앞서, 일본의 현실주의와 자유주의가 국제정치 이론에서 말하는 그것과 다르다고 말했을 때와 같은 맥락이다. 일단 용어를 썼으니, 내가 이렇게 말하면 무책임해 보일지 모르지만, 미들파워라는 정의 자체가 그리 중요한 건 아니다. 일본

의 외교를 이런 관점에서 보면 알기 쉽다는 의미에서 쓴 용어, 즉 하나의 준거점reference point으로 이해하면 될 것이다. 책에도 썼듯이 미들파워라는 용어가 혼란을 준다면 다른 용어로 대체해도 좋다고 생각하지만 좀처럼 다른 개념을 떠올리기 어려웠기 때문에 미들파워라는 표현을 쓴 것이다. 어쨌든 그 '말'보다는 실제 '내용'이 더 중요하다.

Q 미들파워를 정의하는 방식은 여러 가지다. 하나는 GDP나 군사력 등 국력 그 자체로 강대국, 미들파워, 약소국을 구분하는 것이며, 다른 하나는 대외 외교행태를 보고 추론하는 것이다. 캐나다, 호주, 알제리 등 국제사회에서 의제를 설정하고 분쟁중재에 적극 나서는 이른바 '소프트 밸런싱soft balancing' 국가들을 미들파워로 볼 수 있다. 이런 기준으로 볼 때 선생이 말하는 미들파워 국가의 실체는 무엇인가?

소에야 당신이 언급한 구분 방식을 가지고 말하자면, 외교행태를 보고 추론하는 것에 가깝다. 바꿔 말하면 일본이 미들파워인가 대국인가 하는 문제가 아니라 외교의 질quality에 관한 문제인 것이다. 전후 일본 외교가 실제로 해온 것들 대부분이 미들파워에 해당하며 안전보장 측면에서 보면 미들파워까지 가지도 않는다. 이런 의미에서 보통국가론은 성숙한 미들파워 외교를 하려는 행보로 파악할 수 있다. 유엔 PKO 활동 등에 줄곧 참여했어야 미들파워 국가가 되는 것인데 과거에는 그러지 못했다.

Q 약소국이라 할지라도 유엔 PKO 활동에 군대를 보낼 수 있지 않은가? 몽골 같은 국가도 PKO 활동에 적극적이지 않나.

소에야 일본은 오랫동안 그조차 할 수 없었다. 냉전이 끝난 뒤에야 겨우 자위대가 그런 일에 대비한 훈련을 시작하고 장비를 갖추게 되었다.

Q 미들파워를 정의할 때 선생은 유엔 안보리 상임이사국인 프랑스나 영국 같은 외교행태를 보이는 일본을 지칭했던 것 아닌가? 프랑스나 영국을 언급함으로써 상정한 미들파워의 역할은 무엇인가?

소에야 호주나 캐나다도 있으므로 폭이 넓어지긴 하지만 가장 중요한 건 국제적으로 봤을 때 일방주의unilateralism를 포기했다는 점이다. 특히 힘의 정치로서의 일방주의는 선택지가 아니다. 전후 일본의 외교는 여기에 완전히 합치한다. 전후 일본이 힘의 정치나 일방주의에 기초해 뭔가를 한 적은 한 번도 없을 것이다. 냉전 후에도 아마 그럴 것이다.

　어째서 일본이 유엔 안보리 상임이사국이 되려 하는가? 이 점 역시 사람에 따라 이미지가 다르지만 내가 보기에는 일본 외교에서 유엔이 그만큼 중요하기 때문이다. 우선 일본은 유엔에 막대한 분담금을 내고 있다. 유엔 및 산하기구에서 활동하는 일본인이 적다는 비판도 있지만, 유엔에서 인간안보human security[20] 기금을 설립할 때 일본이 자금을 제공하고 실질적 활동을 주도했다. 그런 측면에선 일본이 실제로 돈을 쓰고 인적 자원도 투입해왔다는 이야기다. 간단히 말해 다자간 제도multilateral institutions 안에서 필요한 역할을 하는 것이 미들파워 외교의 특징 중 하나다.

Q 앞서 선생은 후나바시의 세계민생대국은 대국론에 기초하고 전 세계를 대상으로 하지만 미들파워는 지역에 초점을 맞추는 것이라고 했다. 그러나 선생이 지금 묘사하는 미들파워의 내용은 지역적이라기보다는 글로벌한 것으로 보인다. 모순적이지 않은가?

소에야 지금 유엔 이야기를 하고 있어서 그렇다. 일본은 프랑스나 영국처럼 거부권veto 없는 역할이라도 괜찮다고 말한다. 따라서 일본의 상임이사국 진출은 대국주의의 표출이 아니라고 할 수 있다. 외무성 예산을 보면 알 수 있듯이 일본은 세계 곳곳의 문제에 깊이 관여하고 있다. 후나바시가 말한 세계민생대국의 이미지는 일본 외교의 현실에서 비롯되는 것일 테다. 일본이 이런 역할을 하기 위해 돈을 써온 것이 사실이니까.

　내가 주장하는 미들파워 외교는 일본이 국제사회와 지역체제에서 보다 건설적인 외교 노력을 하는 것이다. 특히, 일본 혼자 하는 외교가 아니라 한국이나 중국과 더불어 일하자는 취지다. 하나의 예로 '후쿠다 독트린'[21]을 보자. 후쿠다 독트린은 기본적으로

---

20 '인간안보'란 기존의 '국가안보'에 대비되는 개념으로서 환경파괴, 난민, 빈곤 등 인간 개개인의 안전을 보장해야 한다는 새로운 안보 개념을 말한다.

경제력을 사용해 베트남전 이후 인도차이나의 부흥을 도우면서 ASEAN과 인도차이나의 통합을 디자인한 일본의 외교적 이니셔 티브였다. 이것이야말로 전형적인 미들파워 외교라고 생각한다. 아시아에 대한 경제원조 역시 그런 목적으로 해온 것이다. 거기에 대국의 야망 따위는 있을 수 없다. 물론 사람들이 떠올리는 이미지 는 각기 다를 수 있기 때문에 일본이 다시 동남아시아에서 패권을 추구한다는 해석도 줄곧 따라다녔다. 하지만 '보이지 않는 손'이 그러한 대국 외교를 현실적으로 어렵게 만들어왔다.

▌ 미들파워 외교와 동아시아의 지역질서

Q 그렇다면 미들파워 외교는 중국의 대두에 어떻게 대처할 수 있는 가? 요시다 노선의 틀에서 보면 중국에 대해 '헤징hedging, 위험분산' 전 략으로 미국과의 동맹을 강화하는 것 이외에 다른 대안이 있는가?

소에야 그런 식으로 말하면 일본의 선택지는 없다. 미들파워에는 미들 파워의 선택지가 있다고 본다. 자신의 선택지가 없어지는 것은 최 악의 상황이기 때문이다. 미중대립으로 일본이 미국에 붙게 될 가 능성은 있으나, 일본으로서는 결코 바람직한 시나리오가 아니다.

---

21 1977년 8월 당시 후쿠다 다케오(1976. 12~1978. 12) 총리가 동남아시아를 차례로 방문하며 표명한 대(對) 동남아시아 외교 3원칙을 말한다. 3원칙의 내용은 이렇다. ① 군사대국이 되지 않으며 세계의 평화와 번영에 공헌한다. ② 마음과 마음이 통하는 신뢰관계를 구축한다. ③ 대등한 입장에서 동남아 국가의 평화와 번영에 기여한다.

우선 북한 문제를 포함해 미국이 없으면 일본의 안전보장은 성립하지 않는다는 문제가 있다. 그러나 문제는 이것이 미들파워 외교의 목적이 아니라는 것이다. 미국은 일종의 보험insurance이다. 이를 전제로 해서 일본이 미들파워 외교의 하나로 할 수 있는 일을 생각하자면 한국이나 호주, ASEAN 등과의 관계가 중요해진다. 이미지로 보면 중국과 미국이 양쪽 대국으로 존재하고 그 둘의 관계는 좀처럼 컨트롤할 수 없는 것이다. 하지만 미중 양국이 서로 관여engage하여 동아시아 전략을 펼 때 우리가 서로 협력해 동아시아의 지역적 인프라를 만들면 중국이나 미국도 이를 무시할 수 없다. 이렇게 만드는 데 초점을 맞추는 것이 내가 제안하는 미들파워 전략이다. 책의 마지막 부분에서 '미들파워 네트워킹'이라는 말을 사용했듯이 한국, 일본, 호주, ASEAN 등이 협력해 동아시아 지역질서 인프라를 가능한 곳부터 만들어나가야 한다.

Q 그런 협력 네트워크가 경제와 환경 등 하위정치low politics 분야에서는 작동하겠지만, 군사안보 같은 상위정치high politics에서는 어렵지 않겠는가?

소에야 상위정치로 보자면 미중 양국이 존재한다. 우리는 다만 미중 양국에 의견을 말할 수 있을 것이다. 또는 우리의 선호preference를 주장할 수 있다. 한 나라가 아니라 함께 뭉쳐 발언하는 쪽이 훨씬 영향력이 크다. 미중 양국의 시대에 일본, 한국, 호주는 다들 같은 이해관계와 의제를 가졌다고 본다. 여기서 한목소리로 미중 두 나라에 대해 발언하면 더 강력할 것이고 보다 자주적인 동아시아 미들 파워 외교가 가능할 것이다. 미들파워의 최대 특징은 혼자서는 아무 일도 할 수 없다는 것이다. 힘을 합쳐야 한다.

　일본의 문제점은 실질적으로는 이런 지역적인 일을 하면서 역내 다른 국가들과 어떻게 협력해나갈 것이냐에 대한 발상이 이제까지 전혀 없었다는 점이다. 마치 일본이 혼자 동남아시아 정책을 구사할 수 있는 것처럼 행동해왔다. 이런 의미에서 전략으로서 완전한 그림이 그려지지 않은 정책을 추진했다고 할 수 있다. 실제로 일본이 주력한 것은 ASEAN과의 네트워크 형성이었으며 일본 기업은 ASEAN의 생산 네트워크 속에서 중요한 일부로 자리 잡고 있다. 이것은 정부가 간접적으로 지원했기 때문에 가능했다. 일본이 좀 더 자각해 지금껏 '보이지 않는 손'에 의해 만들어진 것에 대해 '이것이 전략이다'라고 분명하게 말할 수 있게 되면, 일본과 다른 국가의 관계가 바뀔 것이며, 일본의 지역적 역할도 명확해질 것이다.

Q 일본의 안보 측면에서 주요 관심사 중 하나인 영토 문제는 어떤가?

소에야　영토 문제는 유보하거나 쟁점화하지 않는 것이 최선이라고 본다. 지금은 전통적 영토 문제로 국가 간의 관계가 좌우되는 시대가 아니다. 보다 자유주의적이고 국제적인 의제에 관한 협력방안을 중심으로 대외정책이 맞물려야 한다. 영토 문제는 커지면 커질수록 해결책이 없기 때문에 가능한 한 건드리지 않는 방향으로 가는 게 좋다. 함께 동아시아 지역질서를 구축해나간다는 분위기가 형성되면 '영토'는 점차 부차적인secondary 문제가 될 것이다. 영토 문제가 사라지지 않더라도, 부차적인 문제가 되는 것만으로 충분한 진전을 보았다고 할 수 있다. 이러한 전통적인 안전보장 문제가 우리 의식에서 엷어지는 것 자체가 일종의 해결책이라고 본다.

Q 선생의 미들파워 외교는 평화헌법 유지와 미일안보조약 지속을 상정하고 있다. 또 이러한 기초 위에서 PKO 활동이나 인간안보, 동아시아공동체 등 '틈새'를 찾고 있는 것 아닌가. 더욱이 책에서는 '대국의 환상'이라는 표현까지 쓰며 대국적 멘털리티에 경고를 보내고 있다. 하지만 일본 국민과 정치 엘리트, 관료가 일본의 지위 격하downgrading를 받아들일 수 있을까?

소에야 대국적 멘털리티가 있으면 미들파워는 지위하락으로 여겨질 것이다. 그러나 내 논의는 미들파워 전략을 취해야만 일본의 국제적 위상이 더 높아지며 동아시아 외교 역시 훨씬 의미 있고 실질적일 수 있다는 것이다. 내 입장에서는 미들파워 외교가 곧 일본 외교의 격상upgrading이다.

Q 말하자면 '대국정치'보다 더 현실적이고 실리적이라는 것인가?

소에야 그런 의미도 있다. 다가올 미래가 대국정치의 시대도 아니고, 일본은 실제로 대국정치를 하지 않았으며 할 수도 없다. 오히려 대국정치를 하지 않는 것이 일본 외교의 실상이었다고 할 수 있다.

중국과 소련이 대립했을 때도 일본은 가담하지 않았다. 한반도의 대립에도 가담하지 않았고, 북한과는 관계를 맺었다. 전후 일본은 이런 식의 외교를 지속해왔다. 냉전기에 경제대국이 되었고 그때는 다들 잘되고 있다고 생각했지만 냉전이 끝나자 앞서 언급한 그 '모순'이 다시 분출되었다. 이를 일컬어 우경화나 일본 내셔널리즘의 대두라고 말할 수는 없다. 오히려 그 이전 시기에 좌파가 강했던 것이다. 냉전이 끝난 뒤 중국이 대두하고 북한 문제가 발생하면서 국제정치가 바뀌고 안전보장 문제가 등장했다. 좌파가 우세하던 시기에 일본이 취하던 방식이 점차 통용되지 않게 된 것이다. 이대로는 안 된다며 우파가 대거 등장했다. 그러나 내 입장에서 보면 좌파도 우파도 비현실적이다. 둘 다 일종의 유토피아적 사고를 하고 있다. 그런 것은 전략이 될 수 없다는 게 내 이론의 대전제다.

▌ 미들파워 외교와 일본의 국내정치

Q 요시다 노선은 '1955년 체제' 때문에 가능했던 것 아닌가? 1955년 체제는 이미 사라졌다. 외교정책은 국내정치의 연장extension이다. 그러나 일본 국내정치의 지형 변화는 외교정책에 큰 영향을 미치는 것 같지 않다. 자민당이나 민주당을 보라. 그들은 야당일 때도 여당일 때도 늘 보수적이다.

소에야 아니다. 그것은 한국의 인식이다. 어째서 민주당이 보수적이라고 말하는가?

Q 마에하라 세이지前原誠司[22]처럼 보수적 입장을 취하는 사람이 민주당 내에도 적지 않아서다.

소예야 거기에는 일본 특유의 맥락이 있다. 일본의 자기주장self-assertiveness에 대한 논의는 전략적인 것이 아니다. 마에하라도 마찬가지다. 그의 주장에는 중요한 전제가 있다. 일본이 지금껏 반드시 주장해야 하는 것을 주장하지 않았다는 점이다. 따라서 의연히 대처하지 않으면 안 된다는 입장이다. 민주당 당수일 때 마에하라가 워싱턴에 가서 중국위협론을 거론해 신문 1면을 장식한 적이 있다. 그는 중국군의 근대화가 우려할 만한 것이라는 요지의 발언을 했다. 다른 많은 사람의 눈에도 그건 사실로 보였을 수 있다. 마에하라가 문제시한 것은 일본이 지금껏 그런 '사실'에 대해 지나치게 침묵했다는 점이다. 사실이라면 말하지 않으면 안 된다는 의미였다. 그게 전부였다. 그 뒤에 더 이어지는 내용이나 전략론은 없었다.

Q 하지만 2010년 9월 센카쿠열도에서 중국과 충돌할 때 국토교통성 장관으로서 마에하라의 대응은 꽤 과감하지 않았는가?

소예야 2010년 센카쿠열도를 둘러싸고 문제가 발생했을 때도 그는 국

---

22 교토대학교와 마쓰시타정경숙 출신의 민주당 국회의원으로, 당대표와 외무장관을 역임했다. 외교 및 안전보장 분야의 전문가로서 대중견제론, 집단적 자위권 주장 등 당내 강경파로 알려졌다.

토교통성 장관으로서 나름의 영향력이 있었다. 이때는 중국인 선장을 체포해서 문제가 커졌다. 이 역시 마에하라식 사고방식의 전형적 예다. 당시 중국인 선장은 꽤 취한 상태였던 것 같고, 중국이 이전에는 보이지 않았던 거친 행동선체충돌을 한 것은 분명했다. 지금까지 일본은 이런 상황에 온건하게 대처해왔다. 그러나 마에하라를 비롯한 지도자들은 이런 지독한 행위를 그냥 놔둘 수 없다고 판단했고, 당당히 대처하기 위해 국내법에 따라 처벌한다는 식으로 대응했다.

이런 행동이 중일 간에 어떤 사태를 불러일으킬지, 중국이 강경자세를 보이면 어떻게 대응할지 같은 계산은 명시적으로는 하지 않았던 것이다. 밖에서 보면 일본이 중국에 대해 강경자세로 돌아섰다고 해석될 것이다. 정치가에게 그런 계산이 없다고 생각하는 쪽이 더 이상하기 때문이다. 그러나 일본 정치가들에게는 그런 생각이 놀라울 정도로 없다. 지금 와서는 많은 일본 정치가가 외교적 고려는 전혀 없이 강경발언을 하고 있다. 정말로 아무 생각 없이 충동적으로 말할 뿐이다. 다시 한 번 말하지만, 그래서 일본 정치에는 어떤 의도나 컨센서스가 없다는 것이다.

Q 거꾸로 말하면 그동안은 굳이 깊게 생각하지 않아도 괜찮았다는 것인가?

소에야 그렇다. 지금까지는 생각하지 않아도 괜찮았다. '보이지 않는 손'이 이끄는 대로만 하면 됐기 때문이다. 이는 관료가 말하는 대로 하면 된다는 자민당 시대의 정치이기도 하다. 왜 그런지는 생각하지 않는다. 그럼에도, 미국에 지나치게 의존하지 말아야 한다는 식의 발언이 태연하게 튀어나온다.

Q   그건 정말로 문제다.

소에야   거기서 기이한weird 질문이 나온다. "그럼에도 일본이 나름대로 잘해온 것은 왜인가?" 그 답은 '보이지 않는 손' 덕분이다. 평화헌법과 미일안보조약이 있으니 그 틀 안에서 행동할 수밖에 없었다. 이건 지금도 바뀌지 않았다.

Q   그 틀 안에 있는 게 편안하다는 이야기로 들린다. 그런가?

소에야   그렇다. 일본 외교의 현실이다.

Q   정말로 어리석은 것 아닌가?

소에야   바로 그런 의미에서 일본의 정치가들은 어리석다. 일본의 정치가와 제대로 된 외교 논의를 할 수 있다고 보는가? 그렇지 않을 것이다.

Q   일본 정치인은 비전도 큰 그림도 없다는 것인가?

소에야 그렇다. 그게 현실이다. 그럼에도 뭔가 있다고 생각하기 때문에 한국이 일본을 우려하고 중국도 의심스러운 눈길로 일본을 보는 것이다.

Q 일본이 외교적 이니셔티브를 취하지 못하는 이유를 알겠다. 그래도 1990년대 중반까지는 국제공헌국가 구상 등 여러 가지 외교적 노력이 있지 않았는가?

소에야 그건 요시다 노선이라는 틀을 완성하려는 움직임이었다. PKO 활동 참가나 국제공헌 논의 역시 마찬가지라고 생각한다. 그래서 국내의 착종되는 논의와 관계없이, 일본 외교의 실태는 미들파워 외교이고 그 속에 '보이지 않는 손'이 움직이는 자각되지 않은 전략이 존재한다고 분석하는 것이다. 내가 보기에 합리적인 학자는 대체로 미들파워 국제주의자internationalist였다.

Q 미들파워 '현실주의'의 관점을 제시하는 학자는 없다는 말인가?

소에야 미들파워에도 미일동맹같이 현실주의적인 부분이 있다. 그런 부분을 고려하지 않으면 성과를 낼 수 없기 때문이다. 한국 역시 미들파워로서 성과를 내고 싶어하지만 북한을 고려하지 않을 수 없는 것이다.

Q 동아시아재단 지원으로 서울대학교 박철희 교수가 선생의 저서

《일본의 미들파워 외교》를 한국어로 번역, 출간했을 때 그 내용에 대해 토론한 적이 있다. 몇몇 학자는 선생이 정말로 지향하는 것은 '대국'이며 미들파워론은 일본의 지위를 스스로 낮추는self-demotion 겉치레, 즉 '다테마에'라고 지적하기도 했다. 그 지적에 동의하는가?

소예야 나는 진심本音을 말한 것이다.

▌일본 외교의 네 가지 축

Q 만일 일본이 미들파워 전략을 취한다면 한국과 어떤 협력이 가능하리라 보는가?

소예야 한일 양국은 진정한 의미에서 목적이 같다. 두 나라 사이에 공통의제가 있고, 미래의 바람직한 동아시아 질서에 관한 컨센서스 형성도 가능하리라 생각한다.

Q 공통의제로 무엇 무엇이 있는가? 안보나 동맹도 가능한가?

소예야 논리적으로는 가능할 것이다. 그러나 감정이나 인식을 생각하면, 유감스럽게도 안보나 동맹의 차원은 현실적으로 무리라 본다.

Q 그렇다면 북한의 급변사태 시 한일협력이 현실적으로 어려운 것

아닌가?

소에야 현실적으로는 무리지만 이론적 잠재력은 크다. 또한 한일 양국은 미국과 중국이라는 두 나라 사이에 끼어 있다. 대미 동맹관계역시 한일 양국이 같은 입장에서 논의할 수 있어야 한다. 한반도문제나 미국의 지역적 역할, 미중관계에 대해서도 마찬가지다. 이런 문제에 대해 미국은 무슨 역할을 하고 그것은 어떤 의미가 있는가? 이와 관련해 현재 미국이 취하는 정책은 무엇인가? 이 질문들에 대해 한일 양국이 진정으로 전략적인 대화를 하지 않으면 안 된다. 이 일이 현실적으로는 여러 이유로 어렵겠지만 논리적으로는분명 가능하다는 게 내 생각이다.

향후 중국과의 관계와 중국의 장래 역시 한일 양국에 공통되는의제다. 앞으로 중국은 한일 양국의 번영과 안보를 좌우할 것이다.북한의 장래 역시 마찬가지다. 한반도가 변화했을 때 일본이 어떤정책을 취할지, 지금부터 한일 양국이 진지하게 논의해야 한다. 통일 이후의 한반도는 반일反日이 될 것이라든지 일본이 한반도 통일을 싫어한다든지 하는 이야기도 있지만, 한반도 통일 과정에서 일본이 어떤 역할을 담당하느냐와 그때의 한일관계에 따라, 그 후의동북아시아는 결정적 변화를 맞으리라 생각한다. 따라서 지금부터 그런 작업을 하지 않으면 안 된다.

동아시아 질서를 어떻게 진전시키느냐에 관한 한일 양국의 이해관계도 동일할 것이다. 이런 부분에서 컨센서스를 형성해두지 않으면 아무것도 달라지지 않는다. 변화의 분위기를 조성하려면 지금 하는 이런 인터뷰 같은 '지적 측면의 시도'가 매우 중요하다. 최근 내가 한국에 큰 관심을 쏟는 것은 내 미들파워 외교를 실천하는 한 방식이기도 하다.

Q 현재 한국은 일본의 그런 제안에 어느 정도 공감하면서도 아직 진심으로 여기고 있지는 않은 것 같다. 마치 짝사랑 비슷한 상황이 아닌가 싶은데, 선생의 견해는 어떤가?

소에야 일부에서는 이런 논의가 이루어지고 있다. 다만 아직까지 국가 간 차원에서 공식 협의가 있는 건 아니다. 일본 외교가 이런 전제 위에서 한국에 대한 정책을 추진하기란 당분간은 현실적으로 무리일 것이다. 한국의 여론을 움직이기는 훨씬 더 힘들 테고……. 우선은 가능성 있는 지점을 명확히 해나가면서 틀을 만들고, 이를 한일 양국 국민들에게 제시해 논의를 거듭해야 한다. 미들파워론이 진심으로 들리지 않는 까닭도 이해는 되지만, 좀 더 지적 측면에서 도전해야 한다. 계속 노력하다 보면 조금씩은 달라질 것이다. 가까운 미래에 한일 양국이 그런 관계가 되리라고는 생각지 않지만, 방향성vector만은 분명 그쪽으로 가고 있다고 본다.

종래 일본의 안전보장 논의는 세 가지 기둥으로 이뤄진 구조였다. 첫째가 '국제사회'라는 것이 존재하는데 일본은 그 사회에서 어떤 역할을 할 것인가, 이른바 PKO 활동 참여에 관한 논의다. 둘째가 미일동맹이다. 그리고 셋째가 자위대의 역할에 관한 부분, 즉 자조 노력이다. 자위대의 역할이란 미일동맹을 전제로 하지 않으면 대부분 의미가 없으므로 이 둘은 항상 한 세트다. 이렇게 세 가지 기둥으로 이루어진 것이 종래 일본의 안보 논의였다. 그러다가 내가 참여한 하토야마 정권의 안전보장 간담회에서 명시적인 네 번째 기둥이 추가로 덧붙여졌으니, 한국과 호주 등 지역국가들과의 안전보장 협력이다. 이는 비교적 많은 사람이 언급한 덕분에 점점 더 논의가 확대되고 있다. 미중 양국의 시대에 일본은 다른 국가와 함께 행동하지 않으면 안 된다는 인식이 일본에서도 충분히 받아들여지게 됐다.

Q 그럼 중국은 일본 외교에서 어떤 위상을 차지하는가?

소에야 아마 중국에 대한 인식조정이 가장 까다로울 것이다. 일본에서 "한국이 중요하다"고 말하는 사람들 중 절반 이상은 머릿속에 중국을 떠올린다. 이른바 대對중국 전략으로서 한국과 연대하자는 발상이다. 이것으로는 안 된다. 이런 발상만으로는 한국이 움직이지 않을뿐더러 결코 생산적이지도 않다. 하지만 일본의 반중 감정이 워낙 강한 탓에 거기까지 논의를 끌고 가기는 어렵다. 정치인에게 이해시키는 것부터가 어렵다. 한국이 중요한 이유로 중국을 말하면 모두 납득한다. 중국이나 북한을 거론하면 이전에 불가능하던 일이 간단히 국회를 통과하는 것이다. 그러나 이런 식으로는 안 된다.

Q 선생의 미들파워 외교론에서 중국은 '위협'인가?

^{소에야} 위협이 될 가능성도 있지만 그 이전에 중국의 존재는 '현실'이다.

Q 북한은 어떤가?

^{소에야} 그 역시 현실이다. 둘 다 위협이 될 수는 있지만 처음부터 위협이라고 정해놓을 필요는 없다. 게다가 중국이 정말로 위협이 되면 아시아는 분열될 것이다. 중국이 위협이 될 경우 일본도 한국도 미국과의 동맹을 기축으로 하지 않을 수 없기 때문에 미들파워론에 입각해서 보면 '아시아 분열'이라는 시나리오가 나오는 것이다.

중국에 대해 한 가지 덧붙이자면 일본 내의 반중 정서는 갈수록 거세지고 있다. 그러나 주의해야 할 점이 있다. 일본이 반중 전략을 들고 나섰느냐 하면 그렇지는 않다는 것이다. 만일 일본이 단독으로 반중 전략을 편다면 반드시 질 것이다self-defeating strategy. 일본이 실제로 그렇지는 않지만, 이뤄지는 논의 자체는 반중적인 것이 되고 있다. 담론discourse과 정책 사이의 간극이 이렇듯 심해 관료들이 고생하는 것이다.

Q 한미일 3국 공조, 더 나아가 한미일 3국 '동맹관계'의 강화는 어떻게 보는가?

^{소에야} 안전보장 측면에서는 동의한다. 그러나 이런 문제는 조용히 진행하면 된다. 보험적 수단을 큰 목소리로 선전까지 할 필요는 없다.

Q   미사일방어계획MD 같은 건 조용히 진행할 수 없지 않은가?

소에야 그런 경성안보 역시 조용히 진행하면 된다.

Q   한국은 김대중·노무현 정권 때 미국의 MD전략에 협조하면서도
    그 일을 크게 이야기하지 않았다. 그래서 중국이나 북한이 불평하
    는 일도 없었다. 하지만 이명박 정부는 그렇지 않은 것 같다. 이 점
    에 대해서는 어떻게 생각하는가?

소에야 일본 역시 그 부분이 문제다. 위정자들이 전략적으로 어디에 초
    점을 맞추는 것인지 분명치 않아서 MD 등을 중요하게 생각해 큰
    목소리를 낸다. 국제사회에서 일본이 지닌 강점에 대한 명확한 전
    제를 가져야 하고, 이를 기준으로 외교방침이 정해지면 그쪽에 힘
    을 쏟는 것이 중요하다. 전통적 안전보장과 관련된 문제들은 조용
    히 진행해나가면 된다.

▌ 미들파워 전략의 미래

Q   그렇다면 선생은 일본의 새 정치지도자들 가운데 누가 미들파워
    외교를 일본의 주요 전략으로 구상할 것이라 생각하는가?

소에야 명시적으로는 그렇게 되지 않으리라 생각한다. 다만, '보이지

않는 손'은 계속될 것이다.

Q '보이지 않는 손'이 지속된다면 일본의 선택은 선생이 말한 '틈새'
   외교의 모색이지 대전략이 될 수는 없을 것 아닌가?

소에야 아니다. 일본인이 의식적으로 어떤 것을 전략이라고 생각해 자
   원을 집중 투입하면 그것이 전략이 된다. 나는 그렇게 되면 좋겠다
   고 생각해서 책을 쓴 것이다. 그러나 유감스럽게도 아직 그렇게 되
   지 않았다.

Q 현상유지status quo를 '보이지 않는 손'이나 관성이라 부르면서 그 안에
   서 작은 '틈새'를 찾는 느낌이다. 지나치게 보수적인 자세 아닌가?

소에야 그러나 거기서부터 시작하지 않으면 일본 외교가 안고 있는 불
   명확한 부분이 해소되지 않는다.

Q 그렇다면 선생이 생각하는 전략의 최종 결과는 무엇인가? 50년 뒤
   일본이 기대할 수 있는 결과는 무엇인가?

소에야 실현될 것 같지는 않지만 내 미들파워 구상에는 몇 가지 기반이
   있다. 첫째는 미들파워 외교 구상에 대한 전략적 합의를 찾는 것이
   다. 이는 일본 국내뿐 아니라 주변국도 포함한다. 그 다음에는 미
   들파워 전략이 완성될 수 있도록 헌법 9조를 개정해야 하는데, 이

렇게 말하면 한국인들은 "그게 본심"이라며 비판한다.

Q 그러나 우리는 선생이 주장하는 평화헌법 9조 2항 개정에 반대하지 않는다. 노무현 전 대통령의 입장도 그랬다. 그는 일본이 헌법을 개정함으로써 보통국가가 되는 것에 무슨 문제가 있느냐고 말한 적이 있다. 문제는 어떻게 과거사 문제를 해결하고 지역평화에 대한 의지를 분명히 하느냐다.

소에야 나는 당신과 노무현 전 대통령이 옳다고 생각한다.

Q 많은 한국인이 그렇게 생각한다. 그러나 문제는 평화헌법 9조 2항 개정을 통해 자위대를 재무장하거나 정규군 명칭으로 바꾸는 것을 군국주의로의 회귀와 동일시하는 지식인이 있다는 사실이다.

소에야 한국의 언론 역시 그런 관점을 취한다. 내 주장은 평화헌법 9조를 개정하면 일본이 보다 이해하기 쉬운straightforward 보통의 미들파워가 되리라는 것이다. 독일처럼 말이다.

Q 스티븐 크래스너Stephen Krasner 교수도 평화헌법 9조 2항 문제를 주권의 '조직화된 위선organized hypocrisy'으로 보았다.[23] 사실 자위대의

---

23 크래스너는 베스트팔렌조약의 주권원칙과 국제법적 주권원칙은 협약, 계약, 강제, 강요 등에 의해 항상 위반돼왔다고 본다. 그래서 그는 근대적 주권제도를 조직화된 위선이라 본다. Stephen D. Krasner, *Sovereignty: Organized Hypocrisy* (Princeton, N.J.: Princeton University, 1999).

명칭을 정규군으로 바꾸는 것 아닌가?

소에야 그게 가능하려면 일본이 헌법 개정 후의 미래에 대한 합리적 컨센서스를 마련해야 한다. 그러나 지금은 누구도 헌법 개정 논의를 미래 비전과 연결 지어 말하지 않는다. 그들은 단지 현재 시스템의 문제점을 지적하며 불평할 뿐이다. 그것이 일본에서 이뤄지는 개헌 논의의 실상이다. 이런 논의는 일정 부분 인기를 얻지만 더 멀리 나아가지는 못한다. 일본이 개헌 논의를 미일안보조약 개정과 연결 짓는 것이 중요하다. 평화헌법 9조를 개정하면 미국은 분명 새로운 안보조약 체결을 요구할 것이다. 일본헌법 개정을 논의할 때는 최소한 미일동맹과 관련해 어떻게 할지를 미리 준비해야 한다.

Q 리처드 아미티지Richard Armitage 나 마이클 그린Michael Green 같은 미국인들이 그 점을 지적한다.[24] 그들은 일본이 미들파워로서 보다 큰 역할을 하기 바라며 개헌을 지지하고 있다.

소에야 정확하다. 그러나 개헌을 논하는 모든 일본인의 머릿속에는 그런 생각이 전혀 없다.

---

24 아미티지와 그린은 미국의 대표적 아시아통이자 지일파로 잘 알려졌다. 아미티지는 부시 정권에서 국무부장관(2001. 3～2005. 2)을 역임했고, 2000년에는 조셉 나이(Joseph S. Nye Jr.) 등과 함께 일본의 유사법제 정비 요청 등을 담은 이른바 "아미티지 보고서(The United States and Japan: Advancing Toward a Mature Partnership)" 작성을 주도했다. 그린은 조지타운대학교 교수로 일본정치 및 안보정책을 전공했다. 미 국방성 아시아 · 태평양국부국 특별보좌관(1997～2000), 안전보장회의(NSC) 일본 · 한반도 담당부장(2001～2004), 그리고 NSC 상급아시아부장 겸 동아시아 담당 대통령특별보좌관(2004～2005)을 역임했다.

Q 거기에는 일종의 공포fear가 있다. 미국 내에서도 일본을 보통국가 화해야 하는가를 두고 논쟁이 있다. 아미티지나 그린 같은 지일파 知日派는 미국이 그런 일본도 충분히 다룰 수 있다고 말한다.

소에야 나 역시 그들 생각이 옳다고 본다. 분명 개헌 이후의 일본은 군사적으로 자립할 것이라는 관점이 있고, 일본에 대한 그런 인식이 문제다. 그러나 거기에 내가 의도적으로 미들파워라는 용어를 사용한 긍정적 이유가 있다. 나는 그러한 대국 멘털리티에 도전하고 싶었다.

Q 그러나 선생이 말하는 미들파워는 보통국가를 상정한다. 보통의 미들파워normal middle power라는 이야기다.

소에야 정확하다. 다시 말하지만 평화헌법 9조 개정은 재군비再軍備나 군국주의 문제가 아니다.

Q 긴 시간을 내주어 감사하다. 마지막으로, 일본 외교의 미래 전략에 대해 한마디 부탁한다.

소에야 아주 즐거운 대화였다. 나 역시 감사의 뜻을 표하고 싶다. 논의 도중 일본의 국력은 강대국 수준이라는 지적이 있었다. 일본의 국력이 정점에 달했을 때조차 일본은 강대국 전략을 취하지 않았는데, 그 근원을 따져보면 과거 군국주의 역사에 있다. 군국주의 경험은 지극히 무겁다. 그 때문에 다양한 복고 논의에도 불구하고 평화헌법과 미일안보를 기반으로 하는 '보이지 않는 손'은 여전히 강고하다. 그런 의미에서 일본 외교의 현실, 일본 외교의 기본은 군국주의에 대한 반성 위에 서 있으며, 이는 앞으로도 변하지 않을 것이다. 이 점을 한국인들이 이해해준다면 한일협력은 일거에 그 꽃을 피울 수 있으리라 생각한다. 그 바탕 위에서 나는, 일본의 장기적 미래 전략으로서 동아시아의 진정한 지역통합의 토대는 한일 양국의 화해와 협력이라는 그림을 그리고 있다. 독일과 프랑스의 관계가 유럽통합의 기폭제가 되었듯이 아시아에서는 한일관계가 중요한 것이다.

“ 나는 여전히 '일본은 핵무장을 해선 안 된다'는 입장이다. 이것이 이성이다.

'일본이 핵무장을 할 가능성은 있는가?'라는 질문을 받는다면

내 솔직한 대답은 '그 점에 대해서는 잘 모르겠다'가 될 것이다. 일본 국민들이

일시적 '감정'에 휩쓸려 잘못된 선택을 할 위험성을 완전히 부정할 수는 없기 때문이다. ”

2장

일본의 군사전략

: 전수방위, 동적 방위력, 그리고 문민통제 :

야마구치 노보루

야마구치 노보루

山口昇 / Yamaguchi Noboru

1951년 도쿄 출생. 1974년 방위대학교(18기)를 졸업하고, 육상자위대 항공과 부대에 배속되었다. 재임 기간 중 미국 터프츠대학교 플레처 법률외교대학원에서 석사학위를 취득했으며, 하버드대학교 존 오린 전략연구소 국가안전보장 펠로를 지냈다. 자위대에서는 외무성 미일안전보장조약과 파견, 통합막료회의(합동참모본부) 사무국 군비관리반장, 육상막료감부(육군참모본부) 방위조정관, 주미 일본대사관 수석 방위주재관, 육상자위대 항공학교 부교장, 육상자위대 연구본부 총합연구부장, 방위연구소 부소장, 육상자위대 연구본부장을 역임했고, 2008년 퇴관했다. 이후 방위대학교 교수로서 미일동맹 및 군사사(軍事史), 전략론 등을 가르치고 있다.

주요 연구업적으로 "Japan and China: Towards a 'Strategic Relationship for Mutual Benefit' from 'Politically Cold but Economically Warm' Relations"(2007), "미국 민주당의 재도전: 새로운 외교·안전보장 정책을 향하여"(공저, 2007), "US Defence Transformation and Japan's Defence Policy"(2006), "평화구축과 자위대: 이라크 인도부흥지원을 중심으로"(2006), "The U.S.-Japan Security Relationship in Transition"(2005) 등이 있다.

야마구치 노보루는 일본 육상자위대 헬기조종사 출신으로서 중장 자리에까지 오른, 일본을 대표하는 지장知將이다. 자위대 재직 시 자타가 인정하는 미국통이었다. 특히 주미 일본대사관 무관을 역임하면서 미국 민주당과 공화당의 의회 지도부, 국방성·국무성 고관들과 긴밀한 네트워크를 구축했다. 일본 국내에서는 방위정책 연구에 힘을 쏟았으며, 2000년대 들어서는 육상자위대 연구본부 창설 및 운영에 중요한 역할을 했다. 스스로를 '군인학자'라 부르며 현직 시절부터 수많은 논고와 코멘트를 발표해왔다. 지금도 일본의 방위정책 연구, 미일동맹과 관련한 회의 참석, 강연 및 기고 등 정력적으로 활동하고 있다. 동일본대지진 이후 위기관리 담당 내각관방 참여參與를 맡았다.

야마구치 교수와의 인터뷰는 2012년 1월 12일 도쿄 ANA호텔에서 이뤄졌으며 그 후 7~8월에 서면을 통한 추가 질의·응답이 진행되었다. 서면에서 그는 자신의 신조를 이렇게 밝혔다. "일본의 방위정책은 헌법을 비롯한 수많은 제약 속에 놓여 있다. 이러한 제약 속에서도 방위정책과 관련해 내가 신조로 삼아온 것은 장기적으로는 이상적인 모습을 지향하되 구체적인 정책 실행에서는 현실적 자세를 취해야 한다는 것이다. 요컨대 지나치게 이상만 추구해 현재의 문제점을 개선할 기회를 잃어서도 안 되지만, 이상을 잊고 현실에 안주하는 것도 허용되어서는 안 된다. 따라서 이상에 대한 추구와 당면한 문제를 해결하기 위한 유연성 사이에서 균형을 유지해야 한다."

최근 언론 보도 등을 통해 접한 일본의 우경화론이나 군사대국화론을 우려하고 있는 한국 독자라면 곧이곧대로 받아들이지 않을지도 모르지만, 야마구치 교수가 일관되게 강조해온 것은 미일동맹, 전수방위, 문민통제 같은 온건한 내용이다. 그는 또한 북한이나 중국의 위협을 과도하게 외치지도 않으며, 미일동맹과 더불어 한국과의 안보협력도 매우 중시한다.

핵무장에 대한 그의 입장은 의미심장하다. "일본이 핵무장을 할 것인가?"라는 질문에는 "일본은 핵무장을 해서는 안 된다"라고 답하겠지만, "일본이 핵무장을 할 수 있는가?"라고 묻는다면 "물론 핵무장을 할 기술이나 능력은 갖고 있다"라고 대답할 것이라고도 말했다. 덧붙여 "일본이 핵무장을 할 가능성은 있는가?"에 대한 대답은 "그 점에 대해서는 잘 모르겠다"였다. 일본이 핵무장을 할 것으로는 보이지 않지만 일시적 감정에 휩쓸려 잘못된 선택을 할 위험성이 전혀 없지도 않다는 뜻이다. 일본이 핵무장을 하지 않도록 하려면 어찌해야 하는가? 그것은 우리의 과제인 셈이다.

▌ 북한·중국·일본 3국의 위협인식 수준

Q 바쁘신데 인터뷰에 응해줘 진심으로 고맙다. 오랜 자위대 생활을 마치고 민간인 학자로서 방위대학교에서 교편을 잡은 소감은 어떠한가?

야마구치 퇴관 후 4개월 정도 휴식을 취한 다음 방위대학교 교수로서 민간인 생활을 시작했다. 자위대 생활은 교관, 지휘관, 막료_{참모} 등으로 업무가 나뉘는데, 현역 시절 교관 업무는 맡아본 적이 없었다. 특히 모교에서 가르치게 돼 감개무량하다.

Q 현재 방위대학교에서는 무엇을 가르치고 있는가?

야마구치 미일동맹을 포함한 일본의 방위정책, 그리고 군사사와 전략론이다.

Q 교수로서의 삶은 즐거운가?

야마구치 아주 즐겁다. 내가 가르치는 일을 이렇게 좋아하는지 미처 몰랐다.

Q 방위대학교의 규모는 어느 정도인가?

야마구치 4년제이며 한 학년의 학생 수가 450~500명 정도 된다. 대학원도 설치되어 있어 전체 학생 수는 2,000명 정도다.

Q 오늘 선생과 논의하고 싶은 주제는 일본의 군사전략이다. 군사전략을 논하려면 일본의 안보환경과 위협인식 수준을 먼저 거론하는 게 수순일 터이다. 현재 일본의 위협인식은 어떠하며 주변 안보정세를 어떻게 인식하고 있는가?

야마구치 개인적 견해를 말하자면 일본 주변에는 북한이 있고 중국도 대두하고 있다. 그러나 중국을 당장의 위협으로 파악하는 건 성급하다고 생각한다. 일본으로서는 앞으로 중국이 어느 쪽으로 갈 것인지 아직 결론을 내릴 단계는 아니라고 본다. 북한으로부터 오는 위협 중에서는 미사일 문제 그리고 납치와 같은 저강도 위협, 파괴공작sabotage 등이 우려의 대상이다.

Q 그중 북한의 '노동미사일' 위협이 크게 느껴지는가?

야마구치 그렇다. 장거리용 대포동미사일은 일본보다 먼 목표를 파괴하고자 개발된 것이며, 일본에 대해 사용하는 것은 합리적이지 않다. 그 점에서 일본을 사정거리 안에 두는 노동미사일이 한층 위협적이다.

Q 왜 북한이 일본을 공격할 것이라 생각하는가?

야마구치 북한은 일본의 영해를 빈번히 침범했고 1970년대에는 일본 국민을 납치하기도 했다. 1990년대에는 목적을 알 수 없는 무장선박을 보내기도 했으며, 북한 공작선과 일본 해상보안청 선박이 서로 총격전을 벌인 일까지 있었다. 공작선을 보낸 의도는 알 수 없으나 이런 일은 앞으로도 발생할 수 있다.

Q 북한 핵무기는 위협으로 생각하지 않는가?

야마구치 핵무기는 다른 종류의 위협이다. 그것은 일본뿐 아니라 세계의 문제다. 물리적 공격만이 문제가 아니라 핵무기나 핵 관련 기술이 확산되는 것도 세계적 차원의 우려사항이다.

Q 만약 일본 자위대 입장에서 위협에 대해 순위평가를 한다면 미사일이 맨 윗자리를 차지하겠는가?

야마구치 솔직히 말해 그 질문에는 답하기 곤란하다. 나는 이들 위협을 구분하지 않는다. 나는 위협에 순위를 매기기보다는 어떻게 하면 여러 위협을 회피하거나 대응할 수 있을지 그 수단을 연구해왔다. 일본은 자위대뿐만 아니라 외교력·경찰력·정보력 등을 포함한 국가적 자원을 갖고 있다. 이들 자원 모두가, 현실화될 수 있는 국가안보 위협을 예방, 방어하는 데 쓰여야 한다. 또한 일본은 미국과 함께 행동하므로 '미국과의 동맹'이라는 자원도 있다.

Q 북한의 위협으로는 미사일이나 핵무기 외에 납치와 같은 저강도 위협도 있다. 선생은 북한이 다시 일본인을 납치하는 그런 유형의 도발을 할 것이라고 보는가?

야마구치 그렇게 되지 않기를 바란다.

Q 하지만 여전히 계산에는 넣고 있는가?

야마구치 우리는 국민을 보호할 책임이 있다. 따라서 그러한 위협도 배제해서는 안 된다. 준비해둘 필요가 있다.

Q 그렇다면 중국은 왜 위협이 아닌가? 우리가 만난 일본의 학자들 대부분은 중국을 잠재적 또는 실재적 위협으로 분명히 인식하고 있었다. 특히 중국의 부상에 대한 우려가 컸다. 그렇지 않다고 주장하는 이유는 있는가?

야마구치 논리적으로 일본과 중국은 서로에게 위협이 될 수 있지만, 이는 양쪽 모두에 바람직하지 않다. 일본과 중국이 서로를 위협으로 간주하지 않아도 되는 정세가 각자에게 더 좋다. 나 스스로는 중국이 일본의 입장에서 위협이 되는 길로 가고 있는지 그렇지 않은지에 대해 아직 판단을 내리지 않았다는 이야기다. 바꿔 말해, 중국이 양국 모두에 좀 더 바람직한 길로 가도록 하는 노력을 포기하지 않았다.

Q 최근 센카쿠열도 주변에서 중일 양국 공군이 긴급발진하는 빈도가 명백히 증가하고 있다.[1] 이를 고려하면 일본 자위대는 중국의 위협을 상정할 수밖에 없는 것 아닌가? 동중국해나 남중국해 문제 역시 그렇다. 더구나 로버트 카플란Robert D. Kaplan이 말한 제1열도선, 제2열도선 등에 대한 공감대가 일본 내에 형성되어 있는 것 같다.[2] 중국의 해양팽창이 일본의 사활적 이익을 잠재적으로 위협하는 요소가 될 가능성도 있다. 안 그런가?

야마구치 만일 중국이 그런 방향으로 가면 일본에 위협이 될 것이다. 그러나 우리는 그 상황을 피하지 않으면 안 된다.

---

1 일본 《아사히신문》 보도에 따르면, 일본 영토에 접근한 중국 전투기에 대한 항공자위대의 긴급발진이 2011년 4월부터 12월까지 9개월간 143회로 급증했다고 한다. 이는 지금까지 가장 많았던 2010년의 96회를 훨씬 웃도는 수준이다.

2 중국은 해양해역확대계획으로 열도(列島)선 전략을 취하고 있는데, '제1열도선'은 쿠릴열도~일본~대만~필리핀~말라카 해협으로 이어지는 근해이며, '제2열도선'은 오가사와라~괌~사이판~파푸아뉴기니를 연결하는 외양을 지칭한다. 로버트 카플란은 미국 외교전문지 《포린 어페어》에 기고한 글에서 '중국 영향권 지도'를 그리면서 중국의 영향력이 한국 및 러시아 극동 지역, 중앙아시아와 남중국해, 인도양과 동남아 지역까지 확대될 것으로 진단했다. Robert D. Kaplan (May/June 2010). The Geography of Chinese Power: How Far Can Beijing Reach on Land and at Sea?. *Foreign Affairs*. Vol. 89, No. 3.

| 중국의 제1, 제2열도선

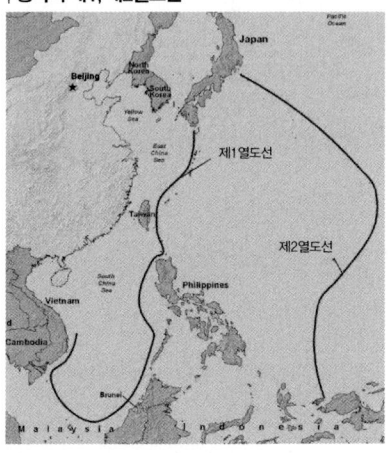

자료 : U.S. Department of Defense (2010). Annual Report to Congress - Military and Security Developments Involving the People's Republic of China. Office of the Secretary of Defense. 〈http://www.defense.gov/pubs/pdfs/2010_CMPR_Final.pdf〉.

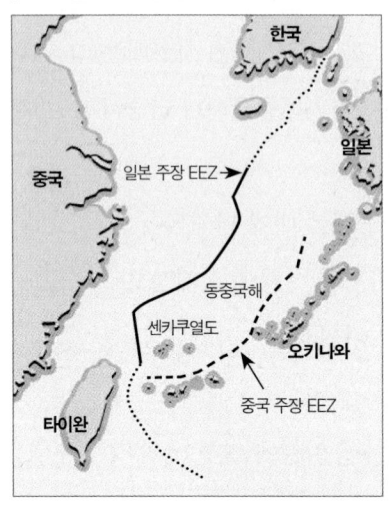

| 센카쿠열도를 둘러싼 일본과 중국의 주장

한국
일본
중국
일본 주장 EEZ →
동중국해
센카쿠열도
오키나와
중국 주장 EEZ
타이완

Q 그 부분과 관련해 중국이 이미 결심을 했다고 보는가?

야마구치 아직은 결심하지 않았다고 본다.

Q 그렇다면 센카쿠열도를 둘러싼 분쟁은 진짜 위협이 아니라는 것인가?

야마구치 사실 그 문제는 내셔널리즘이 얽혀 있어 매우 복잡하다. 센카쿠 문제는 중일 양국의 불필요하고 건전하지 않은 내셔널리즘에 쉽게 불붙일 수 있다. 그러나 나는 중국도 그런 상황을 바라지 않는다고 생각한다. 양국 모두 센카쿠 사건이 다시 일어나기를 원치 않는다. 나의 한 중국인 친구는 중국 역시 불법활동을 방지하도록 노력해야 한다고 말한 적이 있다. 2010년 센카쿠열도 부근에서 중국어선이 일본의 해상보안청 순시선에 충돌한 사건은 중국 정부가 아니라 술에 취한 중국어선 선장에 의해 일어난 일이었다.[3] 양국이 이

---

3 센카쿠열도(중국명 댜오위다오) 영유권 문제는 1972년 중일 국교정상화 당시 그 해결을 당분간 보류하고 다음 세대에서 해결책을 찾자는 차세대 해결론에 대한 양측의 정치적 합의가 있었다. 이후 1990년대 중반 일본 우익단체와 홍콩의 민간단체가 연이어 센카쿠에 상륙하여 상황이 일시적으로 악화되었다. 한편 2004년 중국 측이 인근의 동중국해 대륙붕에서 가스전을 개발하기 시작하자 상시적인 갈등이 끊이지 않았다. 직접적으로는 2010년 9월 센카쿠열도 부근(일본 측이 영해로 주장하는 지역)에서 조업을 하던 중국어선이 일본 순시선에 충돌하는 사건이 발생하여 상황을 악화시켰고, 이어 2012년 9월 일본 정부가 이 섬의 국유화를 결정하자 중국과 타이완의 어선단이 이 지역에서 항의활동을 전개하였다. 이 과정에서 중국 인민해방군(해군)이 전함을 파견하고 일본이 미국과 합동군사훈련까지 실시하는 등 군사적 충돌 기운마저 감돌았다.

런 문제를 잘 단속할 수 있다면 국가 간 분쟁으로 비화할 가능성이 있는 위법행위를 막을 수 있을 것이다. 나는 중국 친구들에게 자국의 어부들을 통제할 책임이 있다고 계속 말해왔다. 사실 센카쿠 사건 후 중국 측도 노력하는 것 같다.

만일 그런 사태가 다시 일어날 경우에는 상황을 악화시키지 않으려는 노력이 필요하다. 그런 의미에서 양국은 2010년에는 없었던 대화채널을 만들어 유지할 필요가 있다. 자민당 정권 시절에는 중국과 수많은 비공식backdoor 채널을 유지했다. 그러나 민주당이 정권을 잡은 뒤, 특히 센카쿠 사건 직후에는 물밑협상이나 비공식 외교채널을 통한 대화가 진행되지 못한 것으로 보인다. 중국 측도 그런 대화채널을 모색하는 듯한데, 일본 측도 진지하게 생각할 필요가 있다.

센카쿠열도 하나만으로 모든 문제를 들여다볼 수는 없다. 고려할 사항이 아주 많다. 예컨대 자위대와 인민해방군 사이의 불필요한 충돌을 피하기 위한 신뢰형성 문제가 있다. 한국 공군과 일본 항공자위대 사이에는 핫라인이 설치되어 있어 서로 협의할 문제가 생기면 곧바로 상대와 이야기한다. 앞으로 인민해방군과도 이러한 조정 프로세스를 추진하는 것이 중요하다.

▌ 잠재적 위협과 일본의 대응

Q 더 이상 러시아는 일본에 큰 위협이 아닌가?

야마구치 러시아에 대해서도 마찬가지다. 위협으로 간주하는 건 바람직하지 않다. 지금 단계에서는 이미 위협이 되지 않는다고 본다.

Q 국가안보 위협에는 현존하는 실재적 위협과 잠재적 위협이 있다. 그리고 모든 국가는 잠재적 위협과 제약을 고려한다. 그런데 선생은 북한 이외의 다른 나라는 실재적 위협으로 간주하고 있지 않다. 일본은 중국이나 러시아와 친교를 유지하고 있으니 두 나라에 대해 '실재적 위협'이라는 용어를 사용할 수 없는 점을 이해한다. 그렇지만 비상사태에서의 국가안보를 생각할 때 러시아는 어떤 위상을 점유하는가?

야마구치 중국과 마찬가지라고 생각한다. 일본은 냉전 이후 러시아와 좋은 관계를 유지해왔다. 미국을 제외하고 일본이 처음으로 합동 훈련을 한 나라 가운데 하나가 러시아다. 러시아의 공군과 해군에는 나름의 역할이 있으며 일본 자위대 역시 여러 가지 임무를 수행한다. 따라서 조우할 기회가 많고 불필요한 긴장도 생길 수 있다. 이런 문제가 격화되지 않도록 해야 한다.

Q 그렇다면 선생은 한국을 잠재적 위협요소로 생각해본 적은 없는가? 독도를 둘러싼 분쟁이 무력충돌로 확전할 가능성은 없는가? 그에 대비한 시나리오는 전혀 생각하고 있지 않은가?

야마구치 일반 시민들 가운데는 그렇게 생각하는 사람이 있을 수도 있다. 그러나 나와 같은 국방전문가는 국익을 위해 일한다. 독도를 두고 서로 총부리를 겨누는 일은 한국과 일본 어느 쪽의 국익에도 도움이 되지 않는다.

Q 그렇다면 일본은 다른 나라들 입장에서도 매우 저低위협 국가 아닌가? 선생의 주장대로라면 북한만 신경 쓰면 될 것 같다. 그렇게 봐도 되겠는가?

야마구치 중국이나 러시아같이 인접한 대국이 위협으로 여겨지지 않는 안보환경을 만들어가려면 단순히 북한 위협에 대응하는 것보다 훨씬 광범위하고 오랜 기간에 걸친 노력이 필요하다. 또한 북한 이외에도 다양한 형태의 비국가행위자에 의한 저강도 위협을 염두에 두어야 한다. 가령 난세이南西제도⁴에서는 불법 입국이나 영해 내 위법행위 등 범죄로 간주되는 행위가 발생할 가능성이 높으며, 이것이 국가 간 긴장을 촉발하는 사태로 발전할 위험도 있다. 가고시마현 시모코시키下甑 섬에서 요나구니與那國 섬에 이르는 남서 지역은 혼슈의 아오모리현에서 야마구치현에 이르는 지역과 거의 비슷한 지리적 범위를 갖고 있다. 수많은 섬이 흩어진 이 지역을 대책 없이 방치하면 위법행위를 유발하는 셈이 된다. 정부 지원을 받은 세력만이 아니라, 예컨대 국적 불문하고 술에 취한 어부나 과격한 사상을 가진 민족주의자들이 국가 간 충돌을 일으킬 만한 위

---

4 일본 규슈 남단과 타이완 사이에 호상(弧狀)으로 배열된 열도. 오키나와제도와 센카쿠제도를 포함한다.

법행위에 나설 가능성도 있다. 이런 문제가 발생하지 않도록 예방하지 않으면 안 된다.

2010년 12월 17일에 개정된 방위계획대강National Defense Program Guideline은 정태적인 것이 아니라 동적인 방위지침을 제시하고 있다. 그동안 일본의 방위계획은 일본 본토를 침공하는 적을 격파하는 것을 염두에 두었기 때문에 각 부대가 배치된 지역을 지킨다는 정적인 것이었다. 난세이 지역은 광활하지만 평시에 전개된 부대 병력은 극히 미미하다. 그런 지역의 영공·영해 및 주변 공해역에서 우세함을 유지하고 영역을 방위해 국민을 보호하려면 긴급할 때 필요한 지역에 병력을 전개할 능력, 예를 들면 해상·항공의 기동력이 요구된다. 경우에 따라서는 섬 주민들을 오키나와 본섬이나 본토로 대피시켜야 하는 사태도 발생할지 모른다. 이런 작전을 실행하기 위해서도 기동성이 중요하다.

Q 보통 군사전략은 위협인식과 위협평가에 대한 대응으로 나타난다. 선생의 평가를 바탕으로 했을 때 무엇이 일본의 군사전략인가? 물론 평화헌법 9조에 의거, 일본 자위대는 군사전략을 상정하지 않는다는 점을 잘 알고 있지만······.

야마구치 군사전략이 없는 것은 아니다. 평화헌법의 정치적·법적 제약하에서도 국가안보에 최대한 기여하려면 군사전략을 가져야 한다. 그런 의미에서, 단순히 군사적 위협에 대비해 대응방안을 강구하는 것만으로 충분하다고는 생각지 않는다. 국가의 경제적 활동이나 다른 행위에도 위협과 위험이 존재한다. 군사력은 이런 활동을 보호하는 데 기여할 수 있다. 다른 나라에 대해서도 마찬가지다. 일본 자위대는 멀리 떨어진 소말리아나 수단에서도 활동하고 있으며, 이런 작전이 일본을 보다 안전하게 만든다. 물론 상대방이 일본을 공격한다면 일본 역시 반격해야 하지만, 그것만이 군사작전의 범위는 아니다. 센카쿠제도나 난세이제도의 안전보장 역시 단지 군사적 판단으로 이루어지는 것은 아니며, 해상보안청이나 경찰이 책임져야 하는 상황도 있다. 게다가 전염성 강한 병원균pandemic이 확산되는 일이 발생해도 후생노동성을 중심으로 관계기관들이 지원한다. 이렇게 위협의 성격에 따라 다양한 상황을 상정하지 않으면 안 된다.

▌ 전수방위와 능동적 억지가 전략 원칙의 기반

Q   전수방위傳守防衛[5]는 여전히 일본 방위전략의 기반인가?

야마구치   그렇다. 냉전 시기 전수방위는 일본의 군사전략과 밀접한 관계가 있었다.

---

5 사토 에이사쿠 내각이 1970년 10월 20일에 《방위백서》를 발표하면서 천명한 방위정책 입장으로, 내용은 이렇다. 첫째, 방위력의 보유로 침략을 미연에 방지한다. 둘째, 재래식 무기에 의한 소규모의 직접침략과 간접침략에 대해서는 자력으로 방위한다. 셋째, 핵을 포함한 대규모의 전면전은 미일안보체제에 의존한다.

Q 지금은 어떤가?

야마구치 냉전 시기에는 소련을 봉쇄한다는 서방 측 전략에 의거해 주로 북쪽의 공격으로부터 일본을 방어하는 데 역점을 두었다. 소련의 해공군이 태평양으로 진출하려면 일본의 쓰가루津輕 · 소우야宗谷 · 쓰시마對馬 해협을 통과해야만 했다. 따라서 일본이 전수방위를 철저히 하고 일본 자신을 지키는 것 자체가 서방 동맹국에 매우 중요한 의미를 띠었다. 지금도 일본을 지킨다는 의미에서는 전수방위의 틀 안에 있다. 하지만 때로 P-3C 대잠초계기를 아프리카로 보내거나 공병대를 동티모르에 파견하기도 한다. 이런 임무는 무력행사를 목적으로 하지 않기에 전수방위 원칙에서 벗어나는 것이 아니다. 그러나 전수방위의 원칙 안에서 일본을 방위하는 일만으로도 국제사회, 특히 서방 측에 이익이 되던 냉전 시기와 비교한다면, 상황은 좀 바뀌었다고 볼 수 있다.

Q 그렇다면 선생이 생각하는 일본의 전략 독트린은 무엇인가? 전수방위가 과거의 전략이었다면 현재 일본은 완전히 새로운 위협환경에 직면했다. 대응책이 있지 않겠는가?

야마구치 전수방위는 일종의 이념이며, 다른 나라에 대해 공격적이 되지 않는다는 의미다. 이런 이념 자체는 바뀌지 않았다. 한편 일본을 방위하거나 지역 및 국제사회의 평화와 안정에 기여하는 데에는 2010년의 방위계획대강이 제시하는 '동적 방위력dynamic defense force'이 중요한 개념이다.

Q   '동적 방위력'이란 무엇인가?

야마구치 그 의미는 신중하게 해석되어야 한다. 내가 도쿄재단 홈페이
        지에 "방위계획대강의 키워드를 해석한다Deciphering Keywords of New
        Defense Program Guideline"라는 글을 기고한 것도 그 때문이다.[6]

Q   보다 자세하게 설명해줄 수 있는가?

야마구치 이번 방위계획대강에서 말하는 '동적 방위력'을 문자 그대로
        해석해선 안 된다. 이는 두 가지로 나누어 설명할 수 있다. 하나는
        일본의 방위력이 실제로 배치된 지역만 지키는 것은 아니라는 점
        이다. 예를 들면 난세이제도 등에 배치하거나 활동의 중점을 이동
        시켜 자국을 지킬 대비상태를 보여줌으로써 위협이 현실화되는
        것을 방지한다는 의미다. 예전에 미국이 사용한 '유연한 억지를 위
        한 선택지flexible deterrent option'라는 용어에 가까운지도 모른다. 특정
        위협이 현저히 증대될 가능성이 있을 때 이의 회피·억지를 목적
        으로 위험에 처한 동맹국에 부대나 함대를 파견하거나 공동훈련
        을 통해 상대방에게 메시지를 전달하는 것이다.
            이런 관점에서 일본의 방위계획대강에서는 "방위력을 단순히 보

---

6 전문은 도쿄재단 홈페이지를 참조(http://www.tkfd.or.jp/research/project/news.php?id=709).

유하는 것이 아닌, 평소부터 정보수집·경계감시·정찰활동을 포함한 적시·적절한 운용을 통해 일본의 의도와 높은 방위능력을 명확히 해두는 것이 일본 주변의 안정에 기여하는 동시에 억지력의 신뢰성을 높이는 중요한 요소가 된다. 이를 위해 장비의 운용수준을 높이고 그 활동량을 증대함으로써 보다 큰 능력을 발휘하는 것이 요구되며, 이 같은 방위력 운용에 착안한 동적 억지력을 중시해나갈 필요가 있다"라고 적고 있다.

다른 하나는 제한된 예산으로 다양한 임무를 달성하기 위한 우선순위 설정 문제다. 예를 들어 평화유지활동이나 부흥지원활동 같은 임무를 수행하려면 침략에 대해 직접 격퇴한다는 국토방위와는 다른 형태의 능력이 요구된다. 여기서 일본의 방위와 국제적 임무에 대한 대응 가운데 무엇을 우선시해야 하느냐라는 물음에 답할 필요가 있는데, 나의 지론은 당분간은 양쪽 임무를 동시에 수행할 수 있는dual-capable 분야에 초점을 맞춘다는 것이다. 전략적 기동성이 그 대표적 예다. 예컨대 자위대는 수송기, 대형 헬리콥터, 수송선 같은 기동력이 충분하고 혼슈와 오키나와 사이에 병력을 용이하게 이동시킬 수 있는데, 이런 능력은 국제적 재해 등에 대비하기 위한 신속한 전개에도 사용될 수 있다. 원래 자위대는 국토전國土戰을 전제로 하고 국내의 사회적 인프라에 의존하기 때문에 부대의 규모에 비해 후방지원 기능이 취약하고, 원거리를 기동해 작전을 수행하는 것도 상정하지 않기 때문에 국제적 임무나 멀리 떨어진 섬을 방위하기 위한 신속한 전개에는 적합하지 않게 편성되어 있다. 이런 점에서 보면 경장비 보병light infantry을 중심으로 원격지에서도 지원이 가능한 병참기능을 구비한 부대가 있다면 국제적 임무에도 적합할 것이며, 떨어진 섬에서의 방위작전이나 주민 보호 같은 일에서도 효과적일 것이다. 섬을 포함한 일본의 방위임무와 국제적 임무 양쪽 모두에 대응할 수 있는 능력 영역에 당분간 초점을 맞춰나가는 것도 동적 방위력의 개념을 실현하는 데 중요하다고 생각한다.

▌자위대는 과연 '自衛隊'인가?

Q 일본 입장에서는, 북한의 위협이 있기는 하지만 자국의 군사력을 바탕으로 미국의 도움만 약간 받으면 대부분의 위협에 대처할 수 있는 것 아닌가? 그렇다면 현재와 같이 대규모 미군이 일본에 주둔해야 할 까닭이 있는가?

야마구치 일본의 안전과 번영을 확보한다는 목표를 달성하려면 다양한 수단을 통한 접근이 필요하다. 첫째는 일본 자신의 노력인데, 군사적으로는 자위대가 이에 해당된다. 둘째는 미국과의 동맹관계를 통한 노력으로서, 동맹국인 미국과 함께 목표를 추구하는 것이다. 셋째는 지역 내의 우호국 또는 미국과 동맹관계를 맺은 나라들과의 협력을 통한 노력이다. 한국과 호주 등이 여기 해당하며, 쓰나미 같은 자연재해를 비롯해 좀 더 심각한 여러 문제에 대해 협력하면서 대응하는 것이 중요하다. 넷째는 이 같은 협력을 더욱 확대해 국제사회와 더불어 세계의 평화와 안정에 기여하는 것이 중요하므로 유엔 등을 통한 노력을 강화해나가는 것이다. 이런 여러 가지 접근법과 가능한 모든 자원을 두루 활용해 일본의 국가방위 목표를 달성할 수 있다. 주일미군은 이를 위해 불가결한 요소라고 생각한다.

Q 대부분의 나라에서 전략과 전술은 위협인식과 위협평가 그리고 국력 가용성 등에 의해 결정된다. 그러나 일본의 경우 두 가지 제도적 제약이 있다. 하나는 평화헌법 9조이고 다른 하나는 미일안보조약이다. 이 제도적 틀이 일본의 군사전략적 선택의 폭을 제한하는 것 같다. 이 점에 대해 어떻게 보는가?

야마구치 물론이다. 그 점에 대해서는 동의한다. 제약 속에서 일본은 목표를 추구해야 하며, 다른 한편으로는 미일안보체제가 일본의 안전보장에 큰 자산이 된다는 점을 간과해서는 안 된다.

Q 퇴관한 장군의 입장에서 보았을 때 그런 제약이 문제라고 생각하지 않는가? 사실 일본은 '보통국가'가 되어야 하는 것 아닌가? 일본이 재무장한다고 곧바로 군국주의로 가는 건 아닐 테니까 말이다. 더구나 일본의 자위대는 이미 막강하다. 평화헌법 9조 2항을 수정해 보통국가가 될 수 없는 이유는 무엇인가?

야마구치 나는 '보통normal'이라는 용어가 불편하다. 어떤 나라가 보통국가인가?

Q 일본의 군사주권을 회복하는 것이 '보통'의 의미라 할 수 있다. 일본은 약 반세기 전 전쟁에서 패배했지만 그와 관련해 많은 대가를 치렀다. 그렇다면 이제는 정상적 군사주권을 회복하고 유지할 수 있는 것 아닌가?

야마구치 헌법의 정치적 제약이나 미일동맹에 대한 의존 속에서도 현재 일본은 세계에서 세 번째로 방위비를 많이 지출하는 나라다. 일본의 육상·해상·항공자위대는 세계 최고 수준의 육군·해군·공군력과 어깨를 나란히 할 만한 힘이 있다. 일본은 군비태세 측면에서 심각한 상황에 처하지 않았다.

Q 미국 스탠퍼드대학교 스티븐 크래스너Stephen Krasner 교수는 이 문제를 '조직화된 위선organized hypocrisy'이라 지적한 바 있다. 일본은 이미 막강한 군사력을 지녔고 전투태세도 잘 갖춘 자위대를 보유했다. 이를 정규군regular forces으로 호칭하고 대외적 임무를 재규정하면 될 텐데 왜 망설이는가? 이건 제도화된 위선이라고 본다.

야마구치 다른 나라에서 보면 위선적으로 보일지 모르지만 자위대라는 이름의 조직이 바로 일본의 'regular forces'이다.

Q 그렇다면 이름을 바꿔야 하지 않나?

야마구치 그건 내가 할 일이 아니다.

Q 유엔 평화유지활동의 통상적 작전normal operation에 참여하려면 평화헌법 9조 개정이 불가피하다는 주장은 어떻게 생각하는가?

야마구치 내 동료들 가운데는 헌법의 제약·개정, 나아가 해석 변경에 대해 이야기하는 사람이 많지만, 그것은 그들이 할 일이다. 그들의 의견에 동의하지 않는 것은 아니지만, 나는 현재의 헌법적·정치적 제약 속에서도 일본이 활동을 확대할 수 있는 가능성은 크게 남아 있다고 믿는다. 이것이 내가 자위대에서 열심히 일한 이유이기도 하다. 헌법이나 법률적 조건이 불충분함을 이야기하는 것도 중요하지만, 이런 조건 아래서도 일본의 정책과 전략을 발전시키기 위해 무엇을 할 수 있을지 묻는 것 역시 매우 중요하다. 나는 여전히 많은 가능성이 있다고 생각한다.

Q 선생은 국방예산 면에서 일본이 군사대국이며 최첨단 무기체계 등을 보유했다고 말했다. 이것으로 충분하다고 생각하는가?

야마구치 어떤 나라라도 완전히 안심할 수 있는 방위력을 보유하는 건 불가능하다.

Q 그렇다면 일본의 '합리적 충분성reasonable sufficiency'[7]은 무엇인가? 일

---

7 전 소련 대통령 미하일 고르바초프가 (외교정책에 관한 새로운 사고와 연결지어) 핵무기 경쟁의 악순환을 극복하고자 고안한 방어정책을 표현한 용어이다. 국가방어를 유지하기 위해 필요한 최소의 무기 수준에 의존하는 것을 기축으로 한다.

본과 그 부속도서archipelago를 지키는 작업이 그리 쉽지는 않을 텐데 말이다.

야마구치 그것은 동전의 한쪽 면이다. 외국의 입장에서 일본에 속한 특정 섬을 점령해 계속 지키기는 매우 어렵다. 하지만 일본의 입장에서도 수많은 도서를 끝까지 지켜내기란 불가능에 가깝다. 틀림없이 우리도 그들도 군사력이 충분치 않다고 말할 것이다. 심지어 미국도 방위력이 충분하다고는 말하지 않을 것이다. 일본 역시 마찬가지다. 하지만 문제는 자위대가 어떤 영역에서 부족하고 또 어떤 영역에서 가능한가를 설명하는 데 익숙하지 않다는 것이다. 예컨대 두 개의 섬을 목표로 미사일이 날아오는 사태가 발생했을 때 이를 동시에 지킬 수 있다고 단언하면서도 세 번째로 공격을 당하는 섬에 대해서는 방어능력이 없다고 솔직하게 말하지 못한다. 이는 국가와 국민에게 세 번째 섬을 지킬 수 있도록 예산을 배분하든가 아니면 포기하든가 하는 결단을 요구하는 솔직함인데, 방위성이나 자위대는 이런 일에 익숙하지 않은 게 현실이다.

Q 일본의 관료정치는 정평이 나 있지 않던가? 대부분의 민주국가가 그러하듯이 방위예산 확보가 쉬운 일은 아닐 것이다.

야마구치 말한 대로다. 실제로 방위성과 재무성 사이에 예산절충이 끝나면 방위성은 예산이 불충분하다고 말하지 않는 게 관례다. 내가 방위연구소NIDS, National Institute for Defense Studies에 있었을 때의 일인데, 방위예산이 책정된 뒤 방위성이 주일 외국 대사관 무관들에게 예산 브리핑을 한 적이 있다. 그 자리에서 어느 무관이 이번 예산은 불충분하지 않느냐고 방위성 측에 물었는데 그 답변은 충분하다는 것이었다. 그 무관이 내 사무실에 와서 일본의 방위 수준은 결코 충분하지 않은데 왜 정직하게 말하지 않는지 미심쩍다는 표정을 지었다. 주어진 예산으로 무엇이 가능하고 또 무엇이 가능하지 않은가에 대해 공개적으로 논의하는 습관을 만드는 것이 중요하다고 본다. 예를 들어 1990년대 미국에서는 "동시에 두 지역에서 대규모 재래식 전쟁에 대처한다"는 것이 목표였으나, 이 목표를 달성할 수 있을 것인가, 또는 이 목표가 타당한가에 대해 진지한 논의가 이루어졌다. 이 같은 솔직한 논의가 가능해지는 것이 바람직하다.

Q 일본의 국방예산은 관료적 점진주의incrementalism에 의해 결정된다. 방위성은 예외인가?

야마구치 어떤 측면에선 그렇다. 그러나 방위성이 예산 필요성을 설명하면 재무성은 경비가 부족하니 삭감이 필요하다고 말한다. 그럼 방위성은 일정 부분 삭감하고는 이것이 최소한도로 필요한 예산이라고 주장한다. 더 많이 삭감하면 국방운영이 불가능하다고 말하는 것이다. 물론 이 기저에는 군사적 근거가 있다. 하지만 실제로 얻을 수 있는 예산은 그보다 적다. 따라서 우선순위를 정할 수밖에 없다.

▌ 일본의 전력구조, 무기체계, 군사력 배치

Q 선생이 생각하기에 자위대의 최적 규모는 어느 정도인가? 현재의 24만 명으로 충분한가? 새로운 안보 요구와 주일미군 감축 등을 고려할 때 최적의 부대규모는 어느 정도인가?

야마구치 24만 명이라는 자위대 규모는 1억 3,000만 명이라는 인구에 비하면 적다고 할 수 있다. 인구가 약 5,000만 명인 한국이 62만 명, 인구가 2,300만 명인 타이완이 29만 명 병력을 보유한 것과 비교하면 명백하다. 그렇지만 개인적 생각으로는 현재 자위대는 최소한의 필요성을 충족하는 규모라 본다. 문제는 예산상 제약으로 자원을 충분히 사용할 수 없다는 점이다.

Q 자위대의 구조^{편성}는 어떤가? 육·해·공 자위대의 비율이 만족스러운가?

야마구치 그 역시 민감한 문제다.

Q 해상·항공자위대 수요가 큰 것에 비해 육상자위대 병력이 너무 많다는 주장이 있다. 이에 동의하는가?

야마구치 문제는 그리 단순하지 않다. 그들은 육상자위대를 줄이면 해상·항공자위대의 현대화에 더 많은 돈을 투입할 수 있을 것이라고 주장하지만, 육상자위대 병력을 20~30% 축소한다 하더라도 그다지 큰 액수는 되지 않는다. 더욱이 육상방위력은 아무래도 맨파워에 의존하는 부분이 있으므로 인원 감축은 육상 방위태세에 큰 영향을 미친다. 문제는 예산규모 자체가 작다는 점이다.

Q 자위관의 급료가 차지하는 비중이 너무 크지 않은가?

야마구치 인건비 비중이 커진 첫 번째 원인은 예산규모가 작다 보니 장비와 관련해 쓸 수 있는 비용이 줄어들어서다. 또한 F-2나 F-35 전투기 가격이 급등하고 있어 조달할 수 있는 장비가 적어졌다는 문제도 있다. 육상자위대의 전차 가격도 높아지고 있다.

Q 재래식 전쟁 상황에서 전차는 어디에 사용할 수 있는가? 사실 가상적국이 일본에 지상군을 투입할 가능성은 적지 않은가? 이 질문은 동적 방위력과도 관계가 있다.

야마구치 영국 육군 출신의 전 나토 유럽연합군 부사령관 루퍼트 스미스Rupert Smith 장군이 쓴 《군사력의 유용성The Utility of Force》이라는 책이 있다. 여기에서 그는 현대 세계가 혁명적으로 변화하고 있다고 주장한다. 나폴레옹 전쟁 시대에 시작된 '공업화된 국가 간 전쟁Inter-state industrial war' 패러다임이 끝나고, '사람들 간의 전쟁War amongst people'이라는 패러다임이 들어서고 있다는 것이다. '사람들 간의 전쟁'의 특징 중 하나는 무기가 그것이 설계됐을 때와는 전혀 다른 목적이나 방법으로 운용되는 경향이 있다는 점이다. 예를 들면 냉전 시기에 전차는 유럽의 평원에서 상대국 전차군단에 맞서기 위해 설계되었지만, 현재는 아프가니스탄이나 이라크 등의 시가지 전투에서 유용성을 발휘하고 있다. 저격총이나 대전차로켓을 가진 적이 숨어 있는 시가지에서는 튼튼한 장갑으로 무장한 채 강력하며 정확한 공격력을 지닌 전차가 무엇보다 안전하고 편리한 승차도구로 사용되기 때문이다. 또한 전차는 강력한 무선통신기능을 갖추어 주변에서 작전을 펼치는 보병 입장에서도 정보통신의 거점, 이른바 전장에서의 로컬서버가 될 수 있다. 보병 30명으로 구성된 1개 소대가 방위할 수 있는 지역의 정면 폭은 기껏해야 200~300미터 정도다. 하지만 전차가 정보통신 및 사격지원 거점으로 기능하면 같은 인원으로도 수 킬로미터 정면을 방위할 수 있다. 이른바 맨파워를 절감하는 효과가 있는 것이다.

이전 질문에 다시 답하자면 전차나 장갑차 수를 줄여도 그 금액은 크지 않다. 육상자위대를 축소해 해상·항공자위대 예산을 늘리라고 주장하는 사람들은 예산 전체의 레벨을 높여야 한다는 점을 간과하고 있는 것이다.

Q 한국이나 다른 국가에서도 육·해·공 전력구조의 적정성 문제는 계속 논쟁의 대상이 되고 있다.

야마구치 결국 방위성 담당자들은 예산 증액이 무리라고 생각해버린다. 한편 육상자위대 안에서도 인원을 축소하고 장비를 확충하기 위한 논리적 주장이 나오면 좋은데, 사실상 어려운 일이다. 어느 나라건 육군은 병력 축소를 꺼린다. 맥아더 장군은 제1차 세계대전에 종군한 뒤 1930년대에 육군참모총장에 취임했다. 이미 제1차 세계대전을 통해 유럽의 선진적 육군을 목격한 맥아더는 미국 육군이 시대에 뒤떨어졌으며 현대화가 필수라고 생각했다. 그러나 예산 제약 탓에 마음을 바꿔 훈련된 병력을 많이 보유하는 쪽을 선택했다. 인원수에 집착하는 것은 육군의 보편적 경향이다.

Q 일본의 무기획득 상황은 주목할 만하다. 최근 일본은 F-35 전투기 도입을 결정했고 해상자위대는 이지스 구축함Aegis destroyer을 비롯해 전자감시 시스템 도입에 성공했다. 또 일본은 공중조기경보관제기AWACS까지 보유하고 있다. 가장 최근에는 항공 및 우주 감시정찰 시스템에 많은 돈을 투자하고 있다. 한국이나 중국은 일본이 스스로를 방어할 능력만 보유한다고 말하면서 고가의 최첨단 장비를 사들이는 이유를 이해하지 못한다. 거기에 어떤 공격적 의도가 있는 것은 아닌지 우려한다. 이 점은 어떻게 보는가?

야마구치 어떤 무기든지 어느 정도는 공격적offensive 성격이 있는 법이다. 그걸 어떻게 사용하는지가 문제다. 적어도 일본의 헌법과 정치 시스템은 우리의 전략적 사고나 무기의 운용방법을 온건하게 만든다. 또한 당신이 지적했듯이 현재 일본의 전력규모는 작다. 그러니 양보다는 질에 관심을 가져야 한다. 그런 의미에서 나는 육상자위대의 현재 상태에 만족하지 못한다. 해상·항공자위대의 현대화

계획은 비교적 순조롭게 진행되고 있으며 질적 향상도 꾀하고 있지만, 육상자위대는 병력수준에 집착하는 경향이 강하고 질적 향상 측면에서도 뒤처져 있다.

　동일본대지진이 발생한 직후부터 육상자위대는 3개월에 걸쳐 전 병력의 거의 절반을 도호쿠東北 지방 재해구조를 위해 전개했다. 지역주민은 감사를 표하며 이런 활동을 높이 평가했다. 육상자위대로서는 앞으로도 이런 필요성에 부응하기 위해 규모확대가 필요하다고 주장했지만, 이러한 높은 평가에도 불구하고 정작 규모확대에 대한 지지는 극히 미약한 것이 현실이다.

Q　선생이 지적했듯이, 최근 일본은 북부 병력을 남쪽으로 이동시켰고 센카쿠제도나 동중국해 등 일본 주변 섬에 주의를 기울이고 있다. 일본의 군사력 배치에 어떤 근본적 변화가 있는 것인가? 일반적으로 그것은 군사전략과 연결된다고 보는데…….

야마구치　바로 그것이 '동적 억지'라는 개념으로 내가 설명하고자 하는 바다. 냉전 시기의 일본은 13개 사단 가운데 4개 사단을 홋카이도에 배치했다. 인원수로 말하면 육상자위대 총인원의 3분의 1에 해당한다. 주요 전투부대 역시 홋카이도에 주둔하는 육상자위대였으며, 지금도 유일한 기갑사단이 그곳에 배치되어 있다. 냉전이 끝나 홋카이도에 배치된 기갑사단이나 중보병 사단을 다른 지역으로 이동시킬 필요가 있었지만, 사실 그러기가 곤란했다. 최근 홋카이도에서 규슈로 부대를 전개하기 위한 전략적 기동성에 대해 진지하게 생각하게 된 것은 잘된 일이다.

　동일본대지진 이후 자위대는 당일 8,400명, 사흘 후 5만 명, 일주일 후 10만 명 넘는 부대를 구조활동에 배치했다. 이는 전 자위대원의 40%에 해당한다. 이 대규모 부대를 단기간에 도호쿠 지방에 전개해 3개월간 유지할 수 있었던 것은 피해지역 주변에 약 20개소에 이르는 자위대 기지base와 주둔지camp 네트워크를 사용할 수 있었던 덕분이다. 이 네트워크는 구조활동 중인 부대를 비롯해 피해지역 주민을 지원하는 병참거점이 되었다. 이런 거점 없이는 그렇게 많은 병력을 신속히 전개하고 유지할 수 없다. 전개를 위한 징검다리foot bridge와 작전을 유지하기 위한 병참지원 네트워크의 존재가 중요하다.

　육상자위대만 보더라도 피해지역 주변에 평소 2만 명에 못 미치는 부대가 소재해 있었는데, 작전을 개시한 뒤부터는 그 4배에 이르는 규모로 커졌다. 구조부대는 현존하는 주둔지로부터 지원을 받아 활동했다. 예를 들면 어떤 주둔지의 후방부대는 평소에 약 500명의 대원을 지원했는데 구조부대가 도착하면서 약 2,000명을 지원했다. 지원부대로서는 빠듯한 능력이었지만 기존 주둔지가 있었기 때문에 가까스로 대응했다.

　지원거점이 없으면 이같이 신속한 대규모 전개가 매우 곤란하다. 이런 사태가 난세이제도 같은 곳에서도 일어날 수 있다. 난세이제도에 배치된 부대는 아주 소규모이며 자위대의 활동거점이 되는 기지나 주둔지도 오키나와 본섬을 제외하면 거의 없다. 나는 최소한의 디딤돌이라도 확보할 필요가 있다고 생각한다. 그런 점에서 요나구니 섬에 육상자위대의 감시부대를 배치할 계획이 수립되고 있어 마음이 든든하다. 또한 다른 섬에 국제적 재해구조를 위한 보급창고를 설치할 것이라는 뉴스도 나오는데 이로써 충분하다고는 할 수 없지만 없는 것보다는 낫다고 생각한다.

Q 자위대의 역할도 중요하지만 미국도 재난구조에 큰 공헌을 했다고 본다.

야마구치 미국의 도움이 아주 컸다. 또한 일본은 미군의 활동에서 많은 것을 보고 배웠다. 미군은 2만 명에 가까운 병력과 15~16척 이상의 함선을 재해지역에 투입했다. 해병대는 모선을 보급기지로 사용하는 동시에 쓰나미 피해를 입은 센다이仙臺공항의 기능을 회복시켜 병참거점으로 사용했다. 센다이공항에서는 미국 공군 특수부대와 육군부대가 공항당국 및 주변 건설업자와 협력하며 잔해로 뒤덮인 공항이 제 기능을 할 수 있도록 며칠 만에 복구했다. 또한 공항당국과 지역 건설회사가 센다이공항의 3,000미터 길이 활주로의 반쪽에서 잔해를 철거해 1,500미터라도 사용할 수 있게 도왔다. 미군은 3월 16일, 사용 가능해진 활주로에 C-130 전술수송기를 착륙시켜 불도저 등과 같은 장비를 내려주었고 덕분에 활주로의 나머지 반을 차지하고 있던 잔해를 거의 하루 만에 치웠다. 3월 19일에는 활주로 전체가 복구되었고 다른 수송기를 위한 터미널 업무를 수행하는 부대를 배치하고 휴대형 무선기나 이동형 레이더 등에 의한 항공관제 업무도 개시되었다. 4월 14일까지 미군은 공항의 기능을 거의 모두 복구해 일본당국에 넘겼다. 미군의 능력은 눈부셨다. 미국 공군은 아프가니스탄이나 이라크에서 적지 비행장을 폭격해 이를 점령한 뒤 그 기능을 복구해 사용하는 방식에 익숙했기 때문이다. 미군이 사용한 장비, 즉 C-130, 이동형 레이더, 기타 시설장비는 자위대도 갖고 있다. 따라서 미군의 노하우를 배우기만 하면 자위대도 미군처럼 그런 일을 할 수 있다. 특히 난세이제도 등에서, 기지 수가 제한되어 있다면 필요한 때 그런 걸 만든다는 발상도 중요하다고 생각한다. 결국 요점은 두 가지다. 하나는 일본 주변의 섬과 주민들을 지키기 위해 더 많은 기지가 필요하다는 것이며, 다른 하나는 필요할 때 기지를 건설할 능력을 확보해야 한다는 것이다.

Q 그러나 홋카이도·도호쿠 지방에서 규슈 지방으로 병력을 재배치하는 진짜 이유는 중국과의 잠재적 충돌을 우려하기 때문 아닌가?

야마구치 그건 1995년, 당시 차영구 한국국방연구원 군비통제연구센터장이 똑같이 내게 했던 질문이다. 우리는 도쿄의 한 회의장에서 처음 만났는데, 그는 당시 육군대령이었고 나는 동렬인 1좌佐였다. 그는 내게 "오늘 《아사히신문》에 육상자위대가 병력을 홋카이도에서 규슈로 재배치한다는 보도가 있었다. 이는 한국을 목표로 한 것인가?"라고 물었다. 나는 홋카이도가 훈련하기에 적합하며 인구가 적고 또한 냉전 시기에는 전략적으로도 북방을 중시했기 때문에 육상자위대의 주력을 홋카이도에 배치했던 것이라고 말해주었다.

냉전 해체 후, 특히 동절기에는 생활환경이 적합하지 않은 홋카이도에 많은 대원을 배치할 필요성이 저하된다는 점도 이야기했다. 실제로 냉전 시기 많은 대원을 오사카에서 규슈에 이르는 지역에서 모집해 홋카이도에 배치했으나, 퇴관 직전에는 고향에 소재하는 부대로 돌려보내는 것이 관행이었다. 1980년대에 규슈의 부대에 가보면 퇴관 직전의 소대장이나 하사관이 많아 놀라곤 했다. 바꾸어 말하면 규슈 출신 대원 가운데 많은 수가 퇴관 직전까지 홋카이도에 배치되어 있었다는 말이다. 그렇게 무리를 할 필요가 없어졌기 때문에 홋카이도 부대를 서쪽으로 이전하는 것이라고 설명하자 차영구 대령은 한국의 육군전력을 제주도에 배치해도 일본은 개의치 않을 것이냐고 되물었다. 그에 대해 나는 아무런 문제도 없다고 답변했다.

Q 1990년대 후반 군사평론가 다오카 슌지田岡俊次는 자위대의 고령화나 자위관 모집의 어려움 등을 언급하며 일본 자위대의 미래를 매우 부정적으로 전망한 바 있다. 그의 전망이 아직도 유효한가?

야마구치 다오카의 걱정은 기우로 끝났다. 현재 많은 우수한 청년들이 자위대에 지원하고 있다. 물론 자위대원의 평균연령이 다른 나라 군인에 비해 높은 건 사실이다. 이는 두 가지를 의미한다. 첫째로, 연령이 높은 것이 현대전에서는 큰 문제가 되지 않는다. 오히려 나이 어린 젊은이보다 유능하고 경험이 풍부하며 우수하고 교육수준이 높다. 부사관NCO, noncommissioned officer 집단이 있다는 것은 전력상 유리하다. 둘째로, 연령이 높아짐에 따라 평균급여도 높아진다는 문제가 있다. 특정 지위에 필요 이상의 능력을 갖춘 대원이 배치되어 있다면 경제적 효율성은 낮다는 이야기가 된다. 젊은 세대의 자리를 늘릴 필요가 있을지도 모른다.

Q 그렇다면 높은 실업률이 자위대원 모집에 도움이 되는가?

야마구치 그것도 하나의 요인이겠지만, 자위대의 존재가 국민들 눈에 자주 비치게 된 덕분이기도 하다. 예를 들면 1992년 캄보디아 평화유지활동이나 1995년의 한신阪神·아와지淡路대지진 당시 자위대의 역할이 높은 평가를 받아 사람들의 이목을 집중시켰다. 자위대에 입대하는 것이 젊은이들에게 하나의 옵션이 되었다고 할 수 있다.

Q 최근 자위대가 사회적으로 존경받게 되었다는 이야기가 들린다. 그렇다면 정치적으로는 어떠한가? 아베 신조 총리 때부터 자위대 출신이 공식회의에 제복을 입고 참석하는 것이 허락되었다고 알고 있다. 현재는 자위대 관료가 제복을 입고 국회나 각료회의에 출석하는 것이 당연해졌다.

야마구치 그것은 다른 문제다.

Q 다른 문제라니 어떤 의미인가? 제복 차림에 대한 용인은 자위대에 대한 정치가의 인식 변화를 잘 보여주는 것 아닌가?

야마구치 그것은 무엇보다 자위대가 캄보디아, 한신·아와지대지진, 이라크 등에서의 활동으로 눈에 띄는 성과를 냈기 때문이다. 여기에는 경험 많은 부사관들의 활약이 컸다. 정확히 언제부터였는지는 기억나지 않지만 자위대원2등 육해공사: 이등병 모집상황을 보면 경쟁률은 4~5:1 정도다. 지방에는 자위대 입대를 위한 준비학원도 있다. 5~6년 전으로 기억하는데, 새로 모집된 이등병 가운데 15~20%가 대학 졸업자였다. 현재는 대졸자 수가 더 많아졌을 것이다.

▌문민통제 원칙과 미일동맹의 미래

Q 군부의 문민통제에 대해 이야기해보자. 일본 군부가 1930년대로 되돌아갈 가능성은 전혀 없는가? 전혀 없다면 그 이유는 무엇인가? 한국의 독자들은 그 점을 궁금해한다. 한국에서 일본의 재군비를 군국주의와 동일시하는 경향이 있기 때문이다.

야마구치 과거 일본 군국주의는 이웃 나라들과 많은 문제를 일으켰다. 이는 바로 우리가 반성해야 할 문제이며 우리 역시 그러한 참사 catastrophe를 다시 겪고 싶지 않다. 정치는 우리에게 행동의 목적을 준다. 자위대는 그 수단으로서 충실히 정치의 통제에 따른다. 목적과 수단purpose and tools이 나뉘어 있는 것이다. 방위성과 자위대는 정치의 통제하에서 행동하는 것의 필요성을 이해할 뿐만 아니라 그러한 방식의 통제에 의해 더 명확하고 효율적인 목적 달성이 가능하다는 점까지 깊이 인식하고 있다. 또한 군사에 대한 정치의 우위라는 원칙이 일본을 더 좋은 나라로 만든다는 점도 인식하고 있다. 이른바 문민통제는 쉽게 없어지지 않을 일본의 특징이 되었으며 지금도 발전하고 있다. 과거 문민통제는 자위대가 네거티브한 일을 하지 못하도록 감시하거나 자위대라는 '필요악'이 가능한 한 국민들 눈에 띄지 않도록 덮어놓은 것 같은 이미지였다. 그러나 지금은 자위대를 어떻게 운용하면 국가와 국민을 위한 것이 될지를 포지티브하게 생각하게 되었다고 본다. 이는 평화유지활동이나 재해구조활동 경험을 통해 자위대에 대한 신뢰감이 높아져 활동성과에 대해서도 자신감을 얻었기 때문이다.

Q 자위대가 정치지도자와 솔직하고 개방적인 논의를 할 수 있는 제도적 메커니즘은 있는가? 국가안전보장회의NSC 같은 것 말이다.

야마구치 최근에는 다른 정부부서와 마찬가지로 정치적으로 임명된 인물들이 방위성에도 적지 않다. 일본의 문민통제는 관료에 의한 '제복팀[8] 통제'라는 오해를 받아온 측면이 있다. 그러나 현재는 방위성 내의 관료들이 정치가들에 의한 통제를 지원하는 역할을 맡고 있다. 다른 부서와 달리 방위성은 정치적 리더십과 관료 사이의 협조가 잘 이루어진다. 전 방위성 장관 기타자와 도시미北澤俊美[9]가 많은 업적을 세웠다. 나는 기타자와 장관이 방위성·자위대의 조직과 관료 및 제복자위관의 능력을 잘 활용해 적확히 관리했다는 점에서 역대 장관 가운데 톱클래스로 꼽을 수 있다고 본다.

Q 일본의 여러 지도자에게 곧잘 하는 질문이다. 선생은 '미일동맹 없는 일본의 미래'를 생각할 수 있는가?

야마구치 우리는 '생각조차 할 수 없는 것unthinkable'에 대해서도 생각해야 한다.

Q 선생의 지적은 매우 중요하다고 본다. 미국의 국방예산 삭감, 티파티 운동Tea Party Movement[10] 대두, 점차 증가하는 미국의 고립주의 등을 고려하면 "생각조차 할 수 없는 것에 대해서도 생각해야 한다"는 데 동의한다.

야마구치 최선에서 최악에 이르기까지 수많은 시나리오가 있다. 최악의 시나리오는 매우 혼란스러운 상황에서 일본이 홀로 국제적 문

---

8 방위성 직원 중에서 자위관(自衛官)을 일컫는 속칭으로, 그 외 민간 출신의 직원(사무차관, 참사관, 내국부원, 사무관, 교관 등)은 '양복팀'으로 불린다.

9 2009년 9월부터 2011년 9월까지 2년간 방위성 장관을 역임.

10 미국의 보수주의 시민운동. 1773년 영국에 대한 조세저항운동의 진원이 된 보스턴 티파티에서 따온 명칭이다. 티파티는 월가와 부실 대기업에 대한 오바마 대통령의 구제금융 지원에 항의하기 위해 2009년 결성된 모임으로, 전형적인 보수이념을 표방하며 작은 정부를 지향한다.

제에 대처하지 않으면 안 되는 경우이다. 최선의 시나리오는 일본이 군사동맹을 맺을 필요가 없는, 일종의 이상향과 같은 상황이 될 가능성인데, 이것도 부정할 수 없다.

Q 선생에 의하면 가장 이상적인 상황은 동맹이 필요 없는 상황이고 최악은 일본이 고립되는 상황인 것 같다. 그 사이에 또 어떤 시나리오가 가능한가?

야마구치 동맹의 필요성은 있지만 너무 과도하게 의존하지 않아도 되는 경우가, 비록 중간적 시나리오기는 해도 감사한 일이다. 또한 위협은 있지만 미국과의 동맹을 통해 대응할 수 있다는 시나리오도 중간적이다. 많은 사람이 중국의 해군력 증강을 우려한다. 나도 걱정은 하지만 중국 해군이 미국과 일본과 한국 입장에서 심각한 위협이 되는 수준에 도달하는 데는 많은 시간이 필요하다. 미래의 어느 시점에 중국이 일본이나 미국에 적대적 자세를 취하며 남중국해의 해상교통로SLOC, Sea Lane of Communication를 차단한다면 우리는 심각한 상황에 처할 것이며, 미국 해군은 자위대와 함께 아주 진지하게 대처하지 않으면 안 될 것이다. 그러나 이는 중국으로서도 최악의 시나리오다. 가장 좋은 시나리오는 중국이 국제사회를 위해 남중국해 해상교통로의 안전을 확보해 그에 따른 일본의 무임승차free riding를 비판할 수 있는 경지에 이르는 것이다.

Q 중국과 일본이 협력할 수도 있는 것 아닌가?

야마구치 그렇다. 그러나 현실은 최선과 최악의 중간지점에 있다. 일본이 중국의 향후 움직임을 확신하지 못하고 있다는 것도 그런 의미에서다. 나는 중국이 자국의 이익에 반하는 최악의 시나리오로 나아갈 개연성이 전혀 없다고는 말하지 않겠다. 다만 그 가능성은 적다고 본다. 한편 최선의 시나리오를 실현시키기도 매우 어렵다. 그러나 최선과 최악 사이에서 더 나은 방향으로 향하도록 노력할 여지는 많다고 생각한다.

▋ 일본의 핵무장 가능성은?

Q 2011년 11월 도쿄에서 열린 핵군축 관련 컨퍼런스에 참석했다. 거기서 유엔 군축 담당 부서의 고위직을 지낸 일본인 인사가 만일 북한이 계속 핵무기를 증강하고 한국도 핵무기를 보유한다면 일본 역시 핵무장을 할 수밖에 없을 거라는 언급을 했다. 이는 첫째 그가 핵도미노 이론을 믿는다는 것, 둘째 미국의 핵우산이나 확대억지extended deterrence 효과를 그리 높이 평가하지 않는다는 것을 의미하며, 그러므로 셋째 일본 역시 핵무장으로 갈 수 있다는 이야기일 것이다. 그의 발언은 중국과 다른 국가에 보내는 메시지라고 생각한다. 일본 외교관 출신이 이런 발언을 했다는 것이 매우 놀랍다. 어떻게 보는가?

야마구치 내 관점은 오로지 군사 분야에 한정되어 있다. 이 관점으로 보면, 일본의 안전보장이나 군사전략에서 일본 스스로 핵무기를 보유함으로써 초래되는 단점은 많은 반면 장점은 적다고 생각한다.

Q 그 이유는 무엇인가?

야마구치 이유는 많다. 우선 상호확증파괴MAD, Mutual Assured Destruction의 구조는 대치하는 두 국가가 서로 비슷한 수준의 취약성을 가졌음을 전제로 한다. 상대국과 핵전쟁을 벌였을 때 얼마나 많은 것을 잃을지 생각해야 하는 것이다. 일본은 한국과 마찬가지로 특정 지역에 거의 모든 것이 과도하게 집중되어 있는 사회이다. 특히 도카이도東海道[11] 지역에 일본 경제시스템의 중요 부분이 집중되어 있어 굳이 핵무기를 사용할 필요가 없을 정도로 취약하다.

Q 재래식 무기로 원자로를 공격하면 달리 방도가 없어 보인다.

야마구치 그렇다. 이처럼 취약한 국가는 핵무기에서 다른 국가와 동등한 효용을 가질 수 없다. 그러나 광대한 영토와 비교적 분산된 인구, 멀리 떨어진 거리로 인해 핵무기에 덜 취약한 동맹국이 있다면 우리는 거기에 의지할 수 있을 것이다. 한 번의 핵전쟁에 얼마의 비용이 드는지 모르겠으나 일본처럼 취약한 국가의 입장에서 보면 핵전쟁의 비용 대 편익이 맞지 않는다는 것은 명백하다.

---

11 도쿄가 포함된 태평양 연안 일대를 이르는 말.

두 번째 이유는 동맹국에 의한 억지의 신뢰성과 관련된다. 일본이 핵무장을 했을 경우 미국의 확대억지 신뢰성이 유지될지 의문이다. 또한 정치적 비용도 많이 든다. 게다가 재래식 전력의 역할이 크면 핵무기에 의존할 필요성은 낮다. 북대서양조약기구NATO는 재래식 전력에서 소련에 뒤졌기 때문에 유럽 전장European theater에서 전술 핵무기에 의존했다. 하지만 아시아·태평양 지역에서는 미국과 그 동맹국이 보유하는 재래식 전력이 당분간 압도적으로 우세하다. 따라서 일본이 핵무기에 의존할 필요성은 적다.

Q 핵무장이 일본의 군사적 대안이 되지 않는다는 말인가?

야마구치 1996년 한 국제회의에 참석한 적이 있다. 회의 주제는 '일본이 핵무장을 할 것인가?Will Japan go nuclear?'였다. 나는 앞서 이야기한 바와 같이 군사적으로 봤을 때 일본이 핵무장으로 가는 것은 좋은 생각이 아니라는 점을 지적했다. 그리고 일본은 핵무장을 해선 안 된다는 생각을 포기하지 않으리라는 것이 내 결론이었다. 만약 회의에서 질문이 '일본은 핵무장을 할 수 있는가?Can Japan go nuclear?'였다면 내 대답은 '물론 핵무장을 할 기술이나 능력은 있다' 같은 것이 되었으리라 본다.

Q 선생의 주장에 동의한다. 사실 일본은 자금과 기술 그리고 핵무기를 만들 수 있는 플루토늄까지 갖고 있지 않은가?

야마구치 그러나 나는 여전히 '일본은 핵무장을 해선 안 된다'는 입장이다. 이것이 이성이다. '일본이 핵무장을 할 가능성은 있는가?'라는 질문을 받는다면 내 솔직한 대답은 '그 점에 대해서는 잘 모르겠다'가 될 것이다. 일본 국민들이 일시적 '감정'에 휩쓸려 잘못된 선택을 할 위험성을 완전히 부정할 수는 없기 때문이다.

▌한일 군사협력의 미래

Q 한일 군사협력에 대해서는 어떻게 평가하는가? 이명박 정부는 한일 간의 군사적 상호 협력을 위해 노력을 기울였으며 군사정보 협력은 이미 이루어지고 있다. 물론 한일 간의 안보협력은 김대중 대통령 시절부터 시작된 것으로 안다.

야마구치 1980년대에는 정보 분야에서 한일 간의 협력이 있었다.

Q 그것은 미국을 통해서인가, 아니면 한일 양국의 직접적 협력인가?

야마구치 미국이 사이에 끼여 있었다고 생각하지만 직접적 협력도 있었을 것이다. 일본에서는 경찰 등의 기관이 일본에 거주하는 북한 측 사람들을 통해 북한에 대한 질 높은 정보를 수집하고 있었으니 이런 정보가 한국으로서도 유용했을 것이다. 그렇다고는 해도, 이런 협력이 그다지 두드러졌던 것은 아니다. 1990년대 중반 한일

국방당국 사이에 협력이 개시되었고 1994년에는 한국·미국·일본 세 나라 간의 트랙 투Track Two[12] 회의가 하와이에서 열렸다. 그해 가을에는 한일 양국의 국방당국이 정책대화를 시작했다.

Q 그것이 한국 군부와 건전한 파이프를 유지하는 데 유익했는가?

야마구치 그렇다고 본다. 지금도 방위대학교 석사과정에 한국 육·해군의 대위와 소령 등 장교들이 유학을 오는데 매우 우수하다. 또한 학부 차원에서 방위대학교 학생들과 사관후보생들을 서로 유학시키고 있다.

Q 언론의 선정적 보도에도 불구하고 한일 양국 군부는 좋은 관계를 맺고 있으며 잘 협력한다고 보는가?

야마구치 양국의 군사전문가들은 서로를 존경하고 존중한다. 또한 우리는 정치인과 국민이 쉽게 흥분한다는 점도 잘 알고 있다. 물론 군인도 때로는 감정적이 되지만 일반인에 비해서는 이성적이라고 생각한다.

Q 최근에 양국 관계가 급격히 냉각되고 있다. 그럼에도 한국 국방부와 일본 자위대 사이가 좋은 관계를 유지할 수 있는가?

---

12 공식적인 정부 간의 시도에 앞서 비공식적 경로를 마련하는 민간 외교.

야마구치 그렇다. 그러나 양국이 이를 두드러지지 않게 하려는 이유는 서로 다르다. 일본은 평화헌법 때문에 한국과 함께 집단적 자위권을 행사하는 것처럼 보이기를 원하지 않는다. 한편 한국의 군부는 역사 문제 등으로 인해 일본과 지나치게 가까운 관계를 맺는 듯 보이는 것을 선호하지 않는다.

Q 진솔한 의견 개진에 감사드린다. 한국 독자들에게 매우 소중한 정보가 되리라 믿는다.

나는 일본의 공적개발원조ODA 감소를
매우 유감스럽게 생각하며 그러한 추세에 대해 깊이 우려하고 있다.
오늘날 일본 ODA는 세계 제일이던 1980년대 초반과 비교하면 절반에
지나지 않는다. 일본은 9·11 이후 ODA 액수가 감소한 유일한 선진국이다.
이런 나라가 상임이사국을 지향할 자격이 있는지 자문해봐야 한다.

3장

일본의 국제공헌,
더 나은 미래는?

아카시 야스시

아카시 야스시

明石康 / Akashi Yasuhi

1931년 아키타(秋田)현 출생. 도쿄대학교 교양학부 미국학과를 졸업하고 풀브라이트 (Fulbright) 장학생으로 미국 유학길에 올랐다. 버지니아대학교 대학원에서 석사학위를 받은 후 터프츠대학교 플레처스쿨(Fletcher School) 박사과정에 재학 중이던 1957년에 일본인으로선 처음으로 유엔 직원으로 채용되었다. 이후 주(駐)유엔 일본정부대표부 참사관, 공사, 대사, 유엔 홍보 담당 사무차장, 군축 담당 사무차장, 유엔캄보디아잠정통치기구 사무총장 특별대표, 구(舊)유고 문제 담당 사무총장 특별대표, 유엔 사무총장 특별고문, 인도적 문제 담당 사무차장 등을 지낸 뒤 1997년 12월 퇴임했다.

귀국 후 히로시마시립대학교 부속 히로시마평화연구소 소장, 도쿄외국어대학교 경영협의회 위원, 특정비영리활동법인 일본분쟁예방센터 회장, 메이조(名城)대학교 아시아연구소 명예소장 등을 지냈으며, 현재 국제협력 NGO재단법인 조이세프(JOICFP) 회장, 공익재단법인 국제문화회관 이사장, 스리랑카 평화구축 및 복구·부흥 담당 일본정부대표 등을 맡고 있다.

주요 저서로 《유엔 빌딩의 창에서: 국제사회를 사는 한 일본인의 의견과 회상》(1984), 《유엔에 산다: 일본인 유엔 직원의 체험기》(감수, 1984), 《국제연합: 그 빛과 그림자》(1985), 《유엔에서 본 세계: 국제사회의 신질서를 찾아서》(1993), *An Agenda for Hope: The U.N. in a New Era* (1993), 《인내와 희망: 캄보디아의 560일》(1995), 《평화에의 가교》(1996), 《사무라이와 영어》(공저, 2004), 《국제연합: 궤적과 전망》(2006), 《전쟁과 평화의 간극에서: 국경을 초월한 군상(群像)》(2007), 《'독재자'와의 교섭술》(2010), *In the Valley between War and Peace: Personalities I Met* (2011) 등이 있다.

아카시 야스시 이사장은 일본은 물론 국제사회에서도 'Mr. 유엔'으로 널리 알려진 명사名士다. 유엔본부와 보스니아·캄보디아·스리랑카 등지에서 분쟁조정, 평화유지, 전후복구 등 다양한 업무에 관여하며 탁월한 업적을 남겼다. 아마 아카시 이사장 이상으로 국제공헌과 국제화에 앞장선 일본인은 없었다고 해도 지나친 말이 아닐 것이다.

아카시 이사장과의 인터뷰는 2012년 1월 11일, 도쿄 롯폰기 소재 아카시사무소에서 이루어졌고, 이후 서면으로 추가 질의·응답이 있었다. 인터뷰 내내 느낀 것은 그가 온화함 속에서도 확고한 철학과 신념을 소유한 인물이라는 점이었다. 그는 유엔이 지닌 한계를 부정하지 않으면서도 국제평화와 안정에 지속적으로 기여할 가능성을 굳게 믿고 있었다. 또한 반기문 사무총장에 대해서도 진심어린 조언과 응원을 아끼지 않았다.

한편 아카시 이사장은 최근 일본의 국제공헌 능력이 저하되는 것을 우려하며 '글로벌 국가', '책임 있는 국가'의 하나로서 보다 적극적인 공헌에 나서야 한다고 주장했다. 일본의 유엔 안보리 상임이사국 진출과 관련해서는 거부권 행사를 포기하는 형태로 가능성이 있다고 언급해 참신하게 느껴졌다. 더불어 일본이 과거사를 미화해서는 안 된다는 지적도 빼놓지 않았다.

무엇보다 그는 동아시아에서 1930년대와 같은 군비확대 경쟁이 되풀이되어서는 안 된다고 강조했다. 유엔에서 분쟁조정 업무를 수행해 온 그의 경력에 비추어볼 때 상당한 무게감이 느껴지는 이야기였다. 그는 핵무기가 많아질수록 세계는 더욱더 불안정해질 것이기에 피폭국으로서 일본이 핵 군축 및 확산방지를 위해 노력해야 한다고 말한다. 또한 1930년대의 우매함을 반복하지 않기 위해서라도 투명성과 상호교류에 근거한 새로운 안전보장체제의 공동구축을 지향할 것을 제안한다.

　그러나 그의 바람과 달리 지금 동아시아는 군비축소와는 반대 방향으로 내닫고 있다. 군사력 증강의 욕구를 기저에서 추동하는 불안감을 어떻게 완화할 수 있을 것인가에 대한 진지한 고민이 절실한 때이다.

▌ 유엔에서 걸어온 길

Q 아카시 선생은 26세에 유엔 국제공무원으로 일하기 시작했다. 아
    마도 당시 유엔에서 유일한 동아시아인 아니었나 싶다.

아카시 유엔에 들어간 것은 1957년 2월이었다. 당시 나 이외에 중화민
    국타이완 사람들도 근무하고 있었다.

Q 유엔에서 일하기로 결심한 이유는 무엇인가?

아카시 당시 나는 미국에서 유학 중이었고 풀브라이트 장학금을 받고
    있었다. 버지니아대학교에서 국제관계학 석사학위를 받은 뒤 터
    프츠대학교 플레처스쿨 박사과정에 진학할 생각이었다. 그런데
    바로 그 시기인 1956년 여름 위스콘신 주에서 열린 국제학생세미
    나에 참가하게 되었다. 세미나에서 사전 언급도 없이 극동지역 정
    치에 대해 이야기해달라는 부탁을 받고 즉석에서 발표했다. 청중
    가운데 유엔 정치안전보장국 간부인 영국인이 있었는데, 내 이야
    기에 큰 흥미를 느낀 모양이었다. 그는 내게 머지않아 일본도 유엔
    에 가입할 것이고 그때가 되면 일본인 정무담당관을 한 사람 뽑고
    싶은데 응모해보지 않겠느냐고 제안했다. 당시에는 그럴 생각이
    없다고 대답했다.
      그러다가 그해 12월, 플레처스쿨이 정기적으로 시행하던 유엔
    참관여행에 참가했는데, 그때 일본이 유엔에 가입하는 감동적인

장면을 목격했다. 당시 일본 외상 시게미쓰 마모루重光葵는 아주 명확하게 일본의 향후 국제외교 방침을 설명했다. 유엔헌장 정신과 일본의 새로운 헌법 정신이 완전히 동일한 것이며 앞으로 일본은 유엔을 중심으로 한 외교를 전개하겠다는 평화외교의 이념을 선명하게 드러내는 연설이었다. 시게미쓰 외상의 연설을 듣고 나서 예의 그 영국인 유엔 간부와 재회하게 됐고, 그는 또다시 내게 유엔에 들어오지 않겠느냐고 제안했다.

그때 유엔정무국 책임자인 유고 출신 사무차장과도 만났다. 앞서 말한 영국인 유엔 간부는 당시 내가 소속돼 있던 플레처스쿨 국제정치세미나의 지도교수 노만 파델포드와도 가까운 사이였는데, 노만 교수도 우수한 학생이라며 나를 추천했다. 이렇게 해서 일본인 응모자 셋 가운데 내가 선발됐다. 나는 유엔 측에 플레처스쿨에서 공부를 마치고 1년 뒤에 들어가도 되는지 문의했지만, 그렇게는 안 된다는 답변이 돌아왔다. 유엔에서 일하면서 컬럼비아대학교에서 박사학위를 취득하는 것에 대해서는 긍정적이어서 1957년 2월부터 유엔에서 일하게 됐다.

Q 선생은 유엔에서 홍보 담당 사무차장1979, 군축 담당 사무차장1987, 인도적 문제 담당 사무차장1996 등 18년 동안 사무차장급의 중요한 직책을 맡았다. 유엔에서 선생이 걸어온 길에 대해 이야기해달라. 언제가 가장 기억에 남는가?

아카시 하나만 이야기하기는 어렵다. 유엔 생활은 내게 매번 흥미로운 도전의 연속이었다. 방금 홍보 담당 이야기가 나왔는데, 유엔의 정보information를 총괄하는 일은 상당히 힘들었다. 더구나 그때는 냉전기였다. 당시 유엔은 제3세계 비동맹국의 발언권이 강화된 상태로 유엔 총회에서도 다수를 차지했다. 한편 유엔 안전보장이사회는 상임이사국 5개국이 자국에 불리한 상황이 조성되지 않도록 노력하고 있었다. 냉전 시절이다 보니 총회에서 미국에 불리한 결의가 계속 채택됐다. 유엔사무국 입장에서는 안보리 결의도 중요하지만 총회 결의도 따르지 않으면 안 된다.

그래서 미국으로부터 많은 항의를 받았다. 중동 문제, 특히 팔레스타인 문제와 관련해 미국은 이스라엘을 지지했다. 따라서 아랍 국가들이 주도한 유엔 총회 결의를 사무국이 집행하면 미국이 강력히 압박해왔다. 거부권을 가진 상임이사국 5개국이 위세를 부리기는 했지만 유엔 총회에서 중소국이 단결하면 그들 역시 그다지 영향력을 발휘할 수 없었다. 유엔사무국이 이 같은 모순을 조화롭게 조정해야 했는데 꽤 지난한 일이었다. 상임이사국과 기타 회원국 사이에 끼인 형국이랄까. 하지만 다행스럽게도 내겐 적잖은 미국인 친구들이 있었다. 특히 미국 국무성에서 파견 나와 있던 버펌Buffum 사무차장은 미국과 어떻게 타협하면 좋은지 그 방식을 가르쳐주었다. 그와 맺은 신뢰관계 덕분에 많은 문제를 해결할 수 있었다.

Q 군축 담당 사무차장으로 있을 때도 많은 역할을 한 것으로 안다.

아카시 군축 담당 사무차장 업무도 보람이 많았다. 당시는 고르바초프가 집권한 시기로 냉전이 종언되는 해빙기였다. 군축 업무란 것이 각국의 국가안보와 밀접한 관계가 있어 유엔사무국이 할 수 있는 일에 제약이 많았다. 그러나 뭔가 새로운 국면이 전개되는 것을 보며, 유엔 입장에서 객관적 연구를 통해 군축의 토대를 만드는 일도 가능하겠다는 생각이 들었다. 그래서 정책 지향적 연구를 여럿 수행했다. 각국 대표와 외교관, 학자들과 뉴욕 인근에서 합숙하면서 비공개 토론을 진행하기도 했다. 이는 유엔의 기본 업무에선 벗어나는 일이었는데, 사무국이 자금을 지원하고 유엔협회United Nations Association라는 미국 NGO가 주최하는 형태로 이루어질 수 있었다. 참가자들 중에는 구소련의 거대한 군수산업의 평화적 전환 방법을 연구해 노벨상을 수상한 미국인 경제학자도 포함돼 있었다. 모스크바에서도 유엔이 주최하는 대규모 회의를 열었는데, 이에 대해 고르바초프의 오른팔이던 알렉산드르 야코블레프Aleksandr Yakovlev도 매우 기뻐했다. 냉전에서 평화로 이행하는 과정에 쿠션을 만드는 작업을 진행한 셈이다.

Q 선생은 유엔 평화유지활동PKO 사업에서도 발군의 실력을 발휘한 것으로 아는데 그때 경험은 어땠나?

아카시 1992년 초 부트로스 부트로스 갈리Boutros Boutros-Ghali, 1992~1996 재임. 이집트 출신가 유엔 사무총장이 됐다. 그 전임자인 하비에르 페레스 데 케야르Javier Pérez de Cuéllar, 1982~1991 재임. 페루 출신도 훌륭한 사람이었다.

그렇지만 유엔 사무총장으로서 가장 훌륭한 업적을 남긴 인물로는 존경하는 다그 함마르셸드Dag Hammarskjold, 1953~1961 재임. 스웨덴 출신를 들 수 있으며, 그 다음이 부트로스 갈리, 세 번째가 케야르다. 케야르는 그다지 유명하지 않고 언변이 뛰어나지도 않았지만 막후교섭에 능했고 유엔이 언제 이니셔티브를 취하면 좋을지에 대한 감각이 탁월했다.

1991년 12월 31일, 이튿날이면 유엔 사무총장에 취임하는 부트로스 갈리에게 불려갔다. 캄보디아 PKO를 담당할 생각이 없느냐는 제의였다. 처음에는 주저했다. 1960년대 캄보디아에서 타이-캄보디아 분쟁조정 업무에 1년 반 정도 종사한 적이 있는데 그리 성공적이지 못했기 때문이다. 당시 타이 외교의 총책임자는 10년 이상 외무장관을 역임한 타나트 코만Thanat Kohman이었고, 캄보디아 측 책임자는 시아누크Norodom Sihanouk 국왕이었다. 두 사람 다 서로를 매우 불신했다. 사실 양국 모두 그 분쟁을 국내정치적 통합에 유리하게 활용하고 있었다. 유엔이 아무리 노력해도 당사국이 귀를 기울이지 않으면 아무런 소용이 없다. 당시 나의 상사는 타이-캄보디아 분쟁조정을 계속하려 했지만 내가 이제 그만하자고 제안했다. 결국 내 의견이 받아들여져 조정은 중지되었다. 그때 유엔의 한계를 피부로 깨달았다.

Q 부트로스 갈리에 대한 선생의 평가는 세간에 이해되는 것과 다르다. 리더십과 능력이 부족해 사무총장직을 연임하지 못한 것 아니었나?

아카시 그런 주장에 동의하지 못한다. 갈리 총장은 매우 유능했다. 유
엔 안보리 이사국 15개국 가운데 14개국이 갈리 연임에 찬성했지
만, 미국이 반대표를 던졌다는 점을 기억해야 한다. 이는 거부권
행사다. 나는 현재의 반기문 유엔 사무총장을 매우 좋아하고 존경
한다. 하지만 그 자리는 결코 쉬운 자리가 아니다. 유엔 사무총장
은 상임이사국 5개국은 물론 유엔 전체의 대표다. 반기문 총장은
상충되는 이해관계를 조정하기 위해 최선을 다하고 있다. 그러나
누가 유엔 사무총장이든 간에 언젠가는 강대국의 심기를 거스르
는 일을 할 수밖에 없다.

Q 코피 아난Kofi Atta Annan, 1997~2006 재임. 가나 출신은 어땠는가? 그가 '미국
의 푸들'이라는, 다시 말해 미국의 이해관계를 지나치게 대변했다
는 비판이 있다.

아카시 그렇게 생각하지는 않는다. 그는 이라크전쟁을 반대했고 그 때
문에 워싱턴과 관계가 미묘해졌다. 유엔 사무총장으로서 함마르
셸드는 소련에 의해, 갈리는 미국에 의해 적대시되었다.

▌유엔의 과거와 현재 그리고 미래

Q 선생은 1950년대 이후 현재까지 유엔의 변모를 목격한 산증인이
다. 과거 유엔은 영예로운 지위를 차지하며 아우라aura가 있었으

나 지금은 그 위상이 약화됐다. 특히 1991년 제1차 걸프전이 다국적군의 승리로 끝나자 미국의 조지 부시 대통령은 "이제 유엔을 통한 세계평화가 시작됐다"고 연설한 바 있다. 그러나 이후 유엔은 점차 주변화됐다. 지난 50년 동안 유엔이 겪은 변천을 어떻게 평가하는가?

아카시 나는 유엔의 변증법적 진전을 믿는다. 더 나은, 더 강한 유엔을 위한 진화는 일직선이 아니라 지그재그로 이루어진다. 단기적으로는 많은 실망과 좌절을 안겨줄 수도 있고, 이에 절망할지 모른다. 그러나 중요한 것은 역사적 관점이다. 긴 안목에서 보면 그런 진전을 발견할 수 있다. 나 역시 때때로 유엔에 실망했다. 그렇지만 그 미래에 대해 절망한 적은 단 한 번도 없다.

Q 그 근거는 무엇인가? G2, G7, 중국을 포함한 G8, G20[1]은 물론 다보스포럼 등 수많은 대화채널이 있다. 이를테면 매년 1월 다보스포럼에 반기문 사무총장이 참석해 기조연설을 하는데, 포럼 참석자로서 나문정인는 그의 위상이 다소 약하지 않은가 하는 느낌을 받곤 한다. 유엔 사무총장의 지위가 그만큼 격하된 것 아닌가?

아카시 그건 격하가 아니다. 유엔은 세계정부나 세계연방이 아니다. 유

---

1 G2는 미국과 중국 양대 강국을 가리킨다. G7은 선진 7개국(미국, 프랑스, 영국, 독일, 일본, 이탈리아, 캐나다)을 의미하며, G8은 G7과 러시아를 지칭한다. G20은 G7과 유럽연합(EU) 의장, 그리고 신흥시장 12개국(한국을 비롯해 아르헨티나, 호주, 브라질, 중국, 인도, 인도네시아, 멕시코, 러시아, 사우디아라비아, 남아프리카공화국, 터키) 등 세계 주요 20개국을 회원으로 하는 국제기구다.

엔은 가장 중요한 정부 간 조직inter-governmental organization이다. 그리고 사무총장은 유엔헌장 97~99조가 규정하는 가장 출중한 공복 distinguished public servant이다. 99조에 따르면 사무총장은 국제평화와 안전을 위협한다고 스스로 인정하는 어떤 사안에 대해서도 안보리의 주의를 환기시킬 수 있다. 매우 중요한 임무를 사무총장에게 부여한 것이다. 물론 최종결정은 안보리에 달렸다. 그러나 사무총장이 발휘할 수 있는 이니셔티브가 적지 않다. 따라서 사무총장은 자신이 어떤 제약을 받는지와 함께, 자신이 무엇을 할 수 있는지에 대해서도 늘 고려해야 한다.

반기문 당시 한국 외교통상부 장관은 유엔 사무총장이 되기 전 나를 서울로 초대해 조언을 구한 바 있다. 그 자리에서 나는 반기문 장관에게 "유엔 사무총장secretary-general이 SG라는 약자로 불린다는 점을 알고 있을 것이다. 그런데 이 SG의 진짜 의미가 무엇이라고 생각하는가? 그것은 희생양scapegoat을 의미한다"고 이야기했다. 그는 내 말을 듣고 웃음을 터뜨렸다. 사실 나는 그에게 사무총장이 되면 수많은 좌절을 겪으리라는 점을 알려주고 싶었다. 세계 각국의 국민과 정부가 바라는 것과 그가 실제로 할 수 있는 일은 근본적으로 일치하지 않는다. 기대와 능력 사이에서 슬기롭게 움직일 수 있는 체력과 지력知力이 있는지 묻고 싶었던 것이다. 유엔에 관해 내가 쓴 책에 유엔의 역대 사무총장에 대해 논한 장이 있다. 반기문 총장은 이를 한글로 번역해서 읽어봤다고 했다.

나는 그가 밤낮없이 일에 전념한다는 사실을 잘 알고 있다. 2011년

11월 뉴욕에서 그를 만나 스리랑카 문제 등 많은 사안에 대해 토론했다. 토론을 마무리하는 단계에서 나는 그에게 일을 즐기고 있는지 물었다. 그는 미소를 지으면서 자신의 사례(즉 과다업무)가 유엔 인권이사회에 회부되어야 한다고 답했다. 이처럼 그는 훌륭한 유머감각을 지녔으며, 이는 유엔 사무총장직을 수행하는 데 반드시 필요한 감각이다.

Q 선생은 1950년대 이래 유엔에서 복무한 극소수 아시아인 중 한 사람이다. 사실 당시 아시아의 존재감은 극히 미미했으며 유럽과 미국의 힘이 지배적이었다. 그러나 21세기 현재 세계의 전망이 변하는 것을 알 수 있다. 아시아의 경제적 힘과 지정학적 함의가 중요해졌으며, G20에는 아시아·태평양 국가가 7, 8개국 참여하고 있다. 유엔 내에서 아시아 국가들의 영향력에는 어떤 변화가 나타나고 있는가? 유엔이라는 틀 안에서 아시아가 할 수 있는 역할이 무엇인지, 선생의 견해를 들려주었으면 한다.

아카시 물론 유엔 내에서 아시아 국가들의 영향력은 상당히 커지고 있다. 그러나 세계경제에 대한 아시아의 영향력과 유엔에 대한 아시아의 영향력 간에는 여전히 큰 차이가 존재한다. 이 차이도 점차 줄어들겠지만, 당신이 지적했듯 지금 단계에선 아시아 국가들의 경제적 영향력 증대에 비해 유엔에선 그다지 큰 역할을 수행하고 있지 못한 것 같다. 잘 알다시피 아시아 국가들을 모두 아우르는 지역기구는 아직 없다. 유럽연합EU이나 아프리카연합AU과

같이 지역 전체를 포괄하는 기구가 존재하지 않는 것이다. 하위지역subregional기구로 동남아시아국가연합ASEAN이나 남아시아지역협력연합SAARC 등이 있지만, 동북아시아에는 6자회담 이외의 기구는 없다.

나는 다양한 지역기구가 유엔과 모순관계에 있는 것이 아니라, 서로 각자의 역할을 수행하는 것이라고 생각한다. 유엔헌장 6장이나 7장은 안보리를 포함한 유엔 자체의 활동에 대해 기술하고 있다. 그러나 8장은 지역기구에 대해 논하고 있다. 같은 목적을 향해 가되 책임을 분담하면서 행동하도록 처음부터 계획된 것이다. 아시아에는 아직 유엔헌장 8장의 정신에 진정으로 부합하는 지역기구가 존재하지 않지만, 방향성을 놓고 보자면 아시아·태평양경제협력체APEC나 ASEAN지역포럼ARF을 포함해 다양한 기구가 중첩되는 형태로 커다란 지역기구가 형성될 것이다. 이 기구가 유엔과 손잡고 글로벌한 문제는 유엔과 함께 협력하고 해결해가리라 생각한다. 이런 의미에서 지역기구 역시 하나의 도구로 활성화해야 할 것이다.

Q 그러나 아직도 서구 국가들이 유엔 내에서 지배적 지위를 점하고 있지 않은가?

아카시 내 생각에 지금은 유엔이 서구 국가들에 의해 지배되는 구조가 아니다.

Q 유엔 조직에서 유럽 및 미국 출신 인사들이 중요한 지위를 차지하고 있다. 그것은 어떻게 보는가?

아카시 그런 상황도 서서히 변하고 있다고 본다.

Q 너무 느린 게 문제다. 그리고 우리는 반기문 사무총장에게 기대가 컸다. 특히 남북 문제에 유엔이 큰 역할을 하리라고 생각했는데 아직도 그런 기미가 보이지 않는다. 왜 그런가?

아카시 기다리면서 지켜볼 필요가 있다. 앞으로 반기문 사무총장은 남북한의 관계회복rapprochement에 중요한 역할을 수행할 것으로 본다.

Q 그 역시 노력하고 있지만 미국의 눈치를 살피지 않으면 안 된다. 이명박 정부는 유엔이 남북관계에 개입하는 데 매우 비판적이다. 그런 상항에서 반기문 사무총장이 큰 역할을 할 수 있겠는가?

아카시 당분간은 조심스러울 수밖에 없다. 동북아시아의 평화와 관련해 서울에서 개최된 2009년 WFUNA유엔협회세계연맹 총회 당시 일본 유엔협회가 유엔 문제에 대해 3국 간에 보다 자주 논의할 필요가 있다고 제안해, 2010년부터 한중일 유엔협회 3개국 회장단 회의가 우선 도쿄에서 시작됐다. 2011년에는 중국 청두成都에서 열렸으며 2012년에는 서울에서 개최되었다. 이런 방식으로 하위지역의 연대가 강화되고 있으며 그 움직임에 대해 유엔 사무총장도 매우 반기고 있다.

▌일본의 국제공헌, 쇠퇴하고 있는가?

Q 일본에 대해 이야기해보자. 현재 일본의 아이덴티티를 어떻게 정의하는가? 일본은 글로벌국가인가, 지역국가인가? 아니면 3·11동일본대지진 등의 국내 문제로 인해 소국Pigmy power이 되어가는 중인가? 이 문제에 대해서는 여러 견해가 있다. 소에야 요시히데는 일본이 결코 글로벌국가가 될 수 없다고 말하지만, 후나바시 요이치는 일본이 글로벌국가가 될 여지가 있다고 주장한다.[2] 1990년대 초반으로 돌아가보면 오자와 이치로가 유엔중심주의에 기초한 '보통국가론'을 말한 적도 있고 '국제공헌국가'나 다케무라 마사요시의 '작지만 반짝반짝 빛나는 나라' 같은 논의도 있었다. 일본의 많은 정치가와 지식인은 일본이 글로벌국가이며 미국을 통해 국제공헌을 할 수 있다고 믿는다. 그러나 이번 인터뷰 과정에서 그 논의가 일본의 현실과는 동떨어진 것이 아닌가 하는 느낌을 받았다. 선생의 입장은 어떤가?

아카시 보다 장기적으로는 미국을 통한 공헌보다는 유엔을 통한 국제공헌이 바람직하다고 본다. 그러려면 일본이 유엔 안보리 상임이

---

2 소에야 요시히데와 후나바시 요이치의 의견은 각각 이 책 1장과 4장의 인터뷰 내용을 참고.

사국이 되는 것이 중요한 첫걸음이 될 수 있다. 그러나 이는 결코 쉬운 과제가 아니다. 얼마 전 서울에서 강연했을 때 한 젊은 여성 정치학자로부터 이런 질문을 받았다. "당신이 일본의 《외교포럼》이라는 잡지에 쓴 논문 내용과 지금 한국에서 발언하는 내용 사이에는 모순이 있다. 당신은 그 논문에서 일본이 안보리 상임이사국이 될 자격은 있으나 아직 충분치는 않다고 썼다. 그러나 지금 이 강연에선 일본이 안보리 상임이사국이 되어야 한다고 말하고 있다. 모순되는 것 아닌가?" 하는 것이었다. 나는 그녀의 날카로운 분석에 감탄했다. 사실 일본 국민에게 말할 때는 대외적으로 발표하는 내용 이상으로, 더 엄격한 주문을 하게 된다.

새로운 안보리 상임이사국에는 일본뿐 아니라 다른 나라도 당연히 포함될 것이다. 특히 G20 국가들이 그런 자격을 주장하고 있다. 하지만 새로운 안보리가 지나치게 비대해져도 문제에 기민하게 대응할 수 없기 때문에 비상식적 확대는 결코 가맹국 전체의 이익과 합치되지 않는다. 현재 20개국으로 구성된 안보리를 확대한다 하더라도 25~26개국 정도로 제한할 필요가 있다. 상임이사국 역시 현재의 5개국에 3~5개국을 더하는 정도가 될 것이다. 그럴 경우 일본은 상임이사국의 유력한 후보가 될 수 있다고 생각한다. 그러나 당장에 일본은 이러한 글로벌국가, 책임 있는 국가의 하나로서 미들파워 이상middle power plus의 여러 가지 공헌을 해야 한다. 사실 전후 일본은 평화국가로서 국제협력을 중시해왔지만, 최근에는 그런 노력이 약화되고 있다. 나로서는 일본이 유엔을 통한 평화·군축·분쟁예방·환경·복지·개발 등에 보다 적극적으로 나설 필요가 있다고 생각한다.

Q 일본 내부의 비전 문제도 있지만 주변국 시각도 그리 긍정적이지는 않을 것 같다. 이 점은 어떻게 생각하는가?

아카시 　지적한 대로다. 일본의 안보리 진출과 관련해 주변국의 시선이 곱지만은 않다. 같은 목표를 가진 국가와 협력하되 그 때문에 바람직하지 않은 경쟁관계가 발생하지 않도록 주의해야 한다. 우선 일본이 상임이사국이 되려고 하면, 유감스럽게도 한국 측의 기분이 좋지는 않을 것이다. 나는 한일 간 상호신뢰가 더 깊어지기를 희망한다. 한국도 통일 후에는 상임이사국 진출을 주장할 권리를 갖게 될 것이다. 인도의 경우 파키스탄에서, 독일의 경우 이탈리아에서, 브라질의 경우 아르헨티나와 멕시코에서 상임이사국 진출을 반기지 않는다. 이러한 근린관계는 매우 불행한 일이다. 각 지역 또는 하위지역이 좀 더 결집한다면 지역 내에서 한 국가가 돌출되는 형태로 선출되는 일은 없어질 것으로 본다.

　나는 냉전기 스웨덴이 한 역할, 최근 십수 년간 유럽의 소국 노르웨이가 한 역할, 그리고 1970~1980년대에 캐나다가 미들파워로서 행한 역할 등을 잊어선 안 된다고 생각한다. 냉전 시대에 캐나다는 군축·인권·아프리카 문제에 가장 먼저 주목했다. 일본 역시 국제 문제에 대해 책임 있는 존재로서 역할을 해왔으며 앞으로도 더 많은 일을 할 여지가 있다고 본다. 아시아의 긴장완화나 군비축소, 지구환경 악화방지 노력을 계속하는 것도 향후 과제에 포함돼야 한다. 단순한 지위추구자status seeker로서 상임이사국 진출 경쟁에 골몰하는 것이 아니라, 보다 안정된 아시아와 세계를 위해 건설적이고 구체적인 협력을 도모해야 한다. 그러지 않으면 결코 주변국들이나 국제사회의 존경을 받을 수 없다.

Q 1950년대로 되돌아가보자. 당시 일본 정부는 세 가지 외교방침을 천명한 바 있다. 첫째는 일본이 글로벌 커뮤니티와 서방사회의 일원이 되는 것, 둘째는 유엔에 더 많은 주의를 기울이고 유엔 중심 외교를 수행하는 것, 셋째는 일본이 아시아의 일원이라는 것. 이 세 가지 가운데 첫째와 셋째는 거의 이뤄졌지만 유엔 중심의 외교는 오히려 쇠퇴하는 듯 보인다. 선생의 의견은 어떤가?

아카시 일본이 세 가지 외교방침을 유엔 가입 직후 2~3년 동안만 주장했다는 점을 기억해야 한다. 이후 일본은 그 방침을 대폭 수정했다. 이른바 '일본의 외교 3원칙'이 너무나도 이상적이었던 점, 그리고 냉전 시대에 권력정치를 지나치게 무시했다는 점이 수정의 이유로 제시됐다. 제2차 세계대전 이후의 평화주의를 일본이 버려서는 안 되겠지만, 그것에 현실적인 살을 붙이고 정책적인 구체성을 부여한다는 사고방식이 필요하다. 이를 위해서는 인내심을 갖고 다수의 국가들과 진지하게 대화하는 일을 게을리해서는 안 된다.

Q 외교 3원칙이 폐기됐다는 것인가? 미일동맹으로 인해 일본이 미

국의 요구를 들어주어야 했기 때문인가?

아카시   당시의 외교 3원칙, 특히 유엔중심주의는 현실적이지 못했다. 유엔은 가급적 가맹국 전체의 이익을 위해 노력해야 한다. 그러나 가맹국들은 유엔을 자국의 국익을 위한 수단으로 이용하려는 경향이 있다. 이 둘을 조화시키는 것은 쉬운 일이 아니다. 이 과정에서 일부 국가들은 통상 유엔의 대승적 이익을 위해 자신들의 주장을 편다고 하지만 실제로는 명분론에 지나지 않는다. 나는 '중국대표권' 문제로 국제사회가 분규를 겪었을 때 유엔의 '축복하는 해결책'을 모색해야 한다는 일본 외상의 말에 솔직히 실망했다.[3] 거꾸로 개별 국가들이 유엔 속에서 국제사회 전체를 위한 사심 없는 이니셔티브를 취해야 한다고 생각한다. 캐나다, 스웨덴, 노르웨이가 했던 것처럼 말이다. 일본도 그런 일을 더 많이, 성실하게, 그리고 굳은 인내심을 갖고 실행해야 한다. 한국 등 주변국과 협력하는 일도 더 많이 시도해야 할, 가치 있는 일이다.

Q   유엔에 대한 공헌을 놓고 보자면 일본은 대표적인 모범국가였다. 이에 동의하는가?

아카시   한때는 그랬다.

---

3 1971년 10월 유엔총회 의결을 통해 중화민국(타이완)이 유엔에서 추방되었다. 그 결과 중화인민공화국(중국)이 유엔에서 중국대표권과 안보리 상임이사국 지위를 차지하게 되었다. 당시 일본은 미국과 함께 타이완 추방 반대를 주장하였으나 표결에서 부결되었다.

Q 이젠 아니라는 이야기인가?

아카시 그렇다.

Q 그렇게 보는 이유는 무엇인가?

아카시 나는 일본의 공적개발원조ODA 감소를 매우 유감스럽게 생각하며 그러한 추세에 대해 깊이 우려하고 있다. 오늘날 일본 ODA는 세계 제일이던 1980년대 초반과 비교하면 절반에 지나지 않는다. 일본은 9·11 이후 ODA 액수가 감소한 유일한 선진국이다. 이런 나라가 상임이사국을 지향할 자격이 있는지 자문해봐야 한다. 겐바 고이치로玄葉光一郎 외무장관은 나를 비롯해 여러 사람에게 자신

| 일본 일반회계 ODA의 당초 예산 추이(1978~2012년)

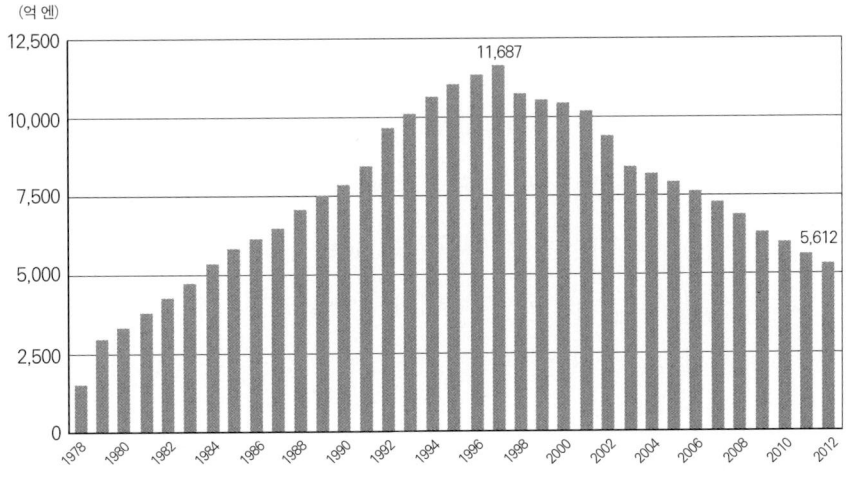

자료 : 일본 외무성 ODA 홈페이지

이 이룬 업적 가운데 하나는 최근 10년간 처음으로 ODA를 증액하는 데 성공한 것이라고 말한다. 나 역시 그의 이니셔티브를 높이 평가하고 싶다.

Q 국제적 위상으로 말하자면 일본은 그동안 많은 진전을 이루었다. 예를 들어 국제원자력기구IAEA와 유네스코UNESCO 사무총장이 모두 일본인이다. 이런 요직에 많은 일본인이 진출한 것은 유엔에 대한 일본의 공헌과 분담금에 비례한다고 생각하는가? 아니면 아직도 부족하다고 느끼는가?

아카시 일본인들이 유엔 산하 국제기구에서 중요한 위치를 차지한 것은 일본의 국가적 위상과 영향력만이 아니라 그들의 개인적 자질도 반영된 것이라 생각한다. 마쓰우라 고이치로松浦晃一郎는 UNESCO에서 훌륭한 업적을 남겼으며, 아마노 유키야天野之弥도 IAEA에서 많은 활약을 할 것으로 기대된다.[4] 오가타 사다코緒方貞子는 유엔난민고등판무관UNHCR으로서 훌륭하게 업무를 수행했다. 세계보건기구WHO 사무총장이던 나카지마 히로시中嶋宏에 대해서는 평가가 엇갈리지만 내게는 그를 평가할 만한 정보가 없다. 유엔 산하는 아니지만 아시아개발은행ADB 총재 역시 줄곧 일본인이 맡아왔다. 나는 주요 국제기관에서 직책을 맡은 일본인들이 대체로 뛰어난 업적을 이루었다고 믿는다. 반면 최근에는 주요 기관 D클

---

4 마쓰우라 고이치로는 1999~2009년 UNESCO 사무총장으로 재임했으며, 아마노 유키야는 2009년 IAEA 사무총장직에 취임했다.

래스 이상의 상급 포스트에서 일본인 간부들이 줄어들고 있어 적잖이 우려된다.

Q 국제사법재판소ICJ 소장을 역임한 오와다 히사시小和田恆도 있지 않은가?

아카시 그 직책도 매우 중요하며, 오와다는 걸출한 재판관이자 학자기도 하다. 나 역시 유엔에서 퇴임하기 전에 대규모 평화유지활동을 담당하는 직책을 두 차례 맡은 바 있다. 첫 번째는 유엔 캄보디아 잠정통치기구 사무총장 특별대표였으며 두 번째는 구유고슬라비아 문제 담당 사무총장 특별대표였다. 유엔 평화유지활동은 무력분쟁이 끝난 뒤 당사자들 모두의 정치적 합의에 근거해 파견된다. 구유고에서 우리는 민족분쟁이 한창이던 너무 이른 시기에 파견된 탓에 좋은 성과를 거둘 수 없었다. 물론 그 지역에 대한 인도적 원조와 시민 보호에는 최선을 다했다고 할 수 있다. 이런 인도적 임무 등 유엔은 소말리아 등지에서 많은 일을 해왔다.

한편 일본은 평화유지활동에 참여해 한국 파견대와도 긴밀히 협력하고 있다. 동티모르와 아이티 등지에서도 마음 따뜻해지는 협력이 계속됐다. 나는 남수단에서도 유엔 평화유지활동의 틀 안에서 한일 간의 진정한 협력이 이뤄지기를 기대한다. 이러한 책임은 한국이나 일본 같은 중간규모 내지는 대규모의 유엔 가맹국이 맡지 않으면 안 된다.

Q 미국과 달리 유엔 분담금을 제때 납부하고 있다는 점에서 일본은 모범국가다. 그리고 앞서 언급했듯이 많은 일본인이 유엔에서 활약 중이다. 그러나 일본이 새로운 아이디어를 제시하거나 어젠다를 설정한 적이 있는가? 인간안보와 관련해서는 그런 일을 했지만, 최근에는 '인간안보'라는 어젠다 자체가 그리 거론되지 않고 있다. 평화유지활동은 사실 일본 스스로 낸 아이디어가 아니라 유엔의 제안이었고 일본이 거기 참여한 것이다. 반면 인간안보나 유엔대학United Nations University은 일본의 이니셔티브에 의한 것이었다. 오부치 게이조小淵惠三 총리가 인간안보 아이디어를 추진한 것으로 기억하는데 당시 국제적으로 매우 폭넓게 받아들여졌다. 그러나 현재 일본에서는 그런 논의가 거의 이루어지지 않는 것 같다. 이렇게 볼 때 일본이 아이디어 제안 및 어젠다 설정 능력을 잃은 것 아닌가 하는 느낌마저 든다. 이 의견에 동의하는가?

아카시 그렇게 생각하지는 않는다. 2010년 12월 반기문 사무총장은 다카스 유키오高須幸雄 대사를 인간안전보장 유엔특별고문special envoy에 임명했다. 인간안전보장에 관한 위원회도 유엔 내에 설치됐다. 2005년 유엔 특별총회에서 채택된 최종 보고서는 인간안전보장에 대해 언급하고 있다. 물론 인간안보를 명료하게 정의하는 작업도 남아 있다. 우 탄트U Thant 사무총장 아래서 나는 유엔대학 설립 작업과 교섭에 수년을 종사했다. 유엔대학 구상은 훌륭했지만, 유감스럽게도 설립 이후에는 훌륭한 총장을 맞지 못했다.

Q 가렛 에반스Gareth Evans 전 호주 외무장관은 캐나다와 협력해 '보호하는 책임Responsibility to Protect'과 관련해 유효한 역할을 했던 것으로 기억하고 있다.

아카시 에반스는 매우 훌륭한 역할을 수행했다. 그는 핵확산 방지 및 핵군축 국제위원회International Commission on Nuclear Non-proliferation and Disarmament에서 가와구치 요리코川口順子 전 외상과 함께 일하기도 했다. 이는 일본이 호주와 함께 추진한 훌륭한 이니셔티브 중 하나다. 그런 점에서 앞서 당신의 비판이 옳기는 하지만 조금 엄격하다는 느낌이 든다. 물론 내가 언급한 몇 가지는 드라마틱하거나 야심적인 이니셔티브에 속하지는 않을지 모른다. 그러나 일본은 1970년대에 개발도상국과 선진공업국이 대립하는 가운데 그 간극을 메우기 위해 최선을 다했다. 천연자원에 관련된 회전기금revolving fund 제안이 그 대표적인 예다. 세계은행에서도 일본은 국제투자보증기구MIGA라는, 개발도상국에 대한 투자를 장려하기 위한 특별조치를 창안하기도 했다. IAEA 설립에서도 일본은 이니셔티브를 발휘했다. 국가로서 일본뿐만 아니라 국제기구의 대표 또는 핵심적 조언자로 활약하는 일본인들 역시 능력을 발휘해왔다고 생각한다. 그러나 현재 일본에서는 젊은이들 사이에 내향적 성향이 현저해지면서 글로벌 인재가 부족해졌다는 이야기가 나온다. 나도 그 점을 걱정하고 있다.

우 탄트는 베트남전을 비판했기 때문에 백악관이 그를 반대했고, 함마르셸드 역시 콩고 문제로 인해 대국정치의 희생양이 됐다.

코피 아난은 미국의 심부름꾼이라는 비판을 받았지만 이라크전에 선 미국에 반대하는 입장에 섰다. 이는 개인으로서는 명예로운 일 이며, 일본인들도 유사한 경우에 처할 가능성이 있다. 구유고에서 나는 당시 유엔 사무총장 부트로스 갈리와 함께 서유럽 국가들이 나 이슬람 국가들로부터 비판의 대상이 됐다. 하지만 시대에 너무 앞서느라 불필요한 자기희생을 치르는 것은 영웅주의일 수는 있 어도 결코 칭찬받을 일은 아니다.

▎ 일본의 유엔 안보리 상임이사국 진출, 가능할까?

Q 일본은 유엔 안보리 상임이사국이 되고 싶어한다. 이유는 무엇 인가?

아카시 일본은 상임이사국이 됨으로써 자국의 안전보장뿐 아니라 국제 사회 전체의 평화와 안정을 위해 신뢰할 만한 공헌을 할 수 있으며 이는 유엔 자체의 강화에도 도움이 될 것이다. 아마 일본은 안보리 강화라는 문맥 안에서 '거부권 행사'를 스스로 포기하는 데에도 동 의하리라 생각한다. 안보리에서 지위를 획득함으로써 일본과 일본 인이 협소한 국익의 관점을 벗어나, 보다 넓은 지역이익의 관점에 서 지속적 관심과 참여를 유지하기가 용이해질 것은 분명하다.

Q 그러나 일본은 유엔 개혁, 특히 안보리 상임이사국의 거부권 행사

문제를 개혁하자고 계속 요청해오지 않았는가?

아카시 일본이 그런 방식으로 거부권에 이의를 제기한 적은 없다. 거
부권에 대한 반대라기보다는 그 적용범위가 너무 넓으니 이를 제
한하자는 말이다. 예를 들면 유엔 사무총장을 임명할 때나 유엔헌
장 6장에 따른 분쟁의 평화적 처리에 관한 문제에 '거부권 행사'가
과연 필요한지 의문이 든다.

Q 그런 맥락에서 아카시 선생은 전쟁과 평화에 관련된 문제만 안보
리 상임이사국이 거부권을 행사해야 한다고 주장한 바 있다. 그 외
다른 사안에 대해서는 거부권을 행사해서는 안 된다는 견해인 것
으로 아는데, 좀 더 구체적으로 설명해달라.

아카시 바로 그렇다. 정확하다. 바꿔 말하면 거부권 행사를 유엔헌장 7장
과 관련된 문제에 국한하자는 것이다.[5] 우리는 안보리 상임이사
국이 국제평화와 안전에 중요한 책임을 지고 있다는 점에 동의해
야 한다. 그들은 정치적·경제적·군사적으로 매우 중요한 국가이
므로 그 이해관계와 의견에 귀를 기울일 필요가 있다. 이런 의미
에서 나는 거부권이 유엔의 '필요악'이라고 말하는 것이다. 거부

---

5 유엔헌장 7장 제목은 '평화에 대한 위협, 평화의 파괴 및 침략행위에 관한 행동'이다. 유엔에 의한 '국제의
평화 및 안전을 유지 또는 회복'하기 위한 집단적 안전보장의 운용 및 자위권에 대해 규정한다. 유엔에 의
한 집단적 안전보장의 기본구조는 안전보장이사회에 의한 '평화에 대한 위협, 평화의 파괴 또는 침략행위
의 존재'(39조)에 기초하여 군사적 강제조치(42조) 또는 비군사적 강제조치(41조)를 발동한다는 것이다.

권의 적용범위를 더 축소할 필요는 있지만 유엔헌장 7장의 강제 조치와 관련된 문제에서는 이를 받아들여야 한다. 그렇지 않으면 국제연맹League of Nations의 경우처럼, 미국 같은 나라가 유엔에서 탈퇴하는 사태가 벌어질지도 모른다. 국제연맹 시절 소련은 핀란드 침략을 이유로 제명됐고 일본·독일·이탈리아는 스스로 탈퇴했다. 그리하여 연맹의 힘은 크게 약화됐다. 나는 강대국들이 유엔 바깥에서 행동하기보다는 그 틀 안에서 다투는 편이 훨씬 낫다고 생각한다.

Q 그러나 안보리의 제도적 개혁 없이는 일본이 상임이사국이 되기란 매우 어려운 일 아닌가? 어떤 방식의 개혁이 필요하다고 보는가?

아카시 일본 혼자만 상임이사국이 될 수는 없다. 그래서 일본은 2005년에 인도·독일·브라질과 함께 상임이사국 진출을 꾀했던 것이고 또 아프리카 국가들도 초대했다. 그처럼 폭넓은 국제적 합의 아래서만 헌장 개정이 가능하며 안보리 구성을 바꾸는 일도 가능하다는 점은 명백하다.

Q 실현 가능성은 있는가? 현재의 기득권 세력인 5대 강대국을 포함해 다른 국가들의 반대가 있을 것으로 보인다.

아카시 2005년 당시 많은 나라가 일본·독일·인도·브라질 4개국 결의안four-power package에 투표했으리라 생각한다. 가맹국 전체의 3분의

2 지지에는 도달하지 못했지만 매우 근접했다.[6] 점차 변화해가는 국제 상황을 고려하면 가장 받아들이기 쉽고 현실적인 4개국 결의안 내지 그 수정안 같은 것을 앞으로도 계속 시도해야 한다고 생각한다.

▍일본, 현대사 미화하지 말아야

Q 일본의 안보리 상임이사국 진출을 두고 한국이나 중국에서는 반대 의견이 적지 않다. 그들은 과거사 문제가 청산되지 않았고 영토 및 영유권 문제도 해결되지 않은 상태에서 어떻게 일본이 상임이사국으로서 정통성을 가질 수 있느냐고 반문한다. 선생은 일본이 과거사 문제와 관련해 독일식 대처방식을 받아들여야 한다고 제언한 바 있다. 구체적으로 어떤 내용인가?

아카시 그것은 내가 매우 중요하게 생각하는 문제다. 나는 지금 공익재단법인 국제문화회관International House of Japan의 이사장이며 2012년은 국제문화회관 설립 60주년이 되는 해다. 이 회관의 설립자인 마쓰모토 시게하루松本重治는 일본이 미국·중국과 이해 및 화해를 이루지 않는 한 동아시아에 평화는 없다고 굳게 믿었다. 나는 일본

---

6 2005년 8월 20일 일본 정부는 4개국이 공동으로 제출한 결의안 투표 결정을 단념했다. 아프리카연합(AU)과의 결의안 일원화 시도가 실패하고 미국과 중국이 반대하는 상황을 고려한 것이었다.

이 태평양 저편에 있는 미국과 확고한 동맹을 유지하는 것뿐만 아니라 한국·중국·동남아시아 국가 및 러시아 등 주변국과 진정한 화해를 이루기 위해 한층 노력해야 한다고 생각한다. 그런 기반 위에서만 동아시아의 평화가 가능해지고 일본 역시 유엔에서 더 나은 공헌을 할 수 있을 것이다. 또한 이들 나라와 흉금을 터놓는 대화가 이뤄져야 한다고 믿는다. 전문가나 역사가가 참여하는 다양한 심포지엄이 과거에도 개최되기는 했지만, 이런 공동 연구를 더 많이 계획해야 한다. 이는 단지 '보도'되기 위해서가 아니라, 어떻게 하면 진정한 이해와 상호신뢰에 도달할 수 있는가를 함께 논하는 자리, 비공식적이더라도 솔직한 의견교환의 장이 돼야 한다. 나는 인간이 살 수 없는 작은 섬을 둘러싸고 진행되는 영토분쟁보다도 어떻게 하면 관계국이 다 같이 사이좋게 어업을 영위하고, 해저자원을 채굴하고, 해양을 안전하게 항해하고, 자연환경을 유지할 수 있을지 등 공통이익 쪽으로 관심을 돌리고 싶다.

Q 이렇게 말할 수밖에 없어서 매우 유감이지만, 과거사 및 영토 문제를 둘러싼 논의의 구조를 들여다봐주기를 바란다. 모든 문제가 일본에 의해 시작된 것 아닌가? 일본의 강경파 또는 극우파의 야스쿠니신사 참배, 5년마다 행해지는 중고등학교 역사 교과서 검정, 수정주의 사관에 입각한 '새로운 역사 교과서' 채택률 증가 등이 그것이다. 이런 움직임이 한국의 좌우 민족주의자는 물론이고 북한까지 건드리는 기폭제가 되고 있다. 이는 또 중국 민족주의자들의 정치적 동원까지 촉발하고 있다. 그리고 이들 사이에서 매우 홍

미로운 적대적 제휴관계를 발견할 수 있다. 그런 상황에서 진정한 이해와 상호신뢰가 가능하리라 보는가?

아카시 인과관계가 반드시 당신이 말한 대로는 아니다. 더군다나 한중 일 3국의 온건파 및 합리적인 중도세력 사이에는 넓고 영향력 있 는 제휴관계가 존재한다. 나는 일본만 극단적 민족주의의 위험에 처했다고는 생각지 않는다. 독도 문제와 관련해 매스컴의 역할을 분석한 객관적이고 학문적인 연구가 한국인에게서 나온 것으로 아는데, 이 연구는 당신의 분석을 지지하는 내용을 담고 있지 않 다. 한국의 미디어는 매우 활발하게 발언하고 있는데, 일본에서는 시마네島根현을 포함한 몇몇 지역의 매스컴이 그렇다. 21세기 들어 중국이 경제적·문화적·정치적·군사적으로 우세해지고 있다. 나 는 일본 국민이 자국의 안보 상황에 나날이 불안감을 느끼리라고 짐작한다. 또 그들 가운데는 금세 우려하고 과도하게 흥분하는 사 람도 끼어 있다. 그러므로 동북아시아 각국의 지식인들은 공통된 이해관계 전반을 함께 규정할 수 있어야 한다. 공통된 이해관계가 명확해질수록 다른 제반 사항이 악화, 확대되는 것을 이성적·대 국적 견지에서 방지할 수 있을 것이다.

Q 갈등은 최소화하고 협력은 최대화하자는 말인가?

아카시 그렇다. 일본과 중국은 이 분야에 관한 공동연구를 시도하고 있으나 쉽게 합의점을 찾지는 못하고 있다. 그리고 야스쿠니신사

문제는 실상에 비해 너무 부풀려졌다고 생각한다. A급 전범 합사
가 비밀리에 결정된 점은 유감스럽다.[7] 그러나 동시에 야스쿠니신
사를 자신의 선조가 모셔진 곳이라고 믿는 일본인들의 감정도 존
중돼야 한다. 따라서 A급 전범과 야스쿠니신사는 명확히 나누어
생각할 필요가 있을 것이다.

Q 야스쿠니신사의 유슈칸遊就館[8] 역시 문제라고 보는데, 선생의 견해
　　는 무엇인가?

아카시 유슈칸의 전시에 문제점이 많다는 점에는 나도 동의한다.

Q 야스쿠니신사를 방문하는 한국인이나 중국인은 A급 전범 합사보
　　다 유슈칸의 존재 자체를 문제시한다. 노무현 전 대통령 역시 이
　　점을 지적한 바 있다. 그러나 일본 정부의 입장은 야스쿠니신사가
　　정부기관이 아닌 비영리조직이라 강제할 수가 없다는 것이다. 이
　　건 어떻게 풀어야 하는가?

---

7 도쿄의 야스쿠니신사는 일본이 벌인 주요 전쟁에서 숨진 246만여 명을 신격화해 제사를 지내는 신사로,
1978년 도조 히데키(東條英機)를 비롯한 제2차 세계대전의 A급 전범 14명을 극비리에 합사해 커다란
논란이 되었다. 또한 이로 인해 정권 담당자의 야스쿠니신사 참배는 주변국의 거센 반발을 불러왔다. 일
본의 역대 총리 가운데는 1975년 미키 다케오 총리가 처음 야스쿠니신사를 참배했으며, 그 뒤 1985년
나카소네 야스히로가, 2006년 고이즈미 준이치로가 8월 15일에 야스쿠니신사를 참배했다.

8 유슈칸은 야스쿠니신사 안에 있는 전쟁 관련 박물관이다. 메이지 시대인 1882년 처음 문을 열었다. 이
곳은 공식적으로는 전쟁 관련 물품을 전시하는 박물관이지만, 일본이 일으킨 여러 전쟁을 미화하고 아시
아태평양전쟁 당시 숨진 병사들을 신격화하는 등 일본의 침략전쟁을 숭고한 행위로 포장한 전시로 논란이
되고 있다.

아카시 종교와 정치의 분리를 규정한 일본국 헌법은 전후 일본인들의 바람을 반영한 것이라 할 수 있다. 그래서 문제를 해결하기가 쉽지 않다. 내가 우려하는 것은 일본인들 가운데 스스로를, 혹은 일본이라는 나라를 역사상 '피해자'라고 생각하는 사람들의 '집착하는 마음'이다. 물론 일본은 근대사의 한 시기에는 '피해자'였다. 하지만 동시에 '가해자'기도 했다. 따라서 현대사를 평가할 때는 신중한 균형감각을 가져야 한다. 일본의 기록은 뒤섞여 있고 그중 어떤 행동은 이해하고 긍정도 할 수 있다. 그러나 현대사에서 자국에 관해서만 미화하려는 시도는 위험하다. 일본은 이웃 나라와 역사에 대해 보다 넓은 컨센서스를 형성해야 한다. 다행히도 전문가들 사이에선 현대사에 관해 공통된 견해가 만들어지는 중이라고 믿고 싶다. 지금까지 한일 간 그리고 중일 간에 여러 차례 대화가 있었지만 확고한 결정에 이를 만한 대화는 이뤄지지 못했다. 하지만 덩샤오핑鄧小平이 말했듯이, 이 문제가 너무 과열돼 현 세대가 해결할 수 없다면 다음 세대가 더 나은 지혜를 갖고 문제를 해결하도록 하면 된다. 나는 앞으로 동아시아 사람들이 그러한 역사적 탄력성과 관대함을 가져야 한다고 생각한다. 서유럽 국가들 사이의 화해에서 배울 게 실로 많다고 생각한다.

▌일본의 미래, 일본의 글로벌 전략

Q 향후 20~30년간 일본이 직면하게 될 가장 도전적 과제는 무엇이

라 생각하는가?

아카시 환경이나 핵무기 확산처럼 글로벌한 이슈가 있을 것이다. 우리는 이런 문제에 대해 가능한 한 공동으로 대처해야 한다. 동북아시아 지역에서 중요한 것은 북한 핵무기 및 핵무기 확산과 미사일 문제다. 환경 문제는 국경을 넘어서는 공통된 이해관계를 새로이 규정할 필요가 있다. 교토의정서Kyoto Protocol를 이어받아 환경 문제에서 가장 큰 책임이 있는 미국과 중국을 포함시킨 새로운 의정서를 작성하지 않는 한 밝은 미래를 기대하기 어렵다. 반기문 사무총장 역시 이 문제를 풀고자 열심히 노력하고 있다.

　2012년에는 한국을 비롯한 세계 주요국에 선거 일정이 잡혀 있다. 후반기에 중국의 리더십이 바뀔 것이고, 11월에는 미국의 대통령선거가 있다. 어느 나라건 선거가 있으면 국제적인 이슈를 잊고 국내의 이해관계에 집중하는 경향이 강해진다. 이런 때는 이웃나라의 지식인들이 모여 열기를 가라앉히면서 글로벌한 문제와 그와 관련된 이해관계에 신경을 쓸 필요가 있다. 국가 차원의 문제와 글로벌한 문제는 결코 대립하는 것만은 아니며, 오히려 중복되는 부분이 매우 많다. 따라서 더욱 빈번히 국경을 넘어 협력하는 것이 중요하다.

Q 중국의 대두에 대해서는 우려하지 않는가?

아카시 나는 중국의 대두China's rise가 아니라 중국의 현실화China's realization

라고 생각한다. 19세기 초까지 중국은 이미 매우 중요한 세력이었다. 그러나 이후 쇠퇴하기 시작했고, 이러한 약세가 약 1세기 동안 이어졌다. 우리는 중국이 아주 중요한 국가로 재등장하는 것을 반가워해야 한다. 중국은 경제적 측면뿐 아니라 문화적·정치적 측면에서도 아시아 및 세계에 많은 공헌을 할 수 있다. 동시에 우리는 중국이 책임 있는 대국, 국제적 룰을 존중하는 대국으로 행동하도록 도와야 한다. 코펜하겐 기후변화회의Copenhagen climate change conference나 남중국해에서 중국이 벌인 행동이 또다시 반복되도록 해서는 안 된다. 물론 중국도 다른 강대국처럼 국제정치에서 실수를 저지를 수 있다. 하지만 그런 실수를 바로잡을 수도 있어야 할 것이다. 우리는 지속적으로 중국과 대화하고 교섭하고 설득하면서, 솔직하고 우호적인 토론을 해나가야 한다.

Q 일본의 많은 지성인과 인터뷰하면서 우리가 내린 결론은 '방향감각이 부재하다'는 것이었다. 일본의 정치적 리더십이 일본의 미래에 대해 어떤 의도를 갖고 있는지도 알 수 없었다. 일본이 추진해야 할 글로벌 전략은 무엇인지, 그에 대한 선생의 제안은 무엇인지 듣고 싶다.

아카시 가까운 장래에, 세계에서 일본의 영향력은 유감스럽지만 조금씩 저하될 것이다. 그러나 일본은 세계에 공헌할 여지와 가능성을 여전히 많이 갖고 있다. 무엇보다도 평화와 안전보장 분야에서 그렇다. 일본은 피폭국으로서 핵이라는 궁극적 무기의 위험성을 세계에 지속적으로 알려 다시는 핵이 사용되지 않도록 해야 한다. 일본은 호주처럼 뜻을 같이하는 나라들과 함께 핵 군축 및 확산방지를 위해 일하고 있다. 나는 한국과도 협력할 수 있다고 확신한다. 다수의 유럽 국가 역시 일본과 함께하고 있다. 핵무기가 이 이상으로 많아지면 세계는 더욱더 불안정해진다. 또한 일본은 지뢰 같은 소형 무기나 비인도적 무기 철폐를 위해서도 노력 중이다. 동아시아가 군비확대 경쟁으로 치닫던 1930년대의 우매함을 반복해선 안 된다. 이를 위해서는 투명성과 상호교류에 근거한 새로운 안전보장체제의 공동구축을 지향해야 한다.

일본이 더 노력해야 하는 또 다른 분야는 분쟁 이후의 평화구축이다. 세계분쟁의 약 절반이 분쟁 종식 후 경제적·사회적 지원 부족으로 인해 재발된다. 평화구축을 위해 새롭게 구성된 유엔위원회의 첫 번째 위원장 자리를 일본이 맡았다. 이 문제의 중요성을 강조하면서 일본이 계속해서 이니셔티브를 취해야 한다. 일본은 아프가니스탄에서도 비군사적 측면에서 많은 이니셔티브를 취했다. 2011년 11월 반기문 사무총장을 만났을 때 그는 예방외교에 깊은 관심을 표명했다. 이 역시 일본이 유엔의 틀 안에서 한국을 비롯한 다른 국가들과 협력할 수 있는 분야다. 우리는 분쟁이 발발해 확대되기 전에 이를 막기 위해 노력할 수 있다.

또한 조정이나 화해를 위한 기술적 방법도 새로 개발해야 한다. 국제형사재판소ICC, International Crimind Court에서 분쟁을 일으킨 범인을 처벌하기보다는 진실화해위원회Truth and Reconciliation Commission 등을 통해 화해시킬 방법을 찾아낼 필요가 있다. 화해위원회는 각각

지역적·민족적 전통에 근거해 분쟁을 해결하고 화해를 이루는 더 나은 수단이 될 수 있다. 이는 넬슨 만델라 대통령이 남아프리카공화국에서 처음으로 시도한 것이다. 이런 방식은 미얀마나 동티모르 등지에도 적용될 수 있다. 나는 스리랑카인들에게 스리랑카 방식의 진실화해위원회를 추진하도록 제안한 바 있다. 군사적 수단을 사용하지 않고 또 구미식 공개외교에 의존하지 않고도 분쟁에 대처할 수 있는 보다 효과적인 방법을 찾도록 노력해야 한다. 이처럼 일본이나 아시아 국가들이 적극적인 이니셔티브를 취할 수 있는 분야는 많다.

Q 일본의 정치적 리더십은 너무 자주 바뀌며, 정치지도자들도 별 노력을 하지 않는 것처럼 보인다. 특히 외교 문제가 발생하면 일본의 정치적 리더십은 늘 유엔이 아니라 미일동맹에 중점을 둔다. 결국 요시다 독트린이 여전히 지속되는 것 아닌가?

아카시 일본은 앞으로도 미국과의 동맹을 중시해야 할 것이다. 그러나 미국은 앞으로 군사규모를 축소할 수밖에 없을 것이다. 나는 미국이 아시아의 상황을 충분히 주시하면서 군사력 감축을 신중히 진행하기를 바란다. 또한 중국과의 균형을 언제나 염두에 두어야 한다. 미일동맹은 일본의 군사력을 비교적 소규모로 유지하는 유익한 방법이기도 하다는 점을 잊어선 안 된다. 미국의 안보우산이 없다면 일본은 매우 불안하다고 느낄 테고 그래서 더 많은 방위력을 원하게 될 것이다. 이는 동북아시아의 균형을 깨뜨릴 수 있으며 누구에게도 이익이 되지 않는다. 일본에도 이익이 안 된다. 이런 문제에 대해 지역적으로 함께 대화하고 공통이익에 근거해 협력할 필요가 있다. 우리는 비전을 가져야 하지만 동시에 현실적이어야 한다.

민간인 신분으로 인도에 갔을 때 인도의 외무차관을 만난 적이 있다. 그는 일본 외교에서 어떤 전략도 발견할 수 없다고 말했다. 나는 그의 말에 동의했지만 실례되는 말이라고도 생각해, 일본 입장에서 인도의 외교정책을 보면 전략 이외에는 아무것도 찾아볼 수 없다고 대꾸했다. 모름지기 국가란 전략을 가져야 하지만, 전략을 실행하기 위해서는 여러 가지 성숙한 수단을 함께 가져야 한다. 일본은 문화적으로나 관습적으로나 무언가를 큰 소리로 말하지 않는다. 나는 일본이 그리 드라마틱하지는 않아도 상당히 건설적으로 잘해왔다고 생각한다. 예를 들어 내가 스리랑카에 다녀온 일은 미디어에 별로 보도되지 않았다. 영국이나 프랑스 외무장관은 스리랑카에 가서 소리 높여 인권침해를 비난했지만 빈손으로 돌아갔다. 그러나 나는 갈 때마다 대통령이나 외무장관을 만났고, 한 사람의 우호적 이해자로서 내 의견을 말할 수 있었다. 스리랑카 정부를 비난하거나 욕하지는 않았다. 스리랑카 정부와 타밀Tamil 소수민족 사이에 다리가 돼줄 만한 제안을 몇 번 해주었을 뿐이다.

일본은 글로벌한 가치와, 아시아적 내지 일본적 가치 및 뉘앙스를 구체적인 형태로 융합시킬 수 있을 것 같다. 상대방의 자존심과 체면을 손상시키지 않으면서 서로에게 말을 건네는 아시아적 방식을 찾아낼 수도 있으리라 생각한다. 우리는 더 나은 접근법을 찾아내야 한다. 미얀마를 상대할 때도 마찬가지다. 미얀마는 스스로 결의해 자신의 껍질을 깨고 나왔다. 외부에서 비판하는 것이 늘 최선의 방법은 아니다.

Q 긴 시간, 귀중한 이야기에 감사를 표한다. 한국 독자들에게 매우 유익한 인터뷰가 됐으리라 생각한다.

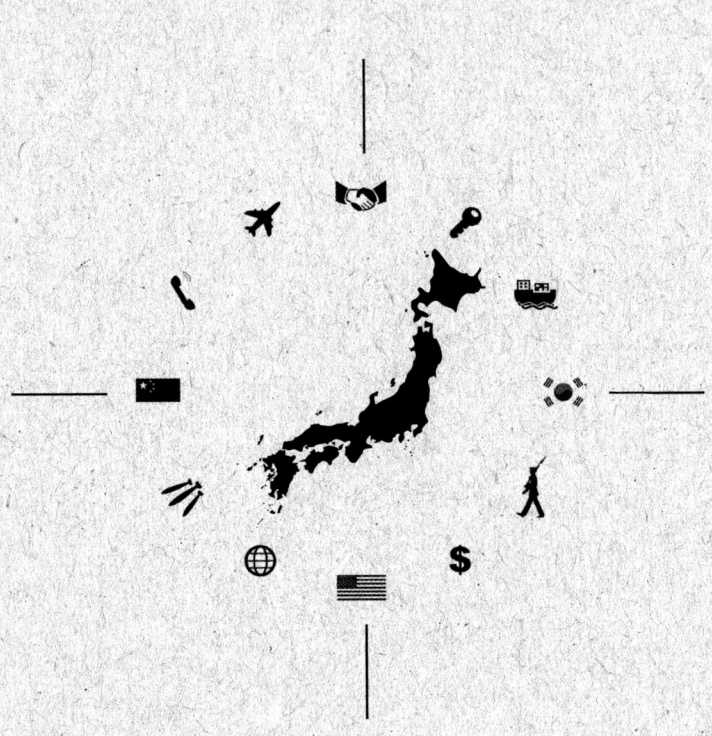

제2부

일본의
주요국 외교전략

<blockquote>
"만일 한국이 통일된다면 일본에 적대적인 국가가 될 가능성이 있다.
한반도 통일은 일본의 국가안보를 가장 위태롭게 할 것이다……
나는 일본이 한반도 통일에 반대해야 한다고 말하는 게 아니다.
다만, 통일된 한반도가 민주주의체제를 확립하고 한미동맹을 유지하면서
'반일민족주의'를 통일수단으로 사용하지 않는 환경이 필요하다."
</blockquote>

4장

일본과 미국

: 동맹의 지속인가? 개편인가? :

후나바시 요이치

후나바시 요이치
船橋洋一 / Funabashi Yoiichi

일본 패전 직전인 1944년 12월 중국 베이징에서 태어났다. 1968년 도쿄대학교 교양학부를 졸업(1992년 게이오대학교 법학박사)하고 아사히신문사에 입사해 베이징 지국, 워싱턴 지국 특파원을 거쳤으며 경제부 편집위원, 미국총국장 등을 역임했다. 2007년에는 30년간 공석이던 아사히신문 주필로 취임해 세간의 주목을 받았다. 2010년 퇴직 후 재단법인 '일본재건이니셔티브(日本再建INITIATIVE)'를 설립해 이사장에 취임하였으며, 산하에 '후쿠시마 원전사고 독립검증위원회'를 설치하여 프로그램 디렉터를 맡기도 했다.

일본을 대표하는 언론인으로서 외교안보 전문지 《포린 어페어》에 적극적으로 기고하는 등 일본의 입장을 해외에 알리고 있다. 일본기자클럽 이사, 아시아·태평양포럼 이사, 국제아시아공동체학회 고문 등을 맡아 아시아·태평양 지역의 미래와 연관된 활동을 활발히 하는 한편 하버드대학교, 컬럼비아대학교, 부루킹스연구소 등의 객원연구원을 지내며 학계에서도 높은 연구 성과를 인정받았다.

주요 저술로 《내부: 어떤 중국 보고》(1983, 산토리학예상), 《통화열전》(1988, 요시노 사쿠조상, 영역본은 *Managing the Dollar; from the Plaza to the Louvre*), 《아시아태평양 퓨전: APEC와 일본》(1995, 아시아태평양상, 영역본은 *Asia Pacific Fusion: Japan's Role in APEC*), 《동맹표류》(1997, 신초학예상, 영역본은 *Alliance Adrift*), 《일본의 전쟁책임을 어떻게 생각할 것인가: 역사화해 워크숍 보고》(공저, 2001), 《지금, 역사 문제를 어떻게 대할 것인가》(공저, 2001), *Reconciliation in the Asia-Pacific*(공저, 2003), 《일본고립》(2007) 등이 있다. 본·우에다 기념 국제기자상(1986), 이시바시 단잔상(1992), 일본기자클럽상(1994) 등을 수상하였다.

"일본 최고의 논객", "세계의 마당발", "타고난 전략가"······ 후나바시 요이치 이사장을 향한 찬사이다. 기자적 치열함과 예리함, 학자적 성찰, 그리고 지성인의 양식을 두루 갖춘 인물로서 현대 일본의 얼굴이라 해도 과언이 아닐 것이다. 그는 북한 핵 문제를 심층적으로 다룬 《더 페닌슐라 퀘스천: 한반도 제2차 핵위기》2006, 영역본은 *The Peninsula Question: A Chronicle of the Second Nuclear Crisis*의 한국어판 《김정일 최후의 도박: 북한 핵실험 막전막후 풀 스토리》오영환 옮김, 중앙일보시사미디어, 2007로 한국에도 잘 알려진 인물이다.

후나바시 이사장과의 인터뷰는 2012년 1월 12일 도쿄 아카사카 소재 재단법인 일본재건이니셔티브 회의실에서 진행되었다. 이어 2012년 여름에 서면을 통한 추가 질의와 응답이 있었다. 후바나시 이사장에게 미일관계, 특히 냉전 해체 이후의 미일관계에 관해 묻고자 한 것은 그가 미일관계의 현장에서 활약해온 경험을 고려했기 때문이다. 하지만 더 근본적으로는 보통의 학자와는 다른 그의 능력, 요컨대 사뭇 직설적인 표현으로 핵심을 찌르는 능력과 혜안을 바탕으로 한 비전제시 능력을 높이 샀기 때문이기도 하다. 예상대로 그의 주장은 거침이 없었고 많은 시사점을 던져주었다.

인터뷰에서는 미일관계를 중심으로 격의 없는 대담이 오갔다. '민주당 집권 이후 미일관계는 좋아졌는가 아니면 나빠졌는가?' '한반도가 통일된다면 일본에 적대적 국가가 될 가능성이 있는가?' '미일동맹은 앞으로 얼마나 지속될 것으로 보는가?' '최근 국제사회에서 일본의 외교적 존재감을 찾아보기가 힘든데 그 이유는 무엇인가?' '부상하는 중국을 견제하는 것은 바람직한 대안이 될 수 있는가?' '미국을 일본의 영구 동맹국으로 신뢰할 수 있는가?' 등등 많은 문제에 대한 답변을 들을 수 있었다.

특히 인상적이었던 것은 향후 일본의 국가안보정책은 중국의 해양 정책과 한국의 미래에 달렸다고 말한 부분이다. 그 두 가지가 동북아시아에서 일본이 갖는 위치와 일본의 국가안보에 가장 강력한 영향을 주리라는 것이었다.

한편, 그와의 인터뷰는 우리에게 부여된 중대한 과제를 좀 더 신중하고 깊이 있게 재검토해야 한다는 사실을 일깨워주었다. 그 과제란, 과연 한반도 통일을 위해 우리는 한미동맹과 미일동맹을 어떻게 규정해야 할지, 더 나아가 미일동맹을 어떻게 활용할지 하는 문제이다.

▌ 미일동맹의 현황은 '현상유지' 이하

Q 선생은 그동안 재직해왔던 아사히신문사 주필 자리를 떠나 최근
재단법인 일본재건이니셔티브 이사장으로 취임했다. 뜻밖의 행보
인데, 그 재단은 어떤 전환transformation을 통해 일본을 재건하려는
것인가?

후나바시 현재 일본은 심각한 침체를 겪고 있다. 세계적 위상을 차지하
고 있지 못하다. 이런 일본을 글로벌한 일본global Japan으로 만드는
것이 우리 재단의 최우선 목표이자 임무다. 그 목표는 세 가지 방
법으로 달성하려 한다. 첫째는 싱크탱크를 만드는 것이고, 둘째는
정치가·학자·저널리스트·법률가를 모아 공적 논의를 활성화하
는 플랫폼을 만드는 것이다. 비극적인 일이지만, 내가 보기에 최근
일본에는 이런 게 결여돼 있다. 셋째는 일본의 세계적 매체 발신수
단을 만들기 위해 소셜 네트워크 미디어를 활용하는 것이다. 최종
적으로는 이 세 가지를 결합하려 한다.

Q 선생이 이전에 주장한 바 있는 '세계민생대국Global Civilian Power' 구
상의 연장선상에 있는 것인가? 아니면 동일본대지진에 대응하기
위해 만든 것인가?

후나바시 동일본대지진이 하나의 계기trigger가 되기는 했지만 그것이 목
표는 아니다.

Q 아주 좋은 시도라 본다. 그런데 너무 늦은 건 아닌가? 일본은 이미 외교적 난쟁이가 되어버리지 않았나?

후나바시 그 말에 동의한다. 일본 외교는 이제 그 존재감을 느끼기가 어렵다.

Q 선생은 미일동맹에 관한 한 일본 최고의 전문가다. 현재 상황에 대한 선생의 평가는 어떠한가? 나쁜가, 좋은가, 현상유지status quo인가?

후나바시 현상유지보다 약간 더 안 좋다status quo minus.

Q 왜 그런가? 구체적인 예를 들어달라.

후나바시 후텐마普天間 기지 이전 문제가 있다. 이 문제는 지난 17년간 미일관계의 장애물로 작용했다.[1] 후텐마의 미국 해병대 기지를 오키나와현 내의 다른 곳으로 이전하도록 요청한 건 일본 정부였다. 하지만 그 뒤로 일본 정부는 이를 실현하고자 어떤 일도 한 게 없고, 그리하여 이젠 이전 가능성이 매우 희박해졌다. 이로 인해 후텐마 기지가 '고정화'될 가능성이 커졌다. 이 문제는 기지반대운동

---

1 1995년 오키나와에서 미군 병사에 의한 소녀 폭행 사건을 계기로 미군 주둔에 반대하는 대규모 시민운동이 발생했다. 이에 1996년 봄 미일 양국은 후텐마 기지 반환 및 현 시설 이전에 대해 대체적 합의에 도달했지만, 2009년 여름 집권한 민주당의 하토야마 총리가 그간의 합의에 구속되지 않는다고 발언하면서 '최소한 오키나와현 이외 지역으로의 이전'을 표방해, 결국 미일 간 마찰로 비화되었다.

의 상징으로서 앞으로도 정치적 쟁점이 되는 것은 물론, 나아가 미일동맹의 억지력을 약화할 위험성이 있다. 이 문제가 없었다면 미일 간에 훨씬 생산적이고 전략적인 대화가 오갔을 것이다. 이런 점에서 후텐마 문제는 미일관계에 매우 부정적 변수로 작용했다. 특히 민주당이 집권한 지난 2년 동안, 내가 보기에는 부적절한 전술적 움직임이 있었고 그것이 다시 미일관계를 악화시켰다. 워싱턴은 국가안전보장 문제와 관련해 일본의 민주당 정부를 그리 진지하게 상대하지 않았다. 매우 유감스러운 일이다.

　중국의 대두, 북한의 새 지도체제와 향후 노선, 미국과 유럽의 국가부채sovereign debt risk, 세계적 디플레이션 등 새로운 문제가 많다. 그런데 일본은 동맹국 미국과의 관계를 긴밀히 하는 것마저 실패했다. 지난 1세기를 돌아보라. 미국과 안정적이고 견고하며 신뢰할 수 있는 관계를 구축한 국가는 자신들의 국가적 목표를 훨씬 적은 비용으로 효율적으로 실현할 수 있었다. 확실히 영국은 양차 세계대전에서 미국과 아주 가깝고 특수한 관계를 맺음으로써 이익을 얻었다. 일본도 운이 좋았다. 제2차 세계대전에서 패배한 뒤 미국과 새로운 안전보장관계를 구축할 수 있었으니까. 미국과의 관계는 일본을 재건하고 국제적 행위자global player로 복귀하도록 하는 기초가 됐다. 일본 다음으로 개혁과 개방을 통해 미국과 가까운 관계를 구축할 수 있는 어드밴티지를 잡은 나라가 바로 중국이다. 현재는 인도가 그런 관계 맺기에 이미 성공한 나라들을 모방할 수 있는 위치에 올랐다. 한국 역시 일본처럼 미국과 안전보장관계를 구축함으로써 이득을 보지 않았나? 지금 일본은 이 공식formula을 잊은 것 같다. 일본은 미국의 좋은 부분을 발견하지 못하고 있다. 고이즈미가 퇴임하고 몇 년간 미일 양국은 서로의 관계를 발전시키기 위한 투자를 하지 않았다. 나는 이 점을 매우 우려한다.

Q 하토야마 유키오鳩山由紀夫 총리와 오카다 가쓰야岡田克也 외무장관의 이니셔티브는 임시방편ad hoc에 불과했나? 아니면 일본에 내재된 성향과 관성을 뛰어넘는 것이었나?

후나바시 아주 좋은 질문이다. 나는 그것이 일본사회의 심리적 충동 impulse을 대변하거나 반영하는 게 아닌지 우려된다. 일본사회는 미국과 심리적으로 거리를 두고 싶어한다. 중국의 대두와 그것이 일본에 미치는 영향을 훨씬 걱정하면서도 동아시아에 다가가고 싶어한다. 일본의 대중 사이에는 뿌리 깊은 국민적 심리national psyche와 인식이 있다. 동양과 서양이 명백히 나눠진다는 이분법적 관점이 그것이다. 이런 경향은 특히 좌파 지식인들에게서 두드러진다. 나는 하토야마의 동아시아공동체 구상이 그 전형적 사례라 본다. 결코 예외적이지 않다. 오랫동안 일본사회에 내재했다가 지금 되돌아온 것이다. 미국 주도의 세계화에 위협을 느끼는 일본의 젊은 세대들에게 이런 관점은 매우 매력적이고 받아들이기 쉬울 것이다. 나는 사회적 약자거나 경쟁력이 없고 소외감을 느끼는 젊은이들 사이에서 미국 모델이나 미일관계가 공격하기 쉬운 표적이 되고 있다는 점을 우려한다. 그들은 친親중국적이거나, 비록 반미적이지는 않아도 미국과 거리를 두고 싶어하는 어떤 정서나 열망이 있다. 지금은 그런 정서가 매우 강한 것으로 보인다.

Q 선생은 1997년 《동맹표류同盟漂流》[2]라는 책을 냈다. 당시에도 미일 간 균열이 있었는데, 현재 상황을 당시와 비교하면 어떻게 다른가?

후나바시 당시 일본은 정점에서 내려오는 상황인데도 여전히 자신감이 있었다. 일본인들은 미국을 대체하기보다는 일본이 계속 경쟁력을 가진 국제적 행위자로 남아 있어야 한다는 마음이었다. 또한 동아시아를 선도해야 한다는 욕구도 있었다. 하지만 지금은 그런 자신감이 사라졌고 미래에 대해 불안을 느끼고 있다. 나는 이것이 1990년대와 현재의 가장 큰 차이점이라 생각한다. 또한 지금의 일본인들은 중국의 대두에 그때보다 훨씬 큰 위협을 느끼고 있다. 경제적 측면만이 아니라 군사적 측면에서도 그렇다. 이런 위협은 특히 해양과 관련된 문제에서 두드러진다. 일본이 중국의 대두에 따른 국가안보적 영향을 고려해 미국과 강한 군사안보적 연대를 맺고 있다는 사실을 사람들은 이성적 차원에서 이해한다. 그러나 또 한편으로는 미일관계, 특히 기지 문제 관리에서는 자신감을 잃어가고 있으며, 미국이 일본을 포기하고 한국이나 호주 또는 다른 신흥국가와의 관계를 더 중시할지 모른다고 생각한다.

---

2 냉전 해체 이후 미일동맹이 경제(특히 아시아·태평양 지역의 경제적 연계), 북한 핵 문제, 중국의 부상, 그리고 오키나와 미군 기지 문제 등 4대 모순에 직면해 종래 동맹의 상(像)과 틀이 그 근본부터 흔들린 양상을 분석해 문제시한 저작이다.

통일된 한반도, 일본에 위협적일 수 있어

Q 그것은 성공에 따른 페널티가 아닌가? 일본은 미일동맹을 당연시해왔다. 그런 경향은 때로 무임승차나 요시다 독트린의 관성inertia이라고도 불렀다. 일본은 역사적으로 동맹의 성격이 바뀔 수도 있다는 생각은 하지 않은 것 같다. 미일동맹을 공기와 같이 주어진 조건으로 간주했고 그 구조 속에 안주해왔다. 동맹을 고마워하지도 않았고 영원히 지속되는 것으로만 인식해왔다고 보는데, 선생의 견해는 어떤가?

후나바시 요시다 독트린이 아직까진 일본의 공식 노선일 것이다. 물론 지난 10년 동안 독립심을 자극하는 충동과 추동력이 표면화돼왔다. 특히 북한이 대포동미사일을 발사한 1998년이 분수령이었다고 본다. 2005년 중국에서 대규모 반일 데모가 발생했고 2010년에는 센카쿠열도 충격이 뒤따랐다. 나는 이 세 가지 사건이 일본의 전통적 요시다 독트린을 수정하자는 여론이 형성되는 데 영향을 주었다고 생각한다. 그러나 일본인들은 기본적으로 헌법 개정을 지지하지 않는다. 대부분은 여전히 현행 헌법을 유지하는 데 찬성한다. 나이 든 세대는 더 그렇고, 그들의 목소리는 선거에서 더 영향력이 있다. 이런 현상유지적 반응은 매우 강력하다. 따라서 향후 10년 동안 이런 흐름에서 급진적으로 벗어날 일은 아마 없을 것이다. 요시다 독트린은 일본의 국가안전보장 구조에서 핵심적 교리로 남을 것이다. 그러나 이 모든 것은 중국의 해양정책과 한국의 미래에 달렸다. 이 두 가지가 동북아시아에서 일본이 갖는 위치와 일본의 국가안보정책에 가장 강력한 영향을 줄 것이다.

Q 중국의 해양정책과 한국의 미래가 중요한 변수라는 건 어떤 의미인 가? 중국과 한국의 미래가 일본에 위협이 되리라는 말인가? 만일 그렇다면 이는 진짜 위협인가, 아니면 만들어진contrived 위협인가?

후나바시 둘 다일 것이다. 적어도 일본의 정치가들 사이엔 실제로 위협 의 요소와 위협에 대한 인식이 있다. 워싱턴도 마찬가지다. 만일 미일동맹에 균열이 생긴다면 중국의 군사전략가들에게 잘못된 신 호를 줄 수 있다. 다행히도 오바마 행정부는 센카쿠열도 문제와 관 련해 일본 정부를 강하게 지지한다. 미국 정부는 "일본이 관할하는 administer 영토가 군사적 공격을 받는다면 미국이 보호에 나설 것"이 라고 말함으로써 입장을 명확히 했다. 물론 미국은 영토 문제 자체 에 대해선 중립적 자세를 취하고 있지만, 일본 정부가 관할하는 영 토가 공격을 받는다면 미일안보조약 제5조에 의한 의무obligation를 행사하겠다는 점을 명확히 한 것이다. 이는 미국이 중국에 보내는 매우 명백한 신호이며 나는 그게 좋다고 생각한다. 하지만 이런 대 처는 강력한 정치적 리더십과 미일동맹의 세심한 관리를 필요로 한다. 내가 보기에 북한, 이른바 '반도 문제Peninsula Question'는 일본 의 가장 큰 국가안보적 딜레마로 늘 자리해왔다.

Q 어떤 의미에서 그런가?

^{후나바시} 만일 한국이 통일된다면 일본에 적대적인_{adversary} 국가가 될 가능성이 있다. 한반도 통일은 일본의 국가안보를 가장 위태롭게 할 것이다. 그러므로 한국과 좋은 관계를 유지하는 일은 일본의 국가안보정책에 반드시 필요하다. 일본의 관점에서 한일관계가 악화된다면 일본은 모든 에너지를 관계회복에 쏟아야 할 것이다. 아마 20년쯤 뒤 중국은 지금보다 훨씬 더 성장해 있을 것이다. 하지만 지금 중국은 많은 문제와 긴급한 과제로 골치를 썩고 있다.

Q 통일 한반도가 위협이라니? 그럼 선생은 한반도로부터의 잠재적 위협 때문에 미일동맹이 필요하다는 이야기인가?

^{후나바시} 그렇지 않다. 다르게 말하자면 일본은 미국과 안전보장이라는 끈을 유지하기 위해 한반도가 통일되기를 바란다. 그게 우리의 목표이며 긴요한 과제라 생각한다. 이를 오해하면 곤란하다. 나는 일본이 한반도 통일에 반대해야 한다고 말하는 게 아니다. 반대로 남북통일을 촉진하고 지원해야 한다고 생각한다. 장기적으로 보면 그러한 '반도 문제'의 해석이 일본의 안전보장에 플러스가 될 뿐 아니라 동북아의 평화와 안정에도 플러스가 되리라 믿는다. 다만, 통일된 한반도가 민주주의체제를 확립하고 한미동맹을 유지하면서 '반일민족주의'를 통일수단으로 사용하지 않는 환경이 필요하다.

▍미국 없는 일본의 미래는 상상하기 어려워

Q 2년 전 워싱턴에서 열린 미국국가정보위원회National Intelligence Council
의 '미래세계 예측' 시나리오 회의에 참가했다. 회의 주제 중 하나
는 '미일동맹 없는 일본은 가능한가?'였다. 회의 참석자들의 중론
은 그 가능성을 배제할 수 없다는 것이었다. 귀국길에는 도쿄에 들
러 당시 방위성 장관이던 하야시 요시마사林芳正에게 그런 시나리
오가 가능하겠는가를 물었다. 하야시 장관은 "그건 불가능하다"라
고 단정적으로 답변했다. 미국 없는 일본의 미래는 생각조차 할 수
없다는 것이었다. 그에게 미일동맹은 그 자체로 수단이 아닌 목적
이었다. 한편으로는 인상적이었지만, 다른 한편으로는 의아했다.
동맹은 자신의 생존을 확보하기 위한 수단이 아닌가? 어떻게 목적
이 될 수 있나? 이 점에 대해선 어떻게 생각하는가?

후나바시 그게 바로 내가 고심해온 문제다. 동맹은 목표가 아니라 수단
이다. 그러나 한편으로 동맹은 일본의 국가적 목표를 실현하기 위
한 매우 효율적 방법이었다. 일본이 마지막으로 일으킨 전쟁을 생
각하면 미국과의 견고한 관계는 주변 아시아 국가들과의 관계를
정상화하는 가장 생산적인 길이었다. 미국과 강하게 연대한 국가
들에 대해서는 특히 그렇다. 예컨대 한국이 대표적 사례일 것이다.
1972년의 중일국교정상화도 있었지만 그것은 워싱턴과 베이징
사이의 데탕트긴장완화가 있고 나서 가능했다. 다른 아시아 국가들
을 침략했던 일본의 입장에서 그들 국가와의 화해는 매우 어려운

일이었다. 미국과의 관계는 단순히 군사적인 것만이 아니다. 그 이상의 정치적 제도라고 나는 생각한다. 미일동맹을 통해 일본은 다른 국가와의 관계를 점진적으로 재구축할 수 있었다. 그런데 이 문제는 정말로 끝난 것인가? 일본이 더는 이 점을 고려하지 않아도 되는가? 그렇지는 않다. 일본은 다른 국가와 화해하는 과정에 있으며 앞으로도 여러 해가 걸릴 것이다.

Q 미일동맹이 얼마나 오래 지속되리라 보는가?

후나바시 영국과 포르투갈의 동맹은 600년 동안이나 지속되었다. 미일동맹이 그렇게까지 오래갈지는 잘 모르겠다. 그러나 우리의 예상보다는 훨씬 오래 지속되리라 생각한다.

Q 선생은 2007년 5월 28일자 《아사히신문》 칼럼에서 "미일동맹은 20세기가 남긴 일본 최대의 외교적 자산이며 21세기에도 일본 외교의 기반으로서 지속될 것"이라 주장하면서도 동맹으로부터의 '자립'을 주문했다. 사실 선생은 일본이 스스로의 이니셔티브를 통해 글로벌 리더가 되기를 원하고 있고, 그런 구상을 직접 제시하기도 했다. 게다가 미국이 언제까지나 일본이 세계로 통하는 창window으로서 존재할 수도 없지 않겠는가? 한쪽에는 글로벌한 국가로서 독립된 일본이 있고, 다른 한쪽에는 미국에 기생하는 부속물parasitical appendage로서의 일본이 있다. 이 두 가지를 어떻게 조화시킬 것인가?

후나바시 일본은 세계의 평화 및 복지와 관련해 유의미한 자신의 목표를 설득력 있는 방식으로 설정해야 한다. 이런 비전은 훨씬 이전에 만들어졌어야 했다. 대단치는 않지만, 난 '세계민생대국'이라는 구상을 내놓은 바 있다. 이런 노력이 매우 중요하다. 국가의 목표를 설정하는 일은 역사적 임무다. 이런 목표는 정치적으로, 그리고 지적으로도 추구해야 한다. 그걸 추구하는 과정에서 다른 우호국, 특히 미국과의 안보적·정치적 연대를 어떻게 다져나가느냐, 이것이 내가 지금까지 견지해온 관점이다. 이 과제가 미국과의 강한 연대를 유지하기 위해 필요한 다른 주요 과제와 배타적으로 존재하지는 않는다. 일본의 목표와 미일관계가 때때로 갈등을 빚을 수는 있다. 그러나 두 나라는 민주주의 국가이며 한 국가가 다른 나라의 정치 과정에 개입할 수 있다. 상대방과 토론하면서 아이디어를 제시하거나 공적 방법을 제안함으로써 관여할 수도 있다. 그러므로 미국과의 관계는 중국 같은 나라를 상대하는 것과는 다르다. 나는 민주평화론Theory of Democratic Peace [3] 개념을 믿는다. 미국과의 관계를 생각할 때 한국과 일본은 민주평화론의 가장 성공적 사례일 것이다. 이런 의미에서 일본이 그다지 많은 제약을 받고 있다고는 보지 않는다. 일본은 정교한 국가적 목표를 만들 수 있으며 우방 및 동맹국과 의견을 교환할 수도 있다. 어떤 경우에는 두 가지가 일치하지 않을 수도 있지만 그거야 자연스러운 일이다. 각 국가는 각자의 목표와 국익이 있으며 자국 내

---

3 민주주의 국가들은 서로 전쟁을 하지 않는다는 이론을 말한다. 칸트의 영구평화론이 그 이론적 근거로, 1990년대 소련 및 공산주의 진영이 붕괴하면서 세간의 주목을 받았다.

의 정치적 역학도 다르기 때문이다.

Q 일본의 국가적 목표와 국익을 선생은 어떻게 정의하는가? 그리고 무엇이 일본과 미국 사이의 조화를 보장할 수 있는가?

후나바시 미일 양국은 자유주의적liberal 국제질서를 강화하고자 함께 노력해야 한다. 중국을 겨냥하는 듯한 지나친 이념투쟁을 해서는 안 된다. 그러면 오히려 역효과가 클 것이다. 중국은 점점 부유해지고 있으며 중산층이 수백만 명으로 늘고 있다. 레닌은 "혁명은 가난한 자들이 아니라 새로운 중산계급과 젊은 지식인들에 의해 만들어진다"고 말한 바 있다. 우리는 국제적 감각을 지닌, 이 새롭게 생겨나는 사람들의 반향을 불러일으켜야 한다. 이는 중국의 중산층 스스로의 이익에도 부합한다. 이것이 새로운 아시아·태평양의 기초가 돼야 한다. 미일뿐 아니라 한국까지 새로운 아시아·태평양의 일부가 돼야 하며 중국의 중산층 역시 중요한 일부가 될 필요가 있다. 조금 나이브naive한 생각일지도 모르지만, 나는 이것이 일본의 국가적 목표가 돼야 한다고 생각한다. 이런 맥락에서 미일관계는 매우 중요한 역할을 수행할 수 있고 또 해야만 한다. 국력이 저하되고 국민은 점점 더 내향적이 되어가는 일본의 현 상황에서도 일본은 자기 역할을 해야 하고, 또 할 수 있다고 본다.

Q 아주 중요한 지적이다. 현재 전개되고 있는 세력전이power transition 양상을 보라. 1990년대 초반 이노구치 다카시 교수는 미국과 일본

의 양두체제bigemony 가능성을 언급한 바 있다. 한편 여러 기고문을 보면 선생은 G7 구조의 강력한 지지자였다. 그러나 이러한 예측들은 모두 빗나갔다. 이제 우리는 미국과 중국을 두고 G2를 말한다. 함께 논의되고 있는 G20에서 일본의 역할은 크게 축소됐다. 최근에는 G0[4]까지 말하는 형편이다. 또한 일본은 유엔 안보리 상임이사국 진출을 위해 노력했지만 별다른 진전이 없다. 이러한 세력판도 변화와 일본의 국제위상을 고려하면, 일본은 매우 곤란한 상황에 처해 있다고 생각된다. 이를 어떻게 보는가? 역동적으로 변화하는 세계체제 속에서 일본은 어떠한 전략적 포지셔닝을 해야 하는가?

후나바시 양두체제든 G2든 나는 그런 개념을 전혀 지지하지 않으며 그건 실행 가능하지도 않다. 어떤 나라도 혼자서 자국의 아이덴티티와 제휴관계affiliation를 설정할 수는 없다. 간단히 말해 하나의 그룹에만 속한 나라는 없다. 모든 나라는 아주 많은 그룹에 속해 있다. 그것이 세계다. 우리가 만들기 시작한 세계는 보다 다극적multipolar이고 더 많은 다자주의 틀과 과정을 갖게 될 것이다. 일본 역시 미일동맹, G7, APEC아시아·태평양 경제협력체, G20 등과 같이 여러 그룹에 속하는 것이 자연스럽다. 일본은 혼자가 아니다. 그리고 일본은 이 새로운 세계 속에서 살아가는 방법을 배워야 한다. 내가 G7을 다시 활성화해야 한다고 강하게 주장하는 이유가 여기 있다.

---

4 국제사회를 이끄는 강력한 국가나 국가그룹이 존재하지 않는, '글로벌 리더십 제로' 상태를 의미한다. 미국 유라시아연구소의 이안 브레머(Ian Bremer) 소장이 쓴 표현이다.

Q G7인가? 아니면 중국을 포함하는 G8인가?

후나바시 G7이다. 나는 기본적으로 정치적 측면보다는 거시경제정책에 초점을 맞춘다. 이른바 선진적 경제와 사회를 가진 국가들은 매우 유사한 도전을 받고 있다. 민주주의, 국가부채, 디플레이션, 고령화 등이 그렇다. 나는 G7 각국 역시 도전을 받고 있으며 따라서 이 문제들에 대해 언급해야 한다고 생각한다. 중국과 같은 신흥국가는 보조를 맞추지 못할 것이다. 당분간 중국은 인구 문제에 집중할 것이다. 이 문제는 중국의 경제적·정치적 미래와 관련해 중요한 함의를 갖고 있다. 지적·공공정책적 측면에서 G7의 역할은 여전히 중요하다. 이는 G20을 없애자거나 거기서 멀어지자는 말이 아니다. G20은 큰 잠재력이 있다. 그러나 세계적 불균형global imbalance에 대한 시정이나 금융규제 같은 관점에서 G20은 유효하고 일관된 정책을 아직 제시하지 못하고 있다. 그 정도로 성숙하지는 못했다는 이야기다. 물론 G20이 아주 중요한 신생 프로세스라는 점에는 의문의 여지가 없다. APEC이나 EAS동아시아정상회의 등 아시아 지역 아키텍처Asian regional architecture 역시 매우 중요하다. 금세기에 아시아·태평양은 훨씬 우세해져 세계 지정학의 중심이 될 것이기 때문이다. 우리가 주요 국가들과의 관계를 잘못 관리하면 이 지역은 현재보다 더 불안정해질 수 있다. 이 지역에는 아직도 한반도나 타이완처럼 분단국가들이 남아 있지 않은가? 일본은 더 많은 아시아 국가들과 가까운 관계를 맺어야 하며, 미국이 이 지역에 깊숙이 개입하고 있는 현 상황에서 일본이 맡을 역할이 얼마든지 있다고 본다.

▌존재감 없는 일본의 외교적 리더십

Q 그러나 선생이 지적하듯 G7이나 G20, 심지어 APEC에서도 일본의 목소리를 듣기가 어려워졌다. 최근의 TPP[5] 협상 참가 논의에서도 일본은 적극적이지 못하고 반사적reactive이었다. 국제무대에서 일본의 외교적 존재감을 찾기 어렵다는 말이다. 앞으로는 달라질 가능성이 있는가?

후나바시 불행한 일이고 자존심 상하는 일이지만, 그 말에 전적으로 동의한다.

Q 그런 문제가 생기는 것은 역시 일본의 국내정치 때문인가?

후나바시 기본적으로는 국내정치 때문이라고 생각한다.

Q 외무성의 사기가 저하된 탓은 아닌가?

---

5 환태평양경제동반자협정(Trans-Pacific Partnership) 혹은 환태평양전략적경제동반자협정(Trans-Pacific Strategic Economic Partnership)으로 불린다. 아시아·태평양 지역의 경제통합을 목표로 하는 다자간 자유무역협정으로, 2005년 6월 뉴질랜드, 싱가포르, 칠레, 브루나이 4개국 체제로 출범했다. 창설 초기엔 그다지 영향력이 크지 않았으나 미국이 적극적 참여를 선언하면서 주목받기 시작했다. 오바마 대통령은 TPP가 아시아·태평양 지역의 경제통합에 가장 강력한 수단이며 세계에서 가장 빠르게 성장하는 지역과 미국을 연결해주는 고리라고 평가한 바 있다.

후나바시 현재의 외무성 관료 역시 프로페셔널이며 그들 중 상당수는 훌륭한 능력을 갖추었다고 본다. 그러나 탁월한 리더십 없이는 더 합리적인 정책을 제시할 수 없을 것이다. 지난 50년을 되돌아보면, 일본이 1965년 한일수교나 1972년 중일국교정상화 등 역동적 외교정책을 추진했을 때는 언제나 리더십이 크게 작용했다. 결국 정치적 리더십이 문제다. 일본의 관료는 매우 효율적이고 잘 훈련되어 있으며, 내가 보기에는 상대적으로 청렴하다. 그러나 그들은 무언가를 역동적으로 바꾸지는 못한다. 일본이 큰 그림을 그려내고 탁월한 외교적 역할을 보여준 시기에는 언제나 정치적 리더십이 있었다. 다나카 가쿠에이, 오히라 마사요시大平正芳, 나카소네 야스히로, 요시다 시게루 등이 그렇다.

Q 왜 지금은 그런 리더십이 없는가?

후나바시 대답하기 어려운 질문이다. 유감스럽지만 나는 그 질문에 대해 설득력 있는 답을 줄 수 없다.

Q 현상유지에 안주하고 장기적 안정을 희구한 데 대한 대가인가?

후나바시 나는 일본이 현상유지적 상황에 너무 적응했다고 생각한다. 그러니까 적응을 너무 잘해서 생긴 문제가 아닌가 한다. 일본은 아주 성공적인 과거를 경험했기 때문에 이를 바꾸기가 너무나도 어렵다. 이것이 지정학적 지각변동에 재빠르게 대응할 수 없는 결과를 빚어내고, 그에 따라 힘이 위축되는 운명을 맞을 수밖에 없다. 오스만제국, 베네치아, 중국 왕조가 다 그랬다. 이들의 쇠망은 항상 거대한 지정학적 변화에 대한 대응력 부족에서 촉발됐다. 현재 우리는 한 세기에 한 번 정도 발생하는 지정학적 지각변동에 처했는데, 이러한 변화의 증인이 되기를 주저할 뿐 아니라 기꺼이 대응하려는 마음도 결여돼 있다. 요즘 일본사회의 추세를 보라. 젊은 학생들이 해외유학을 망설이는 경우가 많다. 특히 지난 10년간 미국으로 유학한 일본 학생이 절반으로 줄었다. 일본 안에서 안주하려는 경향이 그만큼 커진 것이다.

Q 일부 경영인은 그것을 갈라파고스화Galapagos Syndrome[6]라고 부른다. 진화가 멈추었다는 이 견해에 동의하는가?

후나바시 동의한다. 다양성을 추구해야 한다는 교훈을 주는 이야기다. 다양성이 가장 중요하다. 어떻게 일본을 보다 글로벌하게 만들 수 있는가? 그것은 일본을 다양화diversify함으로써 가능하다. 일본은 다양성과 함께 살아가고 그것을 활용하는 법을 배우는 동시에 그 힘을 실현하는 방법을 터득해야 한다. 이것이야말로 일본이 배워야 할 중요한 교훈이라고 생각한다.

---

6 갈라파고스는 남아메리카 대륙에서 1,000킬로미터 떨어진 태평양 위의 섬으로 자연사박물관으로도 불린다. 갈라파고스화란, 이 섬에 빗대어 자국의 시장에만 특화된 서비스와 제품을 발전시킴으로써 세계시장에서 고립되는 현상을 말한다. 일본의 IT산업이 처한 상황을 일컫는 말로 사용된다.

▌중국 견제, 바람직한 대안 못 돼

Q 2008년《포린 어페어》에 기고한 논문에서 선생은 중국의 대두에 대처하기 위해 미국이 ASEAN＋3나 EAS에 참여할 것을 강하게 주문한 바 있다. 중국의 대두는 선생에게 일종의 위협이나 우려로 인식되는 듯 보인다. 그러나 한편으로 선생은 중국이 심각한 내부 문제를 안고 있어 위협이 되지 않는다는 입장도 취한다. 선생의 본심은 무엇인가?

후나바시 중국은 현재 내부적으로 많은 모순과 문제점을 안고 있으며 앞으로도 그럴 것이다. 그러나 중국이 자체적으로 붕괴implode하지는 않을 것이며 단일한 주권국가로서 남을 것이다. 누구도 알 수 없지만 적어도 향후 1~2세기 동안은 그럴 것이다. 앞으로 수십 년간은 중국의 힘이나 역할을 약화시키려 해선 안 된다. 그걸 주어진 조건으로 받아들이며 함께 살아가는 방법을 배워야 한다. 그러나 동시에 우리는 중국이 자유주의적 국제질서를 보다 존중하도록 만들어야 한다. 이는 중국에도 이익이 되는 일이다. 또 중국이, 보편적 국제질서에 좀 더 적극 공헌하도록 해야 한다. 이를 위해선 상상력과 외교적 기술이 필요하다. 나는 미국이 아시아·태평양, 특히 동아시아에 더 적극적으로 개입한다면 중국이 지역질서에 보다 동등하게 관여하는 데 도움이 되리라 본다. 이런 점에서 TPP는 미국이 이 지역에 깊숙이 관여하고 중국이 이 지역에 통합되도록 하기 위한 아주 유효한 수단이다. 따라서 당신이 말한 두 가지는 배타적인 게 아니다. 중국사회는 매우 역동적이며, 앞으로 더욱 다양화될 것이다. 일본 역시 많은 중국인과 파트너십을 형성할 수 있을 것이다.

Q 선생의 주장을 보면 헨리 키신저Henry Kissinger가 *On China*[7]라는 저서에서 주장한 미중 '공동진화co-evolution론'과 비슷하다. 그렇다면 존 미어샤이머John Mearsheimer, 스테판 월트Stephan Walt, 그리고 애런 프리드버그Aaron Friedberg같이 중국위협론을 주장하는 미국의 강경론자들에 대해서는 어떻게 생각하는가? 특히 이들은 일본과의 공조를 통한 중국 견제를 주장하는데 이에 동의하는가? 오바마 대통령은 '아시아 회귀Pivot to Asia' 전략을 통해 이미 그런 자세를 취하고 있지 않은가?

후나바시 대중 강경론에는 동조하지 않는다. 그것은 반일·반미 민족주의를 자국의 국내 통치 및 안정을 위한 장치로 이용하려는 중국의 '구체제'를 기쁘게 할 뿐이다. 중국에 대해서는 지구전protracted war이 아닌 지구화평protracted peace 전략을 구축해야 한다.

Q 선생은 베이징에서 태어났으며, 《아사히신문》 베이징 특파원으로 근무한 적도 있다. 중국과 일본 사이의 이른바 '관시關係, 인적 네트워크' 현황은 어떤가? 고쿠분 료세이 교수는 우리와 인터뷰할 때 중일

---

7 《헨리 키신저의 중국 이야기》(권기대 옮김, 민음사, 2012)로 국내에도 번역, 출간되었다.

간 '관시'에 단절이 생겼다고 말했다. 사실인가? 만약 그렇다면 이유는 무엇인가?

후나바시 그건 사실이다. 중일 간 인적 네트워크는 끊겼고 구멍이 났다. 한국 역시 중국과 오랫동안 관계를 맺어 알겠지만, 중국과의 관계는 늘 두 가지 차원의 발전을 요구한다. 하나는 공식적 차원이며 다른 하나는 비공식적 차원이다. 어떤 이들은 이러한 방식을 중국의 비위를 맞추는 것이라 생각해 좋아하지 않는다. 또한 중국이 항상 자신의 '체면面子'만 의식하고 중시하는 탓에 정작 상대의 체면은 생각지 않는다고 말한다. 이런 감정은 충분히 이해할 수 있다. 그러나 현실적으로 보면 중국은 떠오르는 세력이고 중국인과 중국문화는 바뀌지 않는다. 중국인, 한국인, 미국인은 각각 상이한 감정과 문화를 갖는다. 옳든 그르든 간에 그것은 일종의 지혜인 것이다. 나는 항상 공식적·비공식적 측면 양쪽에서 중국과 좋은 관계를 유지해야 한다고 믿었다. 그런데 최근 10~15년간은, 특히 정치적 차원에서 중일 간에 아무런 좋은 관계rapport도 찾아볼 수 없다. 심지어 비즈니스 차원의 관계발전도 중단됐다. 중일관계에서 이러한 뒷무대의 역할을 담당한 마지막 인물은 오부치 게이조 내각에서 관방장관을 지낸 노나카 히로무野中廣務, 그리고 장쩌민江澤民의 오른팔이던 쩡칭훙曾慶紅이다. 그러나 이들 모두 지금은 사라져 아무도 없다. 그 결과, 2010년 센카쿠열도를 둘러싸고 충돌이 일어났을 때 중국과 일본 어느 쪽에서도 양국의 감정을 염두에 두고 관계개선에 나서는 사람이 없었다. 극히 부드러운 방법이긴 하

지만 내가 이사장으로 있는 일본재건이니셔티브는 중국과의 유대
관계를 발전시키고자 만든 것이다. 특히 시진핑習近平을 수행하는
인물들과 좋은 관계를 구축하고자 노력할 것이다.

▌미국은 아직도 신뢰할 수 있는 파트너

Q 티파티 운동 같은 움직임을 생각한다면 과연 미국을 신뢰할 수 있
   는가? 토머스 프리드먼Thomas Friedman은 이를 두고 워싱턴의 기능
   부전 현상이라 말하기도 했다. 미국 정치시스템의 이러한 퇴보와
   워싱턴의 총체적 오류를 고려할 때 미국을 일본의 영구 동맹국으
   로 신뢰할 수 있는가? 미일동맹이 100년을 갈 수 있겠는가?

후나바시 미일동맹이 100년을 이어갈지에 대해서는 모르겠다. 그러나
   미국이 가장 신뢰할 만한 친구라는 점에는 의문이 없다.

Q 그 점은 이해한다. 나는 미국의 구조적 기능에 대해 말하는 것이다.

후나바시 기능에 대해 말하자면 일본이 미국보다 더 한심하다. 나는 미
   국이 돌아올 것이라 본다. 미국은 세계 10대 대학을 보유했으며,
   기업가정신도 여전히 강하다. 노스다코타 주와 펜실베이니아 주
   에선 새로운 자원, 즉 석유를 포함한 암석인 오일셰일oil shale이 발
   견됐다. 미국의 인구는 아직도 증가세로, 10년 전보다 3,000만 명

가량 늘어나 약 10%의 증가를 보였다. 미국의 강점은 이것 말고도 얼마든지 들 수 있다.

Q 분명 강점은 있지만, 그건 미국의 의도나 정책운용의 영리함smartness 과는 별개 문제 아닌가?

후나바시 정확한 지적이다. 그러나 미국은 여전히 최고의 자산asset과 인프라를 갖고 있다. 그런 이점을 어떻게 재건하고 활용할 수 있는가? 또 미국이 다시 한 번 존경할 만한 글로벌 리더가 되려면 무엇이 필요한가? 그 해답은 바로 리더십이다. 비극적인 일이지만 부시 정권이 들어선 이후 그런 리더십이 부재했다. 그러나 언젠가 우리는 새로운 미국의 리더십을 보게 될 것이다. 이 점에 대해 나는 그렇게 회의적이지 않다. 카터 다음에는 레이건, 후버 다음에는 FDR프랭클린 루즈벨트가 있었으며 뷰캐넌 다음엔 링컨이 대통령으로 선출됐다. 잘 알겠지만 미국은 여전히 역동적인 나라다.

물론 워싱턴의 동향은 확실히 우려스럽다. 나는 워싱턴 체류 중 운 좋게도 캐서린 그레이엄Catherine Graham[8]의 집에 계속 초대받은 외신기자 중 한 사람이었다. 그녀의 집은 조지타운에 있었고, 나는 그 근처에 살았다. 초대받을 때마다 난 만찬에 참석하러 온 상원의원을 최소한 4~6명은 만날 수 있었다. 공화당과 민주당을 막론하고 항상 같은 인물들이었다. 그녀는 1990년대 후반 워싱턴 사교계

---

8 1917~2001년. 워싱턴포스트 사의 명예회장이었으며 워터게이트 사건 보도를 지원한 저널리스트.

를 휘어잡은 마지막 여왕이었다. 깅리치가 부상하면서 미국은 조금씩 폐쇄됐고, 부시 정권이 들어서자 완전히 닫혔다. 지금은 워싱턴에서 어떤 사교계 명사도 찾아볼 수 없다. 유감스러운 일이다. 미국은 외교정책 예산과 관련해 강력한 초당적bipartisan 합의가 필요하다. 아프가니스탄전쟁이나 이라크전쟁을 봐도 그렇다. 따라서 회복이 되려면 시간이 걸릴 것이다. 그러나 미국을 아예 포기해선 안 된다는 생각이다.

Q 오바마 대통령은 아시아를 강조한다. 이는 우리에게 축복인가, 저주인가? 어떤 이들은 오바마 정권의 아시아 중시는 당사자들에게 저주가 될 수 있다고 말한다. 미국이 개입하면 어디든 피로 물들기 때문이다. 이라크나 아프가니스탄을 떠올려보라. 미국이 깊이 관여한 지역에는 늘 전쟁과 갈등, 긴장과 충돌이 일어난다고 말하는 사람들이 있다. 이 점에 대해선 어찌 생각하는가?

후나바시 나는 그리 보지 않는다. 아시아·태평양은 중동과는 다르다. 미국은 아시아·태평양에서 좀 더 신중하게 처신해야 한다. 중동역시 미국의 중대한 이해관계vital interest 지역이겠지만, 아시아·태평양이 앞으로는 더욱더 중요한 지역이 될 것이다. 향후 수십 년간 미국은 중국이 소외감을 느끼지 않도록, 그리고 중국을 포위하지 않도록 매우 조심해야 한다. 또한 중국은 물론 한국이나 인도네시아, 베트남, 그리고 15년 뒤의 미얀마 등 아시아 신흥세력에 대해서도 새로운 접근법을 제시해야 한다. 오늘날의 상황은 미국에 일확천금의 기회나 마찬가지다. 만일 미국이 적절히 행동하지 않는다면 그 위치나 명성이 약화될 것이다.

▌국내정치가 미일동맹의 미래 어렵게 할 수도

Q 일본의 앞날은 밝다고 보는가?

_{후나바시} 밝다고 이야기하기는 어렵다. 너무 비관적으로 생각하긴 싫지만, 분명 힘에 부치는 과제다. 지난 50년 동안 일본의 정치지도자들은 우루과이라운드나 도하라운드, APEC, 무역과 오키나와 문제, 그리고 특히 내 생각에 역사 문제같이 고통스럽거나 중대한 결정을 미뤄왔다. 이렇듯 일본은 의사결정에 축적된 부채를 무거운 짐으로 안고 왔다. 따라서 어떤 새로운 지도자가 이 문제들을 천명하고 해결에 착수한다 해도 결코 쉽지 않을 것이다.

Q 미일동맹의 미래에 대해선 어떻게 생각하는가? 일본 국내정치의 앞날이 어둡다면gloomy 그것이 미일관계에도 부정적 영향을 끼치지 않을까?

_{후나바시} 내가 우려하는 바도 그것이다.

Q 하토야마나 오카다 같은 이들이 다시 나타날지도 모를 일 아닌가?

후나바시 사실 하토야마와 오카다를 동일선상에서 보는 건 옳지 않다. 오카다는 훨씬 합리적이고 실속 있는 정치지도자다. 나는 그가 복귀하길 바란다.

Q 동아시아 지역질서의 미래는 어떻겠는가? 좋은가, 나쁜가, 아니면 불확실한가?

후나바시 나는 동아시아의 경제성장이나 발전, 중산계급 팽창 등을 가장 긍정적으로 보는 사람 중 하나다. 해양 및 영토 문제에서 심각한 긴장이 있기는 하지만 다른 곳과 비교했을 때 아시아·태평양은 잠재력이 가장 큰 지역이라 생각한다. 그런 의미에서 나는 동아시아 지역질서의 미래가 매우 밝다고 본다.

Q 《세카이世界》2001년 9월호 기고문에서 선생이 제시한 과거사 극복 정책은 참으로 인상적이었다. 특히, 국회의원이나 공무원이 공식 석상에서 일본 정부가 쌓아온 역사인식에 반하는 발언과 행동을 하면 '국익조항'을 만들어 그것에 대해 규제할 필요가 있다는 주장은 아주 혁신적이다. 만일 일본의 정치가들이 선생의 제안을 받아들였다면 한일 및 중일 관계가 지금처럼 나빠지지 않았을 텐데, 그런 제안이야말로 진정한 사과가 될 수 있기 때문이다. 일본의 정치가들은 당시 선생의 제안을 어떻게 받아들였는가? 앞으로 그런 제안이 구체화될 수 있다고 보는가?

후나바시 일본에선 그다지 반응이 없었다. 오히려 반발하는 움직임이 더 많았다. 민주당 정권은 비록 성과는 빈약했지만 상대적으로 더욱 진지하게 역사 문제를 생각했다. 오카다나 하토야마가 그렇다. 그러므로 나는 이 문제와 관련해 민주당 정권을 너무 나쁘게 말하고 싶지 않다.

Q 마지막으로 한 가지만 더 묻고 싶다. 만일 한국과 일본이 과거사와 영토 문제를 극복한다면 유럽의 나토NATO처럼 한미일 3국을 아우르는 지역동맹도 가능하리라 보는가?

후나바시 가능하다. 단, 이는 조건이 아니라 역사와 영토 문제를 진지하게 다뤄나가는 과정에서 한미일 동맹의 가능성을 탐구해가는 방식이 될 것이다. 장래의 한반도 통일을 위해서도 한국은 중국과 함께 일본과의 연계 혹은 건설적 협력이 필요하다. 한일 FTA와 한미일 협조체제는 한국의 통일전략에 기반이 되고 전략적 깊이가 되어 행동과 선택의 옵션을 넓혀줄 것이라 본다. 통일의 비전을 실현하기 위해 한일 양국 모두 전략적 결단을 내리지 않으면 안 된다.

" 중국은 강대국을 매우 좋아한다. 제3세계 외교라고 말하면서
실제로 행동할 때는 강대국이나 선진국만 쳐다봐왔다.
일본에 대한 중국 내부의 평가도 최근엔 바뀌고 있다.
성공한 나라의 사례로 간주하던 일본을 요즘엔 실패사례로까지 보게 됐다. "

5장

일본과 중국

: 협력인가? 대립인가? :

고쿠분 료세이

고쿠분 료세이

國分良成 / Kokubun Ryosei

1953년 도쿄 출생. 1976년 게이오대학교 법학부 정치학과를 졸업했다. 하버드대학교와 미시간대학교에서 유학하였고, 2002년 게이오대학교에서 박사학위를 취득했다. 중국현대사 연구의 권위자인 이시카와 다다오(石川忠雄) 전 게이오대학교 총장의 후계자로 1981년 게이오대학교 법학부 전임강사에 취임하여 그의 현대중국론 강좌를 이어받았다. 이후 30년간 게이오대학교에서 일하며 현대중국의 정치 및 외교 연구에서 탁월한 업적을 쌓았다. 베이징대학교와 타이완대학교, 푸단대학교에서 객원연구원을 지냈으며, 아시아정경학회 이사장, 일본국제정치학회 이사장 등을 역임했다. 또한 오랜 기간, 영국에서 발행하는 *China Quarterly*의 편집위원을 지냈다. 2012년 4월에는 정부의 요청을 받아들여 방위대학교 총장에 취임함으로써 세간의 큰 주목을 받았다.

최초의 저서 《중국정치와 민주화: 개혁 · 개방정책의 실증분석》(1992)을 출판한 이후 활발한 집필 활동을 펼쳐, 《원점 중국현대사(제1권 · 정치)》(공저, 1994), 《아시아 시대의 검증: 중국의 시점에서》(1997, 아시아태평양특별상), 《중화인민공화국》(1999), 《현대중국의 정치와 관료제》(2004, 산토리학예상), 《중국 문화대혁명 재론》(편저, 2003), 《중국의 통치능력: 정치 · 경제 · 외교의 상호연관 분석》(편저, 2006), 《현대 동아시아: 한반도 · 중국 · 타이완 · 몽골》(편저, 2009), 《당과 국가: 정치체제의 궤적》(공저, 2009), 《일미중 트라이앵글: 3개국 협조로의 길》(편저, 2010), 《중국은 지금》(편저, 2011) 등 다수의 저서를 발간하였다. 한편 베이징대학교 왕지쓰(王緝思) 교수, 컬럼비아대학교 제럴드 커티스(Gerald Curtis) 등과 공동으로 영문 저서를 집필하기도 하였다.

고쿠분 료세이 교수는 일본을 대표하는 중국전문가이다. 연구자로서 그의 족적을 보면 은사인 이시카와 다다오의 영향 외에도 미시간대학교의 마이클 오크센버그Michael Oksenberg 교수 밑에서 수학하며 현대 중국정치 연구방법론을 체득했음을 알 수 있다. 중국 연구를 바라보는 그의 관점은 일관돼왔지만, 그 스타일은 상하이의 푸단대학교에서 객원연구원을 지낸 것을 계기로 변화했음을 엿볼 수 있다. 책을 통해서만 보아온 중국과 실제의 중국이 얼마나 다른지를 실감했던 것이다. 당시는 1989년 톈안먼사건 직전으로 자유롭고 개방적인 분위기에서 지식인이나 학생들은 중국의 장래에 대해 활달한 논의를 전개했다. '현장 감각'의 중요성을 익힌 것이 바로 이 시기였다. 이 기간 동안 그의 연구 테마는 마오쩌둥 시대의 정치체제, 특히 문화대혁명에 이르는 정치에 대한 분석이었다. 미국 유학 중에는 중국의 관료제가, 중국 유학 중에는 중국의 정치체제와 민주화가 연구의 중심이 되었다.

　고쿠분 교수는 역대 총리들에게 다양한 방식으로 정책브리핑이나 자문 역할을 수행해왔다. 또한 2003~2008년간 외무성이 설치한 '신新중일 우호 21세기 위원회'의 일본 측 간사를 맡아 민간의 입장에서 '전략적 호혜관계'를 제안한 동시에, 중국 요인들과 긴밀한 인적 네트워크를 구축하기도 했다. NHK를 비롯한 TV 토론회나 해설 프로그램에 출연하는 등 대중 활동에도 적극 나섰다. 그 가운데서도 전문가가 10분간 시사 문제에 대해 발언하는 프로그램인 '시점 · 논점'에는 1990년대 중반 이후 50~60회나 등장해 최다 출연기록을 세운 것으로도 유명하다. 또한 월간지 및 일간지 투고, 강연 활동으로 국내외 지명도가 매우 높다.

한편 고쿠분 교수는 일본의 중국정치외교 연구의 중심이 될 수많은 인재를 육성하는 데 심혈을 기울여왔다. 방위대학교로 이적을 결심한 것도 그곳이 전후 민주주의 시대의 사관학교로서 장래에 일본의 방위와 평화를 지키는 중핵적 인재를 육성한다는 점에 흥미를 느껴서다. 사립대학인 게이오대학교에서 30년 동안 자신이 경험한 것을 바탕으로 방위대학교에서 더 많은 인재를 키울 수 있으리라는 희망이 이직의 이유로 크게 작용했던 것이다. 아울러, 비록 자유로운 활동에는 어느 정도 제약이 있겠으나 정부의 정책 입안과 좀 더 가까운 영역에 도전해볼 좋은 기회라는 생각도 있었다. 그는 방위대학교 총장 취임 후인 2012년 5월 30일 일본기자클럽에서 행한 강연에서 은사 이시카와 다다오의 가르침, 즉 연구 · 교육 · 행정 · 사회적 활동 · 후진 육성을 대학인의 다섯 가지 사명으로 제시하였다.[1]

고쿠분 교수와의 인터뷰는 2011년 10월 21일 게이오대학교 미타캠퍼스 연구동 회의실에서 이루어졌으며, 그 후 편집 과정에서 고쿠분 교수가 인터뷰 원고에 약간의 가필과 수정을 해주었다.

---

1 강연 영상은 http://www.youtube.com/watch?v=f4Y0PQ7Bvmc 참고.

▍1972년 체제는 여전히 지속 중

Q 고쿠분 선생은 중일관계에서 매우 중요한 인물이며, 중국학자들
사이에서 명성이 자자하다. 그런데 얼마 전 중국의 일본 전공 학
자로부터 "고쿠분 교수가 예전에는 친중적pro-Chinese이었으나 요즘
은 중국에 대해 매우 비판적이 됐다"는 말을 들었다. 선생은 이 평
가에 동의하는가? 선생의 중국관은 정말로 변했는가, 아니면 아직
그대로인가?

고쿠분 나의 중국관은 기본적으로 일관돼왔다. 바뀐 건 내가 아니라 중
국이며, 동시에 중국을 보는 주변 상황이 바뀐 것이다. 내가 중국
연구를 시작한 것은 1970년대 문화대혁명 말기였다. 당시 나는 중
국에 대해, 특히 그 정치체제에 대해 비판적이었다. 나의 스승은
이시카와 다다오로, 나 역시 스승님처럼 현실주의자realist 입장에
서 중국을 바라봤었다. 그 후 1980년대에 중국으로 가게 됐는데,
가서 보니 그전에 생각하던 중국과 전혀 달랐다. 중국 그 자체가
사회주의 이념과 결부되지 않는 매우 현실주의적인 사회였다. 내
주위의 중국인은 누구랄 것 없이 정부를 공공연히 비판했다. 표면
적으로는 그렇게 보이지 않았지만 개인적인 공간에서는 자유롭게
비판하고 있었던 것이다. 그때부터 나는 중국의 최대 문제가 정치
체제이며 가장 필요한 건 민주화라는 생각을 하게 됐고, 현재도 마
찬가지다. 그런 점에서는 이전과 비교해 '비판적'으로 변한 것인지
도 모르겠다.

그러나 나보다는 세상이 더 크게 바뀌었다. 예를 들어 1980년 일본에서 실시된 한 여론조사에 따르면, 일본인들이 가장 친밀감을 느끼는 나라는 미국이 아니라 중국이었다. 그러나 1980년대에 진정한 '중일우호'가 이뤄졌다고는 보지 않는다. 왜냐하면 당시는 고위 정치가들끼리만 건배를 했지 국민들 사이에는 어떤 네트워크도 존재하지 않았기 때문이다. 그러니 어떻게 진정한 우호관계였다고 할 수 있겠는가. 극히 한정된 사람들이나 정해진 채널을 통해서만 우호가 가능하다는 건 매우 부자연스러운 일이라 생각했다. 그 후 중국과 일본의 상호 의존관계가 증대되고 접촉이 넓어지자 마찰도 많아졌고, 서로에 대한 이미지도 악화돼버렸다. 이젠 도리어, 가장 친밀감을 느끼지 않는 나라가 중국이다. 그러나 현재의 중국은 문화대혁명 때보다 훨씬 개방적이다.

Q 1972년 9월 다나카 가쿠에이의 방중訪中을 계기로 중일 간 국교정상화가 실현됐다. 그 이후의 중일관계 기본 틀을 이른바 '1972년 체제'라고 부른다. 그 체제는 어떤 특징을 갖고 있었고, 얼마나 지속됐는가?

고쿠분 큰 틀은 아직까지도 지속되고 있다. '1972년 체제'는 먼저 냉전 체제의 존재, 즉 소련이라는 가상적국의 존재를 전제로 했다. 그 기반은 중일우호라는 쌍무적 관계를 중시하는 것이었다. 타이완 문제에 관해서는 물론 '하나의 중국' 원칙이 있었으며 이는 지금도 바뀌지 않았다. 이는 양국의 전쟁경험 세대가 이뤄낸 공통합의에 의해 지탱되는 것이었다. 다만 타이완의 민주화로 인해 그 틀이 약간 바뀌었다고 본다. 다시 말하면 1972년에 시작된 중일관계를 둘러싸는 전체 상황이 바뀌었다. 이젠 '쌍무적 우호'만 추구해서는 안 된다. 쌍무적 관계는 자칫하면 역사 문제 등으로 인해 언제든 역행적 관계가 될 수 있기 때문이다. 2006년 '전략적 호혜관계'가 성립된 것을 계기로 나는 이를 '2006년 체제'라고 부른다. 이 체제를 한층 강화해야 한다. 역사에 입각해 더 건설적이고 더 미래지향적인 관계로 나아가야 한다. 또한 중일관계만이 아니라 지역의 공통과제에 대해서도 함께 대처하는 등 동아시아의 지역적 맥락에서 전략적으로 중일관계를 보는 것이 중요하다.

▌ 중국공산당 내의 권력투쟁이 중일관계에 영향 미쳐

Q 선생은 1990년대의 중일관계 악화를 장쩌민과 상하이방上海帮[2] 탓으로 돌린 적이 있다. 지금도 같은 입장인가? 만일 그렇다면 어째서인가?

고쿠분 장쩌민 체제 아래서는 지도자의 개인감정이 중일관계에 표출됐다. 그가 필요 이상으로 일본의 역사 문제와 과거 '군국주의'를 거론했기 때문에 일본 사람들은 그를 매우 싫어했다. 장쩌민은 일본

---

2 상하이 출신 인사들로 구성된, 중국공산당 내의 비공식 계파 중 하나. 장쩌민을 비롯해 우방궈(吳邦國), 자칭린(賈慶林), 쩡칭훙(曾慶紅) 등이 이 계파의 주요 인물이다.

에 대해 뭔가 매우 부정적인 감정을 갖고 있다는 말도 때때로 전해졌다. 이와 대조적으로 김대중 대통령은 보다 전향적인 한일관계를 강조했다. 그래서 일본 내에선 김 대통령에 대한 평가가 높았다.

중국에서는 '누가 최고지도자인가'가 정책의 큰 틀을 결정한다. 당시 장쩌민 체제 시기에는 1992년 이후의 시장경제화로 인해 공산당과 사회주의의 제반 문제가 적잖이 드러나기도 하였다. 그 때문에 1990년대 전반부터 애국주의가 강조됐다. 그리고 전후 50주년에 해당하는 1995년부터는 '대일전쟁 승리야말로 중국공산당 권력이 정통성을 갖는 근거'라는 역사 학습, 특히 '항일전쟁'에 초점을 맞추는 경향이 농후해졌다. 그 후 신문이나 텔레비전 등에서 애국주의와 항일전쟁을 학습하는 내용이 급격히 늘었다. 즉 지도자 개인의 생각이나 감정이 전체적 상황과 잘 맞아떨어졌고, 그 과정에서 일본이 이용당했던 시기가 1990년대 중반 이후다.

Q 선생은 그 후의 중일관계에 대해 장쩌민과 상하이방이 물러나고 친일pro-Japanese 성향의 후진타오胡錦濤가 정권을 잡았기 때문에 긍정적인 방향으로 가리라 예측했다. 그러나 후진타오 시기에도 별다른 진전은 없지 않았던가?

고쿠분 아니다. 적잖은 진전이 있었다. 후진타오 체제가 출범한 뒤, 특히 2006년 이후에는 중국의 최고지도자가 자기 입으로 먼저 역사 문제를 꺼낸 적은 없었다. 상명하달top-down 방식[3]이다. 특히 2007년 일본을 방문한 원자바오溫家寶 총리가 국회 연설을 통해 "일본은 몇 번이나 과거에 대해 사죄했다. 중국 정부와 인민은 이를 높이 평가한다. 전후 일본이 걸어온 길은 평화와 발전이었고 이를 계속해주었으면 한다"고 밝혔다. 그 내용이 인터넷을 통해 곧바로 중국에 전해졌다. 이는 커다란 전환점이었다.

2006년 9월 고이즈미 총리가 퇴임했고, 뒤를 이은 아베 신조 총리가 그 다음 달 중국을 방문해 후진타오 주석과 '전략적 호혜관계'를 구축하기로 합의했다. 이것이 앞서 말한 그런 친일적 자세의 출발점이었다. 그런데 전략적 호혜관계가 성립됐으면서도 중일관계가 안정되지 않는 것은, 물론 일본 측에서도 여러 가지 문제가 있었지만, 중국 내부에서 후진타오의 권력 기반이 일관되게 약한 상태였고 그의 대일對日 유화적 노선을 장쩌민 그룹과 군부가 공격했기 때문이다. 중국공산당 중앙정치국 상무위원회에 속한 9명 가운데 후진타오파보다 장쩌민 계열 인맥이 압도적이었다는 건 이미 역사적 사실이다.

Q 중국의 리더십도 일관성을 잘 유지하지 못했지만 일본 역시 자주 변했던 게 사실이다. 자민당 정권 시기에는 후쿠다 야스오福田康夫를 제외하면 고이즈미 준이치로, 아베 신조, 아소 다로 내각이 모두 친미적이었다. 또한 시장경제와 자유민주주의 등 보편적 가치를 내걸어 중국을 포위encircling한다는 관점이었다. 중국의 지도자와 대중은 바로 이런 정책이 중일관계를 악화시킨다고 보는 듯하

---

3 후진타오 신지도부가 그동안, 특히 집권 초기에 지도부의 리더십을 통해 일본접근 정책을 실시한 것을 말한다. 예컨대 대일 신사고 외교 등이다.

다. 올바로 보는 것인가?

고쿠분 일본 측의 지도체제가 더 강고했더라면 대중정책도 좀 더 일관적이었을 것이다. 그러나 이는 민주주의 제도가 낳은 결과로 중국처럼 내부사정을 전혀 알 수 없는 정치체제보다는 건전한 것이라 본다. 앞서 말한 바와 같이 중국의 대일정책은 공산당 내부의 권력투쟁과 밀접하게 관련된다. 후진타오 체제가 출범한 직후 발생한 2005년 봄의 반일데모가 순전히 고이즈미 수상이 야스쿠니신사를 참배한 것 때문만은 아니었다. 반일데모의 핵심 쟁점은 일본의 유엔 안보리 상임이사국 진출 시도에 대한 반대였다. 즉 자연발생적 데모라기보다는 동원된 데모였다는 게 거의 공통된 인식이다. 갑자기 데모가 일어나고 또 갑자기 데모가 중단되는 것은 부자연스러우며, 실제로 동원된 사람이 그간의 사정에 대해 말한 바 있다.

그 후 2006년 후진타오 주석과 아베 총리가 '전략적 호혜관계'를 천명함으로써 사태는 진정됐고, 2008년 5월에는 후진타오 주석이 일본을 국빈 방문했다. 이때까지만 하더라도 후진타오는 대일정책을 컨트롤할 수 있었다. 그가 귀국하고 이틀 뒤인 5월 12일, 쓰촨성四川省대지진이 발생했다. 당시 중국은 일본 구조대救援隊를 가장 먼저 받아들였다. 중국의 신문과 텔레비전은 일본 구조대가 피해지역에서 아이들을 구출한 일을 대대적으로 보도했다.

그런 점에서 중일 양국의 전략적 호혜관계의 실질적 첫 단계는 2006년부터 2008년까지로 봐야 할 것이다. 그 후 2012년 당대회가 가까워지자 후진타오 주석은 권력의 중심부에서 조금씩 멀어졌다. 2010년 중국이 세계 제2위의 GDP를 기록하며 '베이징 컨센서스' 같은 논의가 활발해졌고, 그러면서 중국 외교는 전반적으로 강경자세를 취하게 됐다. 이런 점이 전 세계적 비판을 크게 불러일으킨 것도 사실이다. 센카쿠열도 인근에서 일어난 중국어선 충돌사건은 공산당 내부의 권력투쟁으로 인해 더욱 복잡해졌다. 사건 자체는 우발적으로 일어났지만 이는 곧바로 권력투쟁에 이용됐다. 즉 후진타오를 공격하는 데 이용된 것이다. 이를 주도한 것이 장쩌민 그룹과 군부 강경파였다. 선장이 석방돼 문제가 일단락되었는데 갑자기 지방에서 반일데모가 일어났다. '대중동원' 형태의 데모였다. 대일정책은 쉽게 권력투쟁으로 연결되고, '친일'은 공격대상이 되기 십다. 과거사 문제를 보류한 형태의 '전략적 호혜관계'는 공격당하기 쉬운 것이다.

Q 그러나 2011년 1월, 후진타오의 미국 방문은 그의 힘이 여전히 건재함을 보여준 것 아닌가?

고쿠분 2010년 후진타오 주석은 이미 레임덕에 빠졌다는 논의가 있었지만 2011년 1월 미국을 국빈 방문하는 등 다시 기운을 회복했다. 중국은 희토류 수출 금지 문제로 국제적으로 비난을 받자 2010년 12월 무렵 자세를 바꾸었다. 후진타오 주석의 오른팔로도 불리는 다이빙궈戴秉國 국무위원이 공산당의 리더십이야말로 중국의 '핵심이익core interest'이라고 언급한 적이 있는데, 이 또한 후진타오의 본심일 것이다. 강경파는 남중국해 등도 중국의 핵심이익에 포함시키려 했는데 2011년 들어 태도가 바뀌기 시작했다. 2011년 2월 중국 철도부장이 경질된 것도 이와 관련 있다고 본다. 철도부는 장쩌민 그룹의 세력권 내에 있다. 그 후 7월 고속철도 탈선·추돌사고가 발생했는데 이때 철도부에 대한 비판이 용인되었다. 이 사건이 당·정부에 대한 비판으로 확산되자 그 이상의 비판은 금했다. 당시 장쩌민은 병상에 있었고, 그의 사망기사 오보가 나온 것도 그 무렵이다. 그 후 다시금 장쩌민 그룹이 활기를 되찾았다는 것이 세간의 평가다.

Q 공청단파共靑團派,[4] 즉 공산당 청년 그룹이 후퇴하고 장쩌민 그룹이 재부상하고 있다는 이야기인가?

고쿠분 결국 중국의 권력투쟁은 밖에서는 거의 보이지 않는다. 세계 어느 나라보다 격렬한 권력투쟁이 전개되고 있을 테지만 중국 정치의 내용을 관찰하기란 매우 어렵다. 권력투쟁이란 어느 시점時點을 취하느냐에 따라 다른 상황이 펼쳐지며 덩샤오핑 이후 카리스마를 지닌 지도자가 없었기 때문에 특정 세력이 압도적으로 권력을 장악하기는 힘들었다. 따라서 아무리 전략적 호혜관계가 천명됐다 하더라도, 물론 일본의 유동적 정계 상황도 이유가 되겠지만, 어쨌든 중일관계는 매우 취약하다. 설령 그것을 주도한 후진타오

---

4 정식 공산당원이 되기 전인 14~28세 청소년 중심의 공산당 전위 조직으로, 현재 대략 8,000만 명에 이른다. 이 공산당원 출신으로 일종의 정치계파를 형성하고 있는 것을 '공산주의청년단파' 혹은 줄여서 '공청단파'라고 부른다. 후진타오와 원자바오를 비롯해 리커창(李克强), 후야오방(胡耀邦) 등이 이 계파의 대표 인물이다.

라 하더라도 일단 중일관계가 크게 무너지면 대일 유화정책을 적극 제창하는 건 정치적으로 위험한 일이며, 때문에 결과적으로는 대일정책에 관여하는 것 자체를 꺼리는 경향이 중국에서 생겨나고 있다. 일본의 상황도 그와 유사하게 전개되고 있지 않은가 생각한다.

▎ 일본인의 대중 인식, 1990년대 이후 계속 악화

Q 최근 중국인 학자나 정책결정자들 사이에서 나타나는 일반적 현상은 일본에 대해 그다지 관심을 보이지 않는다는 점이다. 그들이 상대해야 할 유일한 나라는 미국이라는 식이다. 중일 양국 사이에 존재하는 상호 인식 차이가 매우 흥미롭게 느껴진다. 일본에선 중국의 대두와 반중감정이 결합돼 중국위협론이 거세지는 한편, 중국의 엘리트들 사이에선 일본의 존재감을 느끼기가 좀처럼 힘들다. 하지만 중국공산당은 국내정치적 목적을 위해 일본을 오용·매도하는 경향이 있다. 중국과 일본 사이에 매우 기묘한 인식의 조합이 존재하는 것이다. 이 현상을 어떻게 평가하는가?

고쿠분 중국은 강대국을 매우 좋아한다. 제3세계 외교라고 말하면서 실제로 행동할 때는 강대국이나 선진국만 쳐다봐왔다. 일본에 대한 중국 내부의 평가도 최근엔 바뀌고 있다. 성공한 나라의 사례로 간주하던 일본을 요즘엔 실패사례로까지 보게 됐다. 2000년 당시만 해도 일본의 GDP는 분명 중국의 4배였다. 그러나 10년 뒤에는 이것이 역전됐다. 어째서 이런 상황이 발생했는가? 물론 가장 큰 이유는 중국의 성장 그 자체다. 그러나 그와 비슷하게 중요한 이유는 일본경제가 완전히 정체돼서다.

그렇다면 중국은 어떻게 성장할 수 있었는가? 역시 개방 덕분이다. 사회주의 국가인 중국은 아무런 기반도 없었기 때문에 외부에서 모든 것을 받아들였다. 외국자본을 이용해 발전한 셈이다. 반면 일본은 세계적 기업이 너무 많고 국내의 경쟁이 심해 외국기업이 들어오지 않았다. 게다가 소자화少子化, 저출산 · 고령화 문제가 이처럼 심각한 문제가 될 줄 몰랐다. 국내시장에 외국자본이 적고 금융 분야의 국제화도 뒤졌으며 일본경제의 운명을 세계경제의 운명과 일체화하지도 않았다. 일본은 중국에 대해 현실적 · 정신적으로 상당히 우월감을 느꼈는데, 그간 모든 국제기준에서 자기혁신이 뒤진 결과 최근 10년 새에 역전되고 말았다.

또한 지난 10년간 중일 양국은 더 큰 파워시프트power shift 속에 있었다. 최근의 센카쿠열도 문제도 기본적으로는 파워시프트 속에서 일어나는 분쟁이다. 일본은 급변하는 세계질서와 중국의 현실을 제대로 보지 않으면 안 된다. 일본 측은 세계적 시야를 가진 전략적 사고가 아무래도 약하고, 중국 문제가 발생하면 그쪽만 보는 경향이 강하다. 이로 인해, 유감스럽게도 일본은 돌파구를 충분히 찾지 못하고 있다.

Q 그동안 일본에서 '중국위협론'은 국내정치적 목적에 의해 제기되었

고 오용되거나 남용된 측면도 있었다고 생각한다. 어떻게 보는가?

고쿠분 나 자신은 명확하게 중국을 위협이라고 한 적이 없다. 일본인들은 세계 최대의 군사력을 가진 미군을 위협으로 생각하지 않는데, 이는 미일동맹이 있어서다. '위협' 인식은 상대국과의 관계라는 상대적 상황에 의해 생겨나는 것이다. 중국을 보는 일본인들의 인식이 바뀐 건 1989년 6월 톈안먼 사건 이후였다. 이때부터 일본인들은 중국을 현실적으로 보기 시작했다. 다만, 이때 중국을 판단했던 기준은 인권·민주화 등 보편적 가치였다. 이후 중국의 존재감은 더욱 커졌지만 정치체제는 기본적으로 바뀌지 않았다. 중국의 군사적 상황이 여전히 불투명한 것도 정치체제에서 기인한다. 최근 중국에 대한 경계심이 증대된 건 이와 관련된다. 물론 중국 자체가 바뀌고 있다는 점도 사실이며, 또 대일관계를 안정화하겠다는 의사가 있는 것도 사실일 터이다. 그러나 중국의 대외행동이나 발언, 특히 대일행동으로 인해 군사적 측면을 비롯한 모든 측면에서 점점 강대해지는 중국에 대한 일본인들의 위협인식이 급격히 높아지고 있는 것 역시 사실이다.

근래 일본은 아시아와 좋은 관계를 맺으려는 노력을 충분히 추진해오지 못했다. 하지만 돌이켜보면 오부치 게이조, 하시모토 류타로橋本龍太郎 총리 등은 아시아 외교나 오키나와 미군 문제를 진지하게 생각했고, 이를 위한 방향성도 제시한 바 있다. 물론 미일동맹이 중심인 건 당연하지만 그와 동시에 아시아와의 관계도 강조한 것이다. 그러나 오부치 총리 시절까지 이어지던 그 흐름이 21세기 들어 유동적 정치 상황이나 빈번한 총리 교체 등으로 인해 정착되지 못했다. 일본 외교에서 정말로 중요한 시기였는데도 아시아 및 세계와 충분히 관계를 맺지 못한 것이 유감스럽다.

Q 2011년 하와이 호놀룰루에서 개최된 미국 아시아학회에서 도쿄대학교 기타오카 신이치北岡伸一 교수의 강연을 흥미롭게 경청했다. 그는 현재의 중국을 1930년대 일본의 관점에서 볼 필요가 있다고 말했다. 우리가 인터뷰한 와다 하루키 도쿄대 명예교수 역시 매우 리버럴한 인사임에도 불구하고 "중국의 현재는 1930년대 일본과 유사하다"는 언급을 했다. 일본의 보수·혁신 양 진영 모두 오늘의 중국이 1930년대 일본 군국주의의 전철을 밟을 것이라는 인식이 이미 깊게 내재화되었다는 인상을 받았다. 이런 현상은 어떻게 설명할 수 있겠는가?

고쿠분 본래 일본인들은 중국을 너무 이상적으로 보는 경향이 있었다. 앞서도 잠깐 이야기했지만, 1980년엔 중국에 대해 친근감을 느끼는 일본인이 80%에 달했다. 그러나 지금은 80% 가까운 사람들이 중국에 대해 친근감을 느끼지 않는다고 응답한다. 1980년대의 중일관계는 오로지 정상급 정치지도자나 거물 경제인이 주도했다. 양국 간 상호의존도 없었다. 이때 일본은 중국에 대해 비교적 좋은 이미지를 갖고 있었다. 당시 중국은 문화대혁명이라는 격렬한 권력투쟁이 끝난 직후로, 내부사정을 전혀 알 수 없는, 마치 지금의 북한과 같은 정치체제였다. 단, 양국의 지도자들은 자기들끼리 건

배하며 양국의 우호를 제창하였다. 당시 일본의 지도자들 사이에는 과거사 때문에 중국에 대해 속죄의식을 강하게 가진 사람들도 많이 있었다. 그런 시대였다.

이제는 중국이라는 거대한 시장 없이는 일본도 살아남을 수 없다. 중국의 입장에서도 마찬가지일 것이다. 일본의 자본과 기술은 여전히 매력적이다. 상호의존이 심화되어 경제적으로 중국을 필요로 하는 시기인데도 일본이 갖는 중국 이미지는 최악이다. 이는 어떻게 보더라도 불균형이라 말하지 않을 수 없다. 1980년대의 상황도 불균형적이었지만 지금 상황도 역시 어딘가 이상하다. 게다가 양국 간 네트워크 역시 급격히 감소했다.

Q 물론 일본인들의 대중인식이 부정적인 것은 충분히 이해가 간다. 하지만 중국이 1930년대의 일본처럼 군국주의로 갈 가능성까지 있다고 보는가?

고쿠분 중국의 정치체제는 당·정부·군 삼위일체라는 점이 특징인데, 이 가운데서도 당이 모든 면에서 우위에 선다. 이게 원칙이다. 중국에서는 당이 군을 지도하는 원칙이 있으며, 기본적으로 문민통제가 기능하는 것 같다. 문제는 군 내부로, 군은 무기를 지닌 프로페셔널 집단으로서 강력한 존재일 뿐만 아니라 커다란 이익집단이기도 하다. 군 내부의 인간관계 네트워크와 상층부 지도자들과 맺는 관계도 복잡해지고 있다. 1930년대 일본의 실패는 국내의 정부·군 핵심부의 의사와 상관없이 현지의 관동군이 폭주하고 이를 멈추지 못한 점에 있다. 중국의 경우, 현재는 당의 지도력이 일단은 기능하고 있다고 생각되지만, 어떤 긴급 상황이 발생해 지방의 한 부대가 제멋대로 움직이고 그것이 확대되어 멈출 수 없는 지경까지 이를 가능성도 배제하지 못한다. 현재 중국의 정치체제가 불투명한 만큼 전혀 불안하지 않은 것은 아니다.

▌ 사라진 중일 간의 인적 네트워크

Q 선생이 지적했듯이 1990년대 초까지 양국 사이에는 강력한 인적 파이프라인이 있었다. 그러나 지금은 그런 연계망을 보기 힘들다. 왜 사라진 것인가?

고쿠분 그것에 대해서라면, 일본 국내정치의 변화를 생각할 필요가 있다. 예전에는 자민당 일당지배가 영원히 지속될 것처럼 생각되었다. 중일관계는 자민당 내의 최대 파벌인 다나카파田中派와 그 이후 다케시타파竹下派, 즉 게이세이카이經世會에 의해 지탱되면서 발전했다. 그러나 파벌정치에 대한 비판이 높아지고 정계 스캔들이 연이어 터지며 관계 및 재계와의 유착관계가 문제시되어 자민당 지배를 지탱하는 구조가 무너지면서 1993년에는 일단 권력을 잃었다. 그 후에도 연립정권 형태로 생존할 수밖에 없게 됐다. 단, 고이즈미 시대는 좀 예외적으로, 그 인기의 원점은 "자민당을 부숴버리자"라는 슬로건에서 알 수 있듯 파벌정치 타파에 있었다. 그 결과

정치세계의 중일 간 파이프는 엷어지고 정관재政官財의 관계도 보다 깨끗해졌으며 그 구조도 바뀌었다. 중국 측에서도 비슷했다고 볼 수 있다. 이미 한 사람의 지도자가 모든 것을 결정할 수 있는 시대는 지나버린 것이다. 1970~1980년대의 중국은 일본을 특별한 나라로 여겼으나 지금은 중국이 세계의 주목을 받고 있고, 중국 입장에서도 일본의 비중은 예전에 비해 상대적으로 약해지고 있다.

Q 역설적이지만 정경유착이 없어졌기 때문 아닌가?

고쿠분 그렇다. 어떤 의미에선 깨끗해졌다고 할 수 있다. 바로 서승원 교수가 연구한 일본 정부의 대중국 개발원조ODA 사례 연구가 이를 명료하게 보여주고 있다.[5] 자민당 정권 당시 다케시타파 등은 ODA를 매개로 중국과 강력한 인적 네트워크를 구축했다. 그러나 이는 1980년대 말까지의 일이다. 1990년대 이후 중국은 시장지향적으로 바뀌었다. 일본의 정치는 1993년 자민당 정권이 실각하고 그 후 연립정권 시대로 돌입했다. 그와 동시에 톈안먼 사건 이후 일본에서는 ODA 비판론이 일었다. 중국이 시장지향적으로 바뀌었는데도 ODA라는 정부주도적 발상에는 변화가 없었다. 세계가 시장주도로 변했고 일본 기업 역시 시장주도로 옮겨갔는데도 중일관계에서는 여전히 정부주도가 유지된 셈이다. 이런 상황에

---

5 서승원 (2004). 《일본의 경제외교와 중국》. 게이오대출판회 참고. 이 일서를 대폭 보강한 한글판 저서로는 다음을 참고. 서승원 (2012). 《북풍과 태양: 일본의 경제외교와 중국, 1945~2005》. 고려대학교출판부.

서 ODA를 유지할 것인가 말 것인가 하는 문제가 자민당 파벌항쟁과 결합하면서 의미가 점차 축소됐다. 결국 중일 양국 사이에 시장주도의 세계가 크게 확대돼갔음에도 불구하고 정치적 네트워크는 점점 엷어지기만 한 것이다. 자민당 내 친중국파China-hands는 거의 모두가 다케시타파, 이른바 게이세이카이에 속해 있었다.

Q 덩샤오핑의 남순강화南巡講話[6]를 초안한 것으로 알려진 중국의 정비젠鄭必堅 교수와 대담을 나눈 적이 있다.[7] 그는 중국의 경제적 힘power과 능력capability을 과대평가해선 안 된다고 했다. 경제성장을 지속하기는 쉽지 않고 8%대의 성장률을 유지하지 못하면 실업 문제 등이 발생한다는 것이다. 게다가 소득과 부의 불평등 문제, 부패 문제, 연해 지역과 내륙 지역 간, 중앙과 지방 간의 양극화 문제 등 너무 많은 당면과제가 있다는 것이다.

　2011년 중국의 GDP는 7조 달러를 웃돌았지만, 1인당 GDP는 이제야 5,000달러를 넘어섰고 1인당 소득 순위는 세계 84위를 기록했다. 정비젠 교수는 중국의 경제력이 겉으로는 강해 보여도 실제로는 그렇지 않으며 중국공산당이 부의 분배, 부패 척결, 삶의 질 향상 문제와 씨름하고 있다고 언급했다. 공공부문 채무, 인플레이션, 부동산 투기 문제 등 버블경제 양상까지 보인다는 것이다. 중국의 경제력에 대해 어떻게 평가하는가?

---

6 덩샤오핑이 톈안먼 사건 후 중국 지도부의 보수적 분위기를 타파하기 위해 1992년 1월 말부터 2월 초까지 상하이, 선전, 주하이 등 남방 경제특구를 돌며 개혁과 개방을 보다 확대할 것을 주장한 담화.
7 문정인 (2010). 《중국의 내일을 묻다》. 삼성경제연구소 참고.

고쿠분 현재 중국의 경제력은 덩샤오핑 시기와는 다르다고 생각한다. 그때는 개발도상국이었다. 하지만 경제가 성장하면서 중국은 점차 양극화의 함정에 빠져들고 있다. 그 중에서도 현재 중국의 최대 현안은 지역 간 격차 문제다. 예를 들어 중국 연해 지역은 이미 선진 지역으로 1인당 GDP가 1만 달러에 달한다. 덩샤오핑 시기의 '선부론先富論[8]'이라는 사고방식은 지금도 바뀌지 않았지만, 부유한 지역과 그렇지 않은 지역을 어떻게 평준화할 것인가 하는 분배 문제가 이젠 중요하다. 또한 사회계층별 소득과 부의 양극화도 큰 문제다. 특히 국유기업을 중심으로 한 기득권익vested interests 그룹이 문제다. 이들은 자신들의 자산과 자본을 일체 공개하지 않는다. 그 때문에 허가 및 인가 권한을 가진 일부 정치 엘리트에게 부가 편중된다. 중국에서 그들은 특수 이익집단으로 불린다.

1950년대에는 농민을 포함한 무산노동자proletariat가 중국공산당원의 80%를 넘었지만 현재는 노동자만으로는 약 9%, 농민을 포함해도 40%에 미치지 못한다. 그 반면 당, 정부관료, 기업가, 변호사 등이 30%를 넘게 차지한다. 이러한 부유층, 기득권층이 공산당원 8,000만 명 가운데 약 2,500만 명에 이른다. 그들 중 대다수가 표면적인 공정급여분에 대해서만 세금을 낼 뿐 그 이상의 자산은 공개하지 않고 있다. 또한 부수입이 얼마인지도 불명확하고 상속세도 없으며 누진과세 등도 거의 기능하지 않고 있다. 공산당원

---

8 1980년 중반 덩샤오핑이 사회주의 시장경제론을 도입하며 내세운 논리로, 부자가 될 능력이 있는 사람부터 먼저 부자가 되게 해야 한다는 의미이다. 최근에는 공정한 분배의 중요성을 주장하는 '균부론(均富論)'이 힘을 얻고 있다.

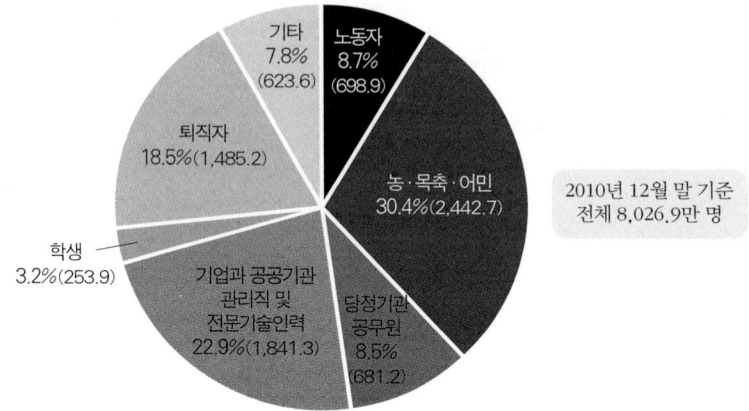

자료: 中國共産黨新聞罔 (2011. 6. 24)

의 구성비만 봐도 권력과 부의 불평등구조를 파악할 수 있으리라 생각한다. 실제로 중국에서 세금을 가장 많이 납부하는 것은 한국 기업과 일본 기업이며, 이들이 중국 세수의 수십 퍼센트를 차지한 다고 들었다.

Q 경제성장이 하나의 목표라면, 경제적 안정 또한 중요한 목표일 것 이다. 중국이 8% 경제성장률을 유지하면서 동시에 경제적 안정을 이룰 수 있을 것이라 보는가?

고쿠분 그건 아주 중요한 테마다. 과연 '중국모델China model'이라는 것은 존재하는가? 이런 질문을 한다면 그 대답은 일당체제하의 시장경 제다. 다만 중국경제가 성장한 것은, 간단히 말하면 미국·유럽식

자본주의 체제 속으로 들어가 중국 자신이 성장했기 때문이다. 중국이 국제시스템 속에 들어갔기 때문에 경제성장이 가능했다. 국제시장·자본도 중국에 들어갔다. 즉 지금의 중국은 국제시장과 커뮤니티 없이는 성장할 수 없다. 세계경제가 나빠지면 중국도 그 영향을 받는다. 예를 들어 1997년 아시아의 통화위기 때 중국은 "우리는 괜찮다"고 말했지만 1년 후에는 그 영향을 받아 불황이 발생했다. 중국경제 자체가 외국자본에 크게 의존하기 때문이다. 앞으로는 중국이 스스로 경제성장동력을 만들어낼 수 있는가가 관건일 것이다. 누구나 아는 이야기지만 이는 소비, 즉 내수internal demand 확대에 달려 있다. 하지만 지금처럼 소득 배분이 기능부전 현상을 보이는 격차사회에선 내수 확대를 기대하기 힘들다.

Q 2010년 1월 다보스포럼에서 원자바오 총리는 공개연설을 통해 세계적 차원의 경제 재조정rebalancing을 위해서라도 중국의 국내소비를 늘리겠다고 발표한 바 있다. 연설 직후 한 참석자가 "노동자와 농민의 수입 향상 없이 어떻게 소비를 늘릴 수 있는가? 중국 인구의 90%를 차지하는 이들의 수입을 향상시킬 중국 정부의 전략은 무엇인가?"라고 물었다. 원자바오 총리는 확실한 답을 주지 못했다. 세계경제는 중국에, 즉 중국의 국내소비와 내수에 의존하고 있다. 그러나 10억에 달하는 중국 농민들이 가까운 미래에 소비를 할 수 있을 만큼 부유해질 가능성은 없어 보인다. 선생은 어떻게 보는가?

고쿠분 역시 중요한 것은 분배 문제다. 특수 이익집단이 기득권을 포기하지 않을뿐더러 자산을 공개하지도 않고 세금을 회피하기 위해 해외로 자금을 유출하는 현실을 누구나 알고 있다. 중국의 고급간부 자제나 친척 중 다수가 해외, 특히 미국에 유학하고 있는데 그 자금을 어떻게 조달하고 있다고 생각하는가? 국가 차원에서 그런 조달을 한다고밖에 생각되지 않는다. 미국과 유럽의 많은 유명 대학도 장래를 생각해 그들을 상당히 우대하는 듯 보인다.

Q 그렇다. 실제로 중국의 잘 알려진 지식인들만 보아도 상당수가 미국 유명 대학이나 로스쿨에 아들딸을 유학시킨 것으로 알고 있다. 심지어 그들 중에는 반미적 입장을 취해온 인물도 있다.

고쿠분 앞서도 말했듯이 중국은 초강대국 미국에 관심이 집중돼 있다. 1980년대에는 중국 사람들도 일본을 존경했다. 일본을 공부하면 자신의 장래도 밝으리라 생각했다. 실제로 당시에는 우수한 사람들이 많이 일본에 왔다. 그러나 버블 붕괴 후 일본의 불경기가 지속되고 일본모델이 매력을 잃자 중국의 일본유학파도 입지가 좁아졌다.

Q '역사는 반복된다'는 말이 있다. 10년 내에 중국경제가 나빠지면 모든 중국연구소는 문을 닫을 것 아닌가? 어떻게 보는가?

고쿠분 중국인들은 모두 미국식 경쟁사회에 대한 꿈을 갖고 있었다. 그런데 그 꿈을 리먼 브러더스 사태가 깨뜨려버렸다. 리먼 사태 이후 미국도 문제라고 말하게 된 것이다. 모델을 잃었다는 이야기다. 그렇다면 중국모델인가? 그렇지는 않다고 본다.

Q 그렇다면 요즘 회자되는 '베이징 컨센서스'에 대해서는 어떻게 보는가?

고쿠분 베이징 컨센서스는 본래 중국에서 만들어진 말이 아니고 미국 논단에서 등장한 것이다. 시장만능주의의 한계를 느껴 국가자본주의의 우위성을 말한 것이다. 솔직히 말해 중국의 국가자본주의가 예전의 한국이나 타이완 등의 개발독재와 큰 차이점이 있다고 보는가? 개발을 정당화하여 권위주의 지배를 용인시키고 제조업 중심의 산업정책으로 수출을 진흥시킴으로써 성장을 꾀하는 정책이랄 수 있는데, 현재 중국도 이를 기본으로 삼고 있다. 이러한 NIEs[9]형 발전이라면 중간층이 대두하면서 민주화로 향하게 마련인데, 중국은 모든 측면에서 규모가 너무 크고 게다가 권위주의 지배가 강해 쉽사리 붕괴할 것 같지는 않다. 하지만 사회가 다원화되고 가치관이 다양화된 점도 사실이다.

---

9 Newly Industrializing Economies. 1988년 6월 캐나다 토론토에서 열린 G7 정상회담에서 한국 · 타이완 · 홍콩 · 싱가포르를 가리키는 신흥공업국 대신 사용한 용어.

중국, 공공안전 지출이 국방 지출을 능가

Q 중국의 군사력에 대해선 어떻게 평가하는가? 중국의 군사적 능력에 과장된 측면이 있지는 않은가?

고쿠분 통계상으로 보면 중국은 국방 지출보다 공공안전 지출이 더 많다. 물론 실제 국방비는 공개된 금액보다 많을 것이다. 그러나 현재 중국의 군사적 능력과 안전보장은 결합돼 있다. 인민해방군과는 별도로 군·경 중간에 인민무장경찰부대가 오래전부터 존재했다. 과거 이들은 변경방위가 주요한 임무였지만 현재는 국내치안 전반을 주목적으로 하고 있다.

Q 그 조직의 예산은 인민해방군이 부담하는가?

고쿠분 예산에 대해서는 알 수 없는 부분이 많다. 인민무장경찰부대는

| 중국의 공공안전 지출과 국방 지출

연도	공공안전 지출	전년 대비 증가율	국방 지출	전년 대비 증가율
2008	4,059.76억 위안	16.4%	4,178.8억 위안	17.5%
2009	4,744.09억 위안	16.8%	4,951.1억 위안	18.5%
2010	5,486.06억 위안	15.6%	5,334.8억 위안	7.8%
2011	6,244.21억 위안	13.8%	6,011.7억 위안	12.7%

자료 : 《旬刊中國內外動向》(2011); 國分良成 (2011. 10). "中國の現狀と日米中關係", 《公研》 No. 578에서 재인용.

아마도 여기서 말하는 공공안전 지출로, '국방'과는 다른 구분일 것이다. 중국에서는 이러한 군·경 세력의 발언권이 강하다. 이 세력의 영향력을 무시해서는 안 된다. 항공모함만 보더라도 전쟁이 일어나면 순식간에 공격대상이 되지만 평시에는 바다 위에 '움직이는 섬'이 있는 것과 같으므로 항공모함 건조는 그 의미가 대단히 크다. 지금 같은 평시에 왜 그 정도까지 군사력 증강이 필요한 것인가? 현 시점에서는 공공안전이나 국가안전보장보다는 사회적 안전보장교육, 복지, 의료 등이 중요하다. 그러나 거기엔 힘을 기울이지 않고 있다. 이 문제를 해결하기 위해 중국에 무엇보다 필요한 것이 정치개혁과 민주화 문제다. 이는 나의 일관된 생각이다.

이런 관점에서 보면 중국의 군사력은 역시 증강되고 있으며 군부의 영향력도 커지고 있다. 좀 위험하다. 오가타 사다코緒方貞子 선생의 박사학위 논문을 일본어로 가필·수정한 것이 "만주사변: 정책의 형성과정"인데, 이번에 이와나미서점岩波書店에 의해 새로이 출판됐다.[10] 그 책을 학생들과 함께 읽었는데 매우 흥미로운 내용이었다.

Q 어떤 점이 흥미로웠는가? 만주사변 당시의 일본과 현재의 중국 상황이 비슷한가?

---

[10] Sadako Ogata (1964). *Defiance in Manchuria: The Making of Japanese Foreign Policy 1931~1932*. University of California Press. 이 책은 이미 1966년에 하라서방(原書房)에서 번역 출판되었다.

고쿠분 앞에서도 말했듯이 지금의 중국은 1930년대 일본과 비슷하다. 당시 일본 정부는 대외적으로는 평화와 국제협력을 제창했다. 그런 한편으로 군부, 특히 대본영大本營은 일본의 입장을 보다 강하게 드러내라면서 만일의 사태에 대비해 군사력을 증강해야 한다고 주장했다. 관동군關東軍 내부에도 국제협력을 주장하는 세력이 있었으나 소장파 장교들은 반발하며 제멋대로 움직였다. 정부는 국제사회를 의식해 국제협력을 강조했지만 결국 그들의 움직임에 끌려 다녔다.

Q 중국 외교부가 화평굴기和平崛起, peaceful rising를 말하지만 인민해방군은 그와 다른 관점을 가진 것과 비슷하다.

고쿠분 만주사변 당시 영국은 일본의 입장을 이해할 수 있다고 말했다. 일반 대중이 그 분위기에 편승했고 포퓰리즘이 횡행했다. 이런 상황은 매우 닮은 점이다. 중국이 지금은 화평굴기를 말하지만 앞으로 어떻게 될지는 알 수 없다.

Q 미국 국방전문가들이 과대평가하는 경향도 있으나 객관적으로는 중국이 미국의 태평양함대를 따라잡기는 어렵다고들 한다. 그러나 최근 중국이 시험비행을 실시한 스텔스 전투기 J-20, 대함 탄도 미사일 둥펑東風 등은 중국이 태평양 지역에 이해관계를 갖고 있는 미국에도 주요한 위협이 될지 모른다는 의구심을 불러일으킨다. 이런 측면에선 중국의 군사력을 어떻게 평가하는가?

고쿠분 현재 상황에서 미국과 경쟁하는 건 무리다. 그러나 장기적으로 생각하면, 현재와 같은 군사적 팽창 경향에 대해 걱정이 많다. 최근 미국과 일본은 오키나와 미군 기지 문제를 둘러싸고 어려운 상황을 맞이하고 있다. 미일관계가 악화되면 중국은 시험 삼아 해군 함정을 그 지역에 보내기도 할 테고, 그럴 경우 우리는 중국이 야망ambition을 갖고 있는 것은 아닌가 의구심을 품게 된다. 실제로 최근 중국의 군사적 팽창은 포퓰리즘에 기인한다. 중국 국내 여론이 이를 지지하고 있다. 현실적으로 말하자면 이건 올바른 생각이 아니다. 만일 군사적으로 미국과 경쟁하고 있다면 소련이 왜 붕괴했는지를 생각해봐야 한다. 소련이야말로 국내 사회보장이 아닌 군사에 자원을 집중했기 때문에 붕괴했다. 중국 역시 마찬가지로 행동한다면 당연히 소련과 같은 결말을 맞을 가능성이 있다.

▋ 중국인들, 다시 루쉰을 공부해야

Q 지금까지 중국의 하드파워hard power, 경성권력에 대해 논했다. 그렇다면 중국의 소프트파워soft power, 연성권력에 대해서는 어떻게 평가하는가? 최근 후진타오 주석은 중국의 소프트파워를 강화해야 한다고 연설한 바 있고 정부는 해외 각지에 공자학원孔子學院을 개설하고 있다. 심지어 아이슬란드의 수도 레이캬비크Reykjavik에도 공자학원이 설립됐다. 과연 국제사회에서 중국은 어떻게 받아들여지고 있다고 보는가?

고쿠분 지금 중국에 무엇보다 필요한 것은 루쉰魯迅 공부다. 루쉰은 공자를 비판하고 부정했다. 중국인들은 《아큐정전阿Q正傳》[11]의 주인공 아큐처럼 휩쓸리는 경향이 있다. 루쉰이 비판한 것은 상층부가 오른쪽으로 바뀌면 오른쪽으로, 왼쪽으로 바뀌면 왼쪽으로 바뀌는 것과 같이 특별한 정견定見 없이 상황만 보고 신념도 없이 행동하는 중국인들의 정신상태 자체로, 그 근간에 유교가 자리하고 있다는 것이었다. 중국이 당면한 최대 과제 중 하나는 국가적 비전이 존재하지 않는다는 점이다. 중국이 어디로 향해야 하는가에 대한 답을 찾지 못하고 있다. 중국이 지향하는 궁극적 목표는 무엇인가? 모든 국가의 목표는 동일하다고 생각한다. 그것은 평화와 안전 그리고 번영이다. 문제는 비전의 기초가 되는 가치basic value의 부재다. 나 자신이 무엇을 믿고 있는가? 중국에는 그것이 희박하다. 물론 유교를 필요로 하는 측면도 많다. 배금주의만 좇느라 인仁을 존중하고 덕德을 갖춘 사람이 적어지고 있기 때문이다.

Q 베이징대학교의 왕지쓰 교수 역시 공통가치common values의 부재가 가장 큰 문제라는 점을 강조한 적이 있다.

고쿠분 상층부 입장에서 볼 때 그건 돈이다. 돈으로 무엇이든지 손에 넣을 수 있다고 생각한다. 그러나 일반인들에게는 그 기회가 없다.

---

11 루쉰이 쓴 소설로 중국 현대문학의 대표작이다. 정확한 이름도 모르는 품팔이꾼으로 살며, 혁명세력에 들어서지도 못하고 주변부에서 서성이다가 오히려 도둑으로 몰려 싱겁게 처형되고 마는 '아큐'의 운명을 통해 신해혁명의 본질과 그 진행과정을 비판했다.

'중국의 꿈China dream'은 있지만 '중국인들의 꿈Chinese dream'은 없다. 기회의 측면에서 보면 모든 사람이 평등하지는 않다는 말이다. 이러한 신념의 위기로 인해 종교가 확산되고 있으며, 기독교와 이슬람교가 맹렬한 기세로 확대되고 있다. 이런 상황에서 공자를 가지고 중국을 설명하기란 불가능하다고 생각한다. 공자학원은 괴테협회 같은 사례를 본떠 시작한 것일 뿐이다.

Q 스마트파워smart power 문제를 이야기해보자. 솔직히 말해 정책운영 면에선 중국이 미국이나 일본보다 더 스마트하지 않은가? 이를테면 오바마 정부는 스마트파워를 강조하면서도 미국 의회의 정치적 정체상태gridlock와 정부부처 간의 격심한 할거주의 탓에 스마트한 정책을 펴지 못하는 것 같다. 일본도 잦은 정권 교체 등 외교정책을 효과적으로 관리하는 데 그다지 유리한 여건은 아닌 듯하다. 그러나 중국은 일당체제이며 외교정책을 선별적으로 강력히 추진하고 있지 않은가? 스마트파워의 관점에선 중국이 미국이나 일본보다 낫다는 주장에 동의하는가?

고쿠분 솔직히 말하면, 구미나 일본의 정말 우수한 인재는 경력을 쌓고자 중국에 유학 가지는 않는다. 중국에서 한 공부가 그다지 큰 경력이 되지 못하기 때문이다. 모든 사람이 미국으로 가는데 이는 교육을 비롯한 시스템이 좋아서다. 한국인들에게도 이런 경향이 많을 것이다. 중국은 그 같은 스마트파워는 갖고 있지 않으며, 이는 정치체제와 밀접한 관계가 있다.

일전에 중동의 어느 국가대사와 이야기를 나눈 적이 있다. 그는 중국이 중동에서 한 일을 보면 국제공헌에는 전혀 관심이 없고 오로지 이익 추구에만 관심이 있다고 지적했다. 물론 미국은 강력한 종교적 사명감missionary power 등 특수한 측면도 작용한다. 미국이 실패하는 경우도 많지만 무엇보다 미국사회는 개방적이다. 다시 말하지만, 만약 아시아의 젊은이에게 중국과 미국 중 유학할 기회가 주어진다면 어디를 선택하겠느냐고 물을 때 어떤 대답이 나올 것인가? 그 대답이 진정한 스마트파워를 보여주리라 생각한다.

Q 중국이 비록 개방돼 있지는 않아도, 정책관리 능력에선 일본이나 미국보다 나은 점도 있다고 본다. 중국공산당은 정책이슈를 일관성 있게 다룰 줄 알고 또 이해관계도 적절히 조정하고 있지 않은가?

고쿠분 권위주의적 지배를 한다면 어디서나 용이한 정책운영이 가능하다. 정책을 둘러싸고 공개적으로 논의하기 전에 우선 지도부에서 결정을 내릴 수 있다. 그런 의미에서 정책 담당자가 보면 효율적이다. 단, 모든 정책이 올바르고 공정하게 이루어지고 있다는 전제에서 그렇다는 이야기다. 하지만 중국 내부를 각 분야별로 자세히 들여다보면 우려되는 측면도 적지 않다. 불량채권 문제도 그렇다. 예컨대 일본에서는 버블경제 당시 연수입의 10배 수준에서 주택융자를 얻었는데, 현재 중국에서는 연수입의 20~30배 수준에 달할 만큼 부동산 버블이 심각하다. 언젠가는 반드시 붕괴할 게 틀림없다. 현재 중국의 버블이 붕괴하지 않는 것은 내부사정을 보여주지 않으면서 위로부터 강력한 관리가 이뤄지고 있기 때문이다. 그러나 언젠가는 누구나 다 알게 될 것이다. 결국은 가격을 떨어뜨리지 않으면 안 되기 때문이다.

젊은이들은 집을 구하지 못해 결혼도 할 수가 없다. 현재 중국의 대학졸업생 가운데 일자리를 얻을 수 있는 젊은이는 절반밖에 되지 않는다. 젊은이들에게 꿈이 없다는 건 심각한 문제다. 지금 나는 중국을 비난하는 게 아니다. 중국의 지속가능성과 안정성은 일본만이 아니라 전 세계의 이해관계가 걸린 문제다. 따라서 중국의 발전을 기대하며 중일우호 역시 매우 중요하게 생각한다. 그런 의미에서 나는 미중관계 개선도 환영한다.

█ 거세지는 민족주의와 민주화의 도전

Q 중국의 민주화, 그리고 티벳·신장위구르 자치구의 분리주의운동 등 내셔널리즘이 직면한 도전에 대해서는 어떻게 평가하는가? 중국의 지도자·지식인을 인터뷰했을 때, 그들 대부분은 두 가지 종류의 내셔널리즘이 있다고 했다. 하나는 소수민족의 분리주의운동이고, 다른 하나는 매우 강경한, 이른바 '한漢 내셔널리즘'이다. 또한 베이징대학교 마룽馬戎 교수는 중국의 국가정체성을 표현하고자 '국족國族, national tribe'이라는 새로운 용어를 만들어냈다. 이는 새로운 형태의 내셔널리즘이며 매우 공격적인 애국주의라 할 수 있겠다. 중국의 지도부는 분리주의를 추구하는 소수민족 내셔널

리즘에 많은 주의를 기울이는 반면, 한국·일본을 포함한 여러 나라는 중국의 공세적 내셔널리즘을 우려한다. 어떻게 평가하는가?

고쿠분 양쪽 모두 문제다. 앞으로 중국에 중요한 건 내셔널리즘의 의미를 묻는 일이다. 여기에는 민족 내지 국민nation, 그리고 국가state가 있다. '중화中華'라는 민족적 가치와 '중화인민공화국'이라는 국가의 가치가 잘 조합된다면 중국은 강고한 국민국가가 될 것이다. 그러나 중국에서 중화민족성을 지나치게 강조하면 한족漢族 우위가 되어 소수민족이 반발하게 된다. 중화의식은 한족 중심이긴 하나 어떤 의미에선 영원히 존속될 것이다. 하지만 그것을 담아야 하는 국가는 구심력을 갖고 있지 못하다. 중화인민공화국은 애국주의를 내걸지만 그 속에서 살아가는 '인민'은 국가로부터 충분한 혜택을 받고 있지 못하다. 결국 국가는 경찰과 군대의 힘으로 국민을 묶어두고 있는 셈이다. 따라서 중국은 본질적으로 안정적이지 않다. 이를 고려한다면 진정한 안정을 확보하기 위해 사람들이 가치를 통해 민족을 형성해야 하는데 그게 점점 더 어려워지고 있다. 이를 개선할 방법은 단 하나, 경제성장뿐이다. 그러나 경제성장을 위한 동력이 내부에서도 외부에서도 매우 약해지고 있다. 이 역시 중국공산당의 정치체제와 관련된다.

Q 소수민족 내셔널리즘과 애국주의적 내셔널리즘 중 후자가 더 걱정이다. 왜냐하면 중국의 외교정책에 직접적 영향을 미치기 때문이다. 2005년의 반일데모가 그 대표적 사례 아닌가? 중국 정부와

공산당이 이를 잘 다룰 수 있으리라 보는가?

고쿠분 그건 어려울 것이다. 국가에 의한, 힘에 의한 애국주의 강조는 위험하다. 중국은 앞으로도 국제사회와 관계하지 않고는 살아갈 수 없다. 그런데 애국주의는 결국 배외주의排外主義, irredentism가 된다. 힘으로는 시장주도를 바꿀 수 없다. 그렇다면 시장주도하에서 어떻게 국가를 통합할 수 있을 것인가? 이는 매우 어려운 문제다. 이 문제는 본래 모순적인 것이다. 일시적으로는 내셔널리즘을 통제할 수 있을지 몰라도 장기적으로는 불가능하다. 중요한 것은 현재의 중국에 합리적 사고가 정말로 가능한가다. 이는 바꿔 말하면 중국공산당이 정말로 바뀔 수 있는가 하는 문제이기도 하다. 지금 같은 상황에서 그건 좀 어렵다고 본다. 상층부는 항상 권력투쟁을 일삼는다. 그들이 진정으로 중국사회를 생각하는지 의문이다. 현재 일본의 중국전문가들, 아니 세계의 중국전문가들 가운데 중국의 장래를 점칠 수 있는 사람은 아무도 없다. 아마 중국인들 자신도 중국이 어디로 갈지 모르고 있을 것이다. 일전에 만난 중국 젊은이들에게 "중국이 괜찮을 것이라 보나?"라고 물은 바 있다. 겉으로는 낙관적으로 답했지만, 좀 더 깊은 이야기를 나눠보니 진심은 상당히 비관적이었다. 매우 큰 문제가 아닐 수 없다.

Q 민주화 문제로 넘어가보자. 베이징대학교의 왕이저우王逸周 교수는 중국공산당이 점진적이긴 하지만 민주주의의 도전에 잘 대처하고 있다면서, 광둥성 등 일부 지방에서 시작된 민주적 직접선거의 증

대, 부패 문제에 대한 대응 등을 그 근거로 제시했다. 중국공산당이 시민들의 민주적 요구에 답하고 있다는 것이다. 그러면서 장래에는 중국공산당이 서구적 기준이 아니라 중국 고유의 민주적 개혁을 해나갈 것이라 주장하는데 이에 동의하는가?

고쿠분 우리는 중국공산당의 민주화에 대해 하의상달bottom-up식 접근을 기대하고 1980년대부터 관련 연구도 해왔다. 그러나 중국공산당은 전혀 바뀌지 않았다. 아니 엄밀히 말하면 아래에서 멈춰버렸다. 그전에는 사실 중국의 하의상달 방식에 대해 연구해본 적이 없었는데, 그건 중국의 정책결정이 기본적으로 상명하달식으로 이뤄진다고 보았기 때문이다. 상층부가 바뀌지 않으면 중국은 바뀌지 않는다. 그렇기 때문에 이제 와서 바뀌리라고는 생각지 않는다. 다만 사회운동이 일어나는 중이라는 점은 주목할 필요가 있다. 사람들 속에, 혼란에 대한 일종의 공포가 존재한다. 역설적이지만 그것이 현재 중국의 안정을 지탱하는 재료 가운데 하나다. 그러나 진정한 의미의 안정은 아니다. 역시 '법에 의한 지배rule by law'가 무엇보다 중요하다. 하지만 분명 중국은 역사상 이를 실천해본 경험이 없다.

Q 그뿐만이 아니다. 2011년 중국에서는 두 살짜리 아이가 길거리에서 두 번이나 자동차에 치이는 동안 누구도 거들떠보지 않은 사건이 일어났다. 지금 중국에 부재한 것은 법에 의한 지배뿐 아니라 '시민의식civic mind'이라는 목소리가 높다. 이를 어찌 보는가?

^{고쿠분} 아마 휘말리기 싫었을 것이다. 자기방어본능만 지나치게 작동해 자신에게 책임이 돌아오지 않도록 행동하는 것이 자연스러운 일이 돼버렸다. 시민의식 부재도 문제지만, 역시 법치를 포함해 사회를 지탱하는 제반 체제에 문제가 있다. 모든 문제가 공산당에 의한 일당독재라는 정치체제와 관계된다고 본다.

이제 사람들은 특권화한 공산당을 더는 지지하지 않는다. 정치적 정통성의 결여다. 여기에는 두 가지 의미가 있는데 하나는 역사를 통한 정통성이요, 다른 하나는 정책 성공을 통한 정통성이다. 과거 중국은 역사적 정통성만을 강조했다. 특히 장쩌민 시대에는 항일전쟁의 승리야말로 공산당의 정통성이라고 반복해서 말했다. 그런데 후진타오 시대가 되자 장쩌민 시대에 일본을 지나치게 이용한 탓인지 역사적 배경보다는 조화사회harmonious society라는 기치 하에 현재의 사회적 안정과 풍요 그리고 삶의 질 향상을 실현함으로써 정통성을 재건하고자 했다. 방향성은 옳았다. 후진타오 시대 10년 동안 정책적으로는 분명 사회보장을 중시하는 방향으로 움직였다. 그러나 결과적으로 보면 정책의 틀은 만들어졌지만 구체적 시책은 충분히 실현되지 못했다.

중국공산당은 늘 항일전쟁에서 승리했다고 말한다. 그러나 반드시 그렇다고 할 수는 없다. 일본은 중화인민공화국이 아닌 중화민국Republic of China, 즉 실제로 전쟁을 벌인 국민당國民黨 정권에 진 것이라고 할 수 있는데, 그때 마오쩌둥을 비롯한 중국공산당은 주로 농촌에서 활동하며 세력을 확대하는 중이었다. 일본이 침략하지 않았다면 국민당은 마오쩌둥의 공산당을 몰아내는 데 전념할 수 있었을 것이며, 결국 중국공산당은 권력을 탈취하지 못했을 것이다. 현재 중국에서 중화민국을 어떻게 평가할 것인가는 여전히 애매한 문제로 남아 있다. 중국 지식인들은 여러 가지 관련 사실들을 알고 있겠지만 자신의 의견을 객관적으로 표명하기는 어렵다. 중국공산당이 아무리 역사적 정통성을 외쳐도 사람들은 이미 신용하지 않게 되었다. 사람들에게 중요한 것은 현재의 생활이다.

Q 그렇다면 중국공산당의 지속적 집권은 어려운 것 아닌가? 또한 중국의 미래에 대한 불확실성이 더 높아지는 것 아닌가?

고쿠분 중국이 그렇게 간단히 붕괴하지는 않을 것이다. 다만 불안정한 상태가 지속되리라 예상되므로 힘에 의한 통치rule by force는 강화될 것이다. 시민생활 측면에선 바람직하지 않은 일이다.

Q 중국 지도부도 장래의 불확실성 때문에 걱정하고 있고, 한국과 일본 역시 중국의 불확실성을 염려한다. 상당히 역설적인 상황이다.

고쿠분 한국과 일본이 중국의 장래를 걱정하는 건 이해관계가 일치해서다. 한국 역시 중국과의 상호의존이 심화되고 있다. 중국 역사의 패턴은 현재도 비슷한 구석이 있다. 중국은 1840년 아편전쟁으로 인해 문호를 개방할 수밖에 없었다. 그리고 1850년대에는 태평천국太平天國의 난이 일어나 약 3,000만 명이 사망한 것으로 추정되며, 그 외에도 여러 지역에서 농민반란이나 폭동이 발생했다. 게다가 프랑스, 일본과의 전쟁으로 막대한 배상금을 지불해야만 했는데, 그래도 청조淸朝는 연명했다. 1900년 의화단義和團운동이 일어나 외국에 막대한 배상금을 지불했지만 그때도 청조는 살아남았다. 다만 마지막으로 지방에서 일어난 반란을 막지 못해 무너진 것이다. 정리해보면 1840년부터 1911년까지 약 70년 동안 중국 국내 곳곳에서 봉기와 민란이 발생하고, 해외 열강과의 전쟁이나 분쟁이 이어졌는데도 청조는 존속했다.

그때와 비교하면 지금은 군이나 경찰에 의한 힘의 통치도 매우 현대화됐다. 하지만 그것만으로는 오래갈 수 없다. 사람들의 의식은 그 이상으로 나아가고 있다. 그 때문에 마르크스주의나 사회주의를 대체하는 다음 가치가 무엇인지를 생각해야 한다. 사실 답은 간단하다. 바로 민주주의다. 그걸 알면서도 입 밖으로 낼 수가 없는 것이다. 민주화가 되면 중국은 혼란상태에 빠질 것이라고 누구나 말한다. 그러나 혼란에 빠진다면 그건 민주주의가 아니다. 민주주의란 국민의 목소리를 정책에 반영시키는 제도를 구축한, 법에 의한 지배여야 한다. 중국은 이를 경험해본 적이 없다. 엄청나게 거대한 문제에 직면한 셈인데, 민주주의를 향해 가려는 동기조차 그다지 강하지 않다. 기득권층이 이익을 잃게 될 것이기 때문이다.

Q 베이징대학교의 판웨이潘維 교수는 중국공산당과 법치체제에 대해 연구해왔다. 그는 법에 의한 지배 없이는 중국은 민주화될 수 없다고 말한다. 민주주의는 모두 절차procedures의 문제고, 절차를 존중하는 민주화 과정 없이는 민주주의도 의미가 없다. 따라서 먼저 중

국인들에게 시민의식을 함양해 법치를 존중하도록 만들면서 이와 병행해 민주적 변화를 추진해야 한다는 이야기였다. 이것이 가능한지 잘 모르겠다. 선생의 견해는 어떤가?

고쿠분 그것은 한국이 1987년 민주화 이전에 민주주의를 어떻게 인식했는가 하는 문제와 유사하다. 적어도 한국에는 민주화를 요구한 학생운동의 역사가 지속적으로 이어져왔다. 다만 한국의 권력층이 북한으로부터의 위협을 구실로 민주화를 뒷전으로 미뤄온 것이다. 한국의 젊은이들 입장에서 민주주의는 꿈이며 희망이었다. 지금 중국에선 학생들을 비롯한 엘리트들이 오히려 기득권층이 되어, 보수화 경향이 나타나고 있다. 민주주의가 도입돼 기존 체제에 대한 비판이 일어나면 현재의 기득권층이 모든 것을 잃어버릴 가능성이 있다. 그렇기 때문에 문화대혁명 같은 혼란상황을 예로 들며 민주화를 뒤로 미루는 구실로 삼는다. 시민의식이 생기고 법치의식이 높아지기 전에 민주화에 착수하는 것은 시기상조라는 주장은 현 체제를 지탱하는 엘리트 지식인들의 오만으로 들리기도 한다.

▌일본의 대중정책, 포괄적 어프로치가 필요하다

Q 센카쿠열도 문제, 역사 문제 등 현재 중일 양국이 첨예하게 대립하고 있는 사항에 대해 이야기해보자. 현재 중일관계에서 가장 논쟁

적인 이슈는 무엇인가?

고쿠분 역사 문제는 지금까지 계속 문제시돼왔기 때문에 이에 대한 대응은 대체로 가능하다고 본다. 고이즈미 정권 당시엔 야스쿠니신사 참배 문제로 중일관계가 악화됐으나, 2006년 후진타오 주석과 새로이 총리가 된 아베 신조 사이에 전략적 호혜관계가 성립되었다. 이후 중국 지도자들은 스스로 먼저 과거사 문제를 거론하지는 않게 됐으며, 전후 일본이 평화롭고 발전된 국가가 된 데 역점을 두게 됐다. 그러나 그 후 다른 여러 상황이 발생하였다. 그 중심에 센카쿠열도를 둘러싼 움직임이 있다. 중국은 해상교통로 확보와 동남아시아에 대한 영향력 확대 차원에서 남중국해에 높은 관심을 갖고 있다. 또 서태평양을 염두에 두게 되면서 동중국해에도 관심이 많아졌다. 중국이 미국과 대치하는 한이 있더라도 서태평양에 진출하려면 오키나와와 타이완 사이, 즉 센카쿠열도 주변해역을 통과하지 않으면 안 된다.

Q 센카쿠열도 문제를 풀 방법이 있는가? 지금으로선 없어 보이는데…….

고쿠분 일본은 센카쿠를 실효지배하고 있으며, 영토 문제의 존재 자체를 인정하지 않는다. 중국은 우선 영토 문제가 있다는 사실을 인정시키려 하고 있다. 일본의 근거는 1895년 각료회의에서 센카쿠를 일본의 영토로 각의결정을 내렸다는 사실인데, 중국은 명나라시대의 문서에 이미 이 섬에 대한 기술이 있다고 주장한다. 과거 왕조가 지배 또는 관할한 모든 영역이 지금 중국의 영토라고 하는 것은 이해하기 힘든 이야기다. 이는 한국과 논쟁이 됐던 고구려 문제 동북공정와 똑같은 논리다. 전쟁이 끝난 뒤부터 1972년까지 센카쿠는 오키나와와 함께 미군이 접수한 상태였고, 오키나와 반환과 함께 일본으로 돌아왔다. 당시 석유자원이 매장됐을 가능성이 지적되자 중국과 타이완이 자국의 영토라 주장하기 시작했다.

Q 독도 문제도 마찬가지다. 한국인이 독도를 포기할 수 없는 것과 마찬가지로 일본인들도 센카쿠열도를 포기할 수 없는 것인가?

고쿠분 무엇보다 두려운 게 우발적 충돌이다. 현재 일본 항공자위대의 긴급발진scramble은 매년 대략 350회 정도 일어나고 있다. 이 가운데 60~70%가 러시아로 인한 것이었다. 그런데 중국으로 인한 출동이 80~100회로 급속히 증가하는 추세다. 해상에서는 중국어선만이 아니라 감시선, 게다가 그 배후에선 군함의 움직임도 활발해졌다. 이런 상황에서 우발적 충돌이 일어나면 위험하다. 미중은 정상 간에 그리고 그 외에도 많은 채널이 있지만 일본과 중국은 그렇지 않다.

Q 그렇다면 일본이 미국에 의존하는 건 불가피하지 않은가?

고쿠분 중국은 항상 미국의 반응을 살피며 대일정책을 전개하고 있다. 일본도 미국은 최대 동맹국이기 때문에 연계를 강화하고 있다. 하지만 일본 독자적으로도 안전보장을 포함한 차원에서 중국과의 채널을 늘리지 않으면 안 된다.

Q 동중국해의 현 상황을 고려하면 중일 간 갈등은 피할 수 없을 것 같다. 미국과의 동맹이 필수적이라는 점은 이 상황을 더욱더 복잡하게 만든다. 해결 방법이 있는가?

고쿠분 일본은 미국과 동맹관계를 강화하고 있다. 단, 중국도 미국을 무엇보다 중시하고, 어떤 의미에선 거의 미국만 바라본다고도 할 수 있다. 미국 내에서 중국위협론이 높아지기는 했지만 중국에 대항할 만한 국내적 여유가 없다. 아무튼 미국과 중국은 여러 측면에서 접촉이 증대될 것이고, 미중관계가 강화되는 이상 미일동맹 강화가 중국에 대한 직접적 위협은 아닌 셈이다. 미국의 국내사정도 좋지 않고, 지금 일본으로서도 재정적 이유에서 방위력 증강이 용이하지 않다. 본질적으로는 중국도 국내사정을 무시하면서까지 군사력 증강으로 달려가면 소련의 전철을 밟을 뿐이다. 그렇다면 중요한 건 역시 외교적 교섭이다. 어떻게 신뢰를 구축confidence building할 것인가가 문제다. 물론 한국과의 관계도 중요하다. 그러나 한국 역시 중국과의 관계를 의식할 수밖에 없다. 따라서 한중일 3국 간 관계가 한층 중요해지리라 본다.

Q 경제적 상호의존이나 이해관계를 고려하면 일본이 중국과 불편한 관계를 유지할 수 없기 때문은 아닌가? 일본은 어떤 대중정책을

취해야 하는 것인가?

고쿠분 정치와 경제는 본래 균형이 잘 잡혀 있어야 한다. 미국과 프랑스를 보더라도 정상들은 우수한 비즈니스맨이기도 하다. 국력의 기초는 경제이며, 정상들은 이를 위해 합리적 행동을 한다. 일본에선 매년 총리가 바뀌고 있는데, 정치적 안정이 보장되지 않으면 외교적 안정도 없다. 일본 국력 역시 경제가 기초이며, 그 재생을 위해서라도 정치와 경제가 일체화돼야 한다.

Q 일본의 중국 정책을 보면 대략 두 가지 노선이 있는 것 같다. 하나는 고이즈미 준이치로, 아소 다로, 아베 신조 등 미일동맹을 강화하고 민주주의 연대를 형성해야 한다는 입장이다. 다른 하나는 하토야마 이치로鳩山一郎, 오자와 이치로小澤一郎, 데라시마 지츠로寺島實郎처럼 중국을 중시해야 한다는 입장이다. 후자는 미일동맹이 다소 약화되더라도 중국과의 정치적 파이프를 부활시키고 관계를 강화해야 한다고 주장한다. 과연 어떤 전략이 현명한가? 선생은 어느 쪽을 지지하는가? 아니면 이 둘과는 다른 노선인가?

고쿠분 나는 미일동맹이 실질적으로 중국의 부상을 도왔다고 생각한다. 미일동맹이 없었더라면 현재 중국이 주장하는 화평굴기도 없었을 것이다. 일본은 1980년대부터 중국 국가예산의 상당 부분을 차지하는 ODA를 제공했다. 미국도 이를 지지했다. 중국이 문화대혁명 시기로 되돌아가기를 원치 않았기 때문이다. 중국의 현대화를 지원하기 위해 원조를 제공한다는 것은 오히라 마사요시大平正芳 총리도 언급한 바 있다. 미국은 1979년까지 중국과 수교하지 않았기 때문에 중국 정책에서는 오히려 일본이 빨랐다. 그때 덩샤오핑은 일본을 중국의 발전모델로 설정했다. 이것이 1979년과 1980년 사이의 일이다.

1980년대에 많은 중국인이 일본어를 공부해 출세를 꾀했다. 톈안먼 사건 당시에도 일본이 맨 먼저 ODA 공여를 재개해 서방의 경제제재 해제를 이끌어냈다. 미국은 뒤에서 일본이 하는 일을 지지했다. 그 후 1992년 중국은 덩샤오핑의 남순강화를 거쳐 사회주의 시장경제[12]를 표방하게 됐다. 이 두 가지는 서로 연결된다.

다시 말하면 1980년대부터 1990년대에 걸쳐 미일동맹은 실질적으로 중국의 국제화internationalization, 즉 중국을 국제사회의 이해당사자로 바꾸는 데 공헌했다. 1996년 타이완 해협 위기 당시 중국이 군사력을 사용했지만 실패로 끝났다. 미국은 항공모함을 급파해 중국에 압력을 가했다. 그사이 미일안보는 재정의를 거쳐 한층 더 강화됐다. 1996년 이후 중국은 타이완 문제와 관련해 한 번도 군사력을 동원하지 않았다. 이는 미일동맹이 중국의 국제화나 평화적 대두에 어느 정도 의미가 있었음을 보여준다.

일본은 미국과 중국 사이에서 중개자 역할을 담당해왔다. 중국을 자본주의 진영 쪽으로 유도하는 역할을 수행한 것이다. 따라

---

12 덩샤오핑은 남순강화를 통해 계획경제와 시장경제가 사회주의나 자본주의를 구별하는 기준이 아니며, 사회주의와 시장경제는 양립할 수 있다고 했다. 이 강화로 인해 톈안먼 사건 후 폐쇄적인 방향으로 치닫던 중국경제에 시장경제 노선의 전면적 도입이 가능해졌다.

서 나는 미일동맹이 결과적으로 중국의 국제화에 크게 기여했다고 본다. WTO 가입 당시에도 일본은 중국의 가입을 누구보다 강력히 지지했다. 그러나 지금은 미국도 일본도 그 힘이 상대적으로 약해졌다. 그에 비해 중국의 주장은 강해졌다. 일본 내에선 일본이 중국을 위해 어떤 역할을 했는지는 잊어버린 채 중국이 일본 때리기를 한다며 탄식하는 사람도 있다. 그렇지만 나는 미일동맹만 있으면 된다는 식이 아니라 아시아와의 관계도 동시에 강화하지 않으면 안 된다고 생각한다. 지금까지 오랜 세월 이를 위해, 학자로서 그리고 여러 측면에서 활동했다고 자부한다.

▌일본의 약화가 중일관계의 미래를 어둡게 해

Q 시진핑이 중국의 차기 지도자가 될 것이다.[13] 시진핑 체제하에서의 중일관계를 어떻게 예측하는가?

고쿠분 기본적으로 후진타오의 정책을 계승할 것이다. 후진타오의 노선이란 일본이 중요하다는 것이고, 일본 역시 이를 고맙게 생각한다. 일본을 중시하느냐 아니냐는 결국 일본이 그런 매력attractiveness을 지녔느냐 아니냐 하는 문제가 된다. 중국은 일본이 아직 매력이 많다고 생각한다. 기술·자본·인적자원 등이 일본이 가진 매력으

---

13 2012년 11월 15일 중국공산당 제18기 중앙위원회 제1차 전체회의를 통해 시진핑은 총서기로, 리커창은 총리로 공식 선임되었다.

로 여전히 작용하고 있다. 문제는 일본의 국력이 서서히 약화되고 있다는 점이다. 파워시프트가 명확하게 보이는 상태다. 따라서 앞으로 중국이 아무리 일본을 중시한다 해도 다음 세대에선 후진타오가 말한 것과는 그 의미나 역점이 달라지리라 본다. 일본에 대해 더욱 강한 주장을 펼 것이다.

일본은 중국자본에 의한 일본 기업의 매수·합병을 두려워하고 있다. 현재 중국은 다수의 일본 대기업 주식을 보유한 상태다. 예컨대 도쿄미쓰비시東京三菱UFJ은행의 세 번째 주주는 중국자본이다. 한국의 대기업도 마찬가지 상황이라 본다. 중국 측의 이러한 움직임이 어떤 배경에서 어떤 목적으로 이뤄진 것인지는 알 수 없지만, 구미계 헤지펀드 대다수가 중국자본을 운용하는 데 참여하고 있는 듯하다.

Q 장래를 알기 어렵다면, 그냥 점쟁이라도 돼보자. 중국이 언제쯤 민주화할 것이라 보는가?

고쿠분 솔직히 전혀 모르겠다. 상황으로만 따지면 언제 실현되어도 이상하지 않지만, '예측 가능한 미래'에는 실현되지 않을 것이다. 오히려 상층부의 억압·문제처리 능력, 통치기술이 향상되고 있다.

Q 중국이 의미 있는 민주화를 달성하지 못하는 한 투명한 통치는 없을 것이며 중국공산당은 독점적 권력을 유지하게 된다. 그럼 우리 모두에게 중국은 '불확실한 위협'이 된다는 뜻 아닌가? 예측 가능

한 미래뿐 아니라 더 먼 장래 역시 매우 불확실해 보이는데 중일관계도 그렇게 되는 것 아닌가?

고쿠분 중국에서 무슨 일이 일어날지 우리는 확신할 수가 없다. 변화의 시점이 좀 더 빠를지도 모른다. 이미 경제는 어느 정도 풍요로워졌고 사람들의 인식도 변하고 있기 때문이다. 다만, 예측 가능한 미래라는 측면에선 그 어떤 조짐도 발견할 수 없다. 중국공산당과 이를 지탱하는 기득권 세력은 여전히 건재하다. 그들은 경제성장동력을 찾고 있고 그게 핵심적 문제지만 앞으로 수년 이내에는 큰 문제가 발생하지 않을 것이다.

Q 미중 양국이 G2로 재편될 가능성에 대해서는 어떻게 보는가?

고쿠분 북한 문제와 경제 문제 등으로 고민이 많은 일본 입장에서 미중 관계 개선은 환영할 일이다. 그러나 이를 G2로 불러야 할지는 별개 문제다. 중국이 인권이나 인도人道, 정치체제 등의 국제 문제에 건설적 입장에서 개입할 수 없다는 건 약점이다.

Q 그러나 정작 중국이 G2를 원하지 않는 것은 아닌가?

고쿠분 중국은 G2 같은, 자국을 강대국으로 보이게 하는 발상을 아주 좋아한다. 중국인들 발상의 원점에는 근대 이후의 굴욕감이 크게 작용한다. 그 가능성 여부와 상관없이 중국 스스로 차기 초대국next u.s.이 되기를 원하는 건 분명하다.

Q 중국인 학자들은 중국이 G2를 원하지 않는 까닭으로 국제공공재
public goods를 부담할 능력이 없다는 점을 드는데, 동의하는가?

고쿠분 그들이 국가의 장래에는 관심이 있지만 세계의 장래에 대해서
는 별 관심이 없어 보이기는 한다.

Q 마지막으로 한 가지만 더 답해달라. 중국이 가야 할 길은 무엇이라
고 보는가?

고쿠분 민주화라고 말하고 싶지만 그 이전에 정치개혁이다. 국유기업
에 기생하는 특수 이익집단의 자산을 공개하고 그들로부터 소득
세와 상속세를 취해 공정한 소득배분을 하는 것이 정치개혁이다.
이는 민주화의 첫걸음이기도 하다. 모든 중국인이 그런 도리를 알
고 있지만 이에 저항하는 기득권 세력은 중국공산당의 정통성을
외치며 이를 필사적으로 불식시키려 한다. 그런 점이 오히려 공산
당의 정통성을 갈수록 무너뜨리고 있다.

Q 긴 시간 내준 것에 깊이 감사드린다. 한국 독자들에게 매우 유익한
이야기를 들려주었다.

일본이 미국과의 동맹을 소홀히 하고 중국과의 관계를 중시하면서
미국을 배제한 동아시아공동체 구상을 추진한다면
이는 이 지역의 국제정치 구조에 큰 변화를 초래할 것이다.
그런 바보 같은 짓은 하면 안 된다.

6장

일본과 동남아시아
: 일본의 대동남아 전략과 현실 :

시라이시 다카시

시라이시 다카시

白石隆 / Shiraishi Takashi

1950년 에히메(愛媛)현 출생. 도쿄대학교 교양학부를 졸업하고 동 대학원에서 석사학위를 받았으며, 이후 미국 코넬대학교에서 박사학위를 취득했다. 도쿄대학교 조교수(교양학부 국제관계론), 코넬대학교 교수, 교토대학교 동남아시아연구소 교수로 재직하였으며, 정책연구대학원대학 부총장과 내각부 종합과학기술회의 상근위원을 거쳐 2011년부터 정책연구대학원대학 총장으로 재직하고 있다. 아시아경제연구소 소장을 겸임 중이다.

주요 연구업적으로는 *An Age in Motion: Popular Radicalism in Java, 1912-1926*(1990, 아시아·태평양상), 《인도네시아: 국가와 정치》(1992, 산토리학예상), *Network Power: Japan and Asia*(공편저, 1997), 《바다의 제국: 아시아를 어떻게 생각할 것인가》(2000, 요미우리·요시노사쿠조상), 《제국과 그 한계: 미국·동아시아·일본》(2004), *Beyond Japan: the Dynamics of East Asian Regionalism*(공편저, 2006), 《중국은 동아시아를 어떻게 바꿀 것인가》(공저, 2012) 등이 있다. 2007년에는 일본의 학술·예술·스포츠 분야 공로자에게 수여되는 훈장인 시주호쇼(紫綬褒章)를 받았다.

시라이시 다카시 총장은 일본 내에서 동남아시아 연구의 제1인자이며, 특히 인도네시아 정치연구에서 탁월한 업적을 남긴 세계적 학자이다. 바다에서 아시아를 바라본다는 새로운 시점을 제시하여 주목받았다. 1997년 미국 코넬대학교의 피터 카첸스타인Peter Katzenstein 교수와 함께 펴낸《네트워크 파워: 일본과 아시아Network Power: Japan and Asia》는 미국은 물론 한국에서도 학부와 대학원의 교과서로 널리 채택되고 있다. 시라이시 총장은 내각부 종합과학기술회의 위원을 지낸 것을 비롯해 일본무역진흥기구 아시아경제연구소 소장, 새로운 시대의 안전보장과 방위력에 관한 간담회 좌장대리로 활동하는 등 정부 자문에도 적극적으로 응해왔다.

시라이시 총장과의 인터뷰는 2012년 1월 18일 도쿄 소재 정책연구대학원대학 총장실에서 진행되었다. 그 후 2012년 여름 바쁜 업무 속에서도 서면을 통해 적잖은 부분을 가필·수정해주었다.

전통적으로 아시아에 대한 한국의 관심은 주로 동북아시아 지역에 치우쳐온 것이 사실이다. 그에 비해 일본은 동남아시아에 대한 관심이 상대적으로 높고, 시라이시 총장 같은 전문가도 적지 않다. 우리의 낮은 관심과 전문가 부재 상황을 생각하면 부러운 대목이다. 인터뷰 내용에서도 알 수 있겠지만, 동남아시아에 대한 우리의 일반적 인식과 일본의 인식 사이에는 꽤 큰 차이점이 존재한다. 그 차이점들을 부각해보고자 다소 자극적이거나, 심지어 불편해할 만한 질문도 던져보았다. 미국에서 공부하고 교수를 지낸 경험이 바탕이 되어서지 시라이시 총장은 그런 질문에 대해서도 일본 특유의 완곡한 대답이 아니라 칼날같이 예리한 답변을 들려주었다.

　시라이시 총장은 '동아시아'에 대하여 지리적 개념이 아닌 정치경제적 개념, 즉 사실상 경제통합이 진전되고 있는 것으로 파악한다. 이런 개념에 따르면 동북아시아와 동남아시아를 구별하는 것은 무의미하다. 그리고 과거의 대동아공영권과 최근의 동아시아공동체론은 전혀별개라고 말한다. 일본이 싱가포르 등과 FTA를 체결한 것은 중국을 견제하기 위함이 아니냐는 것에 대해서도 강력히 반발했다. 그가 강조하는 것은 동아시아/아시아·태평양의 다층적 네트워크이다. 다시 말하면 안전보장 시스템에서는 과거 미국과 그 동맹국 사이의 차륜車輪형 시스템이 복수의 중간규모 허브를 가진 역동적 네트워크형으로 변화하고 있으며, 무역에서는 중국과 중국 이외의 아시아 국가 그리고 미국 사이의 삼각무역 시스템이 확대·강화되었다는 것이다.

　이 견지에서 그는 '미중 사이의 패권이동' 관점에도 부정적이다. 그리고 작금의 중국 리스크에 대비하려면 ASEAN+3는 물론이고 ASEAN+6, 나아가 ASEAN+8이 필요하다고 본다. 중국의 남하에 대해서는 동남아시아에서 동과 서를 연결해 중화中和시켜야 한다는 흥미로운 처방전을 내놓았다. 또한 그는 기존의 국제질서, 즉 미국이 주도하는 열린 자유주의적 국제질서 유지가 일본의 사활적 이익이라고 간주한다. 동아시아/아시아·태평양 지역의 부와 힘의 분포가 바뀌면서 국제질서가 혼란에 빠질 위험성이 높아졌기 때문이다. 그가 바라는 것은 무엇보다도 안정적 변화이다.

우리가 되새길 대목은 일본이 동남아시아에서 맺는 전략적 이해관계와 한국과의 이해관계를 거의 동일하게 생각한다는 부분이다. 동남아시아에서 중국의 존재감이 커지고 있고, 중국위협론을 배경으로 미국과 동남아시아 각국의 관계가 강화되고 있으며, 미국 중심의 안보 및 경제질서 등이 자리 잡고 있는 가운데, 과연 우리는 동남아시아에 대한 전략을 갖고 있기는 한가? 만일 없다면, 일본의 전략은 우리에게 어느 정도 참고가 될 것인가? 자문해보아야 할 시점이다.

▌ 정책연구대학원대학, 어떤 곳인가?

Q 무척 바쁜 일정 속에서도 인터뷰에 응해주어 감사를 표한다. 동남아시아 지역 전문가가 일본 정부가 설립한 정책연구대학원대학GRIPS, National Graduate Institute for Policy Studies의 총장으로 임명되었다는 사실이 다소 의아하다. 한국에선 그런 경우가 드물어서다. GRIPS는 어떤 곳인지 소개해달라.

시라이시 GRIPS는 일본 및 외국의 중급 경력 행정관 간부교육과 리더 육성을 목적으로 하는 곳이다. 그러므로 내 연구와는 직접적 관계가 없다. 다만 일본은 미국같이 전 세계 학생을 모으려 해도 잘되지 않는데, GRIPS의 경우 학생의 3분의 2가 유학생이다. 그리고 그 절반이 동남아시아 학생들이다. 그런 의미에서 동남아시아, 좀 더 넓게 보자면 동아시아의 정부 및 민간 요직에 있는 사람들을 잘 안다는 점이 나름 이점으로 작용하고 있다.

우리 대학의 특성은 두 가지로 요약될 수 있다. 하나는 고급관료를 위한 간부교육이다. 앞으로 관료가 되고자 하는 사람들에게는 관심이 없다. 이미 행정관이 되어 어느 정도 경력을 쌓은 사람들을 간부로 만들기 위한 트레이닝을 하는 게 교육목표 중 하나다. 다른 하나는, 아마도 일본의 대학원 가운데 이곳만이 지닌 특성일 것이라 생각하는데, 거의 모든 수업이 영어로 진행된다. 학생 수는 현재 420명으로, 그중 약 280명이 외국인이다. 일본의 대학 중 예외적으로 국제화가 이루어진 대학이다. 그러나 미국의 케네디스쿨,

SAIS존스홉킨스국제대학원와 비교하면 압도적으로 아시아 출신이 많다. 특히 인도네시아 출신이 많은데, 인도네시아 정부와 협정을 맺어 특별 프로그램을 만들었기 때문이다. 이를 제외하면 중국, 타이, 필리핀 등 이른바 '동아시아' 출신이 많다.

Q 한국 출신 학생은 없나?

시라이시 최근 한국인 학생들이 입학하기 시작했다. 여기는 1년짜리 석사과정MA 프로그램이 중심이라서 재직 중 단 한 번 2년간의 연수 기회가 주어지는 한국 행정관들에게 GRIPS 프로그램은 그다지 매력이 없었으리라 생각한다. 그러나 2년짜리 프로그램을 만든 뒤에는 점점 늘고 있다. 이 학교에는 석사과정과 함께 3년간의 박사과정도 있다. 다만 3년 안에 박사학위를 취득하기는 쉽지 않다. 요즘은 유럽인도 늘고 있는데, 이른바 신흥국·신흥경제에 관심을 갖는 사람들이다.

　내가 이 대학의 총장이라는 점과 동남아시아 연구자라는 점은 별 관련이 없다. 하지만 나는 예전에 10년 이상 미국의 코넬대학교에서 가르친 적이 있고 미국의 대학경영에 대해서도 어느 정도 안다. 또 내각부에서는 정책결정과 연관되는 자리에서 2년간 실제로 일해본 경험도 있다. 이런 이유로 내가 이 학교 총장으로 임명된 것이라 생각한다.

Q 그렇다면 학교를 미국식으로 운영하는가?

^{시라이시} 미국식이라 할 수 있다. 교수회의도 없다.

Q 총장직을 맡아달라는 제의를 받은 건가?

^{시라이시} 물론이다. 솔직히 말하면, 내 입장에서 되고 싶다고 생각했던
    건 아니다. 나는 책을 몇 권 쓰고 싶었고, 경영과는 무관한 직위로
    갈 생각이었다. 그러나 일본에서 정책연구 · 교육을 하는 대학원대
    학으로서 중요한 곳은 이곳뿐이다. 실제로 내게는 선택의 여지가
    없었다.

Q 정치임명 방식으로 된 것인가?

^{시라이시} 그렇지 않다. 이 대학에는 총장선고회의라는 게 있어 거기서
    선고됐다. 정치와는 전혀 관계없다. 정치의 개입은 제로라고 할 수
    있다. 젊은 정치인들을 교육해줬으면 하는 정계 쪽의 바람은 있다.

▌ 동남아시아와 동아시아, 기능적으로 이해해야

Q 이제 동남아시아 이야기를 해보자. 일반적으로 한중일 3국의 경우
    동남아시아에 대한 관점이나 접근방식이 서로 조금씩 다른 것 같
    다. 한국은 전통적으로 동북아시아에 대한 관심이 높다. 중국의 경
    우 아시아 전체를 향하는 느낌이다. 반면 일본은 동북아시아와 동

남아시아를 합친 개념으로서 동아시아를 보는 것 같다. 일본이 인식하는 동아시아의 역사적 · 지리적 개념은 어떤 것인가?

시라이시 그에 대해 말하기 전에, 나는 동남아시아 연구자로 출발했지만 최근 15년간, 아니 늦어도 1990년대 중반부터는 동남아시아만을 바라보지는 않았다는 점을 밝혀두고 싶다. 나는 동아시아 전체를 보고 있다. 1980년대 이후 중국이 경제적으로 동아시아에 통합돼 예전의 지역적 개념으로서의 동남아시아가 정치적 · 경제적으로는 그런 의미를 갖지 않게 됐기 때문이다. 이런 점에서 일본의 동남아시아 정책에 대해 묻는 것이라면 질문 자체에 약간 문제가 있다. 문제를 그런 식으로 설정해서 일본에는 동아시아 정책이란 없고 그저 동북아시아 정책 혹은 동남아시아 정책만 있는 듯 접근하는 것은 근본적으로 적절치 않다.

정책이란 건 다층적으로 만들어진다. 일본 정부는 커다란 지역 정책으로서 동아시아 또는 아시아 정책을 가지고 있고 그 안에 하위그룹이 있다. 예를 들어 한국은 매우 중요한 나라이므로 한국에 대한 일본의 정책이 있고, 동북아시아 또는 한반도에 대한 정책이 있다. 동남아시아에 대해서도 ASEAN이라는 틀만 있는 것은 아니다. 베트남 정책이 있고 타이 정책이 있으며 대륙부 동남아시아 또는 대메콩권GMS, Greater Mekong Sub-Region에 대한 정책이 있다. 동남아시아라는 틀을 지나치게 강조하면 일본의 정책을 잘못 이해할 수 있다.

Q 그렇다면 현재 일본은 개개 나라들에 대한 어프로치를 가졌을 뿐 '동아시아'라는 지역 전체에 대한 어프로치는 없다는 말인가?

시라이시 물론 동아시아라는 개념도 있고 정책도 있다. 이 개념을 형성하는 데는 1985년 플라자 합의[1]가 크게 작용했다. 그 후 일본 기업들은 국제경쟁력을 유지하기 위해 굉장한 기세로 해외직접투자를 하고 생산거점을 국외로 옮겼다. 이를 좇는 방식으로 한국이나 타이완 기업도 비슷한 일을 했다. 그 와중에 처음으로 지역적 생산 네트워크가 생겨났고 각국의 경제적 상호의존이 심화됐다. 그 결과, 이전까지는 유교권儒教圈 또는 한자문명권을 의미하던 '동아시아'라는 용어가 1980년대 중반부터는 현재 우리가 사용하는 의미의 동아시아, 즉 한중일, 타이완, 홍콩, 동남아시아를 포함하는 개념이 됐다.

1980년대 말 마하티르Mahathir bin Mohamad 전 말레이시아 총리가 동아시아경제협의체EAEC, East Asian Economic Caucus를 제안했다. 일본에서 동아시아라는 용어를 소신표명 연설에서 처음 사용한 것은 다케시타 노보루 총리였다. 이 시기에 동아시아라는 말은 사실상의 경제통합이 일어나고 있는 지역이라는 의미로 사용됐다. 사실상의 경제통합이란 기업의 투자와 무역에 의해, 다시 말해 시장의 힘으로 경제적 상호의존이 심화되는 것으로, 그러한 경제적 상호의존은 지금도 진행 중이다. 기업의 생산 네트워크가 인도까지 확

---

1 미국의 무역적자 및 달러화 강세를 완화하려는 목적으로 1985년 9월 G5(프랑스, 독일, 일본, 미국, 영국) 재무장관들이 뉴욕 플라자호텔에 모여 맺은 합의. 일본 엔화와 독일 마르크화의 평가절상을 유도.

장되면 '확대된 동아시아'라는 용어도 의미를 갖게 된다. 동아시아라는 말을 지리적 경계가 확실한 개념으로 받아들이면 현상을 올바로 이해할 수 없다. '사실상의 경제통합이 진전되고 있는 곳'을 동아시아라고 부르는 편이 좋다.

Q 하지만 일본 외무성에선 '북동아시아과諜'라는 명칭을 사용하는 등 지리적 개념으로 이 지역에 접근하고 있지 않는가?

시라이시 그것은 관청의 사정일 뿐 우리가 개념을 다룰 때 굳이 관청의 용어를 받아들일 필요는 없다. 동남아시아와 동아시아는 지리적 개념보다는 정치경제적 개념으로 접근하는 것이 낫다.

　정부는 정부 나름으로 대응하고 있다. 그러나 현재 일본 외무성에서 ASEAN을 담당하는 것은 아시아대양주국의 남부아시아부다. 남부아시아부장이 중국 일을 전혀 신경 쓰지 않고 정책을 추진할 수 있는가 하면 또 그렇지 않다. 실제로 최근까지 남부아시아부장은 중국 전문가였다. 정부의 대처와 연구자의 지적知的 틀은 일대 일로 대응하지 않는다.

▌ 동아시아공동체론은 정치적 동기에서 유래

Q 벌써 10년 정도 지난 이야기지만, 당시 고이즈미 준이치로 총리는 동아시아커뮤니티 구상을 제안한 바 있다. 또 이후에는 하토야마

유키오 총리가 동아시아공동체 구상을 제시했다. 그리고 나카소네 총리는 현재 동아시아공동체평의회 이사장으로 활약 중이다. 이들 구상과 과거의 '대동아공영권' 구상은 무언가 연관성을 갖고 있는가?

시라이시 그 두 가지를 비교하는 것은 전적으로 잘못됐다. 과거의 대동아공영권은 일본이 맹주가 돼서 강제력을 사용해 지역적 생존권을 만들자는 사고방식에 의거한 것이었다. 반면 현재의 동아시아공동체론은 경제통합이 진전되고 있는 지역에서 각국 정부의 협력을 통해 공통과제에 대처하기 위한 틀을 만들자는 이야기다. 일본이 맹주가 되겠다는 것도 아니고, 그럴 만한 힘도 없다. 일본은 역사에서 충분한 교훈을 얻었다.

동아시아공동체라는 용어가 어떤 타이밍에서 나왔는가를 생각할 필요가 있다. 1997~1998년 동아시아 경제위기가 발생해 동아시아라는 용어가 정치적 의미를 갖게 됐다. 그 배경은 동아시아 경제위기에 대한 미국의 개입이었다. 미국은 한국이나 타이에 개입했으며 인도네시아, 말레이시아에 대해서는 체제전환까지 꾀했다. 그 결과 미국이 커다란 리스크로 간주됐고 그 점을 어떻게 상쇄hedge할 것인가, 이에 대해 어떤 보험을 들 것인가가 중요해졌다. ASEAN+3를 동아시아의 틀로 삼는 정상회담은 1997년에 시작됐고, 곧이어 치앙마이 이니셔티브CMI, Chiang Mai Initiative[2]도 이루어졌다. 다시 말하면 그 과제는 미국이라는 리스크를 어떻게 상쇄할 것인가였다.

이를 위해서는 미국을 제외한 협력의 틀을 만들어내는 것이 중요했다. 여기서 동아시아라는 용어가 의미를 갖게 됐고, 아시아·태평양이라는 용어는 의미를 잃었다. 즉 APEC_{Asia Pacific Economic Cooperation}은 거의 힘을 상실했다. 이런 일들은 국제정치의 역학 속에서 일어난 것이며, 미국의 개입이 커다란 이유였다.

Q 최근에는 중국의 부상에 대한 우려도 있는데, 이에 대한 지역적 반응은 어떤가?

시라이시 2007년 무렵부터 중국이 남중국해 등지에서 대국주의적 자세를 취했다. 그로 인해 이 지역 국가들의 위협인식에 변화가 생겼다. 미국이 아니라 오히려 중국이 위협이라는 인식이다. 따라서 중국 리스크에 대해 어떤 보험을 들 것인가가 이슈로 떠올랐는데, 아무래도 미국을 끌어들여 지역협력의 틀을 짜는 것이 편리하다. 그래서 아세안지역안보포럼_{ARF}[3]이 중요해지고, ASEAN +6_{한중일, 인도, 호주, 뉴질랜드}는 ASEAN +8_{한중일, 인도, 호주, 뉴질랜드, 미국, 러시아}이 되는 것이며, APEC의 중요성이 재부각된다. 이렇게 보면 동아시아를 1930~1940년대의 역사와 결부 짓는 것은 전적으로 잘못된 생각이다. 더는 그러지 않는 게 좋다. 일본에서 그런 발상은 이제 전혀

---

2 2000년 5월 타이의 치앙마이에서 열린 'ASEAN+3 재무장관회의' 시에 체결된 통화교환협정으로, 역내 외환위기 발생을 방지하기 위한 것이다.

3 ARF(ASEAN Regional Forum)는 1994년 ASEAN의 확대외무장관회의(PMC)를 모태로 창설되었으며 아시아·태평양 지역에 속한 국가정부 간의 유일한 다자간 안전보장 협의체로, 현재 모두 27개국이 참가하고 있다.

없다고 단언할 수 있다.

Q 선생은 피터 카첸스타인 교수와 함께 출간한 《네트워크 파워 : 일
본과 아시아》에서 일본 중심의 생산 네트워크와 문화 네트워크를
강조하지 않았는가? 선생이 주장한 그 네트워크 개념은 여전히 유
효하다고 보는가?

시라이시 그 책은 1997년에 간행되었지만 실제 집필한 것은 1994년이
다. 벌써 17~18년 전 일이다. 그렇지만 나와 카첸스타인이 공동
집필한 결론 부분은 지금 읽어봐도 그리 틀리지 않았다고 본다. 단
지 책의 각 장에 실린 내용은 시대에 뒤떨어진 이야기가 됐다. 집
필 당시 '네트워크 파워'라는 개념을 통해 생각했던 것은, 물론 나
는 그 용어를 그리 자주 사용하지 않았지만 카첸스타인은 비교적
자주 사용한, '일본화Japanization'였다. 즉 일본의 정치경제 시스템이
나 사회 시스템을 외부로 확대해 일본의 기업이나 개인 그리고 정
부에 친화적인 환경milieu을 일본 정부나 기업이 네트워크라는 형
태로 만들고 있다는 것이 그 책에 담긴 기본 생각이다. 하지만 현
재 그것이 아시아에서 가장 중요한가 하면 그렇지는 않다. 오히려
하이브리드화가 훨씬 중요하며 중국 역시 그런 방향으로 나아가
고 있다.

이 말은 네트워크가 중요하지 않다는 의미는 아니다. 나는 여전
히 네트워크가 중요하다고 본다. 최근 10년 동안 내가 주장한 것
은 동아시아든 APEC이든 이 지역의 지역협력 메커니즘이 네트워

크라는 형태로 편성됐다는 점이다. 몇 개의 허브가 성장하면서 네트워크가 확대되고 또 고밀도dense가 돼서 그에 의해 통합이 심화된다. 허브 간의 관계가 바뀌면 네트워크가 성장하는 패턴도 바뀐다. 그런 의미에서 보면, 동아시아/아시아·태평양의 지역협력이나 통합에서 '네트워크'라는 개념은 EU의 '제도'라는 개념만큼이나 중요하다. 유럽의 경우, '제도institution'나 '제도성institutionality' 개념이 유용하지만 동아시아/아시아·태평양에서는 '네트워크' 개념이 훨씬 유용하다.

Q 동아시아의 네트워크는 매우 다층적이고 여러 분야에 걸친 것 아닌가?

시라이시 그 다양성과 다기능성을 파악하는 데도 네트워크란 개념은 유용하다고 본다. 사실 '다기능'을 설명하려면 '모듈module' 또는 '모듈얼리티modularity'란 개념이 편리하며, 네트워크가 시간의 흐름에 따라 어떻게 변화하는지를 보려면 네트워크의 밀도와 허브의 성장을 보면 된다. 네트워크 내부에서 맺는 관계는 위기 때마다 바뀐다. 동아시아/아시아·태평양의 지역질서 다이내미즘은 이것으로 설명할 수 있다.

Q 예를 들면 어떤 게 있는가?

시라이시 거시적으로 보면 일본과 일본 이외의 아시아 국가 그리고 미국 사이에 삼각무역 시스템이 존재한다는 것이 《네트워크 파워》를 쓸 당시의 이해였다. 지금은 중국과 중국 이외의 아시아 국가_{일본과 한국 포함} 그리고 미국 사이의 삼각무역 시스템이 됐다. 중국이 세계의 공장으로 등장하면서 무역이 압도적으로 확대됐기 때문으로, 이는 기업의 투자와 무역에 의한 네트워크 확대에 따라 밀도가 높아진 것으로 설명할 수 있다.

Q 무역 이외에 어떤 네트워크가 존재하는가?

시라이시 다른 하나는 안전보장 시스템의 허브와 스포크_{바퀴축과 바퀴살가} 네트워크로 전환된 것을 들 수 있다. 1980년대 이 지역의 합동군사훈련에 관한 데이터를 보면 90% 이상이 미국과 다른 나라 간의 군사훈련이었다. 즉 '차륜형 시스템hub-and-spokes system'이었다. 그러나 과거 10년간을 보면 미국과 다른 국가_{양자 간 또는 다자 간} 사이의 합동군사훈련은 35% 정도로, 1980년대에 비해 3분의 1로 줄었다. 그리고 나머지 가운데서도 약 30%는 호주와 싱가포르가 중심이 되는 훈련이다. 이러한 네트워크화에 의해 이 지역의 안전보장 시스템 역시 천천히 그 성격을 바꿔나가고 있는 것이다.

Q 호주와 싱가포르 간의 훈련만으로 30%가 된다는 말인가?

시라이시 호주와 싱가포르, 호주와 다른 국가, 그리고 싱가포르와 다른 국가 사이의 합동훈련을 합쳤을 때의 수치다. 또한 미국과 인도 사이의 합동훈련도 늘었다. 내가 말하고 싶은 건 1980년대에는 차륜형 시스템이었으나, 최근 10년간 네트워크형으로 변화해왔다는 점이다. 무역도 마찬가지라 할 수 있다.

Q 중간 규모의 허브가 많이 생겼다는 말로 이해해도 되는가?

시라이시 그렇다. 미국을 허브로 하는 시스템에서 역내에 복수의 중간 규모 허브를 갖는, 더 역동적인 네트워크형으로 변화하고 있다. 사소한 것까지 말하기는 그렇지만 합동군사훈련만 보더라도 이 시스템은 분명 변하고 있다.

Q 무역과 투자, 그리고 안전보장 이외에는 어떤 것이 있는가?

시라이시 나는 항상 이 두 가지를 본다. 지역질서를 논의할 때는 무역과 안전보장이 가장 중요하다고 생각하기 때문이다.

Q 선생은 2004년 출간한 《제국과 그 한계: 미국·동아시아·일본》을 통해 동아시아에서 중산계급이 대두하는 것이 역내 지역질서에 미치는 영향을 언급했다. 매우 흥미로운 내용인데, 조금 소개해줄 수 있는가?

시라이시 그 책에서 나는, 역내 국가들에서 '중산계급'이 확대되는 것이 그 나름의 공통된 라이프스타일을 가진 동아시아 사람들의 대두를 촉진한다는 점을 강조했다. 사실 중산계급은 급속도로 세계화하고 있으며, 또 미국화하고 있다. 그로 인해 이 지역 내에서는 '우리 아시아인들'이라는 정체성이 생겨날지도 모른다. 현재 상황을 보면 아직은 그렇지 않다. 그러나 20~30년 이내에 2개 국어, 3개 국어를 사용하는 프로페셔널이 이 지역의 경제·사회·문화 트렌드를 형성할 것이다. 또한 그때는 세계를 향해 열린 형태로 인권, 법의 지배, 투명성, 공정성 같은 규범이 보다 널리 공유될 것이다.

Q 그 책에도 언급됐지만, 중국의 대두에 따른 패권질서 구상 같은 논의는 무의미하지 않은가?

시라이시 나는 패권질서라는 개념에 대해 극히 회의적이다. 새로운 패권이 새로운 제도를 만들어 이를 주변 국가에 강요한다는 현실주의 국제정치학의 헤게모니 시스템의 사고방식을 적용하는 한 지역질서를 이해할 수 없다. 아시아를 잘 모르는 사람들 사이에는 중국의 대두를 패권이동hegemonic shift 같은 이론적 관점에서 이해하려는 사람들이 있는데, 이는 전적으로 빗나간 논의라 생각한다. 21세기에 패권국hegemon의 교체라는 형태로 세계질서가 바뀌는 일은 있을 수 없다. 그런 측면에서 상대적 의미의 파워시프트power shift는 일어나고 있다. 그러나 그와 동시에 글로벌화, 미국화의 진전과 함께 글로벌한 규범global norms이 국경을 넘어 갈수록 공유되고 있다는 점도 잊어선 안 된다.

Q 오늘날 패권적 질서를 형성하는 건 무리가 있다는 말인가?

시라이시 과거 제2차 세계대전 후에는 세계질서도, 동아시아 지역질서
도 미국의 패권 아래서 편성됐다. 이 질서의 기본 규범은 이미 널
리 사회화되었고 앞으로도 더 널리 공유될 것이다. 이 프로세스는
기업이나 시민사회까지 포섭하는 형태로 진행되고 있다. 물론 한
세기 이후에는 어떨지 알 수 없지만, 현재 그리고 향후 40~50년
간은 이 프로세스가 중단되는 일이 없을 것이다.

▌일본과 동남아시아의 관계

Q 전전戰前에 일본은 동남아시아를 군사적으로 점령했으며 전후에는
무역이나 자원과 관련해 경제협력 관계를 맺었다. 특히 후쿠다 다케
오 내각 시기, 동남아시아에 대한 관심이 높아져 후쿠다 독트린1977
을 제창했다. 이러한 변화의 배경은 무엇인가?

시라이시 1970년대 들어 동남아시아에 대한 일본의 직접투자가 급속히
확대됐다. 태평양전쟁 때 동남아시아로 나갔던 이들이 여전히 남
아 있기는 했어도, 당시 기업에서 현지로 파견한 젊은 사람들은 동
남아시아에 대해 아무것도 몰랐다. 일본 기업은 동남아시아에 직
접투자로 섬유공장을 짓고 백화점을 만들었으며, 일본 주재원과
관광객 등을 대상으로 한 일본 음식점도 연이어 개업했다. 일본인

을 대상으로 한 주점까지 생겼다. 그와 똑같은 일이, 다수의 한국 기업이 진출해 있는 마닐라나 자카르타에서 지금 일어나고 있다. 1970년대 초에 바로 이런 분위기가 급속히 퍼져나갔는데, 그로 인해 각지에서 반발이나 마찰도 일어났다. 1973년에는 타이에서 일본제품 불매운동이 일어났고, 이것이 학생혁명이라는 형태로 변모하면서 정권교체를 가져왔다. 인도네시아에서는 1974년 1월 다나카 가쿠에이 총리가 방문했을 때 폭동이 일어났다. 이러한 일련의 사건들은 당시 일본인에게 굉장한 충격이었다. 자신들이 어째서 그렇게까지 미움을 받는지 이해할 수 없었기 때문이다. 당시에 얻은 교훈은 경제만으로는 안 된다, 좋은 이웃으로서 서로를 이해하지 않으면 안 된다, 이를 위해 동남아시아 사람들과 사회적·문화적 교류도 넓혀나가야 한다는 것이었다. 후쿠다 총리가 말했던 '마음과 마음'이라는 슬로건은 이를 표현한 것이었다.

또 하나는 바로 그 시기에 도요타 재단이 '이웃을 알자隣人を知ろう 프로그램'을 시작한 것이다. 나는 이 프로그램이야말로 도요타 재단이 지금까지 실시한 그 어떤 프로그램보다 훌륭한 것이었다고 생각한다. 이 프로그램에서는 동남아시아의 문학작품 등을 일본어로 번역해 일본 독자들이 읽을 수 있게 했다. 동남아시아를 정면에서 받아들여 거기에는 자원이나 시장만 있는 것이 아니라 '사람들'이 있다는 것, 그리고 그 사람들과 신뢰관계를 구축해야만 일본과 동남아시아의 관계가 장기적으로 안정되리라는 것을 우리는 1970년대에 학습했다.

Q 우연인지도 모르지만, 경제외교를 제창한 기시 노부스케岸信介처럼 후쿠다 역시 정치적으로는 보수본류保守本流가 아니라 우파에 가깝고 민족주의적인 부분이 있었다고 본다. 후쿠다 독트린의 배후에 대미 자주외교라는 동기는 없었는가?

시라이시 후쿠다 총리가 얼마나 자주외교에 대한 의욕이 있었는지는 의문이다. 기시 총리는 전범戰犯이었기 때문에 우익적 총리로 기억되지만 실제로 그가 행한 일들을 보면 극히 실용적인pragmatic 것이었다. 그가 국내에서는 일본이 '아시아의 리더'라는 등의 말을 했는지 모르겠지만 그건 어디까지나 국내용일 뿐 외교정책 자체는 매우 현실적이었고 일본이 미국의 '하급 파트너junior partner'라는 점도 잘 이해했다. 또 그렇게 행동했다.

후쿠다 총리도 그런 부분의 현실감각은 그와 비슷하다. 후쿠다 역시 언제나 미국 정부와의 관계를 잘 살피며 행동했다고 본다. 이를 소홀히 한 것은 오히려 다나카 가쿠에이 총리가 아니었나 싶다. 에너지 자주외교를 추구해서 미국이라는 호랑이의 꼬리를 밟는 행동을 했다.

Q 헌데 후쿠다의 동남아시아 중시 외교는 그다지 길게 지속되지 않은 것으로 안다. 그 후에 출범한 오히라 마사요시 내각이 아시아·태평양 구상을 제시했고, 사실상 APEC을 그 내용 면에서 주도하지 않았는가? 아시아·태평양이라는 개념이 등장함으로써 ASEAN 등 동남아시아에 대한 일본의 관심이 좀 줄었다고 보는

데, 옳은 해석인가?

시라이시 후쿠다에서 오히라로 정권교체가 되면서 그렇게 큰 외교적 변화가 있었다고는 보지 않는다. 일본의 외교는 총리가 바뀐다고 해서 곧바로 변하는 일은 거의 없다. 일본 입장에서 미국이라는 존재는 '주어진 조건輿件'이며, 이를 전제로 미국이 대륙부 동남아시아에서 철수한 뒤 이 지역의 질서를 어떻게 구상하고 아시아에 대한 미국의 책무commitment를 어떻게 유지하게 할 것인가 하는 문제를, 일본과 호주의 협력으로 극복하자는 것이 오히라 총리의 생각이었다고 본다. 그러나 나는 오히라 내각 때만 해도 정부 일에 관여하지 않았고, 1970년 당시 일본의 아시아 정책에 대해 체계적으로 연구한 적도 없으니 이 이상의 발언은 삼가고자 한다.

Q 고이즈미 준이치로 총리가 2002년 싱가포르에서 동아시아공동체를 제안한 것은 중국과 ASEAN 간의 FTA를 의식한 것 아니었나?

시라이시 그건 맞지 않다. 일본은 이미 2000년에 싱가포르와 FTA를 체결했다. 그 전까지 일본 정부는 WTO만 중시했다. 글로벌한 무역 자유화를 추진한다는 것이 일본 정부, 특히 경제산업성당시 통산성의 정책이었다. 그런데 1999년경 WTO만으로는 안 된다는 결론을 내린 일본 정부는 FTA를 무역자유화의 정책수단으로 채용했다. 그러나 처음부터 농업 등 일본 국내에서 강력한 저항이 예상되는 나라와 FTA를 체결하기는 어렵다. 따라서 가장 하기 쉬운 나라,

특히 농업과 수산업 부문에서 별 문제가 생기지 않을 나라라는 점에서 싱가포르와 최초로 FTA를 체결한 것이다.

2000년, 싱가포르와 FTA를 체결했을 시점에서 그 다음 어느 나라와 할 것인가에 대해 이미 논의하기 시작했다. 그때 의식한 것은 1997~1998년 경제위기로 ASEAN 가운데 몇 나라가 커다란 타격을 입었고 위기 후 일본 기업의 투자가 중국으로는 가도 ASEAN으로는 잘 가지 않는다는 점이었다. 이는 장기적으로도 결코 바람직한 것이 아니었다. 일본이 중국의 정책에 반응했다기보다는 중국이 일본–싱가포르 FTA를 보고 FTA가 갖는 유효성을 배웠다고 하는 편이 타당할 것이다.

Q 일본–싱가포르 간의 FTA를 보고 중국이 ASEAN에 접근했다는 것인가?

시라이시 그렇다고 본다. 나는 2001년 11월 고이즈미 총리의 싱가포르 연설에 기반이 된 아이디어를 총리관저에 제공했는데, 중국의 정책에 대해서는 전혀 언급하지 않았다. 당시 경제위기가 일단락되고 동남아시아 경제가 타격을 입어서 일본의 투자가 동남아시아 아닌 중국으로 향하고 있었다. 그러나 동남아시아의 경제발전, 나아가 정치적 안정을 위해서는 일본의 투자가 동남아시아로 갈 필요가 있었다. 따라서 고이즈미 총리가 싱가포르를 방문할 때 성명 statement을 내서 일본의 동남아시아 정책에 대해 명확한 메시지를 보내는 것이 좋으리라 생각했다.

Q 당시 선생은 고이즈미 총리의 조언자 역할을 했던 것인가?

시라이시 내가 고이즈미 총리의 어드바이저였던 것은 아니다. 당시 후쿠다 야스오 관방장관을 중심으로 한 작은 연구회가 꾸려졌었다. 정식 연구회가 아닌 비공식 모임이었다. 거기서 후쿠다와 논의했다. 2002년 2월 《주오코론》에 오쓰지 요시히로大辻義弘와 함께 "일본·ASEAN 확대 FTA를 제창한다"라는 글을 기고한 바 있다.[4] 그 글의 기초가 된 메모도 이 연구회에서 논의한 것이다.

Q 당시 아시아 외교와 관련해 후쿠다 관방장관이 고이즈미 총리에게 영향을 주었다고 보는 것인가?

시라이시 2001~2002년 무렵 두 사람의 관계는 아주 좋았다고 생각하며, 관방장관으로서 후쿠다의 활약 역시 걸출한 것이었다.

▌미일동맹과 자유무역질서라는 두 축에 기초하여 동남아와의 관계 심화해나가야

Q 일반적으로 '동아시아'라는 것은 동남아시아와 동북아시아로 이루어진다는 전제가 있다. 그런데 최근 일본 측은 동아시아공동체를

---

4 大辻義弘·白石隆 (2002. 2). "日本·ASEANの拡大FTAを提唱する", 《中央公論》, 第117巻 第2号.

언급할 때 호주, 뉴질랜드, 인도까지 포함한다. 한국에서는 이를 의아스럽게 본다. 왜 그렇게 확대해서 해석하는가?

시라이시 왜 지리적 경계에 집착하는가? 왜 그런 선입견으로 정치적 상상력, 더 나아가 정책을 구속하는가? 나는 그 까닭을 잘 모르겠다. 앞서 말했듯이 동아시아라는 용어는 경제적 상호의존이 진행됐다는 의미다. 따라서 투자와 통상 분야에서 일어난 현상을 보면 호주, 뉴질랜드, 인도가 동아시아공동체 안으로 들어오는 것도 별로 기묘한 일이 아니다. 또한 동아시아, 확대동아시아, 아시아·태평양이라는 개념은 지역협력의 틀을 어떻게 생각하고 어떻게 만들 것인가와 관련된다.

과거 1997~1998년 아시아 경제위기 후에는 '동아시아' 공동체 구축이라는 이름하에 ASEAN+3 협력이 진행됐다. 미국의 노골적 개입으로 인해, '미국'이라는 리스크를 어떻게 상쇄할지가 이 나라들 사이에서 정치적으로 중요했기 때문이다. 그러나 지금 시점에선 중국의 일방적 행동이 더 큰 리스크로 작용하는 분위기다. 이를 상쇄하려면 ASEAN+3와 함께 ASEAN+6를 만드는 게 좋고, 이것으로도 불충분하다면, 이미 실제로 그렇게 되고 있기는 하지만 ASEAN+6를 ASEAN+8으로 하는 게 더 낫다.

Q 바꿔 말하면 아시아만으로 공동체를 형성하는 것은 폐쇄적이라는 말인가?

시라이시 그런 의미가 아니다. 공동체라 하더라도 현재의 지역주의는 매우 개방적이다. 과거의 블록 형성과는 전혀 다르다. 본래 '공동체'를 통해 무엇을 만들려 했는지, 왜 그런 것을 만들려 했는지를 잘 생각해봐야 한다. FTA는 WTO의 무역자유화가 진전되지 않고 있으니 지역적으로 가능한 부분부터 자유화하자는 논의다. 따라서 동아시아공동체 구축이라고 해서 한중일 FTA, ASEAN+3의 FTA는 좋지만 호주는 받아들이지 않겠다고 하는 것이 과연 얼마나 의미가 있겠는가? ASEAN+1도, ASEAN+3도, 한중일도, 그것이 무역자유화에 적합하다면 적극적으로 임해야 한다. 모름지기 외교정책은 실용적 사고방식이 좋다.

Q 그 부분에 대해 의문이 있다. 소에야 요시히데 교수는 일본 외교에 전략이 없다고 말한다. 그 말에 공감하는데, 현재의 일본 외교에서 명확하고 명시적인 전략을 찾아보기 어렵기 때문이다.

시라이시 그것은 '전략'이라는 용어가 무엇을 의미하느냐에 따라 다르다. "이것이 일본의 전략이다"라는 문서를 일본 정부가 발표하느냐 하면 그렇지 않다. 하지만 그러니 일본에는 전략이 없다고는 말할 수 없다. 일본의 외교정책을 보면 미일동맹과 아시아 중시는 제2차 세계대전 이후 줄곧 일관된 것이었다. 또한 그 기본에는 미국이 주도하는 열린 자유주의적 국제질서 유지가 일본의 사활적 이익이며 이를 위해선 일본도 응분의 책임을 져야 한다는 생각이 있다. 당연한 것 아니냐고 할지도 모르지만 이것이 일본 외교전략의 바탕에 깔린 사고방식이며, 일본의 외교를 여기 비춰보면 그 나름 일관되어 있다. 전략이 없다고 말하는 사람은 그 부분을 모르는 것뿐 아니겠는가.

Q 그렇다면 ASEAN이나 동남아시아 등에 대한 전략적 이해관계란 대체 무엇인가? 해상교통로나 자원 같은 것인가?

시라이시 동남아시아가 세계를 향해 열린 형태로 안정되고 번영을 구가하는 게 일본으로서는 가장 중요한 전략적 이익이다. 다만 더 넓게 동아시아를, 좀 더 정확히 말하면 확대동아시아를 보면 이 지역에선 지금 부富와 힘의 분포가 급속히 변하고 있다. 한국이 선진국이 되고 중국과 인도가 대두하며 동남아시아 국가들도 성장하고 있다. 1990년대에는 일본이 경제적으로 거인이었지만 2030년에는 중국은 물론 인도 역시 일본보다 큰 경제규모를 갖출 것이다.

ASEAN의 경제도 전체적으로는 일본보다 커질 것이다. 이런 상황에서 일본에 무엇이 전략적 이익인가? 부와 힘의 분포가 바뀌면 지역질서도 바뀐다. 하지만 그런 변화가 급격히 일어나면 그 누구에게도 이익이 되지 않는다. 질서가 변화하되 서서히 안정적으로 변하는 것, 유도요노Susilo Bambang Yudhoyono 인도네시아 대통령이 한 말을 빌리자면 역동적 균형dynamic equiliburim을 유지하는 것이 매우 중요하다. 이를 위해서는 변화의 예측 가능성을 조금이라도 높일 필요가 있으며, 미국이 주도하는 지역적 안전보장 시스템 유지가 결정적으로 중요하다고 본다.

Q 안보질서의 안정적 이행을 말하는 것인가?

시라이시 이 지역의 투자, 무역, 금융, 통화 등의 룰 형성rule-making이다.

Q 자유무역질서를 의미하는 것인가?

시라이시 무역만이 아니라 경제 일반을 포괄해서다. 중국이 뭔가를 결정하고 그에 따라 새로운 룰이 기존의 룰을 대체하는 것이 아닌, 지금까지 우리가 함께 만들어온 룰 위에 새로운 룰이 만들어져야 한다. 그런 의미에서 군사적 균형과 자유주의적 국제경제질서의 진화, 이 두 가지가 가장 중요하다고 본다. 그럼 어떻게 해야 하는가? 우선, 안전보장 차원에서는 미일동맹이 결정적으로 중요하다. 미국이 차륜형 시스템을 유지하는 일도 중요하겠지만, 이를 더욱더 네트워크형으로 바꿔가며 한층 탄력적으로 만드는 일 역시 당연히 함께 해야 할 일이다.

경제에서 룰은 이해당사자stake-holders들에 의해 만들어진다. 따라서 사실상의 경제통합이 진전되고 있는 나라들이 다양한 형태로 참가하면서 룰을 만들어갈 수밖에 없다. 적어도 앞으로 10년간 일본의 정책은 그런 사고에 입각해 이루어져야만 한다. 전략이 없는 게 아니라, 쉽게 눈에 보이지 않는 것일 뿐이라 생각한다.

Q 대두하는 국가, 즉 중국이 자신의 룰이 중요하다고 말할 가능성은 없는가?

시라이시 중국이 그렇게 말할지도 모르지만, 그에 대해 일본은 그리 생각지 않는다고 말할 것이다.

Q 선생이 언급했듯이 일본은 안정적 변화를 바라고 있는 게 확실해 보인다. 그러나 거꾸로 생각하면 이는 다소 보수적이라는 인상을 줄 수 있다. 앙시앙 레짐ancien regime, 舊체제 같은 느낌도 없지 않다.

시라이시 물론 보수적이다. 그러나 보수적인가, 진보적인가 하는 가치 판단은 외교정책에서 전혀 의미가 없다. 앙시앙 레짐이라고 말하는 것은 일을 망치려는 논의일 뿐이다. 힘과 부의 균형이 바뀌면 질서도 바뀐다. 그것은 당연하다. 잘 알다시피 급격한 변화는 심각한 혼란을 야기한다는 이야기다.

Q 급격하게 변화할 가능성도 배제할 수는 없는 것 아닌가?

시라이시 예를 들어 하토야마 유키오 총리가 말한 것처럼 미중일 3국의 관계가, 만약 변한다면 급격히 변할 가능성이 있었다. 일본이 미국과의 동맹을 소홀히 하고 중국과의 관계를 중시하면서 미국을 배제한 동아시아공동체 구상을 추진한다면 이는 이 지역의 국제정치 구조에 큰 변화를 초래할 것이다. 그런 바보 같은 짓은 하면 안 된다. 일본은 당사자다. 당사자로서의 전략이란 어떤 미래를 만들고 싶은가에 입각해 어떻게 행동할지를 결정하는 것이다. 일본의 전략은 이 지역 안전보장의 지정학적 배치가 급격하게 변화하지 않도록 미일동맹을 중심으로 하면서 한국 등을 포함한 미국의 동맹국들과도 연계를 강화해나간다는 것이다. 이것이 안전보장에 대한 기본 생각이다. 그리고 무역이나 투자 분야에서는 동아시아/아시아·태평양 양쪽에서 21세기형 룰을 만들어가는 것이다.

Q 최근 오바마 정부의 '아시아 중시pivot to Asia' 움직임은 관여committment를 강화한다는 관점에서 보면 선생이 말하는 내용과 궤를 같이하는 것으로 봐도 좋은가?

시라이시 오바마 대통령의 '아시아 중시' 성명이 나왔을 때, 나는 그것이 일본 입장에선 매우 좋은 일이라고 생각했다.

Q 선생은 2006년 1월 월간지 《우시오潮》에 기고한 글에서 미국이 동아시아로부터 철수할 가능성을 언급한 바 있다.[5] 그러나 최근 오바마 정부의 움직임은 선생의 예측과는 다른 방향으로 가는 것 같은데 이에 대해서는 어떻게 생각하는가?

시라이시 《우시오》에 실린 글은 인터뷰로, 내가 집필한 것이 아니라서 어떻게 이야기했는지 기억이 명확하지는 않지만, 동아시아에서 미국이 군사적으로 철수할 것이라고 말했던 것 같지는 않다. 당시 미국은 중동에 전력을 기울인 탓에 동아시아에 대한 관심은

---

5 "世界と日本の針路(15) 変容する東アジアと日本外交" (2006. 1). 《潮》.

낮아진 상태였다. 그것을 염두에 두고 했던 말이 아닐까 한다. 또한 2006년 무렵까지는 중국이 아닌 미국이 리스크라는 의식이 강했다. 그러던 것이 2007년 미국발 서브프라임 위기가 시작되고, 2008년 리먼 쇼크가 터지고 나서 중국의 행동이 바뀌었다. 이렇게 되면 리스크에 대한 인식도 바뀌게 된다.

크게 봤을 때 나는 동아시아/아시아·태평양에서 네트워크형 통합이라는 관점을 바꾸지 않았으며 이를 기반으로 미국의 군사적 현시presence가 있다는 점도 늘 이야기한다. 그러나 이 지역의 네트워크형 통합을 전제로 일본이 통화·무역·안전보장 등의 분야에서 어떤 외교정책을 택할 것인가, 거기서 네트워크를 어떻게 사용할 것인가를 생각해야 한다. 2007~2008년은 중요한 전환점으로 이후 나의 리스크 인식이 바뀌었으며, 이것이 바로 안전보장과 정치적 대화 그리고 무역에서 어느 정도 미국을 끌어들인 아시아·태평양의 틀이 중요해진 이유이다.

내가 미국에 비판적이었던 것은 부시 정권이 동아시아를 중시하지 않았기 때문이다. 부시 정권은 중동에만 관심을 쏟았고, 콘돌리자 라이스 국무장관은 ARF에는 아예 출석조차 하지 않았다. 또한 자주 지적되었듯 단독으로 행동하는 경향이 있었다. 오바마 정권은 다르다. 오바마 대통령과 힐러리 클린턴 국무장관은 아시아에 중점을 둔다는 태도를 분명히 하면서 관여engage하고 있다.

Q 그렇다면 이제 미일협력이 보다 수월해지는 것인가?

시라이시 지금까지 해온 것보다 더 강력하게 미일협력을 추진해야 한다고 생각한다. 내가 자주 사용하는 표현으로는 '미일동맹의 심화 deepening'가 필요하다.

Q 최근 미일 간의 안보협력 강화 움직임 역시 '심화'라는 의미에서 환영하는가?

시라이시 안전보장 협력 강화는 매우 중요하다고 생각한다. TPP에 참가하는 것과 함께, 안전보장 협력의 일환으로서 오키나와 기지 문제에도 보다 적극적으로 임해야 할 것이다. 이는 일본 국내문제로 하토야마 총리가 기본적 신뢰관계를 무너뜨렸기 때문에 상당히 어려워졌으며, 해결되려면 많은 시간이 걸릴 것이다. 또 하나 해야 할 일은 '무기수출 3원칙'[6]을 재검토하는 것이다. 오해가 없도록 설명하자면 결코 완성품을 만들어 팔겠다는 이야기가 아니다. 한국은 무기를 팔고 있지만 일본은 그런 일을 할 생각이 없으며 애당초 국내정치적으로도 불가능하다.

Q 그렇다면 왜 '무기수출 3원칙' 재검토를 제안하는가? 한국에 대한 기술이전을 통해 한일 간 방위산업 협력을 하는 정도로 되지 않나?

---

6 일본 정부의 무기수출 규제 및 운용 원칙으로 ① 공산권 국가, ② 유엔결의에 의해 무기 등의 수출이 금지된 국가, ③ 국제분쟁 당사국 또는 그 우려가 있는 국가에 대해서는 무기수출을 인정하지 않는다는 원칙을 말한다. 1967년 4월 사토 에이사쿠(佐藤榮作) 내각에 의해 처음 제시되었고, 1976년 2월 미키 다케오(三木武夫) 내각이 위 3원칙의 내용을 보완하였다.

시라이시 기술협력과 산업협력은 안전보장과 그 산업기술 기반에서 서로에게 이익이 되어야 하며, 그 전제로서 양국 사이에 깊은 신뢰관계가 구축돼야 한다. 그런 관점에서 보면 한국에 대한 기술이전과 방위산업 협력은 용이하지 않을 것이다. 현재의 무기수출 3원칙 재검토에서 중요한 점은 미국과 동맹국들이 차세대 수송기 등을 공동으로 개발하는 것이다. 그리고 그 기반 위에서 공동생산을 진행하는 것이다. 공동생산을 하게 되면 일본 부품도 사용되므로 부품 수출이 가능해진다. 일본의 방위산업 시장은 극히 작다. 재정이 좋지 않은 현재 일본의 상황에서 시장은 커지지 않을 것이다. 반면 장비품의 고도화로 갈수록 많은 비용이 든다. 이런 악순환 속에서 어떻게 하면 방위력의 기반산업을 유지, 발전시킬 수 있을지 생각해야 한다.

Q 2009년 말부터 한국 국방부가 일본과의 군사협정에 대해 전향적 자세를 취해 흥미롭다. 그리고 최근 한국과 일본 간에 군사정보포괄보호협정GSOMIA, General Security Of Military Information Agreement 체결을 둘러싼 협의도 진행된 바 있다. 이에 대한 선생의 견해는 어떤가?

시라이시 한국군과 일본자위대의 협력은 한층 더 확대돼야 한다. 그런 의미에서 한일 간의 정보 공유는 중요하다. 그러나 실무 차원에선 이 사실을 알고 있다 해도 기본적으로 일본을 타자로 여기는 한국의 민족주의 같은 것 때문에 정치적으로는 아무래도 어렵지 않을까 생각한다. 이 정도밖에 할 수 없는 상황에서 기술협력은 힘들다. 호주와 하는 것이 훨씬 쉽다.

▌ 동남아시아, '육지의 아시아'에서 '바다의 아시아'로

Q 다음으로 동남아시아의 현재 상황에 대해 이야기해보자. 동남아시
아의 내부지형은 어떻게 변화하고 있는가?

시라이시 크게 보면 중국은 경제협력을 정책수단으로 삼아 윈난성 쿤
밍을 허브로 하여 세로축으로 남하해 내려오고 있다. 쿤밍에서 난
닝을 경유해 베트남의 하노이로, 쿤밍에서 라오스를 경유해 타이
의 방콕으로, 쿤밍에서 미얀마의 만달레이를 거쳐 양곤으로 고속
도로가 건설되고 고속철도도 계획됐다. 미얀마의 차오퓨에서 쿤
밍으로 파이프라인도 만들어졌다. 그 결과 '육지의 아시아'가 '바
다의 아시아' 쪽으로 세력을 확대하고 있다. 이런 추세가 지속되면
지정학적·지경학적으로 동남아시아는 대륙부와 도서부島嶼部로 크
게 분리될 가능성이 있다. 또는 좀 더 명확히 말하면 대륙부 동남
아시아는 중국의 세력권에 포섭될 가능성이 있다. 이는 일본으로
서도 한국으로서도 그 밖의 다른 많은 나라로서도 결코 바람직한
일이 아니다. ASEAN은 ASEAN으로서 통합되어 있는 편이 훨씬
좋다. 또한 일본 기업은 방콕에 대규모 집적단지를 만들고 있다.
그런 의미에서 이 지역의 나라들이 중국에 지나치게 의존하는 것
은 바람직하지 않다.

그럼 어찌해야 하는가? 중국은 쿤밍을 중심으로 차륜형 시스템을 만들려 하고 있다. 일본은 이를 동서東西로 이어가면 된다. 가로축을 연결함으로써 이 지역의 경제가 세계경제에 한층 더 통합되도록 하면 되는 것이다. 그렇게 하면 이 지역은 세계를 향해 열린 지역으로 머물 것이다.

Q 일단 중국의 힘을 중화한다는 의미인가?

시라이시 동남아시아를 열린 지역으로 지킨다는 것이다. 이것이 ASEAN의 공동체 형성을 지원하는 길이다.

Q ASEAN의 장래는 보다 더 견실한 것이 되어야 하지 않겠는가?

시라이시 세계경제에 통합되는 것 외에 동남아시아 국가들, 나아가 ASEAN이라는 지역기구의 장래는 없다. 베트남의 무역의존도는 이미 100%가 넘지만 미얀마나 캄보디아 등도 얼마 지나지 않아 베트남처럼 될 것이다. 그리되면 이 지역이 중국의 세력권에 편입되리란 걱정은 할 필요도 없을 것이다.

Q 현지 정부도 중국의 세력 팽창을 느끼고 있기 때문에 균형을 맞추기 위해 일부러 미국이나 유럽과의 관계를 강화하려 한다는 이야기가 나온다. 그렇게 되면 ASEAN의 미래는 밝다고 보는가?

시라이시 ASEAN의 미래가 밝을지 그렇지 않을지는 모르지만, 적어도 일본 입장에서 보면 이 지역을 열린 지역으로 지켜내는 게 당연히 해야 할 일이다. 그런 다음 ASEAN 각국의 미래를 생각해보면, 일례로 인도네시아에서는 소비가 폭발적으로 확대되고 있고 앞으로도 당분간 순조롭게 성장해 2020년경에는 1인당 GDP가 6,000달러 정도에 이를 것이라 예측된다. 타이의 성장은 좀처럼 쉽지 않을 것이다. 당분간 정치적 표류가 계속될 테니까. 베트남의 1인당 GDP는 약 1,000달러지만 3,000달러까지는 쉽게 늘어날 것이다. 개인적으로 관심이 있는 나라는 미얀마다. 한국 기업도 많이 진출하고 있지만 미얀마 정부는 과거 수하르토 대통령 시기의 인도네시아처럼 경제성장 중시 정치로 이행하고 있는 것으로 보인다.

Q 미얀마도 일종의 권위주의 개발 체제를 택한다는 말인가?

시라이시 권위주의 플러스 개발이다. 개발독재라는 용어는 그다지 좋아하지 않지만, 영어로 말하면 Authoritarianism and Development 이다. 개발독재와는 뉘앙스가 다르다. 군을 중심축으로 하는 정치 체제를 가능한 한 지키면서 국민적 정통성을 조달하기 위해 경제성장을 국책과제로 설정할 것이다. 성공한다면 장기적으로는 미얀마의 정치 그 자체가 변화할 것이다. 따라서 현재의 개혁·개방이 성공할 수 있도록 전면적으로 협조하는 일이 중요하다.

Q 최근 남중국해를 둘러싸고 미국과 중국이 마치 패권경합을 하는

것 같은 인상을 주고 있다. 선생의 견해는 어떤가?

시라이시 중국은 남중국해, 동중국해, 황해를 '중국의 바다'라고 하고 싶을 테지만, 사실 미중 양국의 힘의 관계에는 큰 차이가 있다. 2007년 무렵 이후 중국의 움직임을 보자면 중국은 남중국해나 동중국해의 해양정책에서 크게 실패했다고 해야 할 것이다. 이로 인해 중국위협론이 고조됐고 미국을 배제한 동아시아 협력보다 미국을 포함한 아시아·태평양이 더욱 중시되고 있다. 또한 중국은 이미 소련제 항공모함을 도입했으며, 앞으로는 항공모함을 직접 건조할 것으로 여겨지는데, 그렇다 하더라도 이 지역의 군사적 균형이 크게 변할 것으로는 생각되지 않는다. 예컨대 중국은 하이난 다오海南島에 상당한 규모의 해군기지가 있다. 그러나 베트남은 이를 노려보는 형태로 캄란만의 군항을 정비하고 러시아에서 잠수함 6대를 구입해 잠수함대를 편성하려 한다. 미국·인도와 군사훈련도 함께하고 있다. 결국 미국은 필리핀과 일본의 남서 방면은 물론 베트남에서도 해군기지를 이용할 수 있게 되었다. 그런 의미에서 중국은 얼핏 보면 군사적으로 강력해지는 듯 보여도 실제로는 외통수에 걸린 게 아닌가 생각된다.

Q 예전에 덩샤오핑이 말한 '도광양회韜光養晦'[7]의 교훈을 잊은 것은 아닌가?

---

7 '자신의 재능이나 명성을 드러내지 않고 참고 기다린다'는 뜻으로, 1980년대 중국의 대외정책을 일컫는 용어이다.

시라이시 잊은 게 아니라 자신감이 너무 넘쳐 도광양회를 그만둬버린 것이라 생각한다.

Q ASEAN과 미국의 안보관계를 강화하는 첫 번째 원인 제공자가 결국 중국이라는 이야기가 되는데, 이에 동의하는가?

시라이시 나는 그렇게 생각한다. 하지만 이 모든 것이 중국 정부만의 잘못이라고는 할 수 없다. 중국의 국영기업이나 어민들도 문제가 있다. 그들은 매우 거칠다. 한국도 경험하고 있겠지만 센카쿠제도 주변의 불법조업密漁에 대해서도 중국 정부가 의도적으로 관여하고 있는지, 아니면 단순히 푸젠성 어민들이 일으킨 문제인지 파악하기가 쉽지 않다. 그다지 보도되지는 않았지만 남중국해에서도 인도네시아 해군함정과 중국의 어업감시선이 충돌 직전까지 간 적이 있다. 이 또한 남중국해에서 활발하게 어업활동을 하던 중국 밀렵선이 원인이었다. 인도네시아 해군함정이 이를 나포하려 하자 중국 어업감시선이 끼어들어 밀렵선을 보호한 것이다. 한국과 중국 사이에 발생한 사건과 유사하다. 이런 사건이 거의 모든 해역에서 일어나고 있다. 이는 중국이 국가로서 가진 통제능력이 저하되었음을 시사하는 것이다.

Q 중국에선 왜 그런 일이 발생하는가?

시라이시 그 이유 중 하나는 당국가黨國家의 결정중추에 덩샤오핑이나 장쩌민 같은 압도적 실력자가 없어진 탓이라 본다. 이후 후진타오 시대가 되자 후진타오가 무슨 결정을 해도 리장춘李長春이나 저우융캉周永康 등이 그와 다른 사항을 아무렇지 않게 말한다. 이렇게 지도부 인사들 사이에 합의가 없으니 중견 간부들은 보스의 의향을 마음대로 해석해 여러 가지 일을 벌인다. 게다가 그것이 애국주의라며 박수갈채를 받는다. 이렇게 되면 지도부라 해도 억제할 수 없는 지경이 된다. 그런 의미에서 중국은 최근 수년간 합리적으로 행동하는 능력이 저하됐다. 매우 우려스럽다.

Q 그건 정치체제의 문제인가?

시라이시 정치체제의 문제라기보다는 정치구조의 문제다.

Q 중국은 과거에 남사제도南沙諸島, 스프래틀리 군도에도 조공무역이 있었다는 것을 근거로 그 영유권을 주장한 적이 있다. 이 지역의 전문가로서 선생은 그 주장을 어떻게 보는가?

시라이시 말도 안 되는 이야기다. 조공무역을 근거로 영유권을 주장한다면 한반도는 전부 중국 영토가 된다. 줄곧 조공·책봉 관계를 유지하지 않았는가. 류큐琉球, 현재의 오키나와도 마찬가지다. 베트남도 책봉체제를 유지했다. 일본과 미얀마는 책봉체제를 유지하지 않았던 시기가 더 길다. 바보 같은 이야기다.

▌일본의 미래, 미일동맹과 동아시아공동체에 달려 있어

Q 동아시아공동체의 미래에 대해서는 어떻게 전망하는가?

시라이시 나는 동아시아공동체라는 말 자체가 제멋대로 쓰이고 있다는
점을 우려한다. 예를 들어 과거 하토야마 총리의 동아시아공동체
구상을 보자. 그는 일반 연구자나 정책 담당자들이 생각하는 것과
는 전혀 다른 의미로 그 용어를 사용했다. 그 결과, 하토야마 정권
시절에 동아시아공동체는 매우 각광을 받아 그것이 마치 하토야
마의 외교정책인 양 여겨졌다. 그러나 결국 그가 정권을 내던지자
동아시아공동체 구축을 향한 열기 또한 순식간에 식어버렸다. 게
다가 최근 중국이 리스크를 떠안게 된 탓도 있지만, 동아시아공동
체 자체에 대해 많은 나라가 예전만큼 지지를 보내지 않는다는 이
유도 크게 작용한다. 그런 의미에서 미래가 장밋빛이라고는 말할
수 없다.

다만 동아시아의 지역협력 네트워크는 갈수록 확대될 것이고,
또 긴밀해지리라 생각하며 ASEAN 플러스 프로세스의 중요성
은 앞으로도 변치 않을 것이다. TPP, 곧 미국을 허브로 한 안전보
장 틀을 심화해나가는 동시에 ASEAN 플러스의 프로세스도 진화
evolution시키는 것이 중요하다. 일본 입장에선 TPP에 참가하지 않
는 선택이란 있을 수 없을 터인데, ASEAN 플러스의 경제 연계도
동시에 추진해야 한다고 생각한다.

Q 일종의 등거리 외교처럼 안전보장과 경제·사회 분야를 모두 포함하는 전 방위적 차원에서 주의를 기울여야 한다는 이야기로 들리는데, 그렇게 이해해도 좋은가?

시라이시 등거리 외교와는 다르다. 안전보장은 미일동맹을 기축으로 미국 중심의 지역적 안전보장 시스템을 더욱 강화해 네트워크 형태로 확충해가야 한다는 것이 내 생각이다. 통상협력은 이를 고려해 TPP와 ASEAN 플러스 양쪽을 다 할 필요가 있다. 통화협력은 ASEAN+3로 해나간다. 그런 방식으로 정책 분야마다 이 지역의 질서를 안정적으로 진화시키는 것이 중요하다. 이 점에선 일본이나 한국이나 마찬가지라고 본다.

Q 커뮤니케이션 방식의 차이일지 모르지만, 한국인의 입장에서 보면 미국은 '악의 축' 같은 명확한 발언을 하니까 알기 쉬운 반면 일본의 메시지는 애매모호하다는 느낌이다.

시라이시 요즘처럼 총리가 자주 바뀌는 시기에는 일본의 전략에 대해 무슨 말을 하더라도 과연 그런 게 있을까 하는 생각이 곧바로 들 것이다. 그러나 중요한 것은 정권이 바뀌더라도 일본의 세계적·지역적 입지에는 큰 변화가 거의 없다는 점이다. 그런 의미에서 고이즈미 정권 이래로 기본 전략은 바뀌지 않았다고 자신 있게 말할 수 있다. 하토야마 정권 시기에 약간 흔들렸다고 할 수 있으나, 이는 정책 차원에서 흔들렸다기보다는 하토야마 총리가 생각

나는 대로 곧바로 언급하여 신뢰를 잃은 까닭이다. 간 나오토菅直人
는 역대 총리 가운데 최악의 인물로 생각되지만 그럼에도 미일동
맹과 아시아 중시 정책은 그가 집권한 시기에 본궤도로 되돌아왔
다. 나는 항상 이 두 가지를 하나의 세트a pair로 파악하고 있다.

Q 귀중한 시간 내주어 진심으로 감사드린다. 일본과 동남아시아의
관계, 일본의 정책에 대한 매우 흥미로운 이야기였으며, 한국의 독
자들에게도 매우 유익했으리라 확신한다.

❝ 나는 북방영토가 일본 입장에서 영토 문제가 아닌 역사 문제라고 주장한다.
이 점을 이해하지 않고서는, 어째서 일본인들이 북방영토 문제에
그토록 집착하는지 이해할 수 없다. 마찬가지로……
독도 문제는 한국의 입장에서 봤을 때 영토 문제가 아닌 역사 문제일 것이다.❞

7장

일본과 러시아
: 북방영토 문제는 해결될 것인가? :

도고 가즈히코

도고 가즈히코

東鄕和彦 / Togo Kazuhiko

1945년생. 도쿄대학교 교양학부(국제관계론)를 졸업하고 1968년 외무성에 들어갔다. 외무성 해외연수의 일환으로 영국 육군사관학교와 런던대학교 슬라브·동유럽연구소에서 러시아어와 소련 사정을 공부했다. 일본 외무성을 대표하는 '러시아 스쿨', 즉 '러시아파'로 잘 알려져 있으며, 러시아와의 북방영토 교섭에 깊숙이 관여했다. 조약국장, 유럽·아시아국장, 주네덜란드 대사 등을 역임했으며, 그 외에도 국제해양법재판소(ITLOS), 국제에너지기구(IAEA), 경제협력개발기구(OECD), G7/G8 정상회담 등 수많은 다자 간 교섭을 담당했다.

2002년 외무성을 퇴임한 뒤 라이덴대학교(네덜란드), 프린스턴대학교, 캘리포니아주립대학교(산타바버라), 서울대학교, 탐캉대학교(타이완), 템플대학교 등에서 연구원 및 객원교수를 역임했다. 2009년 라이덴대학교에서 박사학위(인문과학)를 취득했다. 2010년부터 교토산업대학교 교수로 재직하며 산하의 세계문제연구소 소장을 겸임하고 있다. 2011년부터는 시즈오카현 대외관계 보좌관도 맡고 있다.

주요 저서로 《일본외교 50년: 1945~1995》(러시아어, 1996), 《북방영토 교섭비록: 잃어버린 다섯 번의 기회》(2007), 《역사와 외교: 야스쿠니·아시아·도쿄재판》(2008), *East Asia's Haunted Present: Historical Memories and the Resurgence of Nationalism*(공편저, 2008), 《전후 일본이 잃은 것: 풍경·인간·국가》(2010), *Japan's Foreign Policy 1945~2009*(2010), 《'동북' 공동체로부터의 재생: 동일본대지진과 일본의 미래》(공저, 2011) 등이 있으며, 그 밖에도 학술지, 일간지, 주간지, 월간지 등을 통해 일본외교에 대한 의견을 적극 개진하고 있다.

도고 가즈히코 교수는 이론과 실제를 겸비한 일본 최고의 러시아 전문
가이다. 그의 조부는 태평양전쟁엄밀히는 미일전쟁 개전과 패전 당시 외상
을 지낸 도고 시게노리東鄕茂德이며, 부친은 외무성 사무차관을 역임한
도고 후미히코東鄕文彦이다. 3대에 걸친 외교관 가문 출신인 셈인데, 사
실 임진왜란 때 도요토미 히데요시가 끌고 간 조선인 도공의 후예이기
도 하다. 참고로 전《워싱턴포스트》기자 도고 시게히코東鄕茂彦가 그의
쌍둥이 형이다.

　도고 교수와의 인터뷰는 2011년 10월 22일 토요일, 도쿄 롯폰기의
그랜드하야트호텔에서 이루어졌다. 그리고 2012년 여름, 서면을 통
해 그때까지 발생한 사건들에 대한 추가 인터뷰를 실시하였다. 인터뷰
석상에서 도고 교수는 열띠고 거침없는 견해와 주장을 펼쳤는데, 이는
보통의 일본인에게서는 좀처럼 찾아보기 어려운 모습이다. 러일관계
에 대한 그의 평가와 제안도 매우 진솔하고 명확하며 합리적이었다.
한국이나 중국에 대해서도, 비록 관료 출신이기는 하지만 과거사 인식
문제 등에서 정부의 공식 견해를 두둔하거나 옹호만 하려 들지 않았
다. 만일 도고 교수 같은 이가 일본 외교의 일선에서 재량권을 갖고 계
속 활약했더라면 다수의 중요한 외교 현안이 원만히 해결될 수 있었으
리라는 생각이 들기도 했다.

이 인터뷰는 러일관계의 역사적 문맥부터 짚어보는 것으로 시작했다. 도고 교수가 직접 그린 〈일본 국력의 역사적 변천〉 그림은 대외전략의 장기적 추이를 이해하는 데 도움이 될 것이다. 그에 뒤이은 내용은 러일관계의 핵심 문제인 북방영토北方領土[1]와 관련된 것으로, 주된 이슈는 '제2차 세계대전이 종결된 시점에서 영토 문제는 왜 애매한 채로 남게 되었는가?' '1956년 일소공동선언으로 국교가 회복되었음에도 불구하고 왜 평화조약은 21세기 현재까지도 체결되지 않고 있는가?' '그동안 북방영토를 둘러싼 교섭은 시기별로 각각 어떻게 진전되었고, 어째서 번번이 좌절될 수밖에 없었는가?' '북방영토를 둘러싼 교섭과정에서 러시아와 일본 양국의 국내정치는 어떤 영향을 끼쳤는가?' '현재 푸틴 정권이 추진 중인 유라시아니즘Eurasianism은 과연 무엇인가?' '중국의 부상에 대해 러일 양국은 어떻게 대처해야 하는가?' 등이다.

도고 교수는 한일 간 독도 문제에 대해서도 흥미로운 언급을 했다. 일본은 현재 동북아시아의 세 가지 영토 문제독도, 센카쿠, 북방영토의 직접적 당사자이다. 이 세 가지 문제는 역사와 경위 그리고 쌍무적 관계에서 현저히 상이한 의미를 갖는다. 한국이 독도 문제에 대해 그러하듯 일본도 북방영토에 대해 집착할 수밖에 없는데 과거 러시아와의 전쟁과정에서 발생한 제반 사건의 상징이기 때문이라는 것이다. 다시 말해

---

1 일본과 러시아 간에 영유권 분쟁이 있는 쿠릴(일본명은 '치시마')열도 4개 섬, 즉 에토로후(擇捉) 섬, 구나시리(國後) 섬, 시코탄(色丹) 섬, 하보마이(齒舞) 군도를 가리킨다.

'독도'의 경우 한국으로서는 역사 문제이지만 일본으로서는 영토 문제이며, 이와 유사하게 '북방영토'의 경우 일본으로서는 역사 문제이지만 러시아로서는 영토 문제라는 것이다. 영토 문제를 해결할 실마리를 찾으려면 우선 상대국 국민의 마음과 정서를 이해해야 한다는 것이 도고 교수의 진단이었다.

그는 이명박 대통령의 독도 방문 참고로, 일본 언론은 이를 두고 '상륙'이라는 용어를 썼으나, 그는 한국 측이 사용하는 '방문'이란 용어를 선택했다에 대해 언급하면서 동북아시아의 세 가지 영토 문제를 해결하기 위한 공통원칙을 다음과 같이 제안하였다. ① 현상변경을 요구하는 쪽은 실력행사를 하지 않는다. ② 실효지배를 하는 쪽은 대화에 응한다. ③ 쌍방이 서로 지혜를 짜내 주권교섭과는 별도로 무력충돌을 회피하고 가능한 한 협력을 추진하기 위해 대화한다. 이 원칙에서 '실력'이라 함은 '군사력'을 말한다. 이 지역 전체의 영토 문제에 대해 차분하고 진지하게 고민해봐야 할 시점이 아닌가 생각된다.

▍ 조선 도공의 후예, 도고 가문

Q 도고 선생의 집안은 3대에 걸쳐 일본의 외교명문가로 알려지고 있다. 조부인 도고 시게노리는 제2차 세계대전 개전 및 패전 당시에 외상을 지냈고, 부친인 도고 후미히코 또한 1970년대 중반 외무성 사무차관을 지냈다. 전해들은 바에 의하면, 선생 집안은 임진왜란 때 끌려간 조선 도공의 후예라던데 사실인가?

도고 맞다. 지난날 선조들이 살았고, 사쓰마야키薩摩燒라고 불리는 아름다운 도기를 만들어온 미야마美山에 가본 적이 있다. 우리 조상들은 도공 일을 해오다가 메이지明治 시기로 들어서면서 그 일을 그만두고 할아버지가 외무성에 들어간 것이다. 헌데 내 몸에 흐르는 피는 좀 더 복잡하다. 할아버지는 독일인 에디와 결혼해 나의 어머니를 낳으셨다. 아버지는 사위로서 가계를 이은 셈이다.[2]

할아버지 이야기를 잠깐 들려주고 싶다. 할아버지는 개전 당시 외상이었기 때문에 도쿄재판소에서 침략전쟁을 계획·준비·개시 또는 수행했다는 '평화에 대한 죄A급 전범'를 물어 금고 20년형에 처해졌다. 국제법에 위배되는 진주만 기습공격 및 개전 그 자체의 범죄성에 대해 책임을 물은 것이다. 하지만 사실 할아버지는 전쟁이 일어나지 않도록 모든 노력을 다했고, 불행하게도 교섭이 실패로 끝난

---

2 일본의 호적제도에 따르면 결혼한 부부는 한 가지 성(姓)으로 통합된다. 대부분은 남편의 성을 따르지만 때로는 남편이 부인의 성을 따른다. 특히 전쟁 전에는 대대로 이어져 내려온 '가문'이 큰 가치를 지녔기 때문에, 가문에 남자가 태어나지 않았을 경우 다른 가문에서 온 남편이 부인의 성을 따름으로써 '가문'의 존속을 꾀했다. 이를 '사위양자'라고 한다.

뒤인 진주만 공격 30분 전까지도 미국에 외교교섭 중단을 통고할 예정이었다. 그러나 주워싱턴 일본대사관의 전보처리 지연에 의해 결국 공격이 개시된 이후에야 통고가 이루어졌다. 물론 통고 지연이라는 것은 국가의 행위로서 변명의 여지가 없다. 하지만 '교활한 기습 공격'이라는 이미지가 만들어졌고 그것이 미국 측의 전의를 불태웠다. 그리고 일본의 전쟁 목적 자체에도 마이너스 요인으로 작용해 현재까지도 일본의 국가이미지에 부정적 요인으로 작용하고 있다.

Q 선생은 일본 내에서 잘 알려진 러시아파다. 러시아를 전문 분야로 선택한 이유는 무엇인가?

도고 대학 시절, 나는 학자의 길을 희망했다. 철학, 특히 플라톤에 대해 관심이 많았다. 그러나 세상에 나가서 일하는 데도 관심이 있었고, 그럴 경우 아버지가 일하는 모습을 봐서 어느 정도 알고 있던 외교관을 해야겠다고 생각했다. 외무성에 들어간 다음 해인 1969년에 영국으로 건너가 공부하며 러시아어를 익혔다. 그리고 1972년 주소련 일본대사관 3등서기관으로 근무하기 시작했다. 이를 계기로 러시아전문가로서 길을 걷게 됐다.

결과적으로 34년 동안의 외무성 생활 가운데 정확히 반을 소련 및 러시아 관련 일을 했다. 세 번에 걸친 모스크바 근무, 페레스트로이카[3]에서 소련붕괴에 이르는 시기의 소련과장, 2001년 이루크

---

3 1985년 소련의 고르바초프 공산당 서기장이 주창한 개혁정책. '재건', '재편'을 뜻하는 말이다.

츠크에서 열린 일본-러시아 정상회담 등 외교관 업무는 매우 흥미로웠다. 일본의 정치적 상황이 복잡하게 얽힌 탓에 대對러시아정책이 혼란스러워지면서 2002년 외무성을 퇴임했지만, 전체적으로 보면 매우 보람찬 경험이었다.

▌복합적인 러일관계의 역사적 문맥

Q 우선 러일관계의 역사를 개략적으로 정리해보자. 와다 하루키 교수는 메이지유신이 표트르 대제 시대의 러시아를 모델로 한 것이라고 보았다. 그러나 1905년 일본이 러일전쟁에서 승리한 뒤로 더는 러시아가 일본의 모델이 되지 못했다. 일본의 역사에서 러시아가 주는 함의는 무엇인가?

도고 1868년 메이지유신 이후 일본의 국시는 부국강병富國强兵이었고, 그런 노력 덕분에 국력은 지속적으로 신장되었다.[4] 1895년 청일전쟁의 승리로 일본은 청나라와 청일강화조약이른바 '시모노세키조약'을 체결하지만 이 시기부터 1905년까지는 서구열강에 대한 일종의 와신상담臥薪嘗膽 시기였다. 일본은 시모노세키조약을 통해 타이완

---

4 일본은 각 지역 영주(領主)들이 전쟁을 통해 서로 영토를 빼앗은 전국시대를 거쳐, 1603년 도쿠가와 이에야스(德川家康)가 최종적으로 국가를 통일하고 그 후 260년 동안 무사 지배가 이어졌다. 이 기간 동안 일본은 외국과 관계를 단절하면서 평화롭고 안정적이며 경제·문화적으로도 풍요로운 사회를 만들었다. 그러나 19세기 중반 구미열강으로부터 개국 압력을 받아 1868년 메이지 일왕 아래 새로운 국가체제를 만들고 산업과 군사력을 강화하기 위해 정책적 대전환을 이루었다. 이를 '메이지유신(明治維新)'이라 하며, 그 중심적 정책노선은 '부국강병'이다.

및 랴오둥반도를 할양받았으나 러시아·독일·프랑스가 이를 다시 청나라에 반환하도록 압력을 가했고 일본은 그에 응할 수밖에 없었기 때문이다_{이른바 '삼국간섭'}. 그러나 1905년 러일전쟁 후부터 일본은 지그재그 형태의 국력을 보이긴 했으나 열강의 지위를 유지했다. 이후 1929년 10월 뉴욕증권거래소 주식대폭락을 계기로 세계공황이 발생했고, 이어 세계 각지에서 자급자족적 보호무역주의가 취해지기 시작했다. 당시 일본의 지도자들 역시 일본을 핵심으로 하는 동아시아 자급자족권을 만들고자 했으며, 1931년 만주사변을 통해 만주국을 세웠다. 당시 지도자들이 일본의 국력 증대와 발전을 꾀하고자 그 이후 정책을 취했겠지만, 중일전쟁과 프랑스령 인도차이나 진주, 그리고 미국·영국에 대한 전쟁에 돌입해 결과적으로 일본은 메이지유신 이후 축적했던 거의 모든 것을 잃었

| 일본 국력의 역사적 변천

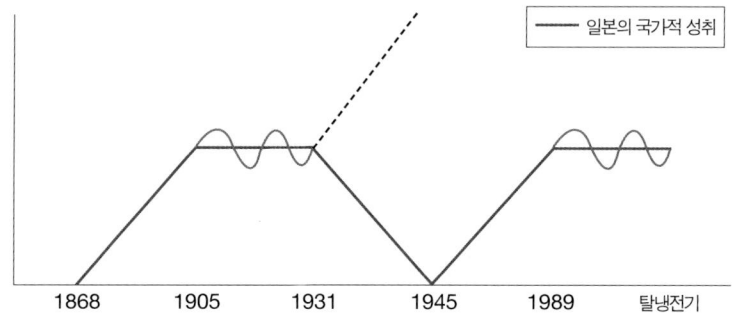

주: 도고 교수는 이 그림을 직접 제시하며 고유의 일본국력론을 설명했다. 일본은 1905년부터 1931년까지 국력 부침기(곡선 부분)를 겪었는데, 그때 만주사변을 일으키지 않고 내실을 다지며 보다 창의적인 대외정책을 펼쳤다면 국력과 위상이 크게 신장(점선 부분)했을 것이라는 설명이었다. 결국 잘못된 정책 선택이 일본의 쇠퇴를 가져왔다는 이야기다. 냉전 해체 이후의 일본 사정도 그때와 유사하다고 말한다. 냉전 해체 후 지금까지 일본은 국력과 위상의 변곡점(1989년 이후의 곡선 부분)에 처해 있는데, 이때 어떤 선택을 하느냐가 일본의 미래를 결정한다는 것이다.

다. 그러나 패전 후 일본은 다시금 국운 상승의 기회를 누리게 된다. 이는 냉전이 해체되는 1989년까지 지속되었다고 할 수 있다. 그 상황에서 지그재그의 탈냉전기를 맞았으며 현재는 새로운 선택의 기로에 처해 있는데, 결코 1931년 당시와 비슷한 선택을 해서는 안 될 것이다.

Q 제2차 세계대전이 거의 끝나가는 시점인 8월 8일 소련이 참전하면서 사할린을 비롯해 치시마千島열도와 현재 일본 측이 영유권을 주장하는 북방영토를 점령했다. 냉전 초기 러일관계의 특징으로는 어떤 것을 들 수 있는가?

도고 일본의 패전이 명확해지고 전쟁지도자들이 항복 조건을 마련하고자 필사적으로 노력하던 와중에 참전한 소련군의 그 행동은 일본 국민들의 마음에 오랫동안 지워지지 않는 분노를 남겼다. 첫째 당시 아직 법적으로는 완전히 유효했던 일소중립조약을 일방적으로 파기하고 참전한 점, 둘째 만주의 일본인개척단을 약탈하고 학대한 점, 셋째 종전 조건인 병사들의 조국귀환 약속을 저버리고 60만 명에 이르는 장병을 시베리아에 억류한 점, 마지막으로 넷째 1855년 평화적으로 체결된 러일화친조약에서 일본령으로 확정된 후 누구로부터도 주권을 도전받은 적이 없는 4개의 섬까지 점령한 점이 그 이유다. 게다가 일본은 전후 미국이 이끄는 서방 진영의 일원이 되고, 소련은 미국과 대치하는 공산 진영의 리더가 됨으로써 긴장은 한층 증폭됐다.

Q 선생의 주장에 따르면 소련군이 만주로 진주한 후 약 17만 명에
   달하는 일본인 민간인이 강제연행 또는 행방불명된 것인데, 이에
   대한 공식 발표나 데이터가 있는가?

도고 내가 책에서 이야기한 17만 6,000명이라는 숫자는 오카자키 히
      사히코岡崎久彦의 책에서 인용한 것이다.[5]

Q 그 숫자는 어느 정도 신빙성이 있다고 보는가?

도고 오카자키는 매우 깊이 파고드는 타입으로, 날조된fabricated 숫자를
      쓸 사람이 아니다. 학술서가 아니어서 그 근거를 제시하고 있지는
      않지만 충분히 신뢰할 수 있다고 본다. 외무성 선배이며, 젊은 시
      절 한국에 부임했을 때 쓴《이웃 나라에서 생각한 것隣の國で考えたこと》
      1977은 일본인의 한국론으로서는 선구적인 명저다. 한국인들도 꼭
      한번 읽어봤으면 하는 책이다.

Q 일본인이 러시아인에게 불신감을 갖게 된 것도 아마 그 시기부터
   인 듯하다. 그 이전 시기, 즉 19세기까지는 불신감이 그 정도는 아
   니지 않았는가?

도고 그렇다. 러일관계에는 좋은 시기와 좋지 않은 시기가 교차한다.

---

5 오카자키 히사히코,《요시다 시게루와 그 시대(吉田茂とその時代)》, PHP문고, 2003, 26쪽.

19세기, 한편으론 러시아가 남하하고 다른 한편으론 일본이 홋카이도에서 북진하는 과정에서 몇 차례 평화와 대립의 시기가 교차했다. '평화의 시기'에는 1855년 조약과 1875년 조약이 있다. 1855년 러일화친조약시모다조약이 치시마열도에 관해 러일 간 국경을 정한 조약이라면, 1875년 상트페테르부르크조약은 '경계를 가리지 않던' 사할린을 러시아령으로, 치시마를 일본령으로 정했기 때문에 '사할린·치시마교환조약'이라고도 불린다. 그 후 러일전쟁1905에 이르는 대립으로 양국 관계는 '전쟁의 시기'에 접어든다. 그러나 포츠머스조약으로 평화가 회복된 이래 네 차례에 걸쳐 러일협약이 체결되었다1907년, 1910년, 1912년, 1916년. 이 협약은 일본을 견제하기 위해 미국이 만주로 진출하려 하자, 이를 경계한 러일 양국이 함께 막으려고 한 것이었다. 이 과정에서 러일관계는 아주 인상적인 '평화의 시기'에 접어들었지만 미일관계는 악화되었다. 그러나 이렇게 형성된 관계는 1917년 러시아혁명이 일어나면서 무너졌고, 일본의 시베리아 출병[6]에 의해 다시금 '전쟁의 시기'로 들어섰다. 러시아인들은 당시 일본의 시베리아 출병에 대해 지금까지도 좋지 않은 감정을 갖고 있다.

그 후 1925년 일소기본조약을 통해 소련과의 관계가 정상화되고, 다시금 '평화의 시기'가 도래했다. 그렇지만 1930년대가 되면

---

[6] 1918년 3월 소비에트 정권이 독일과 단독강화를 체결하자 그해 7월 미·영·일·불 4개국이 체코군 포로 구출을 명목으로 협정을 체결해 출병한 사건을 말한다. 이는 러시아혁명에 대한 간섭전쟁의 성격을 띠고 있었다. 일본은 7만 3,000명의 병력을 동원해 동부 시베리아 요지와 북사할린을 점령했으나 철수했다.

서 노몬한사건[7] 등 두 차례의 전투를 통해 또다시 '전쟁의 시기'로 접어든 양국 관계는 1941년 일소중립조약에 의해 일시적 '평화의 시기'에 들어간다. 이때 일본은 삼국동맹조약[8]과 태평양전쟁에 뛰어들게 된다. 그리고 1945년 8월 소련 참전에 의해 전전의 역사는 '전쟁의 시기'로 마무리되기에 이른 것이다.

Q 이렇게 보면 러일관계라는 것은 어느 한쪽의 일방적 영향력 행사가 아니라 서로가 영향을 주고받는 관계가 아니었나 싶다.

도고 지적한 대로다. 실제로 러시아인들은 러시아만 문제를 일으켰던 게 아니라 일본도 과거에 그런 행동을 보였다고 주장한다. 이런 말 자체는 역사적으로 봤을 때 타당하다. 하지만 민족의 역사인식은 어쨌든 마지막 국면에 발생한 가장 중요한 사건에 의해 그 형태가 뚜렷해지게 마련이다. 일본 입장에서 보면 1945년 이전에 발생한 각 시기의 문제는 그때그때 해결이 됐고, 마지막에 발생한 1945년 소련의 공격적 행동이 아직 미해결 문제로 남아 있어 그게 문제가 되는 셈이다.

---

7 1939년 만주와 몽골의 국경지대인 노몬한에서 일어난 일본군과 몽골·소련군 간의 대규모 충돌사건.
8 1940년 9월 27일 독일, 이탈리아, 일본 세 나라가 베를린에서 체결한 군사동맹조약.

▌애매한 합의가 북방영토 문제를 초래

Q 1945년 당시와 그 직후의 상황을 좀 더 자세히 설명해달라.

도고 종전 시점에서 향후 미래에 공유되어야 할 원칙 가운데 하나로 거론된 것이 '영토를 확대하지 않는다territorial non-aggrandizement'라는 것이었다. 이는 미국과 영국이 조인한 대서양헌장Atlantic Charter에 명기되었다.[9] 그 후 소련도 이에 참여했다. 게다가 "영토확장의 의도를 갖지 않는다"라는 내용은 카이로선언에도 명기되었다.[10] 소련은 포츠담선언을 받아들임으로써 카이로선언에 참여하게 된다.[11] 대서양헌장과 카이로선언에 명기된, '영토를 확장하지 않는다'는 원칙이 소련을 포함한 연합국의 공통된 원칙이었다는 것은 부정할 수 없다고 생각한다. 어떠한 역사적 증거를 보더라도 1855년에 일본의 것이 된 영토를 소련이 손에 넣은 것은 용인할 수 없는 일이었다.

그러나 제2차 세계대전이 끝날 무렵 여러 가지 움직임이 있었다.

---

9 대서양헌장은 1941년 8월 8~12일 대서양회담에서 영국의 윈스턴 처칠 총리와 미국의 프랭클린 루스벨트 대통령에 의해 조인되었다. 헌장에서는 전후 세계 구상으로 다음 8항목을 제시했다. ① 미국과 영국의 영토확장 의도의 부정, ② 영토변경에서 관계국 국민의 의사 존중, ③ 정부 형태의 선택에 대한 국민의 권리, ④ 자유무역의 확대, ⑤ 경제협력의 발전, ⑥ 공포와 결핍으로부터의 자유의 필요성, ⑦ 항해 자유의 필요성, ⑧ 일반적 안전보장을 위한 틀의 필요성.

10 1943년 12월 1일 미국·영국·중화민국 정상들이 행한 카이로선언은 그 내용 가운데 "자국을 위해 이득을 구하지 않으며, 영토확장의 의도를 갖지 않는다"라는 내용을 담았다.

11 포츠담선언은 1945년 7월 26일 미국·영국·중화민국 정상들이 행한 것으로, 대일강화의 조건 중 하나로서 "카이로선언 조항은 이행되어야 한다"라는 조항이 명기되었다. 스탈린은 포츠담회담에 참석하지 않았으며 당시 일본과 교전국이 아니었기 때문에 선언에도 불참했으나 대일전쟁을 일으킨 후 이 선언에 참여했다.

얄타협정 체결이 그중 하나다.[12] 1945년 8월 소련이 사할린과 치시마열도를 점령한 상황에서 전쟁이 끝났다. 얄타협정에는 소련이 치시마열도를 취한다는 식으로 언급되어 있다. 얄타협정 제2항에서 말하는 소련이 러일전쟁에서 잃은 것 중 하나는 남사할린이었고 다른 하나는 당시 이미 중국에 속한 것이었는데, 협정은 굳이 이에 대해서는 장제스蔣介石의 동의가 필요하다고 적고 있다. 그러나 치시마열도 문제는 1905년 조약포츠머스조약과 전혀 관계가 없다. 따라서 얄타협정은 완전히 독립된 제3항을 삽입해 규정하지 않으면 안 되었다. 한국인들은 이 사실에 대해 잘 모르고 있다. 치시마열도 문제는 1855년부터 이어져온 문제다.

완전한 비밀협정이었던 얄타협정의 내용을 전혀 모르는 채로 일본은 전쟁에서 패배했고 샌프란시스코평화조약이 체결됐다. 일본은 조약이 체결되기 전 미국과 교섭하는 과정에서 일본의 영토적 위치에 대해 열심히 설명했다. 그러나 미국은 얄타협정을 무시할 수 없었다. 결과적으로 샌프란시스코평화조약 제2조(c)에서 일본은 "치시마열도에 대한 모든 권리, 권원 및 청구권을 포기한다"라는 점에 동의하지 않을 수 없었다. 이 협정 제1항은 중국에 대한 것이며 제2항은 일본에 대한 것이다. 제2항에는 1905년 조약에 의해 일본이 취한 영토를 소련에 반환하라고 되어 있다. 1905년 일본이 취한 영토는 남사할린, 즉 미나미카라후토南樺太이다.

---

12 얄타협정은 1945년 2월 11일 얄타에서 미국·영국·소련이 맺은 비밀협정으로, 제2항에서 '러일전쟁에서 러시아가 잃은 권리는 회복되어야 한다'고 규정하는 동시에 제3항에서 '치시마열도는 소련에 인도되어야 한다'고 규정했다.

| 북방 4개 도서

사할린

에토로후

구나시리

홋카이도

삿포로

시코탄

하보마이 군도

Q 한국 독자들의 이해를 돕기 위해 치시마열도 문제에 대해 좀 더 자세히 설명해달라.

도고 북방 4개 도서의 지도를 보면 위쪽으로 구나시리와 에토로후 섬

이 있고, 아래쪽으로는 하보마이와 시코탄 섬이 있다. 이렇게 보면 북방 4도가 모두 치시마열도인 것처럼 보인다. 얄타협정에는 "일본은 치시마열도를 포기한다abandon"라고, '치시마열도'라는 용어가 씌어 있다. 미국은 결국 샌프란시스코평화조약에서 이 용어에 동의하라고 일본에 요청했고, 그래서 평화조약에 '치시마열도'라는 용어가 삽입되었다.

그러나 미국 측은 소련이 평화조약에 조인하지 않으리라는 계산이 있었다. 당시 정세상 중국 문제가 있었기 때문이다. 즉 마오쩌둥의 중국을 승인한 소련은 중국이 초대되지 않은 샌프란시스코 회담은 인정할 수 없다고 주장했던 것이다. 그런데 예상을 깨고 소련 측이 샌프란시스코에 자국 대표단을 파견했다. 당시 소련 외교부 차관부외상에 해당이었던 안드레이 그로미코Andrei Gromyko가 대표단 단장을 맡았다. 무슨 일이 일어날지 예측할 수 없는 상황이 돼버린 것이다. 그로미코는 연설에서 치시마열도 전체가 소련에 속한다고 주장했다. 그렇게 큰 목소리로 주장은 했지만 소련은 평화

조약에 서명하지 않았다. 그 결과 그 당시 소련과 일본 간에는 아무런 결정도 이루어지지 않았다.

그리고 샌프란시스코평화조약에는 역사적 사실에 의거해 치시마열도가 어디인지 씌어 있지 않다. 또한 일본은 치시마열도를 포기relinquish했지만 그것을 '누구에게to whom' 포기했는지 역시 씌어 있지 않다. 일본 정부는 이 점을 계속 말해왔으며, 이러한 논리는 전적으로 옳다. 따라서 두 가지 문제가 남게 된다. 일본과 소련이 샌프란시스코에서 합의하지 못한 평화조약 문제를 해결하기 위해서는 양자 간 교섭이 필요하며, 이를 통해 샌프란시스코조약에서 결정된 '일본의 치시마 포기'의 의미에 대해 논의하지 않으면 안 된다는 점이다. 1955년부터 1956년까지 일본과 소련이 행한 교섭이 바로 그런 의미를 띠었다.

Q 일본-소련 간 직접교섭에서 샌프란시스코평화조약 당시 무슨 일이 있었는지를 두고 갈등이 생긴 것인가? 구체적으로 어떤 일이 있었는가?

도고 엄밀히 말하면 앞서 말한 내용 이외에 다른 문제는 없었다. 하지만 당시 요시다 시게루 총리가 이끄는 일본대표단이 조약에 서명하고 치시마열도를 포기했을 때 그곳이 어디를 상정했는가 하는 문제는 있었다. 이를 해석하는 데 필요한 중요한 자료가, 서명 당시 요시다 시게루가 행한 연설이었다. 이 연설에서는 북방 4도 가운데 구나시리와 에토로후, 하보마이와 시코탄에 대해 말하는 방식이 달랐다. 하보마이와 시코탄에 대해서는 홋카이도의 일부이며 일본군의 병영이 있었기 때문에 소련이 그곳을 '점령'했다고 말하고 있다. 구나시리, 에토로후에 대해서는 1855년에 일본의 영토가 된 이후 한 번도 그에 대해 의문을 가진 적이 없으며, 그것들이 자신의 영토라고 주장하는 소련 측의 연설에 대해 전혀 찬성할 수 없다고 못 박았다. 그러나 구나시리, 에토로후가 일본이 포기한 치시마열도에 포함되는지 여부는 언급하고 있지 않다. 하보마이와 시코탄에 대해서는 조약에서 말하는 '치시마열도'에 속하지 않는 것으로 생각하고 있었던 게 명확해 보인다. 구나시리, 에토로후에 대해서는 소련의 점령에 항의하지만, 여기가 '치시마열도'에 속하지 않는다고는 말하고 있지 않은 것이다. 일본 대표단이 귀국한 뒤 국회에서 그 조약을 심의했을 때 당시 외무성 조약국장이던 니시무라 구마오西村熊雄는 일본이 포기한 '치시마열도'에 구나시리와 에토로후가 들어가 있다고 답변했다. 거기서 애매한 부분이 남게 된 것이다.

Q 1956년 일소공동선언은 획기적이라는 평가를 받는다. 이 성명에선 북방영토 문제를 어떻게 정의하고 있는가?

도고   샌프란시스코에서 타결되지 않은 평화조약을 체결하기 위해 1955년부터 런던에서 일소 간 교섭이 개시됐다. 시베리아 억류, 어업협정 발효, 해협 통과 등 어려운 문제가 많았지만, 마지막에 남은 것은 영토 문제였다. 최종적으로 이루어진 합의는 매우 간결했다. 일소공동선언 제9조는 일소평화조약 체결 후 하보마이ㆍ

시코탄을 일본에 인도한다는 내용이다. 영토 문제와 관련해 1956년 일소공동선언에 쓰인 것은 이뿐이다. 헌데 거기 적힌 내용의 해석에 대해서는 체결 시점부터 양국 입장이 완전히 괴리되었다. 러시아 측은 영토 문제는 하보마이·시코탄에 한정되며, 구나시리와 에토로후는 분쟁대상이 아니라고 주장했다. 이에 대해 일본 측은 하보마이와 시코탄의 반환만으로는 불충분하니 구나시리와 에토로후까지 반환하라고 주장했다. 하보마이와 시코탄에 대해서는 평화조약 체결 후 인도한다는 합의가 있지만 구나시리와 에토로후에 대해서는 전혀 합의된 것이 없다. 따라서 영토 문제는 해결된 것이 아니다. 이 문제가 해결되지 않은 상황에선 평화조약을 체결할 수 없었다. 따라서 '공동선언'이라는 형태로 합의할 수 있는 것을 합의해두자는 식으로 진행되었다.

일본 측은 공동선언 이후의 평화조약 교섭을 통해 다뤄야 하는 문제는 구나시리·에토로후 문제라 말하고 있다. 이에 대해 소련 측은, 논의해야 할 것은 하보마이·시코탄을 인도하는 문제뿐이라고 말한다. 이처럼 의견 차이를 놔둔 채 1956년에 공동선언이 발표된 것이다. 샌프란시스코평화조약 이후 하보마이·시코탄과 구나시리·에토로후 각각의 지위status 사이에는 갭이 발생한다. 이것이 러일 영토교섭의 핵심이다. 1956년이 아니라 샌프란시스코평화조약 당시부터 오늘날까지 이어지고 있는 일이다. 좋든 싫든 이런 갭이 존재한다는 것은 부정할 수 없다.

1960년 미일안보조약이 개정됐다. 소련은 이를 반反소련 조약이라 항의하면서 미군이 일본에서 철수하지 않는 한 하보마이·시코탄 반환도 불가능하다는 내용을 담은 단독성명을 발표했다. 이에 대해 일본은 소련이 국제법에 따르지 않는다며 강력히 항의했다. 냉전 시기에 일어난 가장 중요한 교섭의 내용은 이러했다.

▌ 북방영토 교섭: 다섯 번의 잃어버린 기회

Q 선생은 2010년 《산다이호카쿠產大法學》라는 학술지에 발표한 논문에서 일본이 북방영토 교섭에서 다섯 번의 기회를 놓쳤다고 주장했다. 이 다섯 번의 기회란 무엇이었는지 설명을 부탁한다.

도고 그 생각을 학술지 같은 출판물 형태로 처음 알린 때는 2007년이다. 그 시점에선, 우리가 기회를 놓친 게 다섯 번이었지만, 그사이 합의도 있었다. 합의가 어떤 것이었는지를 말하지 않으면 잃어버린 기회가 어떤 것이었는지도 설명할 수 없다.

냉전이 끝나고 오늘날에 이르기까지 일본과 러시아는 실질적 영토 교섭에서 3개의 외교문서에 서명했다. 첫 번째는 1991년 고르바초프와의 합의, 두 번째는 1993년 옐친과의 합의, 그리고 세 번째는 2001년 푸틴과의 합의였다. 이들 3개의 문서화된 합의는 향후 교섭을 통해 영토 문제를 해결한다고 명시하고 있다. 이 외에도 많은 일이 있었지만 영토의 주권 문제와 직접 관계된 것으로는 이 세 가지 합의밖에 없었다고 봐도 좋다.

이 세 가지 합의란 하보마이·시코탄과 구나시리·에토로후 사이의 갭을 어떻게 해결해 4도 반환을 이끌어낼 것인가에 관한 전략이었다. 일본 입장에서 보면 러시아가 4도 반환에 합의하도록 하고 싶었지만, 그리 간단한 문제는 아니다. 최종목표를 달성하기 위해 일본은 3단계를 생각했다. 1단계는 러시아 측이 부정하는 구나시리·에토로후를 교섭대상으로 인식시켜 그에 동의하게 하는 것이었으며, 2단계는 하보마이·시코탄 반환이 1956년의 공동선언에 씌어 있으므로 이를 지켜야 한다는 점을 확인시키는 것이었다. 이 두 가지가 실현되면 3단계에서 구나시리·에토로후 문제의 완전한 결말을 이끌어낸다는 전략이었다.

1991년 합의에서 고르바초프는 1단계, 즉 구나시리·에토로후에 대한 교섭에 동의했다. 한편 2단계는 부정했다. 당시 고르바초프의 정치력이 약화된 상태라서 러시아인들이 살고 있는 시코탄을 언젠가 일본 관할로 넘긴다는 말을 할 수가 없었기 때문이다. 따라서 2단계까지 나아갈 수 없었다. 2년 후에 일본을 방문한 옐친 대통령은 다시금 1단계에 대해 동의했고, 일본으로서도 동의할 수 있는 몇 가지 교섭원칙을 결정했다. 2단계의 하보마이·시코탄 반환 확인에 대해서는 직접 문서로 남기는 건 불가하다면서 결국 기자회견 석상에서 구두口頭로 확인했다. 간접적 형태의 합의라 할 수 있다. 그런 불완전한 합의였기 때문에 3단계까지 가지 못했다. 2001년에는 처음으로 '문서' 형태로 1단계와 2단계에 합의했다. 이르쿠츠크성명에서 첫째 하보마이·시코탄 반환을 약속한 1956년 공동선언이 유효하다는 점, 둘째 구나시리·에토로후를 포함한 4도가 교섭대상임을 확인한 도쿄선언을 재확인했다. 그리고 마지막 문제도 앞으로 정식 교섭하자는 입구까지 왔다는 점을 확인했다.

Q 이르쿠츠크 합의는 대단한 진전이었다고 본다. 그런데 왜 구체화 되지 않았는가?

도고 북방영토에 집착하는 일본의 보수세력은 2001년 합의의 의미를 읽어내지 못했다. 구나시리·에토로후에 대해 진지하게 대화하기 시작하면 그 결과로 무엇이 나올지 모르고 있었다. 한쪽 극단에는 러시아가 4도 모두를 반환할 가능성이 있지만, 다른 쪽 극단에는 아무것도 반환되지 않을 가능성도 있다. 그리고 그 사이에서 또 다른 다양한 타결안이 나올 수도 있는 것이었다. 그러나 보수세력은 교섭이 시작되기 전부터 4도 모두의 반환 보장을 요구하면서 만약 그것이 보장되지 않은 상황에서 대화를 시작하면 결국 2도 반환만 으로 끝나버릴 것이라는 주장을 폈다. 게다가 인간관계 문제도 있 었다.

　이르쿠츠크에서 모리 요시로森喜朗 총리2000~2001 재임는 병행협의, 즉 하보마이·시코탄과 구나시리·에토로후에 대한 분리교섭을 제안했다. 분리교섭이란 아주 간단하다. 먼저 하보마이·시코탄 은 '반환한다는 사실'이 이미 명문화되어 있으니 그 조건에 대해서 만 논의한다는 말이다. 그리고 구나시리·에토로후에 대해서는 쌍 방 간에 의견이 일치되지 않는 영토주권 문제부터 검토한다는 말 이다. 나는 해결의 의지를 갖고 논의해나가면 뭔가 결실이 있을 것이라고 확신했다. 물론 구나시리·에토로후에 대한 결과가 즉각적 반환이 아닐 가능성도 충분히 있었다. 그러나 무언가 중간적인 것이 될 가능성도 존재했다. 그런데 4도 반환이 아니면 받아들일 수 없으므로 교섭을 중지해야 한다는 의견이 강해졌고, 결국 일본은 분리교섭을 사실상 단념하게 되었던 것이다.

Q 아직, 잃어버린 다섯 번의 기회에 대해선 설명하지 않았는데…….

도고 잃어버린 다섯 번의 기회 가운데 이르쿠츠크 교섭이 마지막 다섯 번째 기회였다면, 그 전에 네 번 기회의 창이 열렸다가 닫혔다. 가장 큰 것은 1992년세 번째 기회였다. 1991년 말 소련이 붕괴하고 러시아연방이 성립됐다. 일본은 버블경제의 환상이 남아 있던 시기였다. 양자 간 힘의 관계가 일본에 가장 유리했던 때다. 1992년 3월 안드레이 코지레프Andrey Kozyrev 외무장관이 일본을 방문했다. 나는 1991년 말까지 소련과장을 맡고 있었고, 신생 러시아와 일본은 진지하게 교섭할 용의가 있다는 메시지를 서로에게 전달하고 있었다. 코지레프가 일본 방문을 준비하는 시점에 나는 워싱턴 대사관에서 근무하고 있었다. 그리고 코지레프 외무장관이 타협안을 하나 들고 왔다. 극비리에 교섭해야 할 사안이었으므로 그 존재가 알려져선 안 되는 것이었고, 나도 공개적으로 이를 인정할 수 있는 입장은 아니었다. 그러나 이 부분에 대한 헤아림이 없으면 러일교섭의 에센스를 파악할 수 없다.

러시아가 가장 약하고 일본이 가장 강했던 이 시기, 옐친이 이끄는 러시아의 당시 정책 방향은 "서방의 친구가 되자Be a friend with the West"는 것이었다. 일본은 아시아에서 서방을 대표하는 나라였다. 따라서 일본으로서는 가장 유리한 형태로 교섭할 수 있는 조건이 갖춰진 상태였다. 단, 그 시점에서도 '4도 일괄반환'만큼은 말할 수 없다는 것이 러시아 측 입장이었다. 하지만 러시아의 제안은 4도 일괄반환이 되지 않는 한에서는 빠듯한 타협안이었다고 할 수 있었다. 그런데도 일본 측은 그것을 기초로 교섭하는 것을 인정하지 않았다. 실망한 러시아 측은 '이 이상은 안 된다Enough is enough'는 태도를 취하게 되었다. 그 후 1992년 9월로 예정됐던 옐친의 방일은 취소되었다. 믿을 수 없는 일이었다. 이것이 한 예다.

고르바초프 시절에도 두 차례 기회가 있었다. 첫 번째로, 1986년 1월 세바르드나제Eduard Shevardnadze가 외무장관으로서는 10년 만에 일본을 방문했을 때다. 그리하여 머잖아 고르바초프 서기장의 방일이 실현되려는 참이었다. 그런데 일본이 SDI[13]에 참가했고, 이를 비롯한 여러 이유로 고르바초프의 방일 일정은 취소되고 만다. 두 번째는, 그 후 1988년 나카소네 전 총리1982~1987 재임의 모스크바 방문으로 교섭이 재가동되고 1989년 12월 세바르드나제 외무장관이 다시 방일해 평화조약 작업그룹 설치를 비롯해 좋은 결과를 다수 거두었던 때다. 그러나 사실, 1989년 1월 파리에서 열린 '화학무기금지조약CWC, Chemical Weapons Convention' 회의에서 "영토문제에 진전이 없는 고르바초프의 방일은 성공하지 못한다"라는 우

---

13 레이건 대통령이 강력하게 추진한 전략방위 구상.

노$_{守野}$ 총리의 발언 때문에 교섭은 반년쯤 정체되었고, 고르바초프의 방일 역시 결과적으로는 상당히 지연되고 말았던 것이다.

세 번째는 이미 앞선 말한 러시아연방 성립 초기였고, 네 번째는 옐친 시절 후반기였다. 즉 1997년 11월 러시아의 크라스노야르스크에서 하시모토 류타로 총리와의 회담을 통해 "2000년까지 평화조약 체결"이라는 합의에 도달했고, 다시 1998년 4월 일본 가와나$_{川名}$에서 정상회담이 열렸을 때 하시모토 총리는 그동안 누구도 제시하지 않았던 양보안을 내밀었다.[14] 유감스럽게도 이번에는 러시아 측이 그 제안을 받아들이지 않았다.

다섯 번째는 앞서 말한 대로, 이르쿠츠크 합의 이후 2001년에 취임한 고이즈미 준이치로 총리가 다나카 마키코$_{田中眞紀子}$를 외상으로 임명한 뒤부터 시작된 대러시아 강경정책 시절이다. 정리하자면 고르바초프 시기에 두 번의 기회를 날리고, 1992년에 세 번째 기회를, 1998년 가와나 제안의 거부로 네 번째 기회를, 그리고 2001년에 다섯 번째 기회를 날린 것이다. 이것이 나의 계산인데, 거기에 더해 여섯 번째 기회를 일본 측이 또 놓쳤고, 현재도 일본 정부는 일곱 번째 기회의 창을 놓치고 있는 중이다.

---

14 가와나 제안의 내용 전부를 말하기는 어렵지만, 간단히 말하면 에토로후와 그 북쪽에 있는 우루프 사이에 국경선을 긋고 시정권(施政權, 입법·사법·행정 3권을 행사하는 권한)에 대해 일본 측이 대폭 양보하는 것을 내용으로 한 제안이었다.

▮ 고이즈미 정권의 비현실적 접근법

Q 사실 2001년 3월 모리-푸틴의 이르쿠츠크 합의는 1956년 일소공
동성명을 재확인하고 '선先 하보마이-시코탄 반환 교섭, 후後 구나
시리-에토로후 실질 교섭 가능성'이라는 절호의 기회를 열어주었
던 것인데 결국 깨지고 말았다. 그 이유로 선생과 다나카 마키코
당시 외상 사이에 갈등이 있었다는 게 사실인가? 그렇다면 어떤
이유였는가?

도고 다나카 마키코는 일본의 정책 전환기에 외무장관을 지냈다. 당시
총리는 고이즈미 준이치로였다. 이르쿠츠크 합의는 2001년 3월
25일에 이루어졌고, 고이즈미 내각은 4월 26일에 발족했다. 내가
네덜란드 대사로 발령받은 것이 5월 1일이다. 내각이 발족할 때부
터 다나카 마키코와 스즈키 무네오鈴木宗男[15] 사이의 대립이 표면화
됐다. 이르쿠츠크 합의 이후 일본이 추진하려던 정책이 사실상 해
체된 것이다.

Q 선생도 이르쿠츠크 합의 당시 교섭을 주도했음에도 불구하고 다

---

15 스즈키 무네오는 1983년 홋카이도에서 중의원 의원 당선으로 정계에 입문하여 1989년에는 외무정무
차관을 지냈다. 이후 러시아 문제, ODA, 아프리카 정책 등 외교 분야에서 경력을 쌓았다. 고이즈미
내각 시절에는 매스컴과 여론으로부터 '수구파'의 대표격으로 지목되었고, 2002년 뇌물수수 등의 혐
의로 기소되어 실형을 선고받았다. 최고재판소에까지 항소했지만 형이 확정돼 복역하다가 2011년 형
기가 만료됐다. 그 이후 홋카이도에 '신당대지(新黨大地)'를 창당했고, 이를 발전시켜 현재는 '신당대
지·진(眞)민주당'(의원 5명)의 당수(스즈키 본인은 국회 의석을 갖고 있지 않음)로서 활발히 활동하고
있다.

나카 외상과 대립하고 있지 않았는가?

도고　나는 이르쿠츠크 교섭 당시 구주국장으로서 외무성 정책을 총괄하는 입장이었다. 그러나 그 일이 끝나자 네덜란드 대사로 전출되었다. 이 인사조치는 다나카 외상과는 관계없다. 다나카 외상에 대해 말하자면 그녀는 러일 간에 무슨 일이 일어났는지를 이해할 만한 지식이 충분하지 못했다고 판단하지 않을 수 없다. 그녀의 아버지 다나카 가쿠에이가 총리였을 때 나는 주모스크바 일본대사관 3등서기관이었다. 다나카 총리는 1973년 소련을 방문했고 그때 합의한 일소공동성명에서는 "전후 미해결된 제반 문제를 해결한다"라고 명시했다. 전후 미해결된 문제가 무엇인가를 두고 다나카 총리와 대화할 때 브레즈네프 서기장은 '4도 문제'라고 답했다. 그러나 이는 구두 대답이었을 뿐 문서로는 남기지 못했기 때문에, 냉전 후반기 러시아는 그런 말을 한 적이 없다고 말하기 시작했다. 결국 소련이 4도 문제가 교섭대상이라는 점을 문서로 인정하는 것은 1991년의 고르바초프 방일까지 기다리지 않으면 안 되었다. 다나카 총리의 소련 방문은 앞서 말한 세 번의 교섭에 선구적인 것이었다고 할 수 있는데, "4도가 교섭의 대상이다"라는 것을 문서화하지 못했던 만큼 한계가 있었다. 다나카 마키코가 외무장관이 된 후 "교섭을 1973년으로 되돌리자"라고 말했을 때는 정말로 놀랐다. 누구도 이해할 수 없는 이야기였다. 나의 인사 문제에 대해 말하자면 수개월간 지연된 다음 2001년 8월 결국 네덜란드 대사로 부임했다.

Q 다나카 외상의 조언자는 누구였나?

도고 그건 알 수 없다.

Q 선생을 네덜란드 대사직에서 해임한 이유는 무엇인가? 다나카 외상이 해임한 것인가?

도고 다나카 외상은 스즈키 무네오 의원과 대립한 것 외에도 몇 가지 문제가 생겨 2002년 초 외상직을 사임했다. 나를 해임한 것은 그 후임인 가와구치 요리코川口順子 외상이었다. 해임 이유는 두 가지다. 하나는 스즈키가 외무성에 비정상적인 영향력을 행사했고 내가 그 정치력에 굴복했기 때문이다. 당시 고이즈미 총리는 일본 개혁의 리더였다. 따라서 모든 이가 고이즈미 총리가 올바른 일을 하고 있다고 생각했다. 다나카 외상은 정치적으로 매우 인기 있었고 고이즈미 정권의 여주인공heroine이나 다름없었다. 일본 여론은 고이즈미와 다나카를 좋은 정치가라고 생각한 반면, 스즈키 무네오는 보수 자민당 정치의 상징으로 여겨졌다. 한 민주당 의원은 스즈키 무네오를 '악의 백화점department store of evil'이라고까지 말했다.

내가 스즈키의 영향력 아래서 북방영토 교섭을 한 것은 아니지만, 그는 내 생각을 누구보다도 정확하게 이해하고 지원해준 사람이었다. 그는 러시아인들과 폭넓은 인간관계를 맺는 것이 중요하다고 생각했기 때문에 자신의 시간과 사재私財를 털어 일본에 오는 러시아인들을 만났고 또 러시아를 자주 방문했다. 사할린에 있는 학교의 교사부터 모스크바에 있는 국회의원까지 직접 만나 영토 문제를 해결해야 한다는 메시지를 전달했으니, 러일관계에 큰 공헌을 한 셈이다. 한마디로 말해 나는 러시아를 상대하는 스즈키 무네오의 자세를 존경했었다. 그러나 다나카와 고이즈미는 좋은 사람이고 스즈키는 더러운 사람이라는 분위기가 생기면서 외무성은 점차 스즈키 무네오를 배제하기 시작했다. 결국 인간관계의 문제다.

또 하나의 문제로, 나는 줄곧 북방영토에 대한 접근은 현실적이어야 한다는 입장을 취해왔다. 만일 두 섬을 취할 수 있다면 그것부터 먼저 취하고 이를 나머지 영토로 이어나간다는 생각을 하지 않으면 안 된다는 것이다. 그동안 여러 가지 일이 있었지만 영토 주권에 관한 한 아무것도 바뀌지 않았다. 지금 결단해 뭔가 바꾸지 않으면 언젠가는 교섭 자체가 사라질 것이다.

이르쿠츠크에서 분리교섭을 시작했다면 그로부터 반년 혹은 1년 이내에 구나시리·에토로후를 제로로 하지 않는 형태로 합의할 가능성이 있었다고 확신한다. 그래서 나는 어떻게 해서든 다음 단계로 들어가지 않으면 안 된다고 생각했다. 그러나 4도를 일괄적으로 반환받지 않는 한 일본은 구나시리·에토로후를 영원히 잃을 우려가 있다고 생각해 나의 단계적 접근법을 위험하게 바라보는 의견이 외무성 외부에 존재했고, 외무성의 일부가 이를 추종했다.

결국 내가 네덜란드로 간 뒤 1년 동안 러시아 정책을 자세히 알지 못하던 사람들이 사실상 이르쿠츠크 합의를 사보타주했다. 2002년 다나카 마키코와 스즈키 무네오 사이에 대립이 발생하자 스즈키파로 분류된 사람들은 배제되었다. 모리 총리를 수행해 이르쿠츠크 합의를 주도한 나는 대사 해임과 동시에 외무성을 그만두게 됐다. 그리고 실질적으로 함께 일한 사토 마사루佐藤優[16]는 외무성의 암묵적 양해tacit acknowledgement 아래 체포되었는데, 같은 시기에 이르쿠츠크 합의를 누구보다 지지하던 스즈키 무네오 역시 체포되었다. 러시아 정책이라는 측면에서는 결국 비현실적인 '일괄적 타결론'이 현실적인 '점진적 타결론'을 압도해버린 셈이다.

▌ 아소부터 하토야마까지, 한마디 말 때문에 망가진 교섭

Q 고이즈미 내각을 뒤이은 아베 신조 내각에서는 2006년에 시베리아 협력 이니셔티브를 제안했고, 그 후 후쿠다 야스오 내각, 아소 다로 내각, 하토야마 유키오 내각이 이어졌다. 그간 러시아에 새로운 제안을 한 것도 같은데, 결국 잘되지는 않았다. 이 기간 동안의 교섭 상황, 특히 당시 외무성의 야치 쇼타로谷內正太郎[17] 사무차관이

---

16 사토 마사루는 체코어 전문직 직원으로 외무성에 들어가, 소련이 붕괴되고 러시아연방이 형성되던 시기에 8년 정도 모스크바대사관에 근무했다. 귀국 후에는 정보관계 업무에도 관여하면서 1990년대에 러시아 정책의 기획 및 입안에 큰 영향력을 갖고 있었다. 그러나 스즈키 무네오 의원과 지나치게 가깝다는 점이 문제시되어 2002년 스즈키 의원이 체포되기 직전 이스라엘에서 열린 세미나에 참석할 당시의 비용 사용 방식이 배임이라는 혐의로 체포되어 유죄판결을 받았다. 그 후 최고재판소에 상고했지만 형이 확정되었다. 그러나 판결은 집행유예 처분이었고 그 체포와 재판에 이른 경위를 쓴 《국가의 함정(國家の罠)》이라는 책이 폭발적인 베스트셀러가 되었다. 그 후 폭넓은 분야에서 저작활동을 하며 일본을 대표하는 오피니언리더 중 한 사람이 되었다.

17 1944년생. 2005년 1월부터 2008년 1월까지 외무성 사무차관을 역임했다. 아베 및 아소 내각이 제창한 가치관 외교, 자유와 번영의 호, 대북 강경책 책정과 실행에 중심적 역할을 수행했다.

행한 교섭에 대해선 어떻게 평가하는가?

도고　2006년부터 2009년까지 약 3년 동안 분명 여섯 번째 기회의 창이 열렸다고 본다. 거기서 야치 사무차관은 아주 중요한 역할을 했던 것 같다. 자세히는 알 수 없지만 신문 등 제반 정보를 종합해보면, 결국 고이즈미 시절에는 아무것도 변하지 않았다. 그러나 아베 내각이 들어서면서 분위기가 명백히 바뀌었다. 아베 총리의 아버지인 아베 신타로安部晋太郞가 외무대신·자민당 간사장이던 시절에 고르바초프와 교섭하려 한 적이 있고 양호한 관계가 구축된 바 있어 러시아인들은 그것을 기억하고 있었다. 아베 신조 역시 아버지가 못다 한 일을 이루기 위해 몇 가지 신호를 보낸 것 같다. 2006년 아베 내각이 들어선 뒤 하일리겐담Heiligendamm 정상회담에서 앞서 언급한 시베리아 협력 이니셔티브가 제안되었다. 그러자 러시아 측의 태도가 부드러워졌다. 그 와중에 아베가 총리직을 사임했다. 뒤이은 후쿠다 야스오 시절도 결코 나쁘지 않았다. 러시아의 메드베데프 대통령은 2008년 도야코洞爺湖 서미트에서 평화조약 문제를 해결해 러일관계를 격상해야 한다면서 교섭을 진전시키자는 전향적 발언을 했다. 그러나 후쿠다 총리도 사임하고, 아소 다로가 등장한다. 아소 외상[18]은 아베 내각의 각료로서, 2006년 11월 국회에서 '면적이등분론面積二等分論'을 꺼내들었다. 거기에 나도 적잖이 놀랐다. 면적이등분론은 홋카이도대학교의 이와시타 아키히로岩下昭裕 교수가

---

18 아소 다로는 2005년 10월부터 2007년 8월까지 외무대신을 역임했으며 이후 2008년 9월부터 2009년 9월까지 총리를 지냈다.

쓴《북방영토 문제: 4도, 0도, 2도 아닌北方領土問題: 4でも0でも2でもなく》
에 담긴 아이디어다. 섬의 숫자가 아니라 면적을 반으로 나누자는
것이다. 면적으로 영토를 나누자면, 3개의 섬과 에토로후 섬의 남
쪽 일부가 일본 것이 된다. 중러 국경 교섭 시 해결의 원칙이 '50
대 50'이었는데 이를 일본에 적용할 수 있지 않을까 하는 게 이와
시타 교수의 발상이었다. 학자의 발상으로서는 흥미로운 것이었
으나, 외상이 국회에서 그런 발상을 언급하는 것은 전례가 없는 일
이었다. 전혀 생각지도 못한 아이디어였다. 내가 근무할 때 일본
의 입장이라는 것은 하보마이·시코탄은 일본에 반환될 것이기 때
문에 구나시리·에토로후에 관해 일종의 중간적 조치를 취하고 결
과적으로 4도를 전부 반환받을 때까지 끈기 있게 교섭하자는 아이
디어였다. 4도 반환이라는 최종목표로부터 멀어지는 일은 한 번도
없었다. 그러나 면적이등분론은 당시 우리의 생각과는 명백하게
다른 것이었다.

Q 푸틴은 그 면적이등분론에 호의적 태도를 보였다. 그런데 왜 깨졌
는가?

도고 외교적 미숙함이 컸다. 아소 외상의 발언이 파장을 미치는 가운
데 워밍업이 시작되었다. 이것이 2009년 5월까지 이어지게 된다.
우선 정점은 그해 2월 아소 총리와 메드베데프 대통령이 사할린에
서 만나 전례에 속박되지 않는 창조적 아이디어를 논의하자는 데
합의했고, 5월에는 푸틴 총리가 방일했다. 푸틴은 모리 전 총리와

아소 총리를 만났고, 그 다음 달에 이탈리아 라퀼라L'Aquila에서 열릴 예정이던 정상회담이 중요한 대화가 되리라는 점을 시사하기도 했다.

　기자회견에서 기자단이 푸틴에게 "라퀼라 서미트에서 거론할 예정인 이야기 가운데 면적이등분론도 포함되는가?"라고 묻자, 그것도 포함되어 있다는 답이 돌아왔다. 러시아 제1의 권력자인 푸틴이 영토의 절반을 나누는 방안에 대해 일본과 논의한다는 것을 공개적 기자회견 석상에서 말했다니 놀라웠다. 러시아 민족주의자들 입장에서 보면 용인할 수 없는 이야기였다. 하지만 푸틴 스스로 그렇게 말했다는 건 교섭이 정점에 달하고 있었다는 의미다. 그러나 그로부터 일주일 뒤 아소 총리는 국회에서 러시아가 북방영토를 '불법점거'하고 있다는 발언을 했다. 일본의 법적 입장은 분명 그러하다. 모든 사람이 알고 있다. 하지만 메드베데프는 러시아가 타협을 염두에 둔 중요 회담을 하려는 찰나에 일본이 자국의 법적 입장이 러시아의 법적 입장보다 우위에 있다고 선언한 것으로 받아들였다. 러시아가 타협을 통해 해결하려는 와중에 일본은 교섭에서 우위에 선 것은 일본이라는 점을 내보이며 고압적으로 나온다고 해석한 것이다. 그들 입장에서는 상당한 모욕이었다. 러시아인들은 이런 모욕을 용서하지 않는다. 메드베데프 대통령은 새로 임명된 고노 마사하루河野雅治 주모스크바 일본대사의 신임장 봉정식에서 일본의 태도가 이상하다면서 심하게 논박했다. 이리하여 라퀼라 서미트에서도 아무런 진전이 없었다.

Q 하토야마 내각 시절에는 약간 다르지 않았는가? 하토야마 총리는 아소 내각의 실패에서 무엇을 배웠는가?

도고 하토야마 유키오 총리는 러시아 문제에 관심이 컸다. 1956년 일소공동선언을 이룬 것이 그의 조부 하토야마 이치로였기 때문이다. 사실 하토야마 유키오는 자민당 정권이 하지 못한 러시아 교섭을 자신이 하겠다는 의사를 표명해놓고 있었다. 러시아 측도 하토야마가 아소의 실패를 통해 뭔가 배웠을 테고 양보를 통해 합의할 준비가 되었으리라 판단했을 것이다. 처음 두 차례에 걸친 하토야마-메드베데프 정상회담은 아주 원만하게 진행됐다. 싱가포르에서 두 번째 회담이 끝난 뒤 메드베데프는 러시아 기자단에게 "전후戰後 현실은 바꿀 수 없다. 그러나 일본과는 현재 교섭을 진행하고 있다"고 언급했다. 바꿀 수 없는 전후 현실이라 하더라도 예외는 있을 수 있다고 말하기란 결코 쉽지 않은 일이다. 그러나 그로부터 일주일 뒤 스즈키 무네오가 질문주의서質問主意書를 제출했다. 질문주의서란 국회의원이 내각에 제출하는 공적 질문을 말한다. 제출된 질문에 대해 내각은 답변하지 않으면 안 된다. 이 답변은 각의내각회의 결정이며 권위가 높은 것이다. 당시 스즈키 무네오는 질문주의서를 다수 제출했는데, 그중 하나는 하토야마 내각의 러시아 정책과 관련된 것이었다. 그런데 2009년 11월에 제출된 내각의 답변서에 '러시아의 불법점거'라는 용어가 들어가 있었다. 러시아 측이 맹렬히 반발한 것은 말할 나위도 없다. 메드베데프 대통령과의 교섭은 사실상 이 시점에서 끝나고 말았다.

Q 결국 일본 국내정치가 뒷받침이 되지 못했다는 이야기인가?

도고 문제는 정치적 판단에 있는지도 모르겠다. 아니면 단지 어리석음의 결과일지도 모른다. 때때로 사람들은 실수를 한다. 그 실수가 의도적일 수도 있다. 하지만 때로는 단순한 실수가 25년에 걸친 노력을 일시에 망칠 수 있으며, 그 사실을 깨닫지 못할 수도 있다. '불법점거'라는 용어가 아소 내각의 교섭을 망가뜨렸다. 러시아와 제대로 교섭을 해서 결과를 내고자 하는 입장에서 보면 '불법점거'라는 용어를 꺼내는 순간 교섭이 깨진다는 점은 명명백백했다. 그러나 그 용어를 또 사용해버린 것이다.

Q 결국 교섭을 파국에 이르게 한 것은 러시아가 아니라 일본이라는 말 아닌가? 즉 일본 정치인들의 편협한 태도가 문제라는 식으로 들린다. 지나친 명분론이 일본의 실리를 망치고 있는 것 아닌가?

도고 편협 또는 무지다. 그 판단을 누가 했는지 모르기 때문에 그 진의를 엄밀히는 알 수 없다. 그렇지만 영토 교섭에서 이 시기에 파괴적 영향이 끼쳤다는 점은 부정할 수 없다. 결국 최악의 1년을 거쳐 2010년 가을 메드베데프가 구나시리 섬을 방문하기에 이르렀던 것 아니겠는가. 일본 국민들은 격노했지만, 사태를 바로잡기 위해 아무런 힘도 갖고 있지 않다는 것만 보여주고 말았다.

▌ 불투명한 북방영토 교섭의 미래

Q 앞으로 교섭 전망은 어떤가?

도고 매우 심각한 상황이다. 치시마열도는 러시아에서 보면 맨 동쪽
끝이다. 이 섬에 제대로 자금을 투입해 생활을 윤택하게 할 필요
가 있었지만 예산 부족과 낮은 우선순위 때문에 그러지 못했다. 그
러나 2006년 아베 정권과 교섭이 시작될 무렵 러시아는 '쿠릴열도
개발계획'을 세웠고 2007년부터는 본격 실시해왔다. 이 계획에 따
르면 9년간 540억 엔 정도가 투입된다. 자금이 투입되기 시작하면
학교, 부두, 도로, 공장 등이 건설되어 치시마열도의 풍경이 급속
히 바뀔 것이다. 이러한 변화는 앞으로도 계속될 것이다.

나는 러시아 측이 2006년에 중요한 결정을 내렸다고 본다. 앞서
말한 세 가지 합의에선 약간의 진전은 있었으나 결국 아무런 성과
도 얻지 못했다. 따라서 이제 그만 결론을 내릴 시기라고 생각했는
지도 모른다. 2006년부터 3년 동안 진행된 교섭에서도 결론은 도
출되지 않았다. 교섭이 중단된 이상 러시아의 정책은 하나밖에 없
다. 제대로 책임을 지고 치시마열도를 개발해 그곳에 살고 있는 러
시아인들을 부유하게 하는 것이다. 러시아 측은 일본이 뭐라든 간
에 그 정책을 추진할 것이다. 따라서 향후 전망은 매우 어둡고, 일
본으로서는 위기 상황이라고도 할 수 있다.

Q 그렇다면 전혀 희망이 없다는 것인가?

도고 그렇지는 않다. 다만 희망을 살려내려면 일본이 국내적으로 충족시켜야 할 몇 가지 조건이 있다. 첫째는 지금까지의 교섭이 실패했다는 인식을 갖는 것이다. 이런 인식이 없으면 다음 정책으로 이어질 수가 없다. 예를 들어 일본은 제2차 세계대전 당시 미드웨이해전에서 세계 최고 수준의 항공모함 4척을 잃고는 패배의 길로 들어섰다. 그런데 가장 치명적인 것은 항공모함 4척을 잃었다는 사실을 '숨겼다'는 점이다. 당시 해군은 도조 히데키 총리에게도 이 사실을 즉각 보고하지 않았다. 이것이 일본인들의 멘털리티다. 북방영토에서도 똑같은 일이 일어났지만 그럼에도 불구하고 그 사실을 정확히 인식하고 있지 않다.

둘째는 현재 시점에서는 4도 일괄반환이 아니면 안 된다는 주장은 난센스라는 점이다. 현 상황에서 실제로 무엇을 할 수 있는지 진지하게 검토한 뒤 새로운 발상을 할 필요가 있다. 러시아의 치시마열도 개발이 진행되고 있는 현 단계에서 새로운 제안을 꺼내기도 실은 쉽지 않다. 나는 지금 우리가 아무것도 하지 않으면 얼마 지나지 않아 북방 4도에서는 일본의 그림자라곤 전혀 보이지 않는 채로 러시아에 의한 개발이 여러 나라의 협력을 통해 진행될 것이라 본다. 일본 입장에서 보면 북방영토가 불법으로 점거된 상태이므로 일본인들은 무비자 방식이 아니면 방문할 수가 없다. 이는 사실상 방문하는 것이 매우 제한적이라는 의미다. 반대로 일본 정부는 다른 나라의 개인이 그곳에 가서 일하는 걸 막을 수 없다. 이렇게 해서 '일본인'이라고는 흔적도 찾아볼 수 없는 섬이 발전을 이룬다면 그때 러시아는 과연 반환하려는 마음이 들겠는가? 다시 말

7장 일본과 러시아 | **321**

해 일본이 정책을 바꾸지 않으면 안 된다는 이야기다.

Q 말하자면 결국 일본 외교가 한계를 드러낸 것 아닌가?

도고 바로 그렇다. 이는 일본 외교의 전반적 지위 문제와도 관련된다. 일본이라는 나라가 어디를 향하고 있는가? 일본은 메이지 시기부터 쇼와昭和 시기에 이르기까지, 즉 냉전이 끝날 때까지 하나의 국가적 목표를 갖고 국민이 힘을 모아 그 방향을 지향해왔다. 메이지 시기부터 전쟁 전까지는 '부국강병' 시대였다. 1931년부터 시작된 만주사변 이후 결과적으로 큰 실패를 겪지만 전후의 쇼와 시기, 즉 냉전이 끝날 때까지는 한길을 걸어왔다. 나는 이 시기를 '부국평화富國平和' 시대라 부른다.

　1991년 말 소련 해체 후 미국이 가장 두려워한 나라는 일본이었다. 일본의 경제력 때문이었다. 당시 일본은 목적을 달성한 상태였고 이후 지향해야 할 국가적 방향성을 상실했다. 어디로 가야 할지 알 수 없게 돼버린 것이다. 그 결과 일본은 무슨 일을 해도 잘되지 않았다. 이는 국내정치뿐만 아니라 대외관계에서도 마찬가지였다. 그로부터 20여 년이 지났다. 지금 일본에 필요한 건 올바른 국가적 목표를 확립해 그 방향으로 국민들의 힘을 모으는 일이다. 그리고 대외관계에서도 균형 잡힌 정책을 추진해야 한다. 이처럼 올바른 국가목표와 그에 대한 일정한 합의 형성, 그리고 집약된 힘에 근거한 대외관계 추진이라는 3단계 프로세스가 요구된다.

Q 그렇다면 지금 일본은 어디에 와 있는가?

^{도고} 나는 미국이나 중국과 국력을 비교했을 때 일본이 어디에 위치하는지 모른다. 사실 궁금하지도 않고 신경 쓰이지도 않는다. 왜냐하면 일본은 냉전 후반기에 소기 목표를 상당 부분 달성했지만 그 뒤로는 자기 목표를 잃었다. 이런 목표를 다시 일으키는 것이야말로 가장 큰 문제다. 다른 나라와 비교하는 것은 2차적 의미를 지닐 뿐이다. 북방영토에 관해서도 명확한 국가목표 아래 해결 가능한 것들 가운데 최대치를 실현한다면 그것으로 좋겠다. 북방영토 교섭 자체에 대해 좀 더 언급하자면, 앞에서 말한 실패에 대한 인식, 그에 기초한 현실적인 신계획, 그리고 러시아 전반에 대한 구체적 정책이 필요하다. 덧붙여, 2012년 푸틴이 대통령으로 재등장함으로써 교섭 국면이 근본적으로 바뀌었다. 이른바 일곱 번째의, 그리고 아마 당분간은 마지막 기회가 될 창이 열렸다고 본다. 2011년 9월 푸틴이 대통령선거에 나서기로 결정한 다음부터, 일본에 대한 러시아의 메시지가 눈에 띌 정도로 부드러워졌다. 2012년 3월 1일에 열린 기자회견에서 푸틴은 《아사히신문》 기자에게 "내가 대통령이 되면 (일본과) 교섭을 개시하라고 할 것이다. 결과는 비기는 것으로 해야 할 것이다"라고 말했다. 이 또한 놀랄 만한 발언이다. 이러한 긴급사태에 대한 일본 정부와 외무성의 대응은 완전히 뒤처져 있다. 6월에 멕시코에서 열린 정상회담도 아무런 성과 없이 끝났고, 9월 APEC에서도 별다른 성과를 얻지 못하고 시간만 정처 없이 흘려 보냈다.

Q 왜 푸틴은 일본에 관심을 갖는가? 상트페테르부르크 출신이니 아무래도 아시아적 아이덴티티보다는 유럽적 아이덴티티가 더 강하지 않은가?

도고 그렇지 않다. 푸틴 대통령은 새로운 유라시아니즘을 내걸고 있다. 그 유라시아니즘의 첫 번째 과제가 일본과의 관계개선이다. 그러므로 일본도 러시아의 새로운 유럽·아시아 정책에 진지하게 응해야 한다고 생각한다. 이는 무엇보다 일본의 국익에 합당할 것이다.

▎푸틴의 러시아, 유라시아니즘을 계속 추진

Q 푸틴과 메드베데프의 정체성에 대해서는 어떻게 보는가? 예전에 러시아가 시베리아나 극동까지 세력을 확대한 것은 슬라브 민족주의Slavic nationalism와 관련이 있었다. 슬라브 민족주의 관점에서 볼 때 푸틴이 정말로 북방영토를 양보할 의향이 있다고 보는가? 바꿔 말하면 러시아가 냉전기에 그랬듯 어떠한 군사적 야망을 갖고 있다고 보지는 않는가?

도고 냉전 시기의 러시아는 미국에 버금가는 군사력을 추구했다. 군사력 추구의 정도를 기준으로 그때와 지금을 비교하는 것은 애당초 적절치 않다. 푸틴은 2000년 대통령에 취임했고 재임기간은 총리 시절을 포함해 12년, 이미 옐친의 재임기간을 뛰어넘었다. 그의 목표는 두 가지다. 하나는 러시아의 국력을 강화해 안정지향 국가stabilizer country로 만드는 것이다. 강한 러시아는 경제력과 군사력에 의해 만들어진다. 푸틴은 이 목표를 달성하는 데 일단 성공했지만 충분치는 않을 것이다. 러시아 경제는 푸틴이 대통령에 취임한 2000년에 비해 6배나 성장했다. 단, 러시아는 결국 에너지 자원에 전적으로 의존한다는, 역사적으로 확인된 단점을 극복할 수 없었다. 더 강한 국가를 만들려면 어떻게 해야 하는가? 푸틴 정권 1기2000~2004와 2기2004~2008에 걸쳐 정치의 주도로 회복해온 러시아 경제를 발전시키기 위해서는 어떡해야 하는가? 이것이 첫 번째 목표다.

다른 하나는 푸틴이 통치하는 동안 사회적 모순이 발생했다. 경제 분야에서는 에너지 산업과 강력하게 결합된 새로운 집단을 형성했지만, 그들이 국가에 대해 고압적 자세를 취하기 시작한 것이다. 또한 사회적 양극화가 심화되는 결과도 초래됐다. 새로운 형태의 노멘클라투라nomenklatura 시스템[19]이다. 푸틴 체제는 행동의 자유가 제약되는 새로운 정치구조를 만들어냈다. 이것이 물론 표현의 자유를 완전히 억압하던 구소련과는 다르지만, 질식할 것 같은 느낌이 사회 전반에 퍼져 있다는 점만은 부정할 수 없다. 예를 들면 주지사를 중앙정부가 임명하는 시스템이 도입됐고, 대중의 인식에 결정적 영향을 미치는 텔레비전 방송을 정부가 완전히 장악했다. 통치구조가 매우 억압적인 셈이다. 이 같은 폐쇄적 상황을

---

19 구소련에서 당을 지배했던 소수 엘리트 특권계급을 가리키는 말, 또는 이들이 상명하달식으로 유지하던 특권관료체제를 의미한다.

없애려면 어떻게 하면 좋은가? 이것이 두 번째 목표다.

Q 푸틴 대통령과 메드베데프 총리라는 형태로 진행되는 러시아 정
   치는 앞으로 어떻게 전개될 것으로 보는가?

도고 누가 되든지 간에 풍요롭고 강력하며 안정된 러시아를 만들어
     야 한다는 점은 마찬가지다. 푸틴은 퇴임 직전인 2008년 2월, 매
     우 중요한 연설을 했다. 연설의 키워드는 에너지에 의존하는 경제
     에서 벗어나 부가가치가 중심이 되는 경제value-added economy를 만들
     어야 한다는 것이었다. 그로부터 4년이 지났지만 러시아는 전환에
     성공하지 못했다. 앞으로는 메드베데프가 경제를 담당하는 총리
     로서 그 임무의 중심이 된다. 에너지 문제 또한 계속 중시해야 하
     는 중요 과제다. 그 공통된 과제 아래서 정치에 대한 메드베데프의
     접근법은 아마도 보다 자유주의적인 것이 되리라 보인다. 미국·
     유럽형의 투명성에 이어지는 법치rule of law를 강조할 것이다. 역대
     러시아 지도자들 가운데 그에 가장 가까운 이미지를 가진 인물이
     고르바초프일 텐데, 푸틴 대통령 아래서 메드베데프 총리는 더 자
     유롭고 투명한, 그리고 효율적 경제를 만들기 위해 힘을 기울일 것
     으로 생각된다.
       한편 푸틴은 러시아의 자립과 아이덴티티 강화를 지향할 것이
     다. 새로운 러시아의 핵심에는 유라시아니즘이 있다. 유라시아적
     공간Euro-Asian Space이 키워드가 될 것이다. 푸틴 대통령은 이미 진
     지하고 흥미로운 메시지를 발신하고 있다. 2011년 10월 3일의 공

식 발표에서는, 2012년 1월 1일부터 러시아와 벨로루스 그리고 카자흐스탄 사이에 새로운 경제공동체가 형성된다는 점을 밝혔다. 이는 단순히 구소련에 속했던 공화국들의 재통합이 아닌 새로운 유라시아 경제공동체의 유럽 부분을 맡게 되는 것이다. 이 발표가 있던 날 푸틴은 가스프롬Gazprom[20] 사장과 만나 가스프롬 사社의 활동을 확대하기 위해 아시아 국가들과 보다 더 긴밀한 관계를 구축해야 한다고 말했다. 특히 일본·한국·중국과의 관계 강화를 지시했다. 그 내용은 정부를 대변하는 '러시아의 목소리Voice of Russia'를 통해 일본어로 전달됐다.[21]

이를 보면 특히 일본과의 관계 악화를 겪은 메드베데프 정권의 2010년과 어떻게 다른지 알 수 있다. 2010년 7월 2일 하바로프스크Khabarovsk에서 열린 아시아·태평양 국가들과의 협력회의에서 라브로프Sergei Lavrov 외무장관은 이들 국가와의 잠재적 협력 가능성을 언급하는 와중에 거의 모든 주요국을 거론하면서도 일본에 대해서는 한마디도 하지 않았다. 이 연설은 내가 러시아와 교섭하면서 들은 것 가운데 가장 큰 불쾌감을 느끼게 했다. 그랬던 분위기와 비교하면 현저한 차이가 있다.

Q 좀 다른 이야기인데, 푸틴의 대아시아·태평양 정책에서 중국은 어떤 변수로 작용하리라 보는가? 중국의 저항이 있을 법도 한데······.

---

20 러시아 국영 천연가스 회사. 1989년에 설립됐으며 전 세계 천연가스 매장량의 20%를 보유한 세계 최대의 가스 생산업체다.

21 '러시아의 목소리'는 러시아의 국영 라디오 방송국으로 러시아 정부는 이를 통해 상대국에 메시지를 전달한다.

도고   푸틴의 정책 목표는 동서東西 양편을 모두 고려하면서 그 사이에 끼인 러시아의 힘을 신장해 러시아가 주도하는 유라시아 공간을 만드는 것이다. 이러한 국가목표에서 보면 중국은 러시아가 가장 배려해야 하는 나라다. 나는 2011년 9월 모스크바를 방문해 많은 사람과 이야기를 나누었는데, 거의 모두가 중국과는 절대 싸워선 안 된다고 말했다. 중국과는 최대한 주의를 기울이면서 사이좋게 지내야 한다는 것이었다. 왜 그런가? 부상하는 중국이 너무나 강대해지고 있기 때문이다. 이것은 장기적으로 보면 그저 사이좋게 지내는 것으로 끝날 이야기가 아니다. 유라시아 공간을 러시아 중심으로 만들어간다는 발상에서는 그저 중국의 생각대로만 되지는 않을 것이라는 의지가 엿보인다. 중국과의 관계를 최대한 중시하면서도 중국과는 다른 의미에서 지정학적으로 유라시아 정중앙에 위치한 신생 러시아의 지향점을 분명히 밝힌 셈이다.

Q   거기서 일본은 어떤 포석을 놓아야 하는가?

도고   푸틴이 지난 3월의 기자회견을 통해 영토 교섭을 개시하고 경제 협력을 대폭적으로 확대하겠다고 말한 이상 일본 입장에서 취할 수 있는 정책은 하나밖에 없다. 정부와 외무성은 전력을 다해 교섭을 준비해야 한다. 그런데 영토 교섭은 무엇을 기초로 시작되는가? 우선 러시아 측에 영토 교섭을 제기해야 한다. 푸틴 입장에서 보면 대일 교섭이 이르쿠츠크에서 결실을 맺었으니 그 부분부터 다시 시작해 일거에 합의에 달하는 접근법이 좋은지, 아니면 그 외에 또 다른 묘안이 있을지 고민해야 한다.

　에너지 문제로 말하자면, 일본은 3·11대지진의 영향으로 원자력발전에 대한 의욕이 사라진 상태고, 이런 상황에서 가장 손쉬운 대체수단은 천연가스다. 그리고 그 천연가스를 안정적으로 공급해줄 수 있는 나라가 러시아다. 그만큼 러시아는 점점 더 중요한 나라가 되고 있다. 그뿐 아니라 러시아와 일본 양국이 상호호혜적 관계를 맺는 기술 분야의 협력도 가능하다. 그런데도 지난 3월 이후 수개월 동안이나 제대로 준비된 모습을 보이지 않고 있으니 치명적 지연을 초래할 우려가 있다.

Q　한국 역시 러시아와 교섭을 시작하고 있다. 천연가스 파이프라인을 나홋카Nakhodka에서 북한을 거쳐 한국으로 잇는 구상이다. 이명박 대통령은 임기 내에 이 교섭을 성사시키고 싶어한다. 어떻게 보는가?

도고　그렇다. 일본도 러시아의 천연가스를 안정적으로 공급받는 것을 중대한 문제로 생각한다. 일본의 국익과도 직결된다. 그런데 LNG로 가져올 것인가, 아니면 해저를 통하는 파이프라인으로 가져와 일본열도를 통과해 남하시킬 것인가? 이 문제를 포함해 러시아와 대화하는 것이 중요하다. 나홋카-북한-한국이라는 파이프라인도 매우 흥미롭다. 분쟁의 씨앗이 남아 있는 지역이니만큼 지정학적 측면의 전략적 제휴로 이어지리라는 느낌이 든다. 그런 의미에서 일본도 그 파이프라인망 건설에 참여한다면 지역의 평화와 안정을 위해 더 큰 의미를 가질지도 모른다.

▋ 부상하는 중국, 일본과 러시아는 결속해야

Q 일본이 현재 안고 있는 문제는 대전략이 없다는 점이다. 그래서 충분히 검토도 해보지 않고 러시아를 위협으로 간주하는 것 아닌가? 중국의 위협과 러시아의 위협 가운데 어느 쪽이 더 심각하다고 보는가?

도고 지금 상황에선 중국이다. 중국의 부상이 가져올 파장과 그에 따른 전략적 불투명성이 압도적으로 커서다. 물론 이 말은 단순히 위협이 큰 쪽에 대해 적대적 정책을 취하라는 이야기가 아니다. 만일의 경우를 고려한 '억지'를 구비하는 동시에 최악의 사태를 회피하고 협력을 추진하기 위한 '대화'가 필요하다는 것이다. 중국이 위협의 원천으로 작용할 수도 있으니 일본의 대중對中정책이 극도로 치밀하게 계획되어야 하고, 또 주의 깊은 것이 되어야 한다는 의미다.

Q 그렇다면 지금 러시아는 중국의 부상을 어떻게 보고 있는가?

도고 중국의 대두 및 해양 팽창의 대전략을 생각해보라. 앞서 말했듯이 러시아 역시 중국의 부상에 대응하기 위해 대전략을 추진하고 있다. 안전보장 관점에서 핵심적 문제는 해군력이겠지만 육상병력 문제도 배제할 수 없다. 러시아는 중국의 팽창이 유라시아 대륙 쪽으로 확대되는 것을 막기 위해 할 수 있는 모든 일을 하고 있을 것이다. 동시에 중국과 우호관계를 형성하기 위해서도 최선을 다할 것이다. 이는 자연스러운 일이다.

Q 그렇게 되면 일본과의 관계는 어떻게 되는가? 러시아가 일본과 양호한 관계를 유지하면서 중국과 일본 사이에서 균형자 역할을 수행할 수 있다고 보는가?

도고 흥미로운 지적이다. 푸틴은 일본과의 관계 개선에서 전략적 이익을 계산하는 듯 보이는데, 러시아적 공간에 대한 장기 비전이 있어서다. 러시아적 공간이란 중국으로부터의 독립을 의미하므로, 일본과 좋은 관계를 맺는 것은 결국 러시아의 이익이 된다. 현재 중일관계가 원만하지 않은 가운데 러시아가 균형자 역할을 수행할 수 있을 것인가에 대한 나의 현재 대답은, 러일 양국이 쌍방의 노력으로 가시를 빼내고, 중일 양국 또한 쌍방의 노력으로 지금의 상황에서 벗어나야 한다는 것이다. 각국이 이런 일을 해나가면서 3국 간에 적극적 협력을 추진하는 게 좋을 것이다.

Q 일본의 정치지도자와 국민은 그 점을 그다지 잘 이해하지 못하고 있는 것 아닌가?

도고 일본의 정치지도자들과 국민이 내가 말하는 전략적 분석에 대해 제대로 이해하지 못하거나 동의하지 않는다면, 매우 유감이다. 전략적 사고가 불가능하다면 동아시아에서 일본의 입지는 앞으로 점점 조락해갈 것이다. 그건 필연적 결과라고 생각한다. 나로서는 그저 내가 볼 수 있는 것에 대해 고민하고 쓰고 발언하는 것이 책무다.

Q 선생은 요즘도 러시아 측과 인적 네트워크를 유지하고 있는가? 모리 요시로森喜朗 전 총리는 푸틴과의 유대관계를 여전히 유지하는 것으로 안다.

도고 이젠 정부관계자가 아니지만, 인적 네트워크는 유지하고 있다. 물론 한국·중국·미국 등에도 인적 네트워크가 있지만, 러시아 사람들과 깊은 관계를 맺고 있다.

Q 현재 민주당 정권은 러시아와 어떤 인적 네트워크를 맺고 있는가?

도고 하토야마 유키오는 이전부터 러시아 쪽에 인맥을 만들어왔으나, 총리 재임 시절에 일어난 일은 유감스러웠다. 마에하라 세이지 민주당 정무조사회장은 자신의 파이프라인을 강화하고 있을 것으로 생각된다. 겐바 고이치로 현 외상은 러시아와의 인적 네트워크를 강화해야 하는 입장임에 틀림없지만, 실제로는 어떤지 알지 못한다.

▌부국유덕富國有德이 일본의 새 국가목표 돼야

Q 이제 대담을 서서히 마무리해야 할 것 같다. 지금까지의 경험에 비추어볼 때 일본 외교는 어떤 방향으로 나아가야 한다고 보는가?

도고   일본은 1868년부터 1931년까지 부국강병의 시대였다. 그리고 1945년부터 1989년까지는 부국평화의 시대였다. 그리고 냉전 이후 약 20년간 전진과 후퇴를 반복하고 있다. 이러한 반복이 결국 쇠퇴로 이어질지, 아니면 새로운 국가목표를 제시함으로써 다음 단계의 발전으로 이어질지, 현재 중대한 기로에 섰다고 본다. 어쨌든 국가의 방향은 이제 '부국유덕'이 되지 않을까 생각하고 있다.

지금까지 일본이 추구해온 부국평화는 몇 가지 모순을 낳았다. 우선, 패전 후 헌법 9조에 근거한 '평화'는 에고이즘적이고 무책임한 평화를 낳았다. 또한 역사 문제에서도 모순이 해결되지 않았다. 과거사에 대해 똑바로 마주보고 대응하는 것과 자국의 안전에 책임을 지는 것은 본디 상호보완적이어야 한다. 일본이 과거에 한국에서 저지른 일에 대해서는 충분히 인식하고 기억해야만 한다.

어쩌면 일본이 더 안정되고 통일된 입장을 취하기에는 지금이 가장 이상적인 때일 것이다. 일본 국내는 물론 다른 나라에도 적용할 수 있는 새로운 덕德을 제시할 수 있는 시기가 아닌가 생각한다. 시즈오카현을 예로 들어보자. 나는 교토산업대학 세계문제연구소장직과 함께 2011년 4월부터는 시즈오카현의 대외관계보좌관직을 맡고 있다. 내가 이 자리를 맡은 이유 중 하나는 가와카쓰 헤이타川勝平太[22]가 시즈오카에서 하려는 일과 내가 구상하던 일이 놀랍도록 유사해서다. 나는 일본의 재생이 시즈오카현에서 시작되지 않을까 기대하고 있다.

Q 과거사 문제를 거론했으니, 영토 문제에 대해 하나만 더 물어보자. 독도, 센카쿠열도, 북방영토…… 일본은 이 모든 영토 문제의 당사자다. 단, 이들 각각은 성격이 상당히 다른 것 같다. 이 점에 대해서는 어떻게 보고 있는가?

도고 세 가지 문제가 각각 전혀 다른 역사와 경위 그리고 쌍무적 관계의 의미를 갖는다는 점은 아무리 강조해도 지나치지 않다. 일본 입장에서 북방영토란 단지 되찾아야 하는 땅의 의미만은 아니다. 1945년 8월에 발생한 여러 가지 사건의 상징이기도 한 것이다.

Q 북방영토에 러일 간의 모든 역사가 응축되어 있다는 말인가?

도고 그렇다. 그래서 나는 북방영토가 일본 입장에선 영토 문제가 아닌 역사 문제라고 주장한다. 이 점을 이해하지 않고서는, 어째서 일본인들이 북방영토 문제에 그토록 집착하는지 이해할 수 없다.

---

22 가와카쓰 헤이타는 2009년 7월부터 현재까지 시즈오카현의 지사로 재임 중이다. 와세다대학교 정경학부 교수와 시즈오카문화예술대학 총장 등을 역임했다. 가와카쓰 지사는 삶의 질을 높이기 위해 지방이 직접 대외관계(안보와 방위는 제외)를 추진해야 한다고 주장한다. 또한 동일본대지진 부흥계획도 시즈오카현을 모델로 삼아야 한다고 제안한다. 최근 회자되는 '글로컬(Glocal)'을 본격화하겠다는 발상이다. 글로컬이란 '글로벌(global)'과 '로컬(local)'의 합성어로, 전 세계적으로 진행되는 글로벌화, 그리고 지역의 특성을 중시하는 로컬화를 합한 용어다.

마찬가지로 이런 관점에서 일본이 안고 있는 나머지 두 가지 영토 문제를 비교하자면, 독도/다케시마 문제는 한국의 입장에서 봤을 때 영토 문제가 아닌 역사 문제일 것이다. 그에 비해 일본은 지금까지 그것을 역사 문제가 아니라 영토 문제로만 다루어왔다. 일본인들이 한국인들의 마음을 충분히 이해하지 못하고 있는 것이 독도/다케시마 문제의 해결을 어렵게 하고 있으며, 동시에 일본이 지금까지 독도/다케시마 문제를 한일관계의 중심 이슈로 삼지 않은 까닭을 한국이 잘 이해하지 못한 점도 이 문제의 해결을 어렵게 해왔다.

센카쿠열도 문제는 본래 석유 문제로 시작되어 1971년 중국 측이 문제를 제기한 뒤에도 계속해서 일본이 '보류'함으로써 그 사안을 건드리지 않았다. 그러나 최근 들어 문제를 보류하기가 어려워졌고 중국 측은 문제의 근원을 역사에 끼워 맞추려 하는 것 같다. 이 상태로 아무것도 하지 않으면不作爲 문제 해결은 한층 더 어려워질 것이다.

Q 북방영토와 관련해 일본 측은 더 많은 역사적 근거를 갖고 있는 것 같다. 반면 센카쿠열도에 대해서는 양국의 주장 모두 이론의 여지가 많다. 중국의 학자들은 센카쿠열도가 중국이나 타이완과 지리적으로 더 가까우며, 샌프란시스코평화조약 체결 당시 미국에 의해 일방적으로 그 귀속 문제가 결정됐다고 주장한다. 이 점에 대해서는 어떻게 보는가?

도고 중국 측이 결정적으로 취약한 부분은, 1895년 일본이 영유권을 차지하고 패전에 이르기까지는 물론이고, 일본 패전 후 중화인민공화국중국과 중화민국타이완이 승전국 입장이 되었으면서도 샌프란시스코평화조약 체결 시에 혹은 그 후에 두 나라 중 어느 나라도, 단 한 번도 영토 요구를 하지 않았다는 점이다. 일본 입장에서 센카쿠는 오키나와와 동일한 조약상의 처리를 받은 것이고, 아무리 냉전 시기였다 해도 중국이나 타이완도 영토 요구를 할 권리와 자유는 있었다. 그런데 그 일을 하지 않았다. 현재의 국제법 아래서 볼 때 그것은 영토를 요구할 근거를 거의 다 잃게 되는 것이라 생각한다.

그러나 그 약점이라는 것이 때로는 분노와 적의로 변한다. 북한의 일본인 납치 문제도 그렇다. 일본 정부의 약점은 납치가 발생했을 때, 그리고 그 후 오래도록 아무것도 하지 않았다는 점이다. 다시는 그런 일이 있을 거라고 생각하지 않지만 그동안 정부의 무대책과 무책임에 대해 국민들 모두가 격렬하게 분노했다. 그 분노는 일본 스스로에 대한 것이지만 지금은 납치한 북한에 대해서도 격렬하게 분출되고 있다. 이러한 정책 실패가 일본의 대북정책을 매우 내셔널리즘적인 것으로 만들고 있다. 만일 중국인들 사이에서 센카쿠열도에 대해 마찬가지의 내셔널리즘이 발생한다면 문제는 매우 복잡해진다.

일본 외교관이나 정치지도자들은 이 점을 성찰할 필요가 있다. 일본은 이 문제에 대해 "아무것도 하지 않는다"를 계속할 것이 아니라 억지와 대화를 조합한 적극적 행동을 취함으로써 해결을 위한 주도권을 쥐어야 한다. 만약 계속해서 아무것도 하지 않는다면 중국 측이 언젠가는 유리한 입장에 설 것으로 본다. 북방영토 문제도 마찬가지다. 움직일 수 있는 여지가 충분히 있을 때 해결을 위한 이니셔티브를 취하지 않았던 것이 지금에 이르러 문제 해결을 한층 어렵게 하고 있다. 센카쿠 문제 역시 그렇다. 일본의 다른 정치인들에게도 센카쿠열도에 대해 뭔가 조치가 필요하지 않은가 하고 물어보기 바란다.

Q 다른 무력충돌이 일어났을 때와 마찬가지로 센카쿠 문제에서도 만약 그런 일이 일어난다면 미국이 일본을 보호해줄 것으로 보는가?

도고 그저 미국이 도와주리라 믿는다는 건 말도 되지 않는다. 일본 스스로 준비하고 행동하지 않으면 미국도 돕지 않는다. 상식적인 이야기다. 자위대가 만일 중국과 싸우게 된다면 미일안보조약의 의무가 발생해 미국이 움직일 것이다.

현실의 센카쿠에 대해 말하자면 2010년 9월에 발생한 센카쿠열도 어선충돌 사건은 중일관계를 그 이전과 그 이후로 나누어버렸다. 이 사건은 중국과의 영토 문제가 실제 전투로 이어질 위험성이 있다는 사실을 국민 차원에서 느끼게 한 것이었다. 전후 일본의 외교는 헌법 9조와 미일안보조약에 근거한 평화주의였으며, 일본은 어떤 경우에도 전쟁은 일어나지 않을 것이라 생각해왔다. 그리고 극단적인 경우 미국이 지켜주리라 믿었다. 둘 다 허구다. 2010년 9월의 충돌사건은 일본을 현실세계에 눈뜨게 한 강력한 각성제였다.

일본은 두 가지를 늘 숙고하고 참작해야 한다. 첫째 중국이 만일 실력행사로 센카쿠에 들어온다면 일본 또한 실력행사로 그것을 중지시킬 만한 능력과 의지, 즉 '억지력'을 가져야 한다는 것이다. 둘째 동시병행적으로 외무성은 총력을 기울여 중국과 이 문제를 놓고 가능한 한 모든 측면에서 이야기해야 한다는 것이다. 즉 '대화'로 문제를 해결해 실력행사까지 이어지지 않도록 필사의 노력을 기울여야 한다.

전후 일본은 어언 65년간 '외교와 전쟁이 연동한다'라는 국제사회의 가장 중요한 원리를 DNA 안에서 잃어버렸다. 전전의 외교관들은 전쟁을 일으키지 않기 위해 외교에 전념하는 것을 당연시했다. 바로 지금이야말로 그런 감각을 회복하지 않으면 안 된다. 2012년 8월 10일, 이명박 대통령의 독도 방문은, 대통령 본인이 그런 의도를 갖고 있었는지 여부는 차치하더라도 한일관계에 격렬한 진동을 가져왔다. 지금도 그 진동의 깊이를 충분히 파악할 수 없을 정도다. 나는 2012년 2월 가도카와서점의 신서 시리즈를 통해 호사카 마사야스保阪正康와 공저로《일본의 영토 문제: 북방 4도, 다케시마, 센카쿠제도日本の領土問題 : 北方四島, 竹島, 尖閣諸島》를 출판했다. 그 안에서 동북아시아의 세 가지 영토 문제를 해결하기 위한 공통 원칙으로 ① 현상변경을 요구하는 쪽은 실력행사를 하지 않는다, ② 실효지배를 하는 쪽은 대화에 응한다, ③ 쌍방이 서로 지혜를 짜내 주권교섭과는 별도로 무력충돌을 회피하고 가능한 한 협력을 추진하기 위해 대화한다는 내용을 제안했다. 현재와 같은 한일 간의 불행한 긴장 상황을 누그러뜨리고 양국에 걸맞은 신뢰와 존경의 관계로 돌아와 "비온 뒤 땅이 굳는" 상황을 만들기 위해 한국과 일본의 지도자들에게 다시금 제안하는 바이다.

Q 긴 시간에 걸친 매우 유익한 대담에 진심으로 감사드린다. 선생이 말한 것처럼, 러일관계도 하루 빨리 개선되기를 바란다.

제3부

일본과 한반도

❝ 격렬한 반일데모가 없어지는 대신
대일불신이 일상화하거나 내재화한 것인지도 모른다……
앞으로 역사적 '화해'가 성립되지 않은 상태에서 '타협'이 붕괴한다면
민주주의와 시장경제 그리고 시민사회를 공유하는 한일관계는 어떻게 될 것인가? ❞

8장

일본과 한국

: 진정한 '화해'는 가능한가? :

오코노기 마사오

오코노기 마사오

小此木政夫 / Okonogi Masao

1945년 군마(群馬)현 출생. 1969년 게이오대학교 법학부 정치학과를 졸업했고 1975년 같은 학교에서 박사과정을 수료하였다(1987년 법학박사 학위 취득). 1972~1974년 게이오대학이 한국에 파견한 제1호 유학생으로서 연세대학교 정치외교학과 박사과정에서 유학했다. 1971년부터 게이오대학에 부임하여 게이오대학 지역연구센터 소장, 법학부 학장, 게이오기주쿠(慶應義塾) 평의원을 역임했다. 2009년 2월에는 게이오대학 동아시아연구소 내에 한국연구센터를 설립하였다. 현재 규슈대학 특임교수 겸 동서대학 석좌교수이다.

주요 저서로《한국전쟁: 미국의 개입과정》(1986)이 있고, 편저 및 공편저로《탈냉전의 한반도》(1994),《북조선 핸드북》(1997),《김정일 시대의 북한》(1999),《한일공동연구총서(4): 시장·국가·국제체제》(2001),《현대 동아시아의 정치》(2004),《전후 한일관계의 전개》(2005),《한국의 시민의식 동태》(2005),《현대 동아시아와 일본(3): 위기의 한반도》(2006),《동아시아에서 시민사회의 역할》(2007),《한국의 시민의식 동태 II》(2008),《동아시아 지역질서와 공동체 구상》(2009),《북한과 인간의 안전보장》(2009) 등 다수가 있다.

1987년에 게이오기주쿠상을, 2008년에 후쿠자와(福澤)상을 수상했다.

오코노기 마사오 교수는 일본의 한반도 연구 제1세대 중 가장 대표적인 인물이다. 심층적이고 균형 있는 시각을 제시해 두루 존경을 받고 있다. 한일공동연구포럼 일본 측 좌장, 한일역사연구촉진공동위원회 일본 측 운영위원, 한일문화교류회의 일본 측 부좌장, 현대한국조선학회 회장, 한일역사공동연구위원회제1기 운영위원, 한일신시대공동연구프로젝트 일본 측 위원장 등을 역임하며 한일 간 학술교류의 일본 측 창구로서 큰 역할을 해왔다.

고이즈미 준이치로 총리의 개인적 자문기관인 '대외관계태스크포스' 위원과 후쿠다 야스오 총리의 유식자有識者회의[1]인 '외교정책연구회' 위원을 지내는 등 한국 관련 문제에 대해 역대 일본 총리의 자문역을 맡아오기도 했다. 게이오대학에서 인연을 맺은 한국인 제자와 지인들 100여 명이 '고마하치카이駒八會'라는 명칭의 동창회를 만들어 운영할 정도로 한국의 학계·관계·정계·언론계 등에 폭넓은 인맥을 구축하고 있다.

오코노기 교수와의 인터뷰는 2011년 10월 22일, 도쿄 소재 게이오

---

1 국가 현안이나 제도 개선 등 사회적 합의가 요구될 때 민간전문가들이 참여해 합리적인 결론을 도출해내는, 일본 특유의 모임이다. 전문위원회와 비슷하다고 할 수 있지만 '유식자'는 '전문가'와는 구분되는 말로, 경륜이 많고 사회적 신망이 두터운 지성인을 가리키는 용어이다.

대학의 동아시아연구소 회의실에서 진행되었다. 그 후 2012년 여름 서면을 통해 추가 질문과 응답이 이루어졌다. 이 과정에서 기존의 답변이 전면 보강되었음은 물론이고, 최근의 한일관계 악화 분위기를 반영해 핵심 현안과 관련된 내용이 대폭 추가되었음을 밝혀둔다.

인터뷰에서는 먼저 한반도 연구 제1세대로서 지난 40년간의 연구 역정에 대해 물었다. 이어 1965년 한일국교정상화 이후의 한일관계를 개괄하고, 1998년 김대중-오부치 공동선언의 의의를 살펴보았다. 오코노기 교수는 전자를 '1965년 체제', 후자를 '1998년 체제'로 규정하고, 전자는 독도나 역사인식 문제를 해결하지 않은 상태에서 이뤄진 일종의 '타협'이었으나 후자를 통해 양국은 진정한 의미에서 '화해'의 길로 들어섰다고 지적했다. 하지만 그는 한일관계를 악화시킨 구조적 요인으로 '1965년 체제'에서 '1998년 체제'로의 불완전한 이행을 든다. 그는 "'1998년 체제'는 '타협'을 '화해'로 바꾸기에는 불충분한 것이었다. 김대중-오부치의 '파트너십'이 실천되기 전에 오부치 총리가 사망해버렸다. 만약 오부치 총리의 시대가 조금 길게 계속되어 '타협'에서 '화해'로 확실히 이행할 수 있었다면 한일관계도 이처럼 악화되지는 않았을지 모른다. 김대중-오부치의 '파트너십'은 양국 국민들이 그것을 실감할 수 있게끔 하는 '의식儀式'이나 '내용'이 뒤따르지 않았다. 그 기회를 잃은 것이 너무나 유감스럽다"고 말한다.

한편 매우 흥미로운 것은 최근의 한일관계에서 일본의 한류 붐처럼 문화적 차원의 수평교류는 물론 경제교류에서 일본 기업이 한국 기업을 모방하거나 학습하는 '공동진화'가 이뤄지고 있다는 지적이다. 오늘날 한일 간의 현안인 교과서나 독도 문제에 대해 오코노기 교수는 일본 측 주장이나 입장을 비판하지만 한국 측 대응에 대해서도 고언苦言을 들려준다. '새로운 역사교과서를 만드는 모임새역모'의 교과서나 독도 문제에 대한 한국 측의 지나치게 민감한 반응과 과도한 개입이 역설적으로 일본 측 민족파를 북돋운다는 것이다. 양국 민족주의자들 간의 이른바 '적대적 제휴'다. 종군위안부 문제 등 한국인들의 뿌리 깊은 '한恨'을 이 인터뷰에서 충분히 다루지 못한 것은 다소 아쉬움이 남는다.

인터뷰 후반에 그가 제시한, 강력하고 반일적인 통일한국보다 불안정한 통일한국이 더 우려스럽다거나, FTA를 비롯한 한일 양국의 협조를 통해 중국의 부상에 대비하자는 견해는 우리로서도 충분히 검토해 볼 필요가 있는 과제라고 생각된다.

▌ 보람 있었던 한반도 연구 40년

Q 오코노기 선생은 2011년 은퇴해 현재는 규슈대학 특임교수로 활동하고 있다. 근황은 어떤가?

오코노기 현재 규슈대학 한국연구센터에서 프로젝트 담당 특임교수를 맡고 있다. 이것 말고 다른 강의는 하지 않고 있다. 프로젝트는 '한일해협권칼리지'라는 문부과학성의 교육 프로그램이다. 규슈대와 부산대 학생들이 여름방학 중 상호 방문하여 함께 수업을 들으며 공동인턴십을 경험하는 것이다. 캐치프레이즈는 '캠퍼스 공유'다. 규슈 북부와 부산·경남은 경제·문화교류의 선진 지역이며, 공통 경제권으로서 한일교류가 일상화되고 있다. 그런 점에서 매우 흥미로운 경험을 쌓고 있다.

Q 한반도 연구를 40년 가까이 해왔는데, 연구자로서 만족스러운가, 아니면 미진한 부분이 있었는가?

오코노기 미진한 부분은 없었다. 오히려 학자로서 많은 행복을 누렸다. 나는 그간 국제정치·지역연구·현대사 등 여러 분야에 걸쳐 연구해왔는데, 한반도는 중요한 연구주제로 가득했다. 분단체제, 사회주의, 권위주의, 산업화, 혁명, 쿠데타, 민주화 등 정치학이나 지역연구와 관련된 주제도 한없이 많았다. 더욱이 그것들은 어느 정도 체험 가능한 형태로 진행 중이었다. 내가 한국에 유학한 것이

1972~1974년이었는데 그 2년 동안에도 남북공동성명, 10월유신, 유신헌법, 조선사회주의헌법, 김대중납치사건, 대통령긴급조치, 민청학련사건, 문세광사건 등이 발생했다. 내가 목격한 모든 것이 나의 연구주제가 됐다.

특히 한국은 광주사태5·18광주민주화운동 같은 불행한 사건에도 불구하고 결국 산업화와 민주화를 성취했다. 빈곤한 개발도상국이었던 한국이 올림픽을 개최하기에 이르렀고 이윽고 일본을 위협할 정도의 산업구조를 갖추게 되었으며 민주화를 달성했다. 이런 모습을 목격할 수 있었으니 지역연구자로서는 행복했다고 말할 수 있다. 아주 이례적 경험이었다고 생각한다. 마지막으로 남북이 통일되는 모습까지 눈으로 보고 싶다.

Q 한일역사공동위원회라든가 한일관계와 관련된 여러 위원회에서 많은 일에 관여해왔다. 연구하는 한편 실천을 통해서도 한일관계 개선을 위해 노력했는데, 특정한 이론적 틀이나 패러다임이 있었던 것인가?

오코노기 특별히 그런 게 있지는 않았다. 다만, 되돌아보면 청년시절의 유학 경험이 중요했다고 본다. 한국의 스승, 친구, 서민이 잘 보살펴주었다. 좋은 경험을 가진 사람은 좋은 기억을 계속 유지하는 법이다. 그래서 한일관계가 좋아지기를 바랐고, 그를 위해 노력하는 것도 당연했다. 역사도 문화도 서로 다른 나라에 속한 사람이 상대방을 이해하기란 그리 쉬운 일이 아니다. 한일 양국과 같이 불행한 역사가 끼어 있는 경우에는 더더욱 그렇다. 쌍방의 사정이나 심정을 이해할 수 있는 좋은 커뮤니케이션이 그 사이에 필요하다. 이른 시기에 한국에 유학한 사람으로서 그런 매개 역할을 수행하고 싶다는 사명감이 있었다.

Q 선생의 제자나 지인들로 구성된 '고마하치카이'를 보면 일종의 오코노기 학파가 존재하는 것 같다. 그 학풍에 대해 소개해줄 수 있겠는가?

오코노기 나는 내 사상이나 신조를 학생들에게 강요할 정도로 자신감 넘치는 타입은 아니다. 학생들 스스로 과제를 설정하게 했고, 함께 연구했다. 선술집에서 술잔을 마주치며 토론할 기회도 적지 않았다. 고마하치카이 멤버십은 그 같은 공감대를 바탕으로 만들어졌다. 사실 '고마하치'는 게이오대학 인근의 선술집 이름이다. 일본인 대학원생, 게이오대학에 유학 중인 한국인·중국인 학생, 방문학자 등이 이 선술집에서 한국과 일본의 정치, 양국관계에 대해 열띤 토론을 벌이곤 했다. 보수파도 있었고 진보파도 있었다. 그 가운데는 한국에 돌아가 국회의원이 된 사람이 있는가 하면, 대학교수가 된 사람도 있다. 도쿄특파원이었다가 나중에 본사에서 요직을 맡게 된 신문기자도 있다. 또 일본에서 활약하는 한국인 학자도 있다.

Q 이시카와 다다오 전 게이오대 총장이 선생에게 한국 연구를 권유

했다는 내용의 인터뷰 기사를 읽은 적이 있다. 정말로 그 권유 때문에 연구자의 길을 걸은 것인가? 아니면 선생 자신의 선택이었나?

오코노기 반반이다. 이시카와 선생님은 중국 연구자이고, 그래서 나도 중국 연구에 종사하려 했다. 내 학부 졸업논문의 주제는 '중국의 한국전쟁 개입'이었다. 그 논문을 쓰느라 처음 한반도에 관심을 갖게 되었다. 그런데 이시카와 선생님이 중국보다는 한국을 연구하라고 권유했다. 선생님 당신이 중국 연구자였던 점을 고려하면 이례적이었다. 선생님은 '선견지명'이 있는 합리주의자였으며, 개인적 차원이 아니라 일본과 게이오대학을 위해 한국 연구가 필요하며 중요하다고 설파했다. 나도 선생님의 기대에 부응하고 싶었다. 그 직후 게이오대학과 연세대학이 자매결연 협정을 맺었고, 나는 게이오대학에서 한국으로 파견된 제1호 유학생으로 연세대학에서 공부하게 되었다. 그때만 해도 한국어를 거의 몰라 한국어학당부터 다녔다. 1972년 8월, 비 내리는 김포공항에 내렸을 때 마음이 아주 불안했던 게 지금도 생각난다.

▌김대중-오부치 공동선언과 1998년 체제

Q 1965년 수교 이후의 한일관계를 어떻게 보는가? 가장 나빴던 시기는 언제인가? 또 가장 좋았던 시기는 언제인가?

오코노기 국교정상화 교섭은 아주 어려웠다. 새로운 한일관계는 '화해'의 산물이라기보다는 '타협'의 결과였다. 그래도 당시 한일 양국의 지도자들이 사명감을 가지고 새로운 시대를 개척한 덕분에 현재와 같은 한일관계가 존재한다. 국교정상화 이후 '가장 나빴던' 시기라면 그 같은 '타협'의 모순과 반동이 표면화된 시기일 것이다. 국교정상화 후 정치·경제 관계에서는 군사정권 아래의 한국과 오래된 스타일의 자민당 파벌정치 사이에 형성된 특수한 인맥이나 경제적 이권 등으로 인해 한일 양국 국민들로부터 비판받은 일이 적지 않았다. 이런 문제가 표면화된 때는 1970년대 전반이었다. 한국 내에서 3선개헌 반대를 포함한 민주화운동 내지 반체제운동이 확대된 시기다. 1973년 김대중납치사건은 유신체제 발족의 대외적 부산물이었다고 해석하고 있다. 그로부터 1974년 문세광사건이 있기까지가 가장 좋지 않은 시기였다. 한국의 정치체제 문제가 한일관계를 파괴한 것이다. 이와 관련해 일본의 유화적 대북정책에 대한 비판 여론이 한국 내에서 격렬히 분출되기도 했었다. 다시 말하면 국교정상화 후 한국과 일본 사이에 극복하기 어려운 '체제마찰'이 발생한 것이다.

이를 극복하고 한일관계가 새로운 단계에 들어선 것이 김대중 정권 시기였다고 생각한다. 한국에서 민주화가 정착되고 1998년 10월 김대중 대통령이 일본을 방문해 오부치 게이조 총리와 '21세기를 향한 새로운 한일 파트너십을 위한 공동선언'[2]을 체결했다. 또 1997년 통화위기 후 한국에서는 경제의 자유화와 글로벌화가 급속히 진전됐다. 정치적 민주화와 경제적 자유화에 의해 한일 사이에 존재하던 정치적·경제적 '체제마찰'이 해소됐고, 그로 인해 기존과는 전혀 다른 관계가 새로이 시작된다는 인상을 받았다. 한편 일본도 전후 50년과 자민당 단독정권1955년 체제의 종언을 맞이했다.

Q 어떤 점에서 그렇게 평가할 수 있는가?

오코노기 김영삼 정권의 탄생이 한국정치의 민주화를 상징한다면, 신진당新進黨의 호소카와 모리히로細川護熙 정권은 일본의 '1955년 체제'를 종료시킨 주역이다. 호소카와 총리는 경주에서 열린 김영삼 대통령과의 정상회담에서 '창씨개명'이나 '종군위안부' 등 구체적 사례를 들면서 식민지 지배에 대해 "가해자로서 진심으로 반성하며 깊이 사죄한다"고 언명했다. 또 전후 50주년이던 1995년 8월에는 사회당의 무라야마 도미이치村山富市 총리가 "일본은 멀지 않은 과거의 한 시기에 국책을 바로하지 못해 전쟁의 길을 걷고 국민을 존망의 위기에 빠뜨렸으며 식민지 지배와 침략에 의해 수많은 나라, 특히 아시아 국가의 많은 사람에게 다대한 손해와 고통을 안겨주었다. 나는 미래에 다시는 이 같은 일이 되풀이되지 않도록 의심할 수 없는 이 역사적 사실을 겸허히 받아들여 이 자리에서 다시 한 번 통절한 반성의 뜻을 표하며 진심으로 사죄의 마음을 표명

2 이른바 '김대중-오부치 공동선언'으로 불린다. 이 선언에서 일본 측은 과거 식민지 지배에 대한 사죄를 처음으로 명문화했고, 이후 한국 측은 대일 문화개방을 실시했다. 구체적 협력방안으로 정상회담 정례화, 대북정책 공조, 민관투자촉진협의회 개최, 청소년 교류 확대 등 '행동계획'도 발표되었다.

하고자 한다. 또한 지난 역사가 초래한 내외의 모든 희생자에 대해 깊은 애도의 마음을 바친다"는 내용의 담화를 각료회의에서 결정했다. 이른바 '무라야마담화'다.

1998년 10월 김대중 대통령이 일본을 공식 방문했을 때는 오부치 총리가 이 같은 역사인식을 거듭 표명하고 한국에 대해 "통절한 반성과 진심어린 사죄"를 표명했다. 이에 대해 김대중 대통령은 오부치 총리의 "역사인식 표명을 진지하게 받아들여 이를 평가하는 동시에 양국이 과거의 불행한 역사를 뛰어넘어 화해와 선린우호 협력에 바탕을 둔 미래 지향적 관계를 발전시키자"고 응답했다. 일본의 총리가 사죄하고 한국 대통령이 이를 받아들였기 때문에 이는 명백하게 '화해'의 형식을 취하고 있었다. 일시적이기는 하지만 한일 양국은 국교정상화 당시의 '타협'과는 다른 '화해'의 길을 걷기 시작한 것이다.

Q   그렇다면 한일관계가 '1965년 체제'에서 '1998년 체제'로 바뀌었다고 볼 수 있는가?

오코노기   그렇다. 1965년의 기본조약 및 제반협정[3]에는 식민지 지배에

---

3 1951년 10월 국교정상화를 위한 한일회담이 개시된 이래 14년 동안의 우여곡절을 거쳐 1965년 6월 22일 한일기본조약 및 그에 부속된 4개 협정 그리고 25개 문서가 합의되었다. 한국의 대일청구권 문제, 식민지 통치에 대한 인식 문제, 재일동포 북송 문제 등으로 교섭과 교섭중단을 반복하다가 1960년대 초반 박정희 군사정부의 등장으로 교섭타결이 급물살을 탔다. 주된 내용은 일본 측이 한반도의 유일한 합법정부로 한국을 인정하는 것, 청구권에 관한 문제 및 경제협력에 관한 협정(무상 3억 달러, 장기저리 정부차관 2억 달러, 상업차관 3억 달러 이상), 재일교포의 법적 지위와 대우에 관한 협정, 어업에 관한 협정, 문화재 및 문화협력에 관한 협정 등이었다.

대한 일본의 사죄나 반성은 담겨 있지 않았다. 한일병합에 관해서도 '합법정당合法正當'론으로 일관했다. 이는 외교의 일관성을 유지하는 데, 그리고 단기적으로는 일본의 국익에 합당했을 것이다. 그러나 장기적으로 보면 그렇지 않았다. 김대중-오부치 공동선언은 한일병합조약이 합법이었다든지 위법이었다든지 하는 관념적 논쟁을 피하면서도 일본은 식민지 지배에 대해 명확히 사죄하고 한국 측은 이를 받아들였다. 일본 측이 일방적으로 사죄한다고 하더라도 한국 측이 이를 받아들이지 않는다면 '화해'는 성립하지 않는다. 한일공동선언에 의해 '1965년 체제'가 수정 내지 보완됐다고 생각한다.

Q 그 외에 한일관계에서 긍정적인 측면은 무엇이었는가?

오코노기 대중문화의 단계적 개방이다. 이것이 일본에선 '한류韓流' 붐의 토대가 됐고, 일본의 일반 국민 사이에서 한국에 대한 인식이 바뀌었다. 사실 당시에는 전혀 예측하지 못했던 일로, 어느새 한일 양국의 시민사회가 대중문화의 교류를 지탱할 만큼 성숙한 것이다. 기존에는 정부 간이나 기업 간 교류가 중심이던 한일교류가 드디어 사회적 기반을 갖춘다는 점에서 대중문화 개방은 획기적인 일이었다.

Q 당시 반대론자들은 문화시장을 개방하면 일본문화가 한국을 뒤덮을 것이라 주장했다. 그러나 지금 보면 그 역전현상이 일어난 것이

나 다름없다. 이에 대해서는 어떻게 생각하는가?

오코노기   실례되는 이야기일지 모르지만, 나는 일본인들이 한국문화를 좋아하는 시대가 오리라고는 예상치 못했다. 일본인들의 편견은 그만큼 압도적인 것이었다. 편견을 갖지 않고 솔직하게 보면 한국문화는 매력적이지만, 일본인이 편견 없이 한국문화를 대하기란 사실상 불가능했다. 한국인들의 노력이 일본인들에게 이를 깨닫게 한 것이다. 정치학자 입장에서 보면 그것도 한국의 정치적 민주화와 경제적 자유화의 산물, 다시 말해 한일 간의 '체제마찰'이 해소된 결과다. 배용준이나 최지우가 아무리 매력적이라 할지라도 그런 게 없었다면 한류는 불가능했을 것이다. 김대중 대통령의 대중문화 개방은 정책적으로 올바른 것이었으며 선견지명이 있었다고 본다.

Q   박정희 정권 시절에는 김대중 납치 사건 등으로 한일관계가 삐걱댔다. 그러나 전두환 정권 시절 나카소네 야스히로 총리와 관계가 친밀해지면서 한일관계도 개선됐다. 이에 대해서는 어떻게 생각하는가?

오코노기   전두환과 나카소네의 관계는 당시 미소대립의 악화, 즉 소련이 아프가니스탄을 침공한 후의 '신냉전'을 배경으로 형성된 것이다. 더욱이 소련과 북한 사이에 군사적 제휴가 진전되고 있었다. 전두환 대통령도 나카소네 총리도 그러한 시대적 배경에 능숙하게 대응해 한일 간 전략적 협조체제를 마련한 것이다. 레이건-전두환, 레이건-나카소네 정상회담이라는 극적 상황도 연출되었다. 이것이 험악해진 한일관계를 회복시킨 건 틀림없다. 그러나 이는 신냉전 아래에서 만들어진, '1965년 체제'의 리뉴얼이라 할 만한 정도다. 한국의 민주화나 자유화, 일본의 역사인식과는 상관없이 이루어진 '관계회복'이었다고 해도 좋다. 하나의 성과이긴 했지만 김대중 시대에 달성된 '1998년 체제'와는 비교가 되지 않는다.

Q 선생은 2011년 5월 한국의 일부 국회의원들이 북방영토[4]를 방문한 것과 관련해 "한일관계에 제도적 피로가 발생한 것은 아닌가?"라고 표현한 바 있다. 한일관계가 악화되었다는 뜻인가?

오코노기 '1965년 체제'에서 '1998년 체제'로 이행한 것이 한일관계에 새로운 어려움을 만들고 있는지도 모른다. 새로운 체제가 채 완성되지 못한 상태에서 과거 체제의 토대인 '타협'이 수명을 다한 형편이기 때문이다. 한일기본조약 및 제반협정 체결 당시, 독도/다케시마 문제는 해결하지 못해 '보류'됐다. 한일병합조약의 합법·무효 문제는 '애매'한 상태로 남겨졌다. 징용노동자에 대한 보상은 청구권 협정에 의해 다소 무리하게 '해결'되었다. '위안부'의 경우처럼 당시에는 문제가 되지 않았지만 현재는 서로의 인식이 크게 '대립'되는 사안도 있다.

---

4 일본과 러시아 간의 영토분쟁 지역. 이와 관련해서는 이 책의 7장을 참고.

이전에는 애매한 문제였지만 현재 해결된 것은 조약 적용이 북한에 영향을 미치는가 그렇지 않은가 하는 관할권 문제 정도일 것이다. 당시에는 도저히 해결할 수 없었기 때문에 보류하거나 애매하게 처리했지만 현재는 이를 해결할 수 있다고 생각하거나 애매하게 처리하지 않고 사법에 호소하는 등의 사례가 증가하고 있다. 그러나 실제로는 쉽게 해결하지 못하고 이미 존재하던 '타협'까지 파괴하고 있는 것 아닌가 우려된다. 2015년 한일기본조약 50주년을 맞기도 전에 '1965년 체제'는 체제위기를 맞을지도 모른다.

바꿔 말하면 '1998년 체제'는 '타협'을 '화해'로 바꾸기에는 불충분한 것이었다. 김대중-오부치의 '파트너십'이 실천되기 전에 오부치 총리가 사망해버렸다.[5] 만약 오부치 총리의 시대가 조금 길게 계속되어 '타협'에서 '화해'로 확실히 이행할 수 있었다면 한일관계도 이처럼 악화되지는 않았을지 모른다. 김대중-오부치의 '파트너십'은 양국 국민들이 그것을 실감할 수 있게끔 하는 '의식儀式'이나 '내용'이 뒤따르지 않았다. 그 기회를 잃은 것이 너무나 유감스럽다.

Q 노무현 정부 시기의 반일데모는 어떻게 보는가?

오코노기 '체제마찰'이 해소된 이후의 반일데모였으니, 비슷한 시기에 발생한 중국의 반일데모와는 질적으로 다른 것이었다. 중국의 반

---

5 오부치 총리는 1998년 7월에 취임하여 재임 중이던 2000년 4월 1일 과로로 인한 뇌경색으로 쓰러진 후 의식을 회복하지 못한 채 5월 14일 사망하였다.

일데모는 박정희나 전두환 시대의 반일데모와 비슷하게 반일데모가 폭력화하여 반정부·반체제 데모로 변화할 가능성을 포함하고 있었다. 그 때문에 격렬했고 정부도 이를 도중에 억제했다. 그러나 노무현 시대의 한국에는 이미 시민사회가 존재했고, 시민 레벨의 한일교류도 활발해지고 있었다. 정치적 마찰이 확대되더라도 경제활동이나 민간교류에 끼치는 영향은 비교적 크지 않았다. 야스쿠니신사 참배나 독도/다케시마 문제로 대립해 항의데모가 발생하더라도 그것이 반미 촛불시위처럼 대중화되거나, 중국의 데모처럼 폭력화하는 일은 없었다.

하지만 격렬한 반일데모가 없어지는 대신 대일불신이 일상화하거나 내재화한 것인지도 모른다. 또한 위안부 동상 설치에서 나타나듯 최근의 NGO들은 새로운 방식의 운동을 계속 찾아내고 있다. 앞으로 역사적 '화해'가 성립되지 않은 상태에서 '타협'이 붕괴한다면 민주주의와 시장경제 그리고 시민사회를 공유하는 한일관계는 어떻게 될 것인가? 또 반일데모는 어떤 모습이 될 것인가? 지금으로선 알 수 없다. 아주 흥미로운, 미지의 영역에 속하는 문제다.

▌ 역전된 한일관계 : '한국을 배우는 일본'

Q 과거 한일관계를 돌아보면, 공식채널도 물론 있었지만 어려운 문제는 사실 비공식 인맥정치를 통해 풀지 않았는가? 박정희·김대중

대통령은 일본에 상당한 인맥이 있었던 것으로 안다. 그러나 최근엔 그런 파이프라인이 없다는 지적도 나온다. 어떻게 보는가?

오코노기 박정희 정권 때는 한일 간 국교정상화나 경제협력을 추진한 사람들 사이에 두터운 네트워크가 존재했다. 양국에 모두 현실주의자가 존재했고 그들의 '사명감' 같은 것이 교류의 토대로 작용했다. 전두환 정권 때는 나카소네 총리와 연결되는 파이프라인이 형성되었고, 노태우 정권 때는 다케시타 노보루竹下登 총리와 이어지는 중개 역할을 김윤환 씨가 수행했다. 아무튼 그런 식으로 인맥이 유지됐는데 김영삼 정권 때는 그마저 끊겨버렸다. 김대중 정권 때는 좀 다른 인맥, 즉 일본에서 김대중 씨의 민주화운동을 응원한 이들과의 인맥이 존재했지만, 일본의 정·재계에 큰 영향력을 미칠 수 있는 사람들은 아니었다. 그러므로 대통령으로서 일본에 특별한 파이프라인을 갖고 있지는 않았다. 통상적 외교활동에 의존했던 것으로 보인다.

Q 박정희 정권 때에는 한국 측에 김종필과 박태준 같은 인물들이 있었다. 일본 측에서는 어떤 사람들이 지한파 또는 친한파 역할을 수행했는가?

오코노기 자민당 정권 때에는 한국에 한정하지 않고 주변 나라들과 전후관계를 정상화한 파벌이 큰 영향력을 획득하고 유지했다. 외교가 파벌화되었던 셈이다. 상대국도 거기에 의존하는 부분이 있었다. 여기에는 당연히 경제적 이권이 연관되어 있었다. 중국의 경우는 다나카파, 오히라파 인맥이 있었다. 타이완은 기시 노부스케, 소련은 고노 이치로河野一郎, 베트남은 와타나베 미치오渡邊美智雄 등이 거론된다. 북한의 경우는 다케시타파의 가네마루 신金丸信이 영향력을 획득하려다 실패했다.

경제계에서도 이런 관계의 영향으로 포항제철의 박태준 회장과 일본 철강업계 간에 특수한 관계가 형성됐다. 종합상사가 프로젝트를 기획하면 큰 영향력을 지닌 정치인이 방문했던 것이다. 박정희 정권 시절의 한국은 사토 에이사쿠, 기시 노부스케의 영향력이 크게 작용했다. 초기 단계에서는 다나카파가 오히려 밀려났던 것으로 생각된다. 아무튼 이러한 파벌외교의 결과, 기묘한 현상도 일어났다. 고이즈미 준이치로는 미국에는 빈번하게 갔으면서도 총리가 되기 전 한국이나 중국에는 가지 않았다. 두 나라와의 관계는 다나카파, 다케시타파가 주도했기 때문에 그에 반발했던 것이다. 파벌외교가 고이즈미의 '미국 중시·아시아 경시 외교'의 배경이 되지 않았나 생각된다.

Q 고이즈미는 어떤 파벌에 속했는가?

오코노기 후쿠다 다케오福田赳夫, 아베 신타로安倍晋太郎, 모리 요시로森喜朗로 이어지는 파벌이었다.

Q 기업인들의 경우는 어떤가? 이병철 전 삼성 회장의 역할, 전경련

과 게이단렌經團連 [6] 사이의 관계도 있는데…….

오코노기 박정희 정권 전반기를 제외하면 한국 기업인과 일본 정치인
이 직접 제휴하는 일은 없었던 것으로 안다. 박정희 정권 때의 경
제관료는 전후 일본의 경제발전을 학습해 1960년대 중반 '수출주
도형 산업화'라는 한국에 적합한 개발정책을 찾아냈다. 일본으로
부터 국교정상화에 따른 청구권·경제협력 자금을 도입하고 베트
남 특수에 대응함으로써 미국에만 의존하던 경제에서 벗어나 수
출과 성장의 확대 순환 사이클을 움직이게 할 수 있었다. 현대건설
은 경부고속도로 하청을 받았지만, 포항제철은 일본의 협력으로
무無에서 출발했다.

　정부의 수출주도형 산업화 방침에 따름으로써 여러 가지 특혜조
치를 얻을 수 있었기에 한국 기업으로서 자본과 기술 제공자인 일
본 기업과 제휴하는 것은 사활이 걸린 중대한 일이자 동시에 합리
적인 선택이었을 것이다. 그리고 거기에는 정치가 개입했다고 봐
야 한다. 서울지하철 건설 과정에서 거액의 정치자금이 마련된 것
은 누구나 알고 있었다. '한진' 그룹이 만들어진 데도 고쿠사이國際
그룹의 오사노 겐지小佐野賢治와의 관계가 존재했다. 정치적 관계가
희박할 경우에도 일본기업과의 제휴는 중요했다. 현대자동차는
미쓰비시三菱자동차, 삼성전자는 산요덴키三洋電機와 제휴했다. 당시
에는 하청업체 같은 존재였으나 지금은 본가本家를 능가한다.

6 경제단체연합회의 약칭으로 한국의 '전경련'에 해당.

Q 한국에선 뉴라이트 그룹이 이른바 '식민지근대화론'을 내걸며 이때의 강력한 행정국가, 사회인프라, 자본가계급 양성, 교육투자 등으로 경제발전의 토대가 마련됐다고 주장하는데, 동의하기 어렵다. 오히려 1965년 체제 이후 일본으로부터 도입된 자본과 정책의 학습, 국제시장에 대한 접근 등이 중요한 역할을 했다고 본다. 사실 한국의 종합상사는 기본적으로 일본의 하청업체였지 않은가. 이런 관점에서 한일관계를 재조명할 필요가 있다. 1965년 체제 이후 한국의 각종 '산업육성법'은 일본으로부터 직수입한 것이다. 이 과정에서 인적 네트워크도 형성됐을 텐데 이런 현상은 어떻게 보는가?

오코노기 식민지 시대의 한국근대화와 전후의 경제발전을 직접적으로 연결하는 건 조리에 맞지 않다. 식민지 시대의 경험이나 축적이 토대가 된 기업도 있음을 부정할 수는 없으나, 정부주도 산업화 정책은 한국이 전후 일본의 경제부흥을 관찰하여 스스로 찾아낸 모델이라고 생각한다. 한일 국교정상화와 베트남전쟁이 그 기회를 제공했다. 급속한 산업화를 위해 대규모 정부특혜가 필요했고, 이것이 재벌형성을 촉진했다. 한국경제 안에는 메이지 시기의 일본도, 전전戰前의 일본도 존재하지만 전후 일본이 미친 영향력이 가장 클 것이다. 일본경제에 대한 '종속'에서 시작해 '자립'한 것이다. 일본경제의 버블이 붕괴한 무렵부터 양자의 관계는 수평화됐으며, 한국 기업이 일본 기업보다 더 적극적으로 신흥국 시장을 개척하기에 이르렀다.

Q 한국이 일본을 학습했을 뿐만 아니라, 거기에 혁신이 더해졌기 때문에 일본을 따라잡을 수 있었다. 삼성전자, 현대자동차, 포스코 등이 그런 사례다. 이는 한일 양국에 서로 유익한mutual beneficial 일이라 보는데, 어떤가?

오코노기 정확한 지적이다. 그 결과 최근에는 《니혼게이자이신문》이 '한국을 배우자'라는 특집기사를 연재했으며, 실제로 일본 기업들이 삼성의 성공을 배우려 한다. 쉽게 말해 이런 것이다. 한국 기업은 일본 기업을 학습해 기술혁신을 추진하고 더 훌륭한 모델을 구축했다. 일본을 모방해 일본 이상의 것을 창조해냈다. 따라서 일본 기업 입장에서 보면, 한국에 의해 개량되고 경쟁력이 강화된 자국의 모델을 다시금 학습하고자 하는 셈이다. 경쟁과 협력에 의해 매우 흥미진진한 상호학습 프로세스가 진전되고 있는 것이다. 그 결과 앞으로는 더 선진적이고 통합된 한일 모델이 탄생할 것이다. 이런 프로세스가 리먼 쇼크 이후 가속화된 듯 보인다. 이는 경제관계 측면의 '2008년 체제'인지도 모른다. 한일 경제가 한층 더 수평화되어 상호학습이 진전되면 FTA가 없더라도 시장원리에 의해 경제 통합이 진전될 것이다. 협력하면서 경쟁하고 경쟁하면서 협력하는, 바로 이것이 한일 경제관계의 현주소라고 생각한다.

Q 헨리 키신저Henry A. Kissinger 같은 이는 이를 공동진화coevolution라고 부른다. 서로 경쟁하면서 협력하며 그 과정을 통해 양국이 이익을 공유하는 것이다. 바람직한 발전 방향이라고 본다.

오코노기　바로 그렇다. 일종의 모방·학습 역학emulation-learning dynamics이 탄생해 공동진화가 실현된다고 볼 수 있다. 10~15년 이내에 한일 양국의 경제 시스템이 상당한 정도까지 통합될 것이다.

Q　지난 동일본대지진 이후 한때 부품이 일본으로부터 제대로 공급되지 않아 한국경제가 어려움을 겪었다. 새로운 분업질서와 상품 사슬commodity chain을 통해 한일 경제가 구조적으로 통합되고 있음을 보여준 것 아닌가?

오코노기　많은 일본 기업이 부품과 소재공장뿐 아니라 생산·개발 거점을 한국으로 이전하고 있다. 도레東レ가 최첨단 탄소섬유 공장을 구미에 건설 중이며, 아사히카세이旭化成나 JX닛코닛세키日鉱日石에너지가 석유화학제품 공장을 울산에 건설하기로 결정했다. 도쿄 일렉트론도 경기도 화성에 반도체 연구개발 거점을 건설하고, 스미토모住友화학이 평택에서 터치패널 생산을 개시한다. 엔고, 법인 세율, 전력요금, 한국의 FTA 활용 등 이유는 각양각색이다. 그러나 삼성이나 LG에 부품을 공급하는 경우, 지리적 접근성에서 일본보다는 한국에 공장을 짓는 편이 더 유리하다. 한국기업이 세계로 진출하면 수요확대도 예상할 수 있다.

　한편 최근에는 토요타, 닛산 등 자동차 업계의 규슈 시프트도 화제가 되고 있다. 규슈의 인건비는 일본의 중심 공업지대에 비해 저렴하다. 또한 한국에서 부품을 수입할 경우에도 생산라인을 규슈로 옮기는 것이 편리하다. 머지않아 컨테이너를 옮겨 싣지 않고 한일 양국의 대형 트럭들이 차번호를 두 개씩 달고 해협을 건너게 될 것이다. 한국의 완성차 업체나 정밀기계 업계는 환영하지 않을지 몰라도 그 밖의 분야에서는 거대한 일본시장이 한국에 개방될 것이다.

Q 기업과 기업, 시민사회와 시민사회 사이의 거리가 가까워졌다. 그럼 이제 과거와 같은 특정 인물 중심의 인맥은 불필요한 것 아닌가? 현재는 특사나 한일의원연맹 등의 메커니즘이 사라져버린 느낌이다.

오코노기 예전에는, 물론 '한일 유착'도 있었지만 '사명감 공유'도 있었다. 한일 양국이 난국에 직면하더라도 의사소통이 가능한 채널이 존재했다는 이야기다. 또한 이를 제도화한 네트워크도 있었다. 그러나 앞으로는 그런 걸 기대하기 힘들지 않겠는가. 소선거구제 도입 이후 일본에서는 파벌의 구속력이 현저하게 저하됐다고 한다. 과거와 같이 의원연맹을 통해 국회의원들을 컨트롤할 수도 없게 되었다. 거꾸로 국회의원 한 사람 한 사람이 인기를 얻기 위한 과장된 언설이나 행동으로 유권자에게 호소하는 경향이 많아졌다. 포퓰리즘의 대두다. 단일쟁점single issue을 부각하거나 내셔널리즘에 호소해 인기를 획득하려고 한다. 최근 독도/다케시마 문제와 관련해 자민당 국회의원 몇몇이 울릉도 방문을 시도하다가 김포공항에서 저지된 사건이 있었다. 한일의원연맹 간부들이 자제를 촉구했지만 그들은 전혀 받아들이지 않았다.

Q 사실 그들 중에도 한일의원연맹 소속 의원이 있지 않았는가? 한국과 가까운 정치인들이 더 앞에 나서는 것 같다. 사실 한국도 상황은 마찬가지다. 독도 문제나 과거사 문제가 나오면 일본유학파 한일의원연맹 회원들이 더 목청을 높인다. 왜 이런 현상이 일어난다고 보는가?

오코노기 일본에서는 민주당 정권의 유화적인 대한국 정책에 자민당 보수파가 강력히 반발하고 있다. 예를 들면 조선왕실의궤 반환 등에 대해 자민당은 강하게 반대했다. 재일한국인의 지방참정권 문제도 마찬가지다. 자민당이 집권정당일 때는 그리 반대하지 않았거나 오히려 협력적이었는데도 말이다. 정책적 일관성의 관점에서 자민당이 다시 집권정당으로 복귀하더라도 원래대로 돌아가지는 못할 것이다. 한국 관련 정책에서는 민주당과 자민당 사이에 명확한 차이가 생겨버렸는지 모른다.

▌독도 문제, 조용한 외교로 해결해야

Q 한일관계 현안 가운데 가장 어려운 것이 독도 문제라고 생각한다. 이에 대해서는 어떻게 생각하는가?

오코노기 한일 양국이 국교정상화 교섭 당시 해결하지 못한 문제다. 김종필 총리는 "해결해야 한다는 것으로써 해결한 것으로 간주한다"

는 이른바 '미해결의 해결'이라는 명언을 남겼다. 일본 측 외교당국자도 "다케시마를 잠자게 한다"고 말했다. 다시 말하면 실질적으로 '보류' 내지 '동결'한 것이다. 문제 해결을 다음 세대에 넘길 수밖에 없었다고 볼 수 있다. 이것이 선배들의 지혜였다. 일방적으로 해결하려 들면 겨우 성립된 다른 합의들까지 포기해야 했다. 그 정도로 해결하기 어려운 문제였다. 현재의 독도/다케시마 문제를 둘러싼 한일 대립은 양국 모두 그때의 교훈을 잊었기 때문에 발생한 것이다. 유감스럽게도 한일 양국의 '다음 세대'는 이 문제를 해결하지 못했다. 그러나 무리하게 해결하려는 것은 잘못이다. 해결할 수 없는 문제를 해결하려 들면 문제가 더 복잡해질 뿐이다. 현재 상황이 이를 증명한다.

1965년 이후의 역사에서 딱 한 번 해결의 기회가 있기는 했다. 유엔해양법 비준에 따라 배타적 경제수역EEZ 경계획정 및 어업협정 개정이 클로즈업되었을 때다. 한국 측은 독도/다케시마를 기점으로 하지 않고 울릉도와 오키쇼隠岐 섬 사이의 중간선을 제안했다. 한국에 유리한 어업협정을 체결하기 위해 독도영유권을 보류했다고 해석할 수 있으니 이는 용기 있는 제안이었다. 나는《요미우리신문》1997년 1월 22일자 '논점'란에서 이 제안을 받아들여야 한다고 주장했다. 일본 측이 이를 받아들이면 오키쇼 섬보다 울릉도에 가까운 독도/다케시마는 한국 측의 경제수역에 들어가게 된다. 하지만 독도/다케시마를 경계설정의 기점으로 삼지 않았기에 단순한 암초로 취급하는 것이 가능해진다. 한국의 제안을 받아들일 경우, 영토분쟁이 진정된 시점에 한국 측이 독도/다케시마에서 수비대를 철수하면 그곳은 원래대로 조용한 무인도로 되돌아가게 된다. 독도/다케시마 문제를 해결하는 최선의 방법은 영토분쟁을 축소해 이를 무인도로 처리하는 것이라고 생각했다. 유감스럽게도 그건 불가능해졌다. 그러나 한일 사이의 경제 및 문화 교류는 갈수록 활발해지고, 경제적 통합이 진전되는 가운데 독도/다케시마가 지닌 가치는 점차 희박해지고 있다. 남은 것은 상징주의와 명분론뿐이다.[7]

Q 일본 정치인들이 명분론만 남은 문제를 정치적 쟁점으로 거론함으로써 얻게 될 실리는 없다는 이야기인데, 그럼 왜 그처럼 목소리를 높이는가?

오코노기 국내정치적 이유일 것이다. 어느 나라에서나 영토 문제를 강경하게 주장하는 자는 애국자로 여겨진다. 따라서 말만 꺼내면 '신성한 고유 영토'라고 주장한다. 한국 측도 마찬가지일 것이다. 그러나 진지하게 생각해봤으면 한다. 독도/다케시마는 물 한 방울 나오지 않는 바다 한가운데의 고도孤島다. 물이 나오지 않는다는 건 사람이 살 수 없다는 이야기다. 그런 무인도를 왜 '신성한 고유 영토'라고 불러야만 하는가?

---

7 1965년 6월에 체결된 한일어업협정은 1998년 1월 파기되었다가 1998년 11월 다시 체결되었다. 이를 '신한일어업협정'이라고 한다. 한일 양국 사이에 배타적 경제수역이 겹치는 수역이 중간수역으로 설정되었고 독도는 그 중간수역에 포함되었다.

Q 한국이 거세게 반응할수록 일본 보수 정치인들의 국내정치적 입지가 높아지고 일본 국민들의 관심이 많아진다는 얘기인가?

오코노기 바로 그렇다. 한국 측이 민감하게 반응하지 않는다면 일본 측도 온건하게 대응할 것이다. 독도/다케시마 문제의 현 상황에 대해 한마디하자면, 이 문제를 해결할 수 있다고 생각해 독도에 접안시설을 건설하거나 '다케시마의 날' 조례를 제정해서 상대방을 심하게 자극하는 쪽에 책임이 있다고 본다. 일본 측, 특히 일반 국민들은 시간이 경과함에 따라 그런 문제가 있었다는 것도 거의 잊어버렸다. 하지만 1997년 김영삼 대통령이 독도에 접안시설을 건설했기 때문에 이 문제가 다시 부각됐다.

그 후 시마네현 지사가 그 상태를 우려해 '조례 제정'을 생각해내기에 이르렀다. 그에 대한 한국 측의 강력한 반발이 일본 국민에게 독도/다케시마 문제를 재인식시켰다. 지방자치단체에 의한 '다케시마의 날' 조례 제정은 한일 외교를 상당한 혼란에 빠뜨렸다고 생각한다. 오키쇼 섬 어민들에 의한 다케시마 관리는 17세기의 일이다. 그럼에도 불구하고 시마네현이 행정 편입 100주년이 되는 날을 '다케시마의 날'로 했기 때문에 영유권 논쟁이 매우 왜곡돼버렸다.

Q 독도 문제가 쟁점화되기 직전인 2005년 1월 노무현 대통령은 러일전쟁에 대한 역사서를 여러 권 읽었다고 한다. 그러면서 1905년 러일전쟁 승리 후 일본이 조선의 철도부설권을 러시아로부터 가져오고, 울릉도 산림채벌권을 획득했으며, 독도를 시마네현에 '병합

annexation '했다는 사실을 알게 되었다. 노무현 대통령은 이를 17세기 문제가 아니라 일본이 조선의 영토를 강제병합한 1905년의 문제로 본 것이다. 그런 상황에서 2005년 3월 25일 시마네현 의회가 병합 100주년을 맞이하여 2월 22일을 '다케시마의 날'로 정하는 조례를 채택하자 매우 격앙되게 반응했던 것이다. 일본 측에서는 이것이 역사적으로 그토록 민감한 문제임을 이해하고 있는가?

오코노기 분명히 노무현 대통령과 그 측근들은 이 문제를 20세기의 문제로 파악했다. 메이지 시대에 이뤄진, 일본의 한국 침략의 일부분으로 생각하는 것 같다. 그처럼 이해할 수 있는 근거를 제공했다는 의미에서 시마네현은 큰 실패를 했다고 본다. 자치단체 외교의 한계이고, 무책임한 일이다. 만약 17세기 문제라고 한다면 한일 논쟁은 역사적 문서나 고지도를 둘러싼 낭만적인 문제로 일관했을 텐데 그만 선혈이 낭자한 침략 역사의 일부가 돼버렸다. 일본인으로서는 매우 유감스러운 일이다.

Q 고지도 문제도 그렇지만, 17세기는 베스트팔렌식 주권개념이 한일 사이에 없던 시대 아닌가?

오코노기 바로 그렇다. 당시 어민들에게 근대적 영토 개념 같은 건 없었다. 그게 없던 시기의 문제를 국가주의적 관념에 입각해 논쟁하는 것도 우스꽝스러운 일이다. 좀 더 냉정하게 들여다볼 필요가 있다.

Q   그렇다면 독도 문제를 어떻게 해결하면 좋은가? 일본 정치인들
    이 무슨 주장을 해도 한국 측이 그저 무시하는 것이 가장 좋은 대
    안인가?

오코노기   다시 말하지만 이 문제는 뭔가 특별한 해결방법이 없다. 우
    리는 선배들의 지혜를 잊고 '판도라의 상자'를 열어버렸다. 그러나
    일본과 한국은 이미 선진적 민주주의 국가다. 성숙한 시민사회에
    기대를 걸고 싶다. 일시적으로 민족주의가 융성하더라도 그로 인
    해 한일관계가 파탄 나는 건 아니다. 양국 정부나 국가주의자가 히
    스테릭하게 논쟁한다 해도 경제 및 문화 교류에는 거의 영향을 미
    치지 않는 시대가 돼가고 있다. 그때까지 이 문제를 불필요하게 확
    대하지 말고 냉정하게 관리하는 능력을 체득하지 않으면 안 된다.
    상대를 일방적으로 단죄하기보다는 독도/다케시마 문제에 대한
    공동의 해결책을 함께 모색하는 게 현명하겠다.

Q   이명박 대통령은 비교적 친일본 성향의 지도자로 인식돼왔다. 그
    런데 2012년 8월 10일 독도를 전격 방문했고 경상북도는 이 대통
    령 이름이 새긴 비석을 독도에 세웠다. 대통령의 이런 행보를 어떻
    게 보는가?

오코노기   두 가지 측면이 있었을 것이다. 첫째, 이명박 대통령은 임기 5년
    가운데 4년 동안은 역사 문제 등으로 대일비판을 전개한 적이 없다.
    대일비판을 억제하면 일본 측의 양보를 얻을 수 있으리라 기대했는

지도 모른다. 그러나 같은 민주당 정권의 총리라 할지라도 전임자인 하토야마 유키오나 간 나오토와는 달리 노다 요시히코野田佳彦는 역사 문제나 안전보장에 관해서는 보수파 내지 민족파다. 2011년 11월의 한일정상회담에서 이명박 대통령이 위안부 문제를 제기했지만 논의는 평행선을 그었을 뿐이다. 오히려 노다 총리는 일본대사관 앞에 설치된 위안부 동상 철거를 요청했다고 보도됐다. 이명박 대통령 자신도 위안부 문제 해결에 대한 일본 측의 소극적 태도에 조급함을 느껴 독도를 방문했다고 설명했다.

둘째, 정권 말기인 이명박 대통령을 둘러싼 정치 상황, 특히 친형인 이상득 의원의 체포, 청와대 측근 스캔들, 대통령에 대한 지지율 저하 등 임기 말의 레임덕 현상도 이번 결정과 무관하다고는 생각되지 않는다. 아무튼 이명박 대통령이 독도를 방문하고, 일왕의 사죄를 요구했기 때문에, 마찬가지로 국내정치적 난국에 직면한 노다 총리 역시 강경하게 반응할 수밖에 없었다.

Q 독도 방문보다 더 심각하게 한일관계를 해친 것은 이 대통령의 '천황' 폄하 발언이라는 이야기가 있다. 사실인가? 사실이라면 왜 그런가? 한국 정부 측에서는 일본 측이 오해하고 있다고 한다. 그렇게 보는가?

오코노기 이명박 대통령의 독도 방문도 충격적이었지만 대다수의 일본인, 특히 고령자들에게는 천황에 대한 발언이 더욱 충격적이었을 것이다. 한국 외교통상부는 외교적 공간에서 한 발언이 아니라며 사정을 설명했지만 이명박 대통령은 한국의 일반 청중을 상대로 득의양양하게 말했다. 그 점이 더욱 불쾌했던 것이다. 천황의 지위는 일본국 헌법 제1조에서 '일본국의 상징'이며 '일본 국민통합의 상징'이라고 규정되어 있다.

Q 1965년 수교 이후 한일관계는 여러 번 위기를 겪었다. 그러나 이번 사태를 대하는 일본 정부의 태도는 전례 없이 강경하다. 그 이유는 어디에 있는가? 현 상태가 어느 정도 유지될 것으로 보는가? 현 상태를 극복할 방안은 있는가? 이번 사태를 보면서 한국과 일본의 정치인과 언론인 혹은 국민들에게 하고 싶은 제언이 있다면 부탁한다.

오코노기 일본 정부가 강력한 대응태도를 보이는 것은 이명박 대통령이 '선을 넘었다'고 판단했기 때문일 것이다. 알다시피 독도/다케시마 문제는 1965년 한일기본조약 및 제반협정을 체결할 당시에도 타협에 이르지 못한 문제다. 한일 양국은 해결이 불가능하다는 점을 확인하고 암묵적으로 '동결'한 것이다. 이는 한일 양국의 외교적 자산이었다. 사실 그로부터 30년이나 지나는 동안 이 문제는 일정한 범위 내에 있었다. 일본 측은 시효중단 조치를 취했지만 국제사법재판소에 제소하는 등의 조치에 대해서는 신중한 자세를 취하고 있었다. 한국 측도 수비대를 주둔시키기는 했지만 무인도에 가까운 형태로 보존하고 있었다. 그러나 김영삼 대통령 시절에 접안시설을 건설하고, 노무현 대통령 시절에는 시마네현이 '다케시마의 날' 조례를 제정했다. 그리고 이명박 대통령이 끝내 독도를 방문했다. 동결됐던 문제가 재등장한 것이다. 해결이 불가능한 문제를 무리하게 해결하려 들면 이렇게 된다. 독도/다케시마만이 아니라 위안부, 천황 방한, 그 외의 문제들도 해결하기 어렵게 되었다. 이런 문제가 해결 불가능하다는 점이 재인식될 때까지 다시 논쟁하고 서로에게 상처를 입히는 수밖에 없게 됐다. 그러나 한일 양국의 관계는 이미 복합적인 상호의존 단계에 접어든 만큼, 몇 세대쯤 후의 사람들이 해결할 것이다.

▌교과서 문제에 대해서도 불개입이 상책

Q 다음으로 역사 문제는 어떤가? 5년마다 역사교과서를 개정하는데 '새역모'[8] 교과서 채택률이 높아지고 있는 것으로 안다. 한국은 이에 대해 민감하다.

오코노기 '새역모'가 편집하고 후소샤扶桑社가 발행한 중학교용 역사교과서 채택률은 2001년 0.039%, 2005년 0.4%를 기록했다. 그러나 그 후의 경과는 약간 복잡하다. '새역모' 내부가 분열되자 후소샤는 2007년 '새역모'와의 관계를 청산하고 자회사인 이쿠호샤育鵬社를 교과서 발행 출판사로 선정했다. 후소샤판과 거의 동일한 내용

---

8 '새로운 역사교과서를 만드는 모임'은 1997년 1월 도쿄대학 후지오카 노부카쓰(藤岡信勝) 교수 등이 자유주의 사관에 입각한 민족주의를 주장하며 결성한 우익단체이다.

을 담은 지유샤自由社판 역사교과서 채택률은 2012년 0.07%에 머물렀다. 그러나 편집자와 집필자를 일부 변경한 이쿠호샤판 역사교과서는 요코하마시에 의해 채택률 3.79%를 달성했다. 이 숫자를 높다고 할지 낮다고 할지, 또 그간의 경위를 어떻게 생각할지는 쉽지 않은 문제다. 그러나 너무 민감하게 반응할 필요는 없다고 생각한다. 한국인의 눈으로 볼 때 다소 문제가 있더라도 다른 나라의 교과서 내용까지 일일이 체크하면서 구체적으로 수정을 요구하는 건 지나친 일일 것이다. 비판해야 할 부분이 있더라도 절도를 가지고 그 형식을 고려한 뒤에 비판하지 않으면 안 될 것으로 본다.

Q 김대중 대통령 임기 마지막 해이자 고이즈미 총리가 취임한 해인 2002년의 후소샤판 역사교과서 채택률은 0.03% 정도로 극히 낮았다. 여기에는 김대중 대통령의 영향도 컸다고 본다. 그러나 노무현 정부 이후 정서적으로 반응하면서 새역모 교과서 채택률이 높아지는 경향이 있는 것 같다. 이런 현상을 어떻게 보는가?

오코노기 역사나 영토를 둘러싼 논쟁을 확대하면 교과서 '주권'론이 대두하고 이것이 쌍방의 역사나 공민社會科 교과서에 반영된다. 불만이 있더라도 절제하면서 비판해야 한다. 확대되고 있는 한일교류가 단절되지 않는 것이 중요하다. 그렇게 하면 상대방에 대한 '지적 호기심'이 생겨 더 높은 차원의 상호이해가 실현된다. 한류 붐이 일면 그에 반감을 느끼는 사람들도 생겨나지만 그보다 더 많은 사람이 한국에 지적 호기심이나 친근감을 느끼게 된다.

Q 앞으로 야스쿠니신사 문제는 큰 쟁점이 되지 않으리라 생각하는데 선생은 어떻게 보는가?

오코노기 자민당이 다시 정권을 잡는다 해도 야스쿠니신사 문제가 한일 간에 큰 쟁점으로 부상하는 일은 없으리라 본다. 참배를 공약으로 내걸어 자민당 총재 선거에 승리한 고이즈미 전 총리는 이례적인 경우였다. 아베 신조 전 총리처럼 '전후 레짐으로부터의 탈피'를 내거는 보수 지도자도 총리 재임 중 야스쿠니신사에 참배하지 않았다. 정부요인의 참배에 대해 일반 국민들은 반대론으로 기울고 있다. 그러나 정권구심력이 저하되면 인기를 얻기 위해 야스쿠니신사를 참배하는 이들이 나올지도 모른다.

Q 종군위안부 문제는 어떻게 보는가? 어째서 일본 정부는 이 문제를 해결해주지 않는가?

오코노기 이 문제에서도 한국과 일본의 인식에 커다란 격차가 존재한다. 똑같이 '위안부 문제'라고 말해도 애당초 위안부에 대한 인식이 일치하지 않는다. 일본 측은 정부자금과 민간자금을 합해 '여성을 위한 아시아평화 국민기금'이하 '아시아여성기금'을 설립했다. 정부자금보다는 민간자금 쪽이 귀하다고 생각해 나도 모금에 참가했다. 위안부 당사자에 대한 보상금에는 하시모토 류타로 총리가 쓴 사죄편지가 동봉됐다. 필리핀이나 타이완에서는 많은 여성이 그것을 받아들였지만, 한국에서는 일부를 제외하고는 받아들이지 않았다. 그런데 '아시아여성기금' 발기인 가운데는 내 친구나 지인도 있다. 모든 분이 정말로 고결한 인격의 소유자들이다. 와다 하루키 교수는 납치·투옥된 김대중 전 대통령을 구출하는 운동을 벌일 때 리더였고, 오무라 야스아키大村保昭 교수는 인권파 국제법학자다. 이렇게 선의를 가진 사람들이 한국 측으로부터 '정부의 앞잡이'라고 비난받는 것을 보고 정말 마음이 아팠다.

Q   한국 측은 정부가 아닌 민간기금이라는 이유로 거절한 것이다. 정부 스스로 조치를 취하지 못하는 까닭은 무엇인가?

오코노기 '정신대문제대책협의회'이하 '정대협'라는 한국 NGO의 명칭에서 알 수 있듯이, 한국에서는 '정신대＝위안부'로 해석되는 것 같다.[9] 그러나 '정신대'란 전시戰時에 공장 등지에서 근로동원된 여학생들을 말한다. 당시 일본에서도 근로동원이 실시됐다. 우리 어머니도 정신대에 소속돼 있었다. 근로동원된 정신대가 위안부라면 일본인이건 한국인이건 그 세대 여성은 모두 위안부였다는 말이 된다.

　위안부는 불행한 여성들의 이야기이며 동정할 수밖에 없는 일이지만 일반 여성들이 전장에서 성적으로 봉사하기 위해 강제적·계획적으로 동원된 일은 없었다. 만약 그런 일이 조직적으로 이루어졌다면 분명히 제2의 3·1운동이 발생했을 것이다. 일본 정부는 바

---

9 정신대와 종군위안부 용어에 대한 한일 양측의 견해에 차이가 있는 점은 주의를 요한다. 일본은 위 언급처럼 정신대를 좁게 해석하는 데 비해 한국은 넓은 의미로 해석한다. 즉 정신대에는 농촌정신대, 보도정신대, 의료정신대, 근로정신대 등이 있었고, 이 가운데 여성으로만 구성된 여성정신대에 속했던 사람들이 일본군 위안소로 연행되는 과정에서 이후 정신대란 용어가 위안부를 지칭하게 되었다고 한다.

로 그 점을 인정할 수 없는 것이다. 그 외의 형태로 군대가 관여했다는 점에 대해서는 이미 1993년 당시 고노 요헤이河野洋平 관방장관이 '고노담화'라는 형태로 인정했다.

Q 정신대란 원래 노동력 동원이고, 위안부가 성性을 바치는 것 역시 노력 동원의 하나라고 보는 것은 아닌가?

오코노기 그렇게 생각하기 때문에 논의가 진전되지 않는다. 일본에서도 한국에서도 인신매매가 합법적인 시대가 있었다. 특히 농촌은 빈곤했다. 가족을 위해 몸을 팔아야만 하는 여성들도 있었고, 가출을 하거나 사기나 유괴를 당한 여성들도 있었을 것이다. 물론 군대가 위안부 모집, 위안소 설치, 위안부 도항渡航 등에 관여한 것이 사실이다. 이는 점령지역 내에서 성적 불상사를 방지한다는 등의 관점에서 정당화됐다. 그러나 징용노동자처럼 이를 위해 젊은 여성을 조직적으로 동원한 적은 없다. 일본 정부로서는 사실에 반하는 점을 인정할 수 없는 것이다.

Q 질문을 바꿔보자. 참정권 문제를 포함해 재일한국인의 법적 지위는 앞으로 개선될 것으로 보는가?

오코노기 오해가 없도록 말씀드리는데 재일한국인의 법적 지위는 이미 대폭 개선됐다. 물론 인종편견 내지 비제도적 차별은 잔존하지만 여러 가지 형태로 존재하던 제도적 차별은 거의 모두 철폐됐다고 봐도 좋다. 지방참정권 문제는 마지막 남은 문제다. 이 문제가 주목을 받는 건 그 밖의 제도적 문제가 해결됐기 때문이라고 말할 수 있다. 게다가 재일한국인의 지방참정권 문제는 일본이 이를 부여할 것인지 아닌지 하는 정책적 문제로, 차별철폐에 관한 문제는 아니다. 실제로 그런 형태로 문제가 제기되고 있는 것도 아니다.

이와 별도로 일본국적을 취득하지 않은 상태에서의 지방참정권 요구의 옳고 그름에 대해서는 재일한국인 사회 내에서도 의견이 나뉜다. 북한계 재일동포는 '민족성을 희박하게 한다'는 이유로 부정적이다. 한국계 재일동포 가운데는 '한국계 일본인'으로서 살아가는 길을 선택하는 사람들도 적지 않다. 어떤 선택이든 잘못이라고는 할 수 없을 것이다. 개인적인 생각으로는 많은 한국인이 결국엔 '한국계 일본인'의 길을 선택하게 되리라 본다. 축구선구 리 다다나리李忠成처럼 그들은 당당하게 한국계 이름을 유지하는 일본인으로서 활약하고 있다.

하지만 그렇다고 해도 일본국적을 취득하지 않은 채로 지방참정권을 행사하려는 사람들이 있다면, 나는 영주한국인에 대해 그 권리를 인정해도 좋다고 생각한다. 식민지 시대에 일본에 이주한 한국인에 대해 그 같은 특별한 권리를 인정하는 건 '식민지 종주국의 도의적 책임'이라고 생각하기 때문이다. 일본의 민족파 가운데는 "한국인 수장이 탄생할 것이다", '민족의 대이동이 일어날 것이다', "안전보장 측면에서 문제가 생길 것이다" 등 비판하는 사람도 있으나, 이는 상당히 극단적인 상정이다. 단, 민주당 정권이 정말로 그 일을 실현하고자 한다면 매우 교묘하고 한정적으로 실시해야 할 것이다. 그렇지 않으면 자민당이나 기타 보수계 야당이 강력히 반대하고 나설 것이기 때문이다.

Q 재외동포는 2012년 4월부터 한국 선거권을 갖게 됐다. 오히려 그게 더 큰 문제가 될 수 있다. 그들의 지역구는 출신지역이나 주소지가 될 것이다.

오코노기 이상한 선거전이 전개될 것 같다.

Q 그렇다. 선거의 과열 · 혼탁 양상이 이미 미국에서 나타났다. 일본에서도 그럴 것이라고 보는가?

오코노기 대통령 선거는 과열될지도 모르지만 국회의원 선거는 그다지 활기를 띨 것 같지 않다. 그러나 선거권 문제는 민단대한민국거류민단으로서는 중요할지 모른다. 뭔가 운동을 계속하지 않으면 조직을 유지하기 어렵기 때문이다. 그들은 이미 1993년에 재일한국인의 일본 정주定住를 시인한다는 방침으로 전환했다. 일본국적 취득이나 일본인과의 국제결혼을 용인한 다음 지방참정권을 요구하는 운동을 전개하고 있다.

Q 일본 정부가 재일조총련재일조선인총연합회 조직에 대해 파친코 문제라든가 세무조사 등으로 압력을 가하고 있다. 이렇게 가면 조총련은 사라질 수도 있지 않나?

오코노기 북한당국의 입장에서 조총련은 '황금알'을 낳는 거위였다. 일본경제가 '버블'일 때는 특히 그랬다. 조총련 조직의 송금이 국가의 중요한 재원이었다. 그러나 최근에는 금융, 부동산, 파친코 등이 불황산업이 됐다. 더욱이 핵무기 개발이나 납치 문제로 인한 대북 경제제재가 조총련을 괴롭히고 있다. 존망의 위기에 처했다고 해도 과언이 아니다. 이를 상징하는 것이 조총련 본부회관이 경매에 부쳐진 일이다.

▌ 한일 내셔널리즘의 '적대적 제휴'

Q 한일관계에는 '적대적 제휴'가 있는 것 같다. 일본의 우파가 한국의 감정을 건드리는 발언을 하면 한국의 좌·우파 민족주의자가 반일 어젠더를 내세우며 정치적 입지를 높이려 한다. 그럼 일본의 우파가 여기에 반응하면서 부정적 피드백negative feedback 시스템에 빠지는 현상이다. 이에 대해서는 어떻게 보는가?

오코노기 나도 그렇다고 본다. 예전에는 한국의 군사정권과 일본의 보수정권 사이에 '우호적 제휴'가 존재했으나, 현재는 양국의 민족파들이 적대적으로 제휴한다. 자민당 의원 3명이 울릉도를 방문하려한 것이 한국의 민족파를 고무한 것 아닌가? 그들이 강력하게 반발하면 일본 민족파의 목적도 달성된다. 그러므로 자민당 의원 3명의 울릉도 방문을 묵인하는 게 더 좋지 않았을까? 만약 그들을 독도/다케시마 유람에 초대했다면 오히려 면목을 잃었을 것이다. 정식 입국절차를 통해 한국의 배로 독도/다케시마를 방문하게 된다면 그들은 그곳이 한국령임을 인정하게 되는 셈이다. 김포공항에서 저지하니까 '적대적 제휴'가 성립되는 것이다.

Q 한국의 민족주의자들은 일본이 계속 그런 식으로 나오기를 기대한다. 단, 예전에 비하면 내셔널리즘에 근거한 선동이 잘 먹히지 않는 것 같다.

오코노기 울릉도 방문을 반대한 시위대는 모두 똑같은 옷을 입고 있었다. 그 일을 직업적으로 하는 사람들이라는 인상을 받았다. 일본 미디어는 냉정하게 반응했고, 일반 국민들도 그 정도로는 별로 놀라지 않게 되었다. 한국 미디어도 비교적 냉정하게 보도하지 않았는가? '적대적 제휴'를 비판적으로 보는 사람이 늘고 있다고 본다. 그런 정치적 도발행위를 비판적으로 보는 사람들의 네트워크가 한일 양국에 만들어지는 것이 바람직하다.

▌일본, 통일된 한반도 두려워하지 않아

Q 이명박 정권 출범 때 CEO 출신 대통령에 대한 기대가 컸다. 기업인으로서 실용적 이미지가 있었는데 4년이 지나고 나니 실용주의가 전혀 아닌 듯 보인다. 북핵 문제와 대중정책에서 특히 그렇다.

실용주의라면 문제를 해결하기 위해 움직여야 하는데, 북한에 대해서는 체제붕괴를 기다리는 듯하고, 핵 문제 역시 한국이 주도권을 잡아야 한다며 6자회담을 무시하고 '그랜드 바겐grand bargain'이나 '비핵·개방·3000'[10]을 내세웠지만 해결하진 못했다. 실용보다는 원칙만 강조한 셈이다. 중국에 대한 정책 역시, 북한 문제가 있기는 하지만 한미동맹에 너무 많이 기대고 있다. 여기에 대해서는 어떻게 생각하는가?

오코노기 '비핵·개방·3000'이건 '그랜드 바겐'이건 야심이 지나쳤다고 본다. 상대방에 대한 배려가 부족했는데, 아마 그 배경에는 노무현 정권의 '대북유화'정책에 대한 비판이 있을 것이다. 이명박 대통령은 유화정책에 대한 반동에서 힘을 배경으로 한 압박정책으로 이행했다. 북한과의 교섭을 거부한 것은 아니지만, 그런 정책 기조로 인해 허들을 설정했다. 그 허들이 너무 높지 않았나 싶다. '비핵·개방·3000'의 경우 '3000'이란 조건을 제시받아도 북한으로선 응할 수 없으니 그 조건을 파괴하기 위해 무력도발을 감행했다. 그런 의미에서 이명박 정권은 상대방의 의도나 능력을 과소평가한 부분이 있었다고 생각한다. 북한의 '갑작스러운 붕괴'를 전제로 한 '급변사태 대비계획'이 반은 공공연히 논의됐는데, 이는 상당히 이상한 일이다. 물론 이로써 미국의 '전략적 인내', 다시 말하면 교섭거절정책이 초래됐다. 게다가 이는 이명박 정권의 '조건부'

---

10 북한이 핵을 완전히 폐기하고 개방하면 10년 안에 국민소득 3,000달러가 되도록 지원한다는 구상이다.

관여정책engagement policy을 촉진했다. 한미의 전략적 협조를 토대로 북한에 대해 '대화를 위한 압력'을 가한 것이다. 그러나 북한은 굴하지 않았다.

Q 천안함·연평도 사건에 대해 먼저 사과해야 한다고 했지만, 북한 측은 천안함 사건은 자신들이 한 일이 아니라고 주장했다. 지금도 공동조사를 실시해야 한다고 말한다. 연평도 사건은 북한 영해 근처에서 훈련하면서 위협을 가했기 때문에 자위 차원에서 한 일이라고 주장한다. 인명피해에 대해서는 유감표명을 했지만, 사과하거나 재발방지를 논할 수는 없다는 것이다. 이를 어떻게 해석하면 좋은가?

오코노기 나는 북한 측의 설명을 액면 그대로 받아들이지 않는다. 초계함 사건이 북한의 범행이라 보기에는 '지나치게 성공적이었다'는 인상을 지울 수 없는 건 분명하다. 연평도 포격사건도 북한 나름의 반론은 있을 것이다. 형태는 달라도 냉전 시대에는 이런 무력도발이 흘러넘쳤다. 냉전 해체 후 억제되던 무력도발이 재발한 것이라고도 할 수 있겠다. 이명박 정권에 대한 북한의 증오는 비정상적일 정도로 고양돼 있다. 그렇다면 북한이 비난받아 마땅하지만 이명박 정권에도 정책적 실패가 있었다는 이야기가 된다. 이것이 바로 내가 말한 '상대방의 의도나 능력에 대한 과소평가'다.

　실용주의적 관점에서 비즈니스맨 출신 대통령에 어울리는 정책을 꼽는다면 김정일 총서기가 시베리아 방문 중에 언급한 한국-

북한-러시아를 연결하는 가스 파이프라인 같은 프로젝트일 것이
다. 그런 종류의 정책이 병행되지 않는 한 '비핵·개방·3000'은 실
체가 없어 보인다. 북한 측에서 보면, '그림의 떡'을 위해 핵무기
개발을 포기하고 비핵화하는 일은 불가능할 것이다.

Q 가스 파이프라인 문제는 현 정부에서 할 수 있는 일이 사실상 거의
없다. 이명박 정부의 생각은 러시아의 가스가 북한에 들어오면 에
너지 사정이 좋아져 핵 문제가 해결될 수 있다는 것이다. 그러나
현실적으로는 어려운 일이다. 북한은 일본과 납치피해자 문제로,
한국과는 천안함·연평도 문제로, 미국과는 핵 문제로 협조가 어
렵기 때문에 중국과 협력할 수밖에 없다고 말한다. 제재가 지속되
면서 사정이 어려워졌으니 도움을 주는 중국 쪽으로 끌리게 되는
것 아니겠는가?

오코노기 그러나 파이프라인은 꿈을 가진 계획이다. 중국은 동중국해
나 남중국해로 진출하고자 노력 중인데 그 중요한 목적 가운데 하
나가 에너지 자원 확보다. 동중국해에서 석유가 나오기 전까지는
중국도 센카쿠열도에 관심을 보이지 않았다. 북한을 포함해 동아
시아의 에너지 사정을 개선하는 것은 이 지역의 평화와 안정을 촉
진한다. 그런 관점에서 러시아의 자원은 정치적으로도 중요하다.
　북중관계에 대해서는 '중국의 대국화'라는 현상과 분리해서 생각
할 수 없으리라 본다. 2009년부터 2010년에 걸쳐, 다시 말하면 중
국이 세계 제2위의 경제대국이 되는 것과 함께, 중국의 외교가 그

동안의 '저자세 외교'에서 주변에 지정학적 전략거점을 구하는 듯한 '적극 외교'로 변화했다. 중국 입장에서 북한이 다시금 중요한 전략거점으로 인식된 것 아니겠는가? 김정일은 이를 주의 깊게 관찰하고 한국에 대한 무력도발에 이용하려 했던 것으로 보인다. 중국이 지정학적 후원자로 등장하면 북한은 쉽게 붕괴되지 않는다. 북한이 곤란에 직면한다 하더라도 사대주의적 왕조 시스템이 기능하기 시작할 것이다.

Q 그러나 이명박 정부는 그렇게 생각하지 않는 것 같다.

오코노기 북한을 압력이나 제재를 통해 변화시키려 애써도 최종적으로는 파국적 사태를 초래할 뿐이다. 민중봉기는 비참한 형태로 탄압받을 것이다. 그런 일이 발생했을 때 핵무기나 미사일을 가진 나라에 외국이 간섭할 수 있을 것인가? 카다피가 프랑스나 이탈리아를 사정거리 안에 두는 미사일을 갖고 있었다면 NATO군은 리비아에 개입하지 못했을 것이다.

북한 스스로 체제변혁을 지향하지 않는 한 문제는 해결되지 않는다. 어떻게 북한으로 하여금 경제의 개방·개혁을 개시하게 할 것인가가 무엇보다 중요하다. 이명박 정권은 북한의 핵무기 개발 포기를 우선시했다. 그러나 김정일로서는 체제유지, 즉 북한의 '생존'이 목적이었으며, 핵무기나 미사일 개발은 이를 위한 수단이었다. 그게 없으면 생존할 수 없다고 생각했기 때문에 그것을 포기할 수 없었다. 북한이 핵무기를 포기하게 만들려면 개방·개혁을 이룬 결과 북한이 더는 북한이 아니게 되어야 할 것이다.

Q 만약 북한에 급변사태가 발생한다면 거기에 한미연합 전력戰力이 들어가 북한을 접수하는 일이 가능하다고 보는가?

오코노기 북한이 급격히 붕괴하기 전에 중국이 먼저 도와줄 것이다. 그런 의미에서 중국은 분단세력이다. 한국이 북한을 흡수통일하면 한미동맹이 압록강까지 확대된다. 중국은 미 육군이 북한에 주둔하거나 미 해군함정이 남포에 입항하는 것을 용인할까? 또한 김정은은 핵무기나 미사일을 사용하겠다고 경고할 것이다. 그 경우 한미연합군이 과연 개입할 수 있을까? 주한미군의 존재 목적은 전쟁을 억지하는 데 있다. 일본인 학생들과 이야기하다 보면 "한국은 한 왕조의 통치기간이 왜 그렇게 긴가?"라는 질문이 나온다. 조선왕조는 500년, 고려왕조도 400년이 넘는다. 이 점은 중국 요인을 빼놓고는 설명하기 힘들다. 사대주의라고 하는 아주 교묘한 동맹외교가 존재했기 때문에 명明도 청淸도 조선을 도와주었다. 한국이 북한에 대해 대결자세를 취한다면 분단세력인 중국은 계속 북한을 지원할 것이다. 그렇게 되면 북한왕조도 장기간 존속할 것이다.

Q 그렇다면 이명박 대통령이 생각하는 '자유민주주의체제로의 흡수통일'은 결코 쉽지 않으리라는 이야기인가?

오코노기 남북공존 단계가 필요해진다. 방법은 이미 앞에서 말한 대로

다. 우선 북한이 단계적으로 시장경제를 도입하고 경제체제 변혁이 정치체제 변혁을 촉진하는 일이 일어나야 한다. 남북한 간 평화공존이 실현되면 시간을 들여 평화적으로 통일해나가는 것이 가능해진다. 공존 단계를 거치지 않고 통일하려 한다면 폭력적 결말이 따르게 된다. 이는 독일형 통일이 아니다. 독일의 경우, 1970년대 전반의 데탕트에서 시작해 1980년대 말 흡수통일에 이르기까지 15~20년의 기간이 필요했다. 게다가 유럽통합이 진전되는 가운데 실현된 통일이었다.

Q 거기에는 북한 스스로 변화해야 한다는 전제조건이 있다. 체제가 변화해 시민사회가 확장되고 내부의 정치적 변화가 있어야 리비아식으로라도 해결이 된다. 지금처럼 통제되고 닫힌 상태로는 힘들지 않겠는가?

오코노기 김정은은 아직 젊고 그 능력도 미지수다. 리더십 문제가 생길 가능성도 적지 않다. 하지만 그 반대의 가능성도 염두에 두어야 한다. 조선왕조 때 유능한 왕이 얼마나 됐는가? 왕이 유능하지 않아도 왕조는 이어진다. 이 점에 유념할 필요가 있다.

Q 한국에서는 통일한국이 일본에 위협이 될 수 있으므로 일본은 한국의 통일을 원하지 않을 것이라는 의견이 많다. 일본에서도 이런 주장을 하는 사람들이 있는가?

오코노기 그건 냉전 시기의 논리다. 부산까지 공산화되면 일본이 공산 세력과 직접 대치해야 한다. 따라서 "통일보다도 분단이 바람직하다"는 것이었다. 그러나 냉전이 해체된 이후 1990년대에 출현한 것은 그와는 반대, 즉 북한의 붕괴 가능성이었다. 냉전이 해체돼 한국이 북한을 흡수통일하는 것이라면 한국의 통일 자체에 반대할 이유는 없다. 통일 프로세스에 혼란이 발생하는 것을 경계할 뿐이다. 북한이 붕괴하면 한국이 제1차적 책임을 질 수밖에 없다. 한국경제는 통일비용 부담을 견뎌낼 수 있을 것인가? 그것이 최대 우려사항이다. 바꿔 말하면 '강력한' 통일국가가 아닌 '불안정한' 통일국가가 탄생하는 것을 우려한다.

Q 민주화된 통일한국은 일본 입장에서도 훨씬 좋지 않은가?

오코노기 맞다. 그렇게 되면 주변에 존재하는 국제적 분쟁요인 가운데 하나가 해소될 것이고, 민주주의와 시장경제체제를 공유하는 이웃 나라와 협력하면 된다. 장기적으로는 통일한국의 실현이 동아시아 국제관계를 안정시킬 것이다.

Q 통일 후 반일 민족주의의 가능성도 전혀 위협이 되지 않는다는 이야기인가? 한국인들의 기우에 불과한가?

오코노기 일본에도 그것을 걱정하는 사람이 없지는 않다. 통일 후 "한국 내셔널리즘이 고양돼 일본을 향하는 것 아닌가?", "북한의 핵무기를 한국이 이어받는 것 아닌가?" 같은 걱정이다. 그러나 독일의 통일에서도 볼 수 있었던 바와 같이 주변국들과 원만하게 협력하지 않는다면 한국은 통일을 이루기 어렵다. 한국인들이 현명하게 대처할 것으로 믿는다.

▌ 중국의 대두, 한일협력 강화해야

Q   중국이 부상하고 있다. 이와 관련해 두 가지 가능성이 있는데 하나는 미국과 중국이라는 양두지도체제G2고, 다른 하나는 중국의 부상에 대해 한미일이 공동으로 대처하는 시나리오다. 이때 한일관계는 어때야 한다고 보는가?

오코노기   그 답은 중국 자신이 갖고 있다. 중국의 대국화가 어떤 형태로 표출될지가 중요한 문제다. 중국이 동심원적 세력권의 중심에서 동아시아에 중화적 질서를 재현하려는 구상이라면 이는 역사적으로 존재했던 제국주의적 중국과 마찬가지가 된다. 우리는 그 같은 화이華夷질서를 받아들일 수 없다. 중국이 그것을 강제하려 한다면 미국과의 동맹을 강화할 수밖에 없다. 중국은 아시아 국가로서 일관하고 있지만 일본은 아시아 국가인 동시에 태평양 국가다. 한국도 마찬가지일 것이다. 하지만 경제적으로 발전한 중국이 국내적으로 민주화나 자유화를 실현하고 국제적으로 동아시아공동체 구성원이 되려는 것이라면 우리는 중국을 환영할 것이고, 중국은 반드시 그렇게 돼야만 할 것이다. 그래야 중국과 외부세계 사이에 큰 문제가 생기지 않는다. 일본은 태평양 국가지만 그 이상으로 아시아 국가가 되려 할 것이다. 다만, 이런 중국은 역사적으로 존재한 적이 없었다. 실재하는 중국은 많은 모순을 안고 있다. 가까운 장래에 중국이 우리들과 가치관을 공유할 수 있을지 의문이다.

Q 혹 한국과 일본 사이에 군사동맹 같은 게 필요하다고 보는가?

오코노기　그것은 비현실적이며, 동아시아를 양분하는 결과를 가져올 것이다. 한일 양국이 군사동맹을 맺으면 중국은 북한과 동맹을 강화하면서 러시아에도 접근할 것이다. 나의 주장은, 예를 들면 한중 FTA나 한중일 FTA보다도 한일 FTA를 선행시키자는 것이다. 체제와 가치관을 공유하는 한일 양국이 앞서고, 그런 뒤 중국을 받아들이면 중국도 우리의 룰에 적응하지 않을 수 없을 것이다.

Q 최근 미국의 오바마 정권은 '아시아로의 귀환'이라는 새로운 전략을 발표하고, 그 틀 안에서 한미일 3국의 협력과 공조를 강조하고 있다. 일부에서는 3국 군사동맹을 구상해야 한다고 주장한다. 과연 그런 구상이 가능하다고 보는가?

오코노기　'아시아로의 귀환'이란 제한된 자원을 재편성하기 위해 미국이 아시아를 중시할 수밖에 없다는 의미일 것이다. 중국의 남중국해 진출에 대항해 그 지역에서 주둔군을 강화하거나 오키나와에 주둔하는 해병대의 상당 부분을 괌으로 이동시키거나 호주 다윈시 외곽에 배치해 전방위적으로 중국의 부상에 대비하자는 것이다. 한미일 3국 사이에도 공동군사훈련이 실시되고 있다. 그러나 일본의 민주당 정권은 그에 대응하는 것만으로도 벅차다. 3국 군사동맹에 대해 논의하기 전에, 일본은 집단적 자위권에 관한 헌법 해석부터 수정하지 않으면 안 된다. 노다 총리는 그 일에 의욕적이지만, 요즘 같은 혼란스러운 정국에서는 불가능할 것이다.

Q 이명박 정부가 한일정보보호협정GSOMIA 체결을 제안했다가 국내의 반대여론 때문에 일단 유보했다. 한국 정부 입장에선, 일본 이지스함이 동해나 서해에서 수집한 정보를 한국과 공유하면 대북억지력이 강화될 것이라는 논리다. 그게 가능하다고 보는가? 이는 평화헌법 9조를 위반하는 것 아닌가? 일본 정계의 입장과 여론은 어떤가?

오코노기 한국 정부만이 아니라 일본 방위성도 GSOMIA에 대한 의욕이 강하다. 일본의 이지스함은 서해 깊은 곳까지는 들어갈 수 없기 때문에 북한과의 경계에 가까운 한국이 주는 정보를 필요로 한다. 동해안에서는 상당히 안쪽까지 들어갈 수 있다. 그런 의미에서 한일 양국의 북한 관련 정보는 상호보완적이라 할 수 있을 것이다. 일본은 이미 몇 개국과 GSOMIA를 체결한 상태이므로 법률에 위반되는 건 아니다. 오히려 한국의 여론이 장애가 되는 것 아닌가? 정권 말기에는 모든 것이 비판의 대상이 된다.

Q 그러나 2004년 11월 이후 7년째 한일 FTA 협상이 전혀 진전되지 않고 있다. 이런 상황에서 한일협력이 가능할까?

오코노기 그건 한국 측이 일본을 경쟁상대라고 여기기 때문 아닌가? 일본보다 중국과 먼저 FTA를 시행하려 한다. 세계시장에서 일본보다 유리한 수출조건을 갖추기 위해 노력하는 것이다. 한국은 이미 미국·EU와 FTA를 체결했고 중국과도 교섭 중이다. 한중 FTA가 체결되면 수출시장에서 일본제품과 차별화를 꾀할 수 있다. 앞으로 일본이 TPP에 참가하더라도 몇 년간 시차가 생길 테니 그때까지 가능한 한 많은 수출시장을 개척해 기정사실을 만들어두고자 하는 것 아닌가?

Q 한일 FTA 결렬의 핵심은 일본 측이 국내 농업 문제를 해결하지 못한 탓 아닌가?

오코노기 농업 문제도 있지만, 한국이 그걸 구실로 교섭을 중단한 게 아닌가 하는 의문이 든다. 자동차나 정밀공업제품 수입을 억제해 이들 산업을 보호하기 위해서가 아닐까 하는……. 대일 무역적자를 억제하려는 생각도 있을 것이다.

Q 2004년 11월 당시 일본 측은 일본 국회의 반대가 심하기 때문에 한국 측이 먼저 농업 부분에 대해 일부 양보하면 최종비준 단계에선 한국 측 의향을 반영하겠다고 제안한 바 있다. 그러나 한국 측

에서도 국내정치적 문제로 이를 수용할 수 없었다. 이로 인해 지체되다가 2005년 독도 문제 등이 발생하면서 완전히 미뤄진 것이다. 이명박 정권에서도 이를 추진하지 못하다가 노다 총리가 방한하면서 한일 FTA 이야기가 나왔다.

오코노기   물론 일본 측도 문제는 있다. 농업 문제가 장애물인 건 사실이다. 그러나 한국의 자동차나 정밀공업이 한일 FTA에 강력히 반대하며 로비활동을 전개한 것도 사실 아닌가?

Q   한국 측의 고민은 중국이 한중일 3국 FTA가 안 된다면 한중 FTA라도 먼저 하자고 계속 주장한다는 점이다. 이명박 대통령 입장에서 더는 미루기 어렵다. 이런 상황에서 노다 총리 역시 한일 FTA 추진을 언급한 것이다. 그러나 지난번 중국에서 개최된 한중일 3국 정상회의에서는 3국 FTA를 추진하기로 했다. 일본도 TPP를 추진하면서 한중일 3국 FTA도 하겠다는 것 아닌가?

오코노기   중국을 포함한 FTA라면 수준 높은 EPA포괄적 경제연계협정는 불가능할 것이다. 게다가 중국이 과연 일본이 참여하지 않는 FTA에 얼마나 매력을 느끼겠는가? 또한 한국은 농업 문제를 어떻게 처리할 생각인가? 미국, EU에 개방했는데 뒤이어 중국에도 개방할 수 있겠는가? 농업종사자들이 전업하게끔 보상해주는 건 가능하겠지만, 한국 농업의 미래는 정말 괜찮겠는가? 우리 일은 아니지만 염려스럽다. 그런데 한국의 FTA 체결은 일본의 TPP 참가를 촉진하는 효과가 있다. 노다 총리가 한미 FTA를 환영한 것도 그런 관점에서다. 한중일 FTA와 TPP를 놓고 일본이 양자택일을 하지는 않을 것이다. 이는 아시아 국가와 태평양 국가 가운데 어느 한쪽만 선택하지 않는 것과 마찬가지다.

▌한일관계의 미래는 낙관적

Q 마지막으로 한일관계의 미래에 대해 어떻게 전망하는지 듣고 싶다.

오코노기 독도/다케시마 문제가 있고 역사 문제가 있지만, 한일관계는 좋아질 수밖에 없다. '가깝고도 먼 나라'가 아닌, 실제로 필요에 따른 관계일 것이다. 경쟁과 협조를 반복하면서 양국은 쌍둥이처럼 아주 닮은 나라를 만들어갈 것이다. 하지만 그럼에도 불구하고 경쟁이 계속되고 마찰도 사라지지 않을 것이다. 양국 관계에서 이상적인 것은 '절차탁마切磋琢磨'하는 관계이며 '좋은 라이벌이자 좋은 친구'인 관계다. 한국의 입장만이 아닌, 일본 입장에서도 상호학습이 일종의 '에너지원'이 될 것이다. 싸움을 반복하면서 한일 양국이 서로 적당한 거리를 찾을 수 있지 않을까? 그러나 거기까지 가려면 앞으로 한 세대는 지나야 할 것으로 보인다.

Q 한일안보협력이 어디까지 진행될 것이라 보는가?

오코노기　그건 상당히 어렵지 않을까? 최소한의 실무관계에 머무를 것이다. 한국이 경계심을 갖는 건 당연하다지만, 일본에도 남북한 간 분쟁에 말려들고 싶지 않다는 경계심이 있다. 매우 흥미로운 것은 한미안보와 한일안보 사이의 '관계'가 어떻게 될 것인가다. 2011년 10월의 한미정상회담에서 오바마 대통령은 한미관계를 '태평양 지역 안전보장을 위한 초석'으로 평가했다. 여태까지 일본에 대해 쓰던 표현이다.

Q　그에 대해 이명박 대통령과 한승주 교수 같은 분들은 한미동맹이 미일동맹을 능가했다고 평한다. 한미동맹이 미국의 제1동맹이고 미일동맹이 제2동맹이라는 그런 평가에 대해 어떻게 생각하는가?

오코노기　민주당 정권이 탄생한 뒤 미일동맹에 혼란이 보였다. 미일동맹에서 부족한 부분을 한국으로 보완하려는 것이라고 말할 수 있을지도 모른다. 그동안 미일동맹이 맡아온 역할을 한미동맹이 보완한다면 좋은 일이다. 그러나 립서비스에 불과한 것은 아닐까? 한국은 정말로 '태평양의 초석' 역할을 할 생각인가? 이는 '동북아시아의 초석'과 어떻게 다른가? 기뻐할 일만은 아니다. 물론 미일동맹과 한미동맹의 역할이 바뀌었다고는 생각지 않으며, 그 사이에 우열이 있다고도 생각지 않는다.

Q　아주 유익한 대화에 진심으로 감사를 표한다. 앞으로도 한일관계의 미래를 위해 노력해주기를 기대한다.

❝ 북한에 급변사태가 일어날 가능성은 항상 존재한다.
따라서 그러한 계획은 반드시 필요하다고 본다. 다만
표면적으로 너무 드러내지 않으면서 하는 것이 좋다고 생각한다.❞

9장

일본과 북한

: 일본의 대북정책 변화 가능성은? :

이즈미 하지메

이즈미 하지메
伊豆見元 / Izumi Hajime

1950년 도쿄 출생. 1974년 주오(中央)대학교 법학부를 졸업하고 1977년 조치대학교에서 석사학위를 취득하였다. 재단법인 평화·안전보장연구소 연구원, 연세대학교 정치외교학과 대학원 연구과정, 재단법인 평화·안전보장연구소 주임연구원 등을 거쳐 현재 시즈오카(静岡)현립대학교 국제관계학부 교수로 재직하고 있다. 2003년부터는 같은 대학 산하의 현대한국조선연구센터 소장을 겸하고 있다. 그간 하버드대학교 국제문제센터 객원연구원, 영국 뉴캐슬대학교 동아시아연구센터 객원연구원, 미국평화연구소 객원연구원 등을 역임하였다. 전공 분야는 한반도 정치, 동북아시아 국제관계, 안전보장정책이다.

주요 연구 업적으로는《북한, 그 실상과 궤적: 전문가가 전하는 정치·군사·경제·대외관계》(공저, 1998) 등이 있으며, 역서로 덕 바네트(Doak Barnett)의《현대 중국의 외교: 정책결정의 구조와 프로세스》(1986), 감수한 책으로 케네스 퀴노네스(Kenneth Quinones)의《북한: 미 국무성 담당관의 교섭비록》(2000)과《북한 2: 핵의 비밀도시 영변을 가다》(2003)가 있다.

이즈미 하지메 교수는 일본 언론을 통해 북한전문가로 널리 알려져 있으며, 특히 NHK뉴스의 북한 문제 해설자로 유명하다. 일본 정부 납치 문제대책본부는 대북 라디오방송 '고향의 바람ふるさとの風'과 그 한국어 방송 '일본의 바람日本の風'을 방영하는데, 이즈미 교수는 한일 양국 언어로 뉴스 해설 코너를 담당하고 있다. 또한 그는 아사히TV 'CNN모닝'의 메인 캐스터를 맡기도 했다. 이렇듯 매스컴에서 활발히 활동하는 한편, 내각 및 자민당에 북한 문제와 관련된 자문도 하고 있다.

이즈미 교수와의 인터뷰는 2011년 10월 15일 서울 프레지던트호텔에서 진행되었으며, 2012년 여름에 서면을 통해 추가 질의·응답이 이루어졌다. 동아시아의 여러 양자관계 가운데 가장 정체된 것은 아무래도 북일관계일 것이다. 1990년 국교정상화 교섭이 개시된 이래 이미 22년이란 세월이 흘렀지만 별다른 진척을 보지 못하고 있다. 2002년 9월 고이즈미 총리의 역사적인 북한 방문과 평양선언이 이루어졌지만, 일본인 납치 문제 미해결과 핵개발 문제 등으로 양자 사이의 질곡은 한층 더 깊어져만 가고 있다. 이런 문제를 포함해 북일관계 전반을 이해하고 앞으로의 가능성을 탐색하는 데 이즈미 교수는 적임자였다. 그는 일본이 북한을 일방적으로 비난하는 여론에서 한발 물러서 북한의 공개된 자료에 천착하면서 균형 잡힌 입장을 취하고 있기 때문이다.

인터뷰에서는 우선, 2002년 국교정상화 교섭 이후의 북일관계를 짚어보았다. 주된 이슈는 국교정상화 교섭이 얼마 안 되어 중단된 이유는 무엇인가? 고이즈미의 방북 이후 납치 문제가 일본에서 그토록 중요한 현안으로 부상한 것은 왜인가? 북한의 핵 보유는 기정사실화할 수밖에 없는가? 김정일 사망 후 김정은을 후계자로 한 북한체제가 붕괴되지 않는 이유는 무엇인가? 그럼에도 불구하고 한국은 북한의 급변사태에 대한 준비태세를 갖춰야 하는가? 한일 간 안보협력은 북한 문제와 어떻게 연관되는가? 한반도 통일에 대한 전망은 어떤가? 그리고 일본 민주당 정권의 대북정책이 변화할 가능성은 있는가? 등등이었다.

인상적이었던 것은 일본 측이 한국을 제삼자로 치부하지 않고 미국과 더불어 일본과 가치관을 공유하는 나라, 곧 자기편으로 간주하고 있다는 점이었다. 그렇기 때문에 일본은 중국과의 FTA보다 한국과의 FTA를 중시한다. 또한 노무현 정권이 제시한 바 있는 동북아균형자론에 대해선 불신감을 갖는다. 한국이 한미동맹을 기반으로 중일분쟁을 중재한다는 발상은 미국과는 가치관을 공유하지만 일본과는 공유하지 않는다는 식으로 받아들여진다는 이야기였다. 한국 독자들에게는 다소 생소하게 들리겠지만 일본에서는 한일이 협력해 중국에 대처해야 한다는 것이 일반적 중론이다. 이 인터뷰를 통해 다시금 우리의 과제를 확인할 수 있었다. 바로 '북한 문제를 해결하고 더 나아가 향후 통일이라는 과제를 달성하기 위해 우리는 일본을 어떤 방식으로 관여시킬 것인가?' 하는 과제가 그것이다.

▍일본 내 북한 연구의 현재

Q 먼저, 북한을 보는 일본의 시각은 매우 다양한 듯하다. 강경한 입장도 있고 센세이셔널한 입장도 있다. 그리고 우호적으로 보는 학자들도 있다. 선생은 이 가운데 어느 쪽에 가장 가까운가?

이즈미 냉전 시기에는 강경파, 온건파로 나뉘기보다는 일반적으로 친한親韓 또는 친북親北 학자로 구분되곤 했다. 그러나 1990년대 이후에는 그런 분류가 아예 없어졌다. 한 가지 분명한 것은 북한에 대한 인식이 크게 악화되고 있다는 점이다. 조총련의 힘도 약해져 예전에는 조총련과 가깝다는 평가를 받는 학자들이 있었지만 지금은 거의 없다. 나는 자신을 강경파라고도 온건파라고도 생각지 않는다. 항상 유념하는 건 북한의 사고방식이나 행동을 정확히 파악해 북한의 '논리'를 이해하고 그 바탕 위에서 일본 국익을 추구하는 관점으로 정책을 고민해야 한다는 점이다.

Q 북한을 방문하는 사람들이 예전만큼 많지는 않은 것 같다.

이즈미 2006년 7월 북한의 미사일 발사, 그리고 그해 10월의 첫 핵실험 이후 일본은 독자적인 경제제재를 발동했다. 그 무렵부터 북한을 방문하는 사람들 수가 대폭 감소했다.

Q 북한에 대해 어떤 방식으로 연구하는가? 그것이 '지역연구'에 해

당한다면 평양에 가서 거기 사람들을 만날 필요가 있다고 보는
데…….

이즈미 내가 처음 북한을 방문한 것은 1989년 4월이었는데, 당시 2주
정도 머물며 수십 명에 이르는 북한 사람들과 논의를 할 수 있었
다. 많은 사람과 의견을 교환하는 것이 항상 가능하다면야 북한을
방문하는 의미가 크겠으나, 그때 이후로 나는 그런 기회를 얻지 못
했다. 따라서 내 연구의 기본은 북한이 공개한 자료들을 면밀히 분
석하는 것이다.

Q 예를 들면 어떤 데이터인가?

이즈미 우리가 볼 수 있는 건 주로 《로동신문》, 《민주조선》, 《조선중
앙통신》 등이다. 예전에는 《근로자》가 중요한 분석대상이었으나
1992년 이후에는 해외에서 보기가 힘들어졌다. 이런 자료를 바탕
으로 역사적 관점에서 보통 10~30년에 걸친 북한의 동향을 살펴
본다. 또 과거에는 조총련 등을 통한 정보 수집이 가능했지만 최
근에는 그런 정보도 많이 줄었다. 하나의 전환점이 1997년이다.
1997년부터 조총련에 대한 북한의 지원·송금이 격감했다. 그 후
10년 이상 조총련은 스스로 조직을 유지하기도 힘든 상태다. 북한
에 대한 정보도 줄어들 수밖에 없었다. 그러는 사이 한국에서 오는
정보가 오히려 많아졌다. 21세기 들어 증가한 탈북자들의 네트워
크를 통한 정보 등이 그렇다.

Q 그런 정보들은 어떻게 검증하나?

이즈미 검증은 할 수 없다. 따라서 무조건 의존하지는 않고, 신중하게 다룬다. 다만 다른 자료를 읽을 때 참고는 된다.

Q 선생은 일전에 쓴 글에서 한국 정부기관에서 나오는 정보 가운데 약 80%는 신뢰할 수 없다고 밝힌 바 있다. 그 발언의 배경은 무엇인가? 정보를 의도적으로 조작한 냄새가 난다는 의미인가?

이즈미 그렇게 느끼는 적이 많기 때문에 이른바 '한국 정보'에는 그다지 의존하지 않는다. 기본적으로 북한이 공개한 정보를 분석하는 것이 가장 중요하다고 본다. 1986년 11월 '김일성 사망'이라는 오보가 한국에서 발신돼 전 세계를 누빈 적이 있다. 그때 나는 그동안 수행해온 공개정보 분석에 입각해 김일성이 생존해 있다고 판단했다. 그리고 그러한 판단을 매스컴을 통해 적극 알렸다. 결과적으로는 내 판단이 옳았는데, 당시 나는 공개된 정보자료의 분석이 중요하다는 점을 깊이 되새기게 되었다.

Q 선생 개인적으로는 북한 관련 정보를 어떻게 입수하는가? 인적 네트워크 같은 것이 있는가?

이즈미 그런 건 없다. 《로동신문》 논설과 거기 실린 메시지를 읽어내는 것이 기본이다. 그리고 북한 외무성이나 조국평화통일위원회, 국방위원회 등이 낸 성명·담화·회답 등을 분석한다. 나는 30년 동안 그런 자료를 봐왔기 때문에 특정 자료에 대해 김일성 시대와 비교해보고 그 차이점이나 유사점을 찾는 작업을 수행한다. 이런 프로세스를 통해 북한의 '논리'를 탐색하는 것이다.

북한 사람들과 베이징에서 만나는 경우도 있고, 뉴욕의 북한대표부 사람들을 만나기도 한다. 동북아시아협력회의NEACD, Northeast Asia Cooperation Dialogue[1]에 북한 측이 참석할 경우에는 거기서 만나기도 한다. 인적 네트워크라고는 할 수 없지만 이런 기회가 분명 도움이 된다. 자료를 보고 느낀 점에 대해 그들에게 직접 묻고 의견을 교환할 수 있기 때문이다. 그러나 그것 말고 특별한 방법이 있는 것은 아니다.

Q 한국의 이명박 정부는 북한 및 중국 전문가들을 정책부서에 기용하지 않는 편인 것 같다. 이는 미국도 마찬가지라고 본다. 워싱턴에서도 북한전문가의 영향력이 약해지고 핵확산 방지 등 기능 분야의 전문가들이 득세한다. 일본은 전통적으로 지역전문가들의 의견을 중시해온 것으로 아는데 요즘은 어떤가?

이즈미 나름대로 존중하고 있다고 생각한다. 다만 일본에서는 지역전문가가 아니더라도 북한 문제에 대해 의견을 내놓는 사람이 많아

---

1 1993년부터 미 국무성이 후원하고 캘리포니아대 산하의 세계분쟁협력연구소(IGCC, Institute on Global Conflict and Cooperation)가 주관하는 준정부 간 회의를 말한다. 한국, 일본, 미국, 중국, 러시아 관계자들이 참석해 동북아시아의 다자 간 안전보장협력에 대해 논의한다. 북한도 초청을 받아 1993년 준비회의에 참석한 적이 있으나, 그 후의 본회의에는 참석하지 않는 경우가 더 많았다.

북한전문가의 영향력이 특별히 크다고도 할 수 없지 않을까 한다.

Q 그렇다면 북한전문가가 필요하지 않다는 것인가?

이즈미 아니다. 오히려 누구나 북한전문가가 될 수 있다는 말이다. 한
국어를 하지 못해도 일본어로 된 정보와 자료를 통해 어느 정도 분
석이 가능해서다. 그러한 기층구조가 있다고 할까. 이런 상황을 바
탕으로, 한국에 유학해 한국어도 능통하고 지역에 밀착해 깊이 연
구한 전문가들이 10~20년 전부터 배출되기 시작했다고도 볼 수
있다. 물론 이러한 북한전문가가 아직은 그리 많지 않다.

Q 대략 얼마나 되는가?

이즈미 10~20명 정도로 본다.

Q 북한 관련 학회는 있나?

이즈미 오코노기 마사오 교수가 '현대한국조선학회現代韓國朝鮮學會'를 10년
전에 만들었는데, 거기에 미디어 쪽 사람들을 포함해 약 300명이
참가하고 있다. 그러나 북한만 전문적으로 연구하는 사람은 그 속
에도 별로 많지 않다.

Q 그 몇 안 되는 전문가들이 과연 정책에 영향력을 행사할 수 있는가?

이즈미 그런 경우는 정말 없다고 본다.

▌3당 합의와 북일관계 모멘텀

Q 전후 북일관계에서 큰 모멘텀은 두 번 있었다고 본다. 1990년 9월
가네마루 신 방북단에 의한 '3당 합의',² 그리고 2002년 고이즈미
준이치로 총리의 방북에 의한 '9·17평양선언'이 그것이다. 그런
데 이 두 번의 전환점은 보다 진전된 북일관계로 이어지지 않았다.
2002년에는 납치 문제 등으로 국내 여론의 반대가 심했다. 그러나
1990년부터 1995년까지 5년 동안은 일본 국내의 환경이 좋았다.
그럼에도 불구하고 당시 북일관계가 개선되지 못한 것은 상당히
의아하다. 어떻게 보는가?

이즈미 북한 측이 회담을 일방적으로 중단했기 때문이다. 3당 합의 이
후 추진된 북일 국교정상화 회담은 1992년 11월 8차 회담 때 북한
측에 의해 일방적으로 중단되었다.

Q 그 이유는 무엇이었나?

---

2 가네마루 신 방북단(자민당 및 사회당 대표단)과 조선로동당 사이의 합의에 따라 1990년 11월 중에 북일
국교 수립을 위한 협상을 개시한다는 것으로 '3당 공동선언'이라고도 불린다. 이 합의에서 "3당은 과거 일
본이 36년간 조선 인민에게 준 커다란 불행과 재난, 전후 45년간 조선 인민이 받은 손실에 대하여 조선민
주주의인민공화국에 공식적으로 사죄하고 충분히 보상해야 함을 인정한다"는 내용이 포함되었다. 이러한
'전후' 시기에 대한 보상 언급은 특기할 만한 것이었다.

북일관계 약사

1945. 8.	일본 패전, 한국 해방
1948. 8~9.	대한민국 수립, 조선민주주의인민공화국 수립
1949. 10.	중화인민공화국 수립
1950. 6 ~1953. 7.	한국전쟁
1952. 4.	샌프란시스코강화조약, 미일안보조약
1955. 2	김일성, 대일 국교정상화 제안
1955. 5.	조총련 결성
1955. 10.	사회당 등 북한 방북
1957. 8~9.	일본적십자, 귀국사업 실시방침 수립, 북일 민간무역협정
1959. 2.	일본 정부, 조선인 귀국 문제 각의 양해
1960.	재일조선인 귀국자 4만 9,036명
1961. 7	북소동맹, 북중동맹 체결
1963. 5.	북일자유왕래실현운동 개시
1965. 6.	한일국교정상화
1968. 1.	청와대 습격사건, 프에블로호 나포 사건
1970. 3.	일본 요도호 납치범 북한 망명
1971. 11.	북일우호촉진의원연맹 결성
1972. 1.	북일무역촉진합의서 작성
1972. 3	일본공산당 북한 비판
1972. 7.	7·4남북공동성명
1973. 8.	김대중 납치 사건
1973. 9.	북일국교정상화국민회의 결성
1976. 8.	판문점 도끼 만행 사건
1978. 5.	사회당 대표단 방북
1979. 9.	일본공산당 후와 서기장 북한 비판
1983. 10.	랭군 테러 사건
1983. 12.	일본공산당 주체사상 비판 및 관계 단절
1987. 11.	대한항공기 폭파 사건
1988. 7.	노태우 대통령의 7·7선언
1989. 3.	다케시타 노보루 총리, 북한에 대해 "깊은 반성과 유감의 뜻" 표명
1990. 9.	가네마루-다나베 방북단, '3당 공동선언'
1991. 1~.	북일 국교교섭

1993. 3.	북한, 핵확산금지조약NPT 탈퇴 선언
1993. 5.	노동미사일 시험발사
1994. 5~6.	한반도 핵위기. 북한 IAEA 탈퇴 성명, 카터 방북, 사회당 무라야마 내각 출범
1995. 3.	와타나베 방북단, 가토 고이치 주도의 '4당 합의'
1997. 2.	요코다 메구미 납치의혹 부상
1997. 10~11.	일본의 대북 쌀 지원, 일본인 부인 고향 방문, 모리 요시로 방북
1998. 8.	북한, 광명성 위성(대포동미사일) 시험발사 일본의 경제제재 실시
1999. 12.	무라야마 방북
2000. 4~6.	북일 국교교섭 재개. 북일국교회복국민회의 결성(무라야마 회장), 남북정상회담
2001. 12.	동중국해 불심선(不審船, 불심검문을 거부한다고 해서 붙여진 용어) 사건
2002. 9~10.	고이즈미 총리 방북, 북일정상회담, 평양선언, 납치피해자 귀국
2003. 1.	북한 NPT 탈퇴 선언
2003. 8.	6자회담 개시
2004. 5.	고이즈미 총리 재방북, 납치피해자 가족 귀국
2005. 9.	6자회담 합의

이즈미 그건 알 수 없다. 북한 측에서 제기한 표면적 이유는 '이은혜 문제'[3]였다. 일본 측이 그 문제를 제기했기 때문에, 일본 측이 계속 그런 자세라면 회담에 응할 수 없다는 것이었다. 이것이 정말로 가장 중요한 문제였는지는 알 수 없으며, 일본 측은 실제로는 그렇게 보지 않는다.

Q 당시 배상 문제에 대해서도 100억 달러라는 액수가 나오는 등 어

---

3 1987년 대한항공기(KAL기) 폭파 사건 당시 체포된 김현희가 자신에게 일본어를 가르쳐준 인물로 지목한 일본인 납치피해자의 북한식 이름이다. 일본 명은 다구치 야에코(田口八重子)이다.

느 정도 큰 윤곽이 잡히지 않았나?

이즈미 　실은 그렇지 않다. 당시 100억 달러라는 말이 나온 경위를 보면, 걸프전Gulf War 때 일본이 제공한 금액이 약 100억 달러이므로 그 정도는 쉽게 내놓지 않겠느냐는 이야기가 나온 것이었다. 그러나 북일 간에 액수에 대한 이야기는 없었다. 일본 측에서도 이른바 '보상금'으로 얼마를 낼지 구체적으로 검토한 적은 한 번도 없다.

　　북일국교정상화에 대한 일본 측의 기본자세는 1965년 한일국교정상화 방식을 따른다는 것이었다. 청구권을 포기하는 대신, 국교정상화 후 일본이 경제협력과 민간투자를 제공하는 방식이다. 1990년 이래로 일본 정부는 이런 자세로 일관해왔으며 거기에 흔들림이라고는 없었다. 2년 동안의 회담을 통해 일본 측에서는 국교정상화 방식에 대해 어느 정도 이해가 생겨났지만, 1992년 12월 이후에는 일본에 대한 북한의 관심이 매우 낮아졌다고 할 수 있다.

Q　그 이유는 무엇인가?

이즈미 　북한이 교섭대상을 미국으로 바꾸지 않았나 싶다.

Q　당시 한국은 중국과 소련 모두와 수교했기 때문에 이를 교차승인 cross-recognition하여 북한이 미일과 수교하기를 바라는 입장이었다. 그런데도 왜 북한이 일본 카드를 쓰지 않았는지 이해하기 어렵다. 왜 그랬는가?

이즈미 아직도 이해하기 어려운 점이다. 생각할 수 있는 한 가지 가능성은 북한이 일본과 국교정상화를 하려면 핵 문제 해결이 불가결하다는 점을 충분히 이해했기 때문일 것이다. 핵 문제 해결을 두고 말하자면, 북한의 교섭상대는 일본이 아닌 미국이 된다. 그래서 일본과의 교섭을 중단하고 미국과의 교섭을 우선시하게 됐을 가능성이 있다.

▌고이즈미 방북, 납치 문제로 깨져

Q 2002년 9월 17일의 평양선언은 지금까지 평양에서 나온 외교문서 가운데 가장 전향적이라는 평가가 있다. 2000년 한국과 북한 사이에 이루어진 '6·15공동선언'보다 진일보한 것이라고 주장하는 학자들도 있다. 이 평양선언 작성에는 누가 관여했는가?

이즈미 내가 알기로는 다나카 히토시가 핵심 역할을 했다. 그 외에 당시 외무성 동북아시아과장이던 히라마쓰 겐지平松賢司의 역할도 무시할 수 없을 것이다. 실제로 교섭을 다나카와 히라마쓰 두 사람이 담당했으며 내각에서는 당시 관방장관을 역임한 후쿠다 야스오 전 총리가 깊숙이 관여했다. 그리고 고이즈미 총리가 있다. 이렇게 극소수 사람들만 깊이 관여했기 때문에 비밀을 지킬 수 있었던 것이다. 이보다 더 많은 사람이 관여했다면 1년 동안 비밀을 유지하기는 불가능했을 것이다. 따라서 나는 이 네 사람이 중심이었다고 본다.

Q 그런데 평양선언이라는 좋은 문서를 발표하고 나선 왜 판이 깨졌는가? 물론 납치 일본인 문제가 원인인데, 2004년 고이즈미 총리가 다시 방북해 나머지 납북 일본인을 데려오지 않았는가? 북한 측으로서는 성의를 보였는데 일본이 판을 깬 듯 보인다. 1992년에는 북한이 판을 깼다면 2002년에는 일본이 협상을 거부한 것이다. 당시 한국은 평양선언에 대해 고이즈미 총리가 대담한 상상력을 발휘해 성사시킨 '일본 외교의 승리'로 평가했다. 이렇게 좋은 외교적 이니셔티브를 취했음에도 방북이 오히려 북일관계를 악화하는 결과를 가져왔다. 결국에는 납치 일본인 문제로 귀착될 텐데 이 문제가 너무 정치화되었다고 생각하지 않는가?

이즈미 그렇다. A부터 Z까지 모두 납치 문제다.

Q 북한 핵·미사일 같은 큰 문제를 해결해 북일관계가 좋아지면 납치 문제 역시 자연히 해결될 수 있었던 것 아닌가? 왜 이 문제를 전면에 내세워 평양선언을 무력화하고 북일관계를 어렵게 만들었는지 이해하기 어렵다. 선생의 견해는 어떤가?

이즈미 그런 인상을 주게 된 것은 충분히 이해할 수 있다. 다만 핵이나 미사일 문제가 해결돼 북일관계가 진전됐다 하더라도 납치 문제가 '자연히 해결'되리라는 보장은 없다. 일본이 바란 것은 납치 문제의 완전한 해결이었다. 2002년 시점에선 많은 일본인 사이에 핵이나 미사일 문제보다 납치 문제가 훨씬 더 중요하게 여겨졌다. 북한의 핵이나 미사일을 특히 심각한 위협으로 느끼지는 않았다는 이야기다. 그랬기 때문에 납치 문제를 무엇보다 우선시하는 것이 오히려 당연한 일이었던 셈이다. 나 자신은, 북한의 핵이나 미사일이 일본에 심각한 위협이라고 생각했기 때문에 납치 문제와 핵·미사일 문제를 포괄적으로 다뤄야 한다고 주장했지만 그런 견해는 일본에서 소수였다.

Q 북한 입장에서는 김정일이라는 최고지도자가 북일관계 개선을 위해 통 큰 결단을 내린 것인데 결국 역효과가 나고 말았다. 이 점은 어떻게 보는가? 납치 문제를 전면에 내세우지 않고 처리했다면 북일관계 개선에 도움이 되었을까?

이즈미 분명 북한 측이 납치 문제를 인정한 것이 오히려 역효과를 가져왔다고 할 수 있다. 그러나 납치 문제를 전면에 내세우지 않고 북일관계를 개선하기란 불가능했다. 북일관계를 진전시킬 길이 있다면 납치 문제를 극복하는 것뿐이라는 의견이 일본 내에 있었다. 이때 '극복한다'는 것은 납치 문제를 곧바로 '해결한다'는 것이 아니라, 일단 이를 옆에 놓아두고 그 밖의 분야에 생긴 길을 통해 납치 문제를 해결한다는 것이다.

Q 그런데 어째서 그런 방식으로 접근하지 않았는가? 당시 아베 신조가 이를 정치화하고 관방장관인 후쿠다 야스오가 힘을 쓰지 못하는 걸 보면서 상당히 의아했다.

이즈미   납치 문제는 너무나도 명확하게 일본 대북외교의 최우선 과제였기 때문이다. 2002년 고이즈미 총리의 방북에 이르기까지 일본이 북한 측에 계속 요구한 것은, 우선 첫째로 납치 일본인들의 안부 확인이었다. 일본인 납치는 대부분이 1970년대 말에서 1980년대 초에 이루어진 것으로, 사건이 일어난 지 거의 20년이 지난 상황이었다. 따라서 이미 사망한 피해자가 있을 가능성을 일본 측은 염두에 두고 있었다. 그러나 누구나 13세 때 납치된 요코다 메구미橫田めぐみ는 반드시 살아 있으리라 생각했다. 가장 어린 납치피해자였기 때문이다. 그렇지만 북한 측은 그녀가 사망했다고 통보했다. 많은 일본인이 그것은 사실이 아니리라 여겼고 그래서 북한에 대한 분노가 예전보다 더 커졌다. 그리고 납치 문제는 최우선 과제로 부상하게 됐다. 그런 상황에서 우회적 접근법을 취하는 건 현실적으로 택할 수 있는 옵션이 아니었던 것이다.

Q   현재 일본인 납치 문제를 해결할 방법은 사실상 없지 않나? 가토 고이치加藤紘一 자민당 의원도 언급했듯이 섭씨 1,500도 이상으로 화장火葬을 하면 DNA 검출이 안 된다. 북한에서 보낸 유골이 요코다 메구미의 것이 아니라고 해서 문제가 됐는데, 이는 어떻게 풀어야 하는가?

이즈미   가장 좋은 시나리오는 요코다 메구미가 살아서 일본으로 돌아오는 것이다. 차선의 시나리오는 그녀가 생존해 있는지 아니면 사망했는지를 명확히 증명하는 것이다. 북한은 "납치 문제는 이미 해

결되었다"는 입장을 바꾸어 일본 측이 납득할 수 있는 대응을 해줄
필요가 있다.

▌ 악화일로에 있는 일본인의 대북인식

Q 일본의 대북인식은 1998년 대포동미사일 발사로 인한 충격 때문
에 급격히 바뀐 것으로 여겨진다. 이 '대포동 쇼크'는 아직도 지속
되고 있는가? 납치 문제 역시 이 대포동미사일 문제로 인해 더 확
대된 것인가?

이즈미 그렇지는 않을 것이다. 일반 국민에게는 안보 문제의 위협인식
이 그다지 작동하지 않는다. '대포동 쇼크'도 일시적이었다. 그로
인해 납치 문제가 훨씬 부각된 건 아니다. 물론 대포동미사일 발사
가 북한에 대한 이미지를 크게 악화시킨 것은 틀림없다. 시기적으
로 보면 북한이 대포동미사일을 발사했을 때는 한국에 대한 이미
지가 좋아지고 있던 때이기도 했다. 결과적으로 나쁜 이미지가 모
두 북한 쪽으로 쏠리게 된 것이다. 한국은 우리의 좋은 친구이고
북한은 나쁜 자들이라고 생각하게 됐다.

Q 2002년 평양선언 이후 납치 문제가 부각되면서 대북인식과 한국
에 대한 인식이 완전히 역전되었다는 이야기인가?

이즈미 그런 셈이다. 2002년 6월 한일월드컵 공동개최 이후 한국에 대한 인식이 많이 좋아졌다. 그리고 얼마 지나지 않은 2002년 9월 납치 문제가 크나큰 이슈로 부상하자 북한에 대해 나쁜 인식이 심화되었다. 이른바 한류가 시작된 것도 사실상 2002년이다. 한국에 대한 인상이 좋아지고 평가가 높아지는 가운데 북한이 아주 나쁜 일을 했다는 사실이 밝혀진 셈이다. 중학생 소녀를 납치한다는 것은 일반인으로선 상상하기 힘든 일이다.

Q 그렇다면 6자회담은 부차적인 문제가 되는 것인가? 일본 외무성이 6자회담에 대해 신경 쓸 수 없는 상황이 돼버린 것 아닌가? 납치 일본인 문제 때문에 대북원조 등 거의 모든 일을 중단시킨 데다 핵 문제와 관련해 유엔 제재에 동참하는 동시에 개별적으로 추가 제재까지 하고 있다. 이 기조가 완화될 조짐은 있는가?

이즈미 원래 북한에 대한 추가 제재는 핵·미사일·납치의 세 가지 문제를 이유로 한다. 그런데 일반인들은 납치 문제 때문에 일본이 독자적 제재를 가한다고 알고 있다. 핵이나 미사일에 관해서는 유엔이 제재를 가하고 있고, 납치에 대해서는 일본이 독자적인 추가 제재를 하고 있다는 인상이 강한 것이다. 그러한 추가 제재를 완화 또는 해소하기 위해 필요한 것이 납치 문제의 진전이다. 따라서 핵 문제가 어느 정도 실마리를 찾는다 해도 납치 문제가 조금이라도 진전되지 않는다면 추가 제재가 완화되기는 힘들 것으로 본다.

Q 납치 문제도 중요하지만 일본의 국가이익, 즉 대승적 국가목표를 볼 때 북한이 비핵화되고 미사일 등을 자제하면서 건설적인 지역·세계 사회의 일원이 되는 것이 바람직하다. 그런데 일본의 정치가나 관료는 그런 대승적인 그림을 그리고 있는 것 같지 않다. 선생은 어떻게 보는가?

이즈미 유감스럽지만 그 점은 사실이라고 인정해야 할 것 같다. 일본 정부는 말로는 북한 핵이나 미사일을 직접적 위협이라고 하지만, 나는 그 점을 매우 의아스럽게 본다. 일본에서 미사일 문제 해결을 고집하는 목소리는 거의 없다. 나는 예외적 존재다. 나의 일관된 주장은 납치와 핵·미사일이라는 현안을 포괄적으로 해결하면서 국교정상화를 지향해야 한다는 것이다. 이 가운데 중요한 과제가 미사일 문제인데, 국회나 매스컴에서 그 해결책이 논의된 적은 없다.

Q 그 부분은 미국이 해결하리라고 보는 것 아닌가?

이즈미   그건 아니다. 1998년의 대포동미사일 발사로 일본 측도 어느 정도는 그 문제를 인식하고 있다. 북일평양선언에서 흥미로운 점은 김정일 위원장이 미사일 모라토리엄시험발사 유예을 선언했다는 사실이다. 그러나 그에 대한 일본 내부의 관심은 크지 않은 것 같다. 당시에 그런 약속을 했다는 사실조차 모르거나, 알았더라도 잊어버린 사람들이 많다.

Q 어떻게 보면 납치 일본인 문제의 가장 큰 희생자는 재일조총련과 그 회원들 아닌가? 현재 일본 내에서 조총련의 지위는 어떤가? 매우 어려운 상황인 것 같은데…….

이즈미 김정일 위원장이 납치를 인정함으로써 조총련 내부에 실망한 사람들이 많아졌고 이탈자도 늘었다. 1997년 이래 조총련계 사람들의 경제적 상황은 악화되고 있었다. 거기에 납치 문제까지 겹쳤으니 이탈자가 늘어나는 것은 당연한 일이었다.

Q 파친코를 운영하는 조총련계 재력가들에 대한 세무조사가 시작되면서 현금 보유에 대한 제한이 가해졌고 조총련계 학교시설 등에 면세혜택을 주는 제도도 제한해야 한다는 목소리가 높아졌다. 재일조총련은 정치적·경제적·사회적으로 어려운 상황인 듯하다. 북한에서 재정지원도 오지 않는 것으로 아는데, 재일조총련의 미래는 어떻게 보는가?

이즈미 북한이 간단히 무너지지는 않겠지만, 조총련이라는 조직 자체를 유지하기는 갈수록 어려울 것이다. 돈이 없기 때문에 이른바 지부支部에서 전문적으로 일하는 사람들이 너무나 고생한다. 예를 들면 시즈오카 조총련 지부는 재정적 곤란으로 인해 회관을 매각했다. 그 외에도 전국 각지에서 비슷한 일이 일어나고 있다.

▌ 북한의 핵보유는 기정사실?

Q 선생은 2006년에 쓴 글에서 "북핵폐기는 쉽지 않다. 북한의 핵보
   유를 기정사실화할 수밖에 없다"라는 흥미로운 주장을 펼친 바 있
   다.[4] 지금도 그렇게 생각하는가?

이즈미 자주 오해를 받는데 나는 "기정사실화할 수밖에 없다"고는 말
   하지 않았다. 사실상 기정사실이 되어버렸기 때문에 그것을 전제
   로 생각해야 한다고 주장한 것이다.

Q 그렇다면 북한과의 핵협상 자체가 내용을 달리해야 할 것이다. 기
   본적으로 한미 양국의 입장은 NPT의 정의에 따라 북한을 핵보유
   국으로 인정하지 않겠다는 것이다. 그러나 북한의 핵보유를 기정
   사실화한다면, 이는 문제가 아닌가?

이즈미 하지만 한미 양국 모두 이미 북한의 핵보유를 기정사실로 받아
   들이고 있지 않은가? 현재 분위기는 북한의 핵보유와 핵개발 모
   두를 방치하는 것이나 마찬가지라고 본다. 하루라도 빨리 북한의
   핵개발을 중지시키고 핵포기를 실현시키려는 움직임은 별로 없지
   않은가? 일본 정부의 입장은 북한이 완전한 비핵화를 달성하고 다
   시 NPT에 복귀하지 않는 한 국교정상화는 이뤄질 수 없다는 것이

---

4 "核付き北朝鮮の存續を覺悟せよ"(2006. 12),《中央公論》.

다. 관계 개선은 어떤 조건에서도 가능하지만, 정상화는 완전한 비핵화 없이는 불가능하다는 이야기다.

평양선언에서 북일 쌍방이 합의했듯이 경제협력의 90% 이상이 국교정상화를 한 뒤가 아니면 불가능하다. 그 전에 할 수 있는 것에는 한계가 있다. 일본이 지렛대leverage를 갖고 있다고 보는 사람들이 많지 않은가? 북한이 비핵화하지 않는 한 국교정상화는 할 수 없으며, 국교가 정상화되지 않는 한 대규모 경제협력은 하지 않는다는 일본 측의 자세는 일관적이다.

▌북한의 체제안정성, 의외로 높아

Q 북한 체제의 안정성에 대해 이야기해보자. 선생의 2002년 기고문에는 북한 붕괴를 전제로 한 시나리오가 있다.[5]

이즈미 그 글은 북한이 붕괴할 것 같다는 의미로 쓴 게 아니다. 만일 붕괴한다면 그 후 통일된 한국을 어떻게 생각해야 하는가에 대해 브레인스토밍을 해본 것뿐이다. 현실적으로 그렇게 되리라는 뜻에서 쓴 것은 아니다.

Q 최근 김정일 위원장의 사망, 그 후계자인 김정은의 등장 등 북한에

---

5 "統一後の朝鮮半島 : 北朝鮮 '崩壞'をめぐる問題提起" (2002. 2),《東亞》.

많은 변화가 일어났다. 앞으로 북한체제가 어떻게 되리라 보는가?

이즈미 나는 앞으로 얼마 지나지 않아, 예를 들면 1년 안에 북한이 붕괴하는 일은 기본적으로 없을 것으로 본다. 내가 생각하는 붕괴 가능성은 두 가지다. 하나는 북한지도부가 경제를 재건해 생활을 풍요롭게 한다는 꿈을 주민들에게 심어주지만 이를 달성하지 못하는 경우다. 다른 하나는 현실적으로 경제재건이 가능해져 북한 주민들의 생활이 점차 개선되는 경우다. 어느 쪽이든 상당한 불만이 표출될 것이며, 그 불만이 체제를 뒤흔들 것이다. 그러나 결론적으로 말해 이 두 가지 가능성은 당분간 실현되지 않으리라 본다. 꿈을 심어주는 일도 없을 것이고 현실적으로 경제가 좋아지는 일도 없을 것이다. 이렇게 되면 역설적으로 북한 체제가 오히려 안정된 상태로 당분간은 유지될 것이다.

그 점에서 최근 북한이 '고난의 행군' 정신을 다시금 강조하고 있는 데 주목해야 한다. 2011년 8월부터 평양에서는 〈오늘을 추억하리〉라는 연극이 상연되었다. 이 연극은 십수 년 전을 배경으로 한다. 지방의 지도자나 간부들이 김정일의 지도에 따라 성공적으로 임무를 수행해낸 이야기를 다루고 있다. 힘든 상황 속에서도 김정일의 지시를 준수한 간부들의 자세를 배워야 한다고 이 연극은 강조한다. "오늘을 위한 오늘을 생각하지 말고 내일을 위한 오늘을 생각하라", "단기적 이익이 아니라 장기적 이익을 생각하라"는 것이 주제다. 이 캠페인은 북한 주민들에게 십수 년 전의 일을 상기시킨다. 당시 북한에서는 수많은 사람이 굶어 죽었는데, 이 연극을 통해 그것이 사실로 인정된 것이다. 김정일 자신이 1994년 이후 많은 사람이 죽었음을 인정한 건 그때가 처음이다.

　이 사실을 인정하고 모두가 상기하면 어떻게 될까? 지난 17년 동안 북한의 상황이 많이 좋아졌다고 느끼게 된다. 지금까지 북한은 2012년에 강성대국의 대문을 열고 본격적인 경제재건을 개시함으로써 생활이 향상될 것이라는 꿈을 주민들에게 심어주었다. 그러던 태도가 바뀐 것이다. 과거의 일을 되돌아보면 지금이 17년 전에 비해 매우 좋아진 게 사실이다. 굶어 죽는 사람은 거의 없으니까 말이다. 이를 거꾸로 보면 앞으로 경제가 좋아질 일은 없다는 말이 된다. 다만, 이전의 힘들었던 시기에 비하면 나아졌으니 '김정은을 따라가면 더 나빠지지는 않을 것'이라는 정치사상 교육을 개시한 셈이다. 이를 보면 앞으로 적어도 3~5년 동안 북한 경제가 좋아질 가능성은 없다는 이야기가 된다.

Q　어떤 근거로 북한의 상황이 17년 전에 비해 좋아졌다는 것인가?

이즈미　이미 말했듯, 굶어 죽는 사람은 많이 나오고 있지 않기 때문이다. 역설적이지만 배급 시스템이 없어진 것이 그 이유 중 하나다. 17년 전까지는 배급 시스템이 있었고, 당이 주민생활을 보장하는 형태를 취했다. 그 배급에만 의존하던 사람들은 거의 굶어 죽었다고 본다. 그 후 살아남은 사람들은 너무나도 어려운 시기를 견디기 위해 스스로 생활고를 해결하고자 노력했다. 정부로서도 식량을 제공할 수 없으니 전부 개인이 해결하도록 해야 했다. 즉 법률로 인정하지 않는 시장도 인정할 수밖에 없었다. 김정일이 잘해서가 아니라 북한 주민들이 필사적으로 노력했기 때문에 굶어 죽는 사람이 줄어든 것이다.

Q 그렇다면 일반 주민으로서는 승계체제가 어떻게 되든 상관이 없는 것인가?

이즈미 상관없을 것이다. 인민의 생활을 향상시킨다면 좋겠지만, 그러지 않을 거면 방해나 하지 말아달라는 생각일 것이다.

Q 선생은 또 다른 글에서 김일성이 장수한 것은 김정일에게 권력을 승계해 과도한 업무를 분담했기 때문이라고 지적했는데, 설득력 있는 이야기라고 생각했다.[6] 그런 추론을 하게 된 배경은 무엇인가?

이즈미 1994년에 김일성이 사망했는데, 요즘 다시 그가 사망한 전후 시기를 공부하고 있다. 그 결과 몇 가지 달리 생각하게 됐다. 결론부터 말하자면, 승계 시 김정일에게 '권력의 계승'은 이뤄지지 않았다는 점이다. 북한의 계승에는 '혁명의 계승'과 '영도領導의 계승' 두 가지가 있다. 김일성이 살아 있을 때 김정일에게 계승된 것은 '혁명의 계승'이었다. 이를 통해 김정일은 완전한 후계자가 되었다. 북한과 조선로동당을 만든 김일성이 사망하더라도 '혁명'은 지

<hr>

6 "緊迫する朝鮮半島 : 現狀と展望" (2010. 11). 《アジア時報》.

속될 것이라는 이야기다. 그러나 '영도의 계승'은 권력을 부분적으로라도 이양해야 한다. 김일성이 살아 있는 동안에는 그런 일이 일어나지 않았다. 김정은의 경우에도 '혁명의 계승'은 성공적으로 이루어졌다고 하나, '영도의 계승'이라는 말은 쓰지 않는다. 김일성이건 김정일이건 자신이 건강하게 활동하는 동안에는 권력을 넘길 이유가 없는 것이다.

 일반적으로 1990년대로 들어서면서 김정일은 김일성이 지닌 주석의 권력을 조금씩 이양받았다고들 한다. 인민군 최고사령관이라는 것은 본래 주석이 겸직하는 직책이다. 김일성은 이를 아들에게 주고, 1992년 헌법을 개정해 역시 주석의 겸직인 국방위원장 직책도 넘겨주었다. 김일성이 죽기 전에 김정일이 두 가지 직책을 받은 상태였기 때문에 군부에 관한 권력을 쥐고 있었다는 말이 많은데, 나는 그렇게 생각하지 않는다. 김정일은 1991년 12월 24일 최고사령관이 되었는데, 그 다음 날인 25일 김일성의 연설이 있었다. 거기서 김일성은 자신이 고령이 되었고 해서 아들에게 최고사령관 직책을 이양한다고 밝혔다. 흥미로운 것은 굳이 말할 필요가 없는데도 그 자신은 조선로동당 중앙군사위원회 위원장으로서 고문 역할을 한다고 선언한 사실이다. 중앙군사위원회 위원장은 최고위 직책이다. 최고사령관도 국방위원장도 그 아래에 있다. 따라서 자신은 권력의 핵심을 포기하지 않았음을 공식적으로 선언한 셈이다. 결국 김일성은 자신이 살아 있는 동안에는 김정일에게 권력을 넘겨주지 않았다는 말이 된다.

 1982년 김일성이 70세가 되면서 김정일은 '실무지도'라는 것을 하게 되었고, 1990년대에 들어서자 부친과 마찬가지로 이를 '현지지도'로 칭하게 되었다. 김일성이 직접 가지 않더라도 문제가 없게 된 것이다. 1980년대에 김정일이 김일성의 업무를 '대행'했다고 한다면, 1990년대에는 김일성의 '분신'이 됐다고 생각한다. 김일성과 김정일이 한몸─體이 된 셈이다. 이로써 김일성의 부담은 크게 줄었다. 그렇기 때문에 김일성은 1994년까지, 즉 82세까지 장수할 수 있었으리라고 본다.

김정일은 김일성이 죽은 뒤 1년 반 정도 시간을 들여 모든 군부대를 방문했다. 이전에도 군부 현지지도를 했지만, 아버지가 죽자 이를 다시 수행한 것이다. 사령부뿐 아니라 모든 부대를 돌며 사단장급 이상 인사도 새로이 단행했다. 이는 김일성의 생존 당시에는 김정일이 '군권'을 장악하지 못했다는 점을 증명한다. 그래서 김정일은 부친 사망 후 1년 반 동안 모든 군부대를 방문해 군에 대한 자신의 장악력을 확립했던 것이다.

2008년 10월 이후에도 현지지도가 많았는데 이는 한번 쓰러진 이후의 일로, 국내외에 자신이 건재함을 보여주기 위한 제스처였다고 볼 수 있다. 방문한 부대 수를 보면 과거에 비해 몇 배에 달한다. 그러나 이동거리가 점차 줄어 주로 평양 중심이었고 소부대를 방문하는 경우도 드물어져 사령부가 중심이었다. 횟수를 늘리면서 움직이는 부담은 줄인 것이다.

Q 현지지도가 오히려 일선에 부담을 주는 행동 아닌가?

이즈미 분명 일선에는 부담이 될 것이다. 하지만 김정일에게도 부담이 되는 건 확실하다. 현지지도를 나가면 설명을 듣고 지시도 해야 하기 때문이다. 인민 속에 들어가 직접 지도하는 것이 바로 '영도'이다. 이렇게 해야만 위대한 수령·지도자가 되는 것이다. 김일성 시기부터 인민들 속에 들어가 직접 지도한다는 것이 북한지도자가 갖는 권위·권력의 기반이기 때문에 그렇게 할 수밖에 없다.

Q 김정일은 직접 자신의 몸을 움직여 존경을 샀다는 말인가?

이즈미 그렇다. 위에서 지시하는 것이 아니라 인민들 속으로 들어가 지도하기 때문에 인민과 한몸이 되는 것이고 권위를 유지할 수 있다. 이를 그만두면 권력의 정통성이 흔들리므로 현지지도는 계속된다.

Q 김정은 후계 체제는 어떻게 보는가? 한국 정부에서 예상한 것과 달리 김정일 사후 김정은에게로 승계가 순조로이 이뤄진 것 같다.

이즈미 김정은은 2012년 4월까지 당·군·국가 모두에서 넘버원 지위에 올랐다. 부친인 김정일이 4년 2개월에 걸쳐 이룬 것을 단 4개월 만에 달성한 것이다. 그런 점에서 승계는 원만하게 이뤄졌다고 볼수 있다. 다만 김정은의 권력기반이 공고하다고는 생각하지 않는다. 김정일은 우선 자신의 권력기반을 공고히 한 뒤에 부친의 직책을 계승했지만, 김정은은 우선 부친의 직책을 계승한 다음에 권력

기반을 구축하려 하고 있다. 이것이 끝까지 무난하게 이루어질지는 미지수다. 앞으로 몇 년 동안이 매우 중요한 시기가 될 것이다.

Q 김정은 체제의 존속 여부는 민심을 잘 잡느냐에 달렸다고 본다. 한국에서는 기아飢餓 등으로 북한의 민심이 점차 이반離反하고 있다는 추측이 나오는데 실제로 어떤가? 김정은이 이를 극복할 수 있다고 보는가?

이즈미 잘 모르겠다. 탈북자들 증언을 봐도 요즘 몇 년간은 어쩔 수 없다는 생각에서 그냥 받아들였다는 이야기가 많다. 최근 서울대가 수행한 한 프로젝트는 근래 2∼3년 이내에 탈북한 이들을 대상으로 했는데, 북한 주민들 대부분은 현재 상황을 그대로 받아들이고 있다고 한다. 김정은을 지지한다기보다는 어쩔 수 없다는 생각으로 받아들인다는 것이다.

Q 일부 북한전문가들 사이에는 김정은이 '군림reigning'할 뿐 '지배ruling'하지 않는다는 말이 있다. 실질적 정책결정은 장성택, 최룡해, 이영호 등이 주도한다는 관측이다. 이에 동의하는가? 덧붙이자면, 놀랍게도 얼마 전 군참모장 이영호가 해임됐다는 뉴스가 나오기도 했다.

이즈미 김정은은 아직 젊고 경험도 부족하다. 그런 그가 김정일과 마찬가지로 독재권력을 행사한다는 것은 당연히 있을 수 없는 일이다. 따라서 김정은을 떠받치는 주변 측근의 역할이 중요하다. 그러나 그 측근들이 구체적으로 어떤 역할을 맡고 있는지는 알 수 없다. 더군다나 정책결정이 어떤 식으로 이뤄지는지는 매우 불명확하다. 거기에 김정은이 어느 정도 관여하는지도 알 수 없다.

다만 김정은의 의향이 짙게 반영된 게 아닌가 하는 정책이 하나 있는데, 바로 '김정일 애국주의'가 그것이다. '김정일 애국주의'라는 것은 조국과 인민을 위해 김정일처럼 "목숨을 걸고 일하라"고 요구하는 것이다. 김정은은 특히 조선로동당의 일꾼_{간부}들이 열심히 일하지 않고 경제건설에 대해 늘 어느 정도 거리를 두는 것에 상당히 조바심을 내고 있는 것같이 보인다. 그렇기 때문에 일꾼들은 물론 일반 주민들에 대해서도 "일하라! 태만하지 말라!"라고 호령하는 것 아니겠는가. 이 점에 관해서만 김정은의 독자적 이니셔티브가 발휘된 것이라 본다. 그러나 주민들이 이전에 해오던 것 이상으로 일하게 하려면 김정은 지도부는 충분한 자금이나 자재, 또는 농업이라면 비료나 기기 등을 제공할 필요가 있다. 그리고 무엇보다도, "열심히 일하면 그에 상응하는 혜택이 돌아온다"라는 보증을 주민들에게 제공해야 한다. 그러나 현 시점에서 김정은 지도부는 그에 관한 아무런 준비도 되어 있지 않으며, 앞으로 그런 준비를 할지도 의문스럽다.

김정은이 자신의 권력기반을 공고히 하려면 상당한 시간이 필요할 것이다. 그 과정에서 김정은이 자신의 판단에 근거해 정책을 천명하는 일이 가능할지는 여전히 불명확하며, 그의 권력이 안정될지 여부도 알 수 없다. 다만 적어도 현 시점에서 김정은 지도부가 동요하고 있다거나 불안정하다는 징후는 보이지 않는다.

▌ 한국 정부의 북한붕괴론, 근거 없어

Q 그렇다면 현재 이명박 정부가 북한붕괴에 대비해 추진하던 정책
   은 전혀 근거 없는 것인가?

이즈미 어떤 명확한 근거는 없다고 본다. 단지 붕괴론 자체를 말하자
면 이명박 정권은 극단적인 경우를 생각해두지 않으면 안 될 것이
다. 북한의 붕괴 가능성에 대해 항상 준비해둘 필요는 있다는 이야
기다. 한국이 자신의 주도하에 북한을 붕괴시킬 수는 없을 것이다.
이를테면 한국이 지원을 그만둔다고 해서 북한이 붕괴하지는 않
는다. 중국이 지원을 그만두지 않는 한 그런 일은 있을 수 없다. 만
일 한중 양국이 지원을 중단한다면 그때는 효과가 있을 것이다. 지
난 4년간 한국이 지원을 중단한 것이 북한에 꽤 타격을 입히기는
했겠지만, 그 반대로 중국의 지원이 늘어났다. 이렇게 되면 결과적
으로 북한은 붕괴되지 않는다. 외부 지원을 끊는 것으로 북한 내부
의 동요를 불러일으켜 붕괴하도록 할 요량이라면 이명박 정권의
지원 중단만으로는 충분치 않다. 다시 말하지만, 중국이 지원을 그
만두지 않는 한 효과가 없다.

Q 어떻게 하면 중국으로 하여금 대북지원을 그만두게 할 수 있는가?

이즈미 그건 불가능한 일이다. 극단적으로 말하면, 중국에 대해 제재를 가하지 않으면 안 된다. 북한에 대한 지원으로 한국이 위협을 받으므로 대북지원을 중단하지 않으면 제재조치를 취하겠다고 중국에 말하는 것이다. 이런 방법은 효과가 있을 것이다. 한국 제1의 무역상대국이 중국이기 때문이다. 있을 수 없는 일이라고 생각하겠지만, 한국이 타격을 받더라도 중국과의 무역을 그만두거나 절반으로 줄이겠다고 한다면 중국 측이 생각을 바꿀 수 있을지도 모른다.

Q 그런 방식을 외교카드로 쓸 수는 없지 않겠는가?

이즈미 이쪽도 피해를 보기 때문에 그렇게는 하기 어려울 것이다. 중국에 충격을 주고자 하면 사실상 한국도 상당한 손해를 감수할 수밖에 없다. 이명박 정권이 대북지원을 축소한 것은 한국에 피해가 거의 없어서였고, 한국의 피해가 예상되는 개성공단은 유지했다. 이명박 정권이 추진하는 대북정책의 어중간한 부분이 여기 있다. 이명박 정권이 북한에 대한 40만~50만 톤의 식량이나 비료 지원을 중단한 것은 상당히 영향력이 있었다고 보지만 사실 개성공단도 그만두었어야 했다. 하지만 그렇게 되면 한국도 피해를 입기 때문에 그럴 수 없었다.

'5·24조치'에서도 개성공단은 별개로 취급했다. 그리하여 2010년 남북한 간 교역액은 약 19억 달러로 사상 최대치를 경신했다.[7] 개성공단 이외의 무역을 중단했다[8]고 해도 개성공단을 통해 투입되는 부분이 있기 때문에 오히려 전체로 보면 노무현 정권 시절보다도 대북교역량이 늘었다. 이런 식으로는 북한을 붕괴시킬 수 없다. 정말로 북한을 붕괴시키고 싶다면 북한과의 교역 일체를 중지해야 할 것이다.

Q 그렇지만 금강산 관광도 중지된 현 상태에서 '개성'이라는 파이프라인 하나쯤은 남겨두는 것이 좋지 않은가?

이즈미 그렇기는 하지만, 보다 중요한 점은 어중간한 정책을 취하지 않는 것이다. 교류를 한다면 금강산 관광까지 하는 게 좋고, 교류를 중단한다면 개성공단까지 닫아야 한다. 개성공단을 통한 교역이 증가했기 때문이다.

Q 남북 간 교역에서 북한이 얻는 실제 이익은 어느 정도라고 보는가?

이즈미 그 부분은 자세히 계산하지 않으면 알 수 없지만 단순비교로 말하면 2010년 북중 간 무역 역시 34억 달러를 넘어 당시 기준으로 최대치였다. 북한이 무역대금을 제대로 지불했는지, 적자인지 흑자인지는 알 수 없지만 그만큼의 물자가 북한으로 들어갔다는

---

7 2011년은 17억 1,000만 달러로 전년 대비 10% 감소했다. 한편 북중 무역은 2010년 34억 6,000만 달러, 2011년 56억 2,900만 달러로 급증해 남북한 간 무역을 압도했다.

8 천안함 폭침 사건(2010. 3. 26)에 대해 북한의 책임 있는 조치를 촉구하기 위해 취해진 인적·물적 교류의 잠정 중단 조치를 말한다.

말이 된다. 거꾸로 말하면 북한이 물자를 받고 있다는 이야기다. 북한 입장에서 보면 분명 도움을 받고 있는 셈이고, 이런 교역이 불가능해진다면 북한은 확실히 곤란한 상황에 처할 것이다. 무역의 경우, 한국이나 일본이 무역을 줄이면 줄인 양만큼 중국과의 무역이 늘어난다. 다들 잊고 있지만 20년 전까지만 해도 대북교역량에서 가장 큰 비중을 차지한 것은 중국과 일본으로, 각각 5억 달러 정도의 규모였다. 그런데 현재는, 일본의 경우 독자적 제재로 인해 제로가 되었다. 반대로 중국은 34억 달러가 됐다. 북일 간 무역이 차단되면서 북한에 곤란한 부분이 생겼겠지만 중국이 그만큼 무역을 확대해줬기 때문에 전체적으로 별 문제는 없는 셈이다.

Q 일본이 경제제재를 했는데도 북한의 전체 교역량은 10배로 늘어난 셈인가?

이즈미 그런 셈이다. 따라서 일본이 교역을 중단해도 효과가 없다는 이야기다. 한국이 무역량을 줄여도 마찬가지다. 중국이 교역을 유지하는 한 어쩔 수 없다.

Q 현재 북일 간 무역은 완전히 차단된 상태인가?

이즈미 그렇다. 따라서 북한은 예전에 북일 간 무역에 사용하던 '만경봉호'를 나진-금강산 간 관광에 사용하려 하고 있다. 1992년에 건조한 낡은 '만경봉호'가 여기 사용되고 신형 '만경봉호'는 중국과의 무역에 사용하려 한다. 이를 보면 북일 간 교류가 굳이 없어도 된다고 생각하는 것 아니겠는가.

Q 일본이 수입을 금지한 북한산 전복이 한국에는 들어오고 있다던 데 이는 어떻게 보는가?

이즈미 북한산 전복은 지금도 중국을 경유해 일본으로 들어오고 있다고 본다. 그렇다면 일본의 대북 경제제재에 의해 가장 큰 피해를 입은 건 역설적으로 일본 소비자라는 말이 된다. 예전에는 북한에서 직접 수입했는데 이제는 중국을 경유해 들어오기 때문에 값이 뛰어버린다. 북한 측은 중국에 수출하고 중국은 일본에 수출하기 때문에 북중 양국은 모두 이익을 얻는다. 일본 소비자만 본래 싸게 살 수 있었던 것을 비싸게 살 수밖에 없게 됐다는 이야기다.

▌한일 및 한미일, 안보협력 필요성 높아져

Q 한국과 미국은 최근 북한의 급변사태에 대비한 '개념계획 5029'를 마련했다. 이 계획에 따른 군사적 개입은 현실성이 있는가? 그리고 필요하다고 보는가?

이즈미 북한에 급변사태가 일어날 가능성은 항상 존재한다. 따라서 그 계획은 반드시 필요하다. 한국이 독자적으로, 또는 한미 양국이 함께 북한의 급변사태에 대비하는 계획을 갖는 것은 중요하다. 북한에 대해 한미동맹으로 안전을 확보하는 한 절대적으로 필요하다. 다만 지나치게 드러내놓고 하는 것은 좋지 않다. 이명박 정권의 정책을 보면 북한의 급변사태에 대비한다는 것을 너무 공개적으로 밝히고 있다. 본래 이런 일은 가능한 한 비밀리에 진행할 필요가 있다. 현 정권은 이를 의도적으로 꺼내 북한을 자극하려는 듯 보인다. 해야 할 과제이긴 하지만 조용히 진행해야 한다.

Q 최근 한일 양국의 안보협력 움직임이 활발해지면서 한반도 급변사태 시 일본 군용기를 한국 내의 일본인을 대피시키는 데 쓰도록 한다는 내용이 보도된 바 있다. 이에 대해 한국 내에선 거부감이 크다. 어떻게 생각하는가?

이즈미 한일 안보협력은 한층 더 진전될 수 있는 잠재력이 많다. 그 상당 부분이 중국을 의식해 이뤄지는 것은 당연하다고 본다. 한일관계가 보다 안정되고 견고해지면서 신뢰관계가 깊어지면, 그에 비례하는 형태로 중국을 의식하게 된다는 점이 중요하다. 한일관계의 안정성 없이 양국이 공동으로 대중국 전략을 구축하기는 어렵다. 다시 말해, 한일관계 강화가 중국에 대한 한일안보협력의 전제라는 것이다. 한국은 중국에 대해 소극적이 되는 경향이 있지만 한일관계를 강화함으로써 또 다른 가능한 부분이 생기리라 본다.
　2010년에는 한미합동군사훈련에 일본의 자위대가 옵서버로 참가하고 미일합동군사훈련에 한국군이 옵서버로 참가했는데, 매우 좋았다고 생각한다. 이런 것을 보다 제도화해 서로 어떤 식으로 훈련하는지 아는 것이 첫걸음이다. 가능한 한 양국의 모든 합동훈련에 대해 제3국의 옵서버로서 우선 참가해야 한다. 이런 것도 제대로 되지 않는 상황에서 다른 안보협력을 추진한다면 시기상조다. 또한 일본의 대잠수함전 능력은 매우 뛰어나다. 그런 분야에서, 굳이 협력까지는 아니더라도 교류나 상호참조가 필요하다. 천안함 사건을 떠올려보더라도, 만약 이러한 교류가 한일 간에 있다면 그 억지력도 높아질 것이다.

하지만 북한만을 상정해 대잠수함 협력을 추진하더라도 이는 궁극적으로 중국을 상정한 것으로 여겨지리라 본다. 일본은 중국이 동해안의 나진-선봉 지역에 힘을 쏟고 있다는 점을 우려한다. 나진항에서 배가 출발해 중국으로 가는 일이 있다. 이를 해상교통로 sea-lane로 간주하면 언젠가 중국 해군이 안전보장을 이유로 동해에 진출할 가능성도 있다는 이야기다.

Q 중국이 북한을 지원하는 것도 그러한 전략적 포석인가?

이즈미 그런 측면도 있다고 본다. 따라서 그런 일이 발생하지 않도록 동해 경비 등에서 한일 양국의 협력도 가능할 것이다. 물론 중국 해군의 동해 진출은 극단적인 이야기겠지만 한일안보협력을 논할 때 중국을 우선적으로 의식할 필요는 있다. 그리고 한미합동군사훈련과 미일합동군사훈련에 서로 옵서버로 참가하는 것도 제도화하는 수준까지 끌어올리지 않으면 다음 단계로 나아갈 수 없다.

Q 국방 분야도 그렇고, 한일 양국 군부는 안보협력에 의욕적인 듯하다. 선생의 판단은 어떤가?

이즈미 그렇지만 한일안보협력이란 일본인 피난 문제 등으로 시작되는 게 아니며, 그것이 중심 사안도 아니다. 그런 문제에 대해 제대로 협의할 수 있는 기반을 만드는 게 우선적으로 필요한 작업이다.

Q 북한은 한일안보협력에 어떤 반응을 보일 것 같은가?

이즈미 북한은 이 문제가 한일 양국에 얼마만큼 진지한 과제인지 잘 모를 것이다. 특별한 반응을 보일 정도의 사안은 아니라고 인식하고 있지 않을까.

Q 한일 간 그리고 한미일 간의 안보협력은 지정학적으로 보면 남방의 삼각동맹을 향해 간다는 이야기가 되는데, 이것이 국내정치적 지지를 받을 수 있겠는가?

이즈미 한일 양국 국내에서 안보협력에 대한 일종의 알레르기가 있으니 아마도 이를 저지하려는 움직임이 일어날 것이다. 그런 것이 존재하는 한 북한은 한일 간의 안보협력에 그다지 신경 쓰지 않을 테고……. 그러나 군부만이 아니라 정부가 정책적으로 확실히 추진하고 한일 양국 국민이 이를 지지한다면 북한도 진지하게 받아들일 것이다. 북한이 현 단계에서 우려를 표명하고 비난도 하지만 심각하게 걱정한다는 느낌은 없다.

Q 일본 국내에선 어떤 세력이 한일 및 한미일 군사협력을 반대하리
   라 보는가?

이즈미 이른바 좌파 진영에서는 한반도 유사시에 일본이 말려드는 것
   을 경계하는 입장이 예전부터 있었다. 이와 같이 자국의 평화만을
   중시하는 일국평화주의적 사고방식이 여전히 뿌리 깊다.

▌ 가까운 시일 내 흡수통일 어려워

Q 일본이 생각하는 이상적인 한반도 통일의 형태는 무엇인가?

이즈미 같은 가치관을 공유하는 한국에 의한 통일이 바람직하다는 것
   은 일본인들의 일반적인 생각이다. 그리고 그런 형태의 통일 이외
   에 다른 대안은 없다고 본다. 북한이 남한을 흡수하는 일은 불가능
   하며, 전쟁이 일어나더라도 최종적으로는 한국이 승리해 북한을
   흡수할 것이다. 일본이 '통일한반도'를 생각할 때 군사적이든 평화
   적이든 남한에 의한 흡수통일뿐이라는 게 일반적 시각이다.
      그러나 현실적으로 보면 그런 통일이 곧 이뤄질 것인가에 대해
   서는 부정적이다. 평화적으로 양국이 합의해 북한이 남한에 흡수
   될 가능성은 현재로서는 극히 낮고, 북한의 붕괴에 대해서도 의견

이 엇갈린다. 천안함·연평도 사건이 있기는 했지만, "남북한이 군사적으로 충돌해 한반도에서 다시금 전쟁이 발발할 가능성이 매우 높다"라는 관측도 지금 일본에는 없다. 따라서 전쟁에 의해 남한이 북한을 흡수통일하는 것도 가까운 장래에 일어나리라고는 생각지 않는다.

Q 그렇다면 한반도 통일이 과연 언제쯤 실현될 것으로 보는가?

이즈미 그것은 남북 당사자가 결정할 일로 우리는 잘 모르겠다는 이야기가, 일본 입장에선 나올 수밖에 없다. '곧바로 통일하라'라고 일본이 말할 수 있는 성질의 사항이 아니며, 혹시라도 일본이 한반도 통일을 막으려 한다 해도 그 역시 불가능하다. 이는 독일의 사례를 봐도 알 수 있다. 주변 국가들이 통일을 반대해도 어느 단계에 도달하면 통일이 되게 마련이다. 독일은 서독이 동독을 흡수하는 형태로 평화적 통일을 이뤘다. 당시 영국과 프랑스가 내심 싫어했으리라는 점은 분명하다. 그러나 양국이 독일의 통일을 저지하기는 불가능했다.

만약 남북한이 통일을 향해 나아간다면 다른 나라가 막을 길은 없다. 반대로 주변 국가들이 한반도 통일을 권유하는 것도 불가능하다. 결국 남북한이 정할 일이고 그것이 언제 실현될지 일본으로선 알 도리가 없다. 다만 한반도가 통일되면 일본은 받아들일 것이며 많은 부분에서 환영할 것이다. 환영하는 사람들과 그렇지 않은 사람들로 나뉠지도 모르지만 통일 그 자체는 받아들일 것이다.

Q 통일 후 한반도에 대해 일본에선 두 가지를 경계하리라 본다. 하나는 통일한반도가 내셔널리즘으로 치닫는 것이다. 단기적으로는 그럴 가능성을 배제하기 어렵다. 다른 하나는 대미 자주외교와 함께 중국에 다가갈 가능성이다. 한편, 과거 노무현 정권은 자주외교·자주국방을 내세우면서도 미국에 안전보장 측면에서 많이 협력한 바 있다. 이 점은 어떻게 보는가?

이즈미 물론 일본은 그 두 가지를 우려할 것이고, 일본 입장에선 지극히 당연하다. 그렇기 때문에 일본은 통일한반도와 안정된 우호관계를 맺는 일에 최선의 노력을 다할 것이다. 노무현 정권의 대외적 자세 가운데 우리가 염려한 것은 균형자balancer론이었다. 일본과 중국이 충돌할지 모르는 상황에서 한국이 중개해 균형을 잡겠다는 생각으로 이해했다. 일본의 관점에서 이는 중일이 충돌했을 때 한국은 일본 편을 들지 않겠다는 이야기가 된다.

Q 균형자론이 일본에서 그런 식으로 해석됐다면, 그간 일본은 한국을 제삼자가 아니라 절반쯤은 자기편으로 보고 있었다는 것인가?

이즈미 그렇다. 따라서 노무현 정권의 균형자론은 자유민주주의나 시장경제 같은 가치관을 우리와 공유하는 나라가 아니었던가 하는 의문이 들게 한다. 한미동맹을 기반으로 중일 분쟁을 중재한다는 그 구상은, 미국과는 가치관을 공유하지만 일본과는 공유하지 않는다는 식으로 받아들여져서다. 일본이 중국과의 FTA에 그다지 열심히 임하지 않는 것은 우선 가치관이 다르기 때문이다. 그러나 한국 측이 한일 FTA나 한중 FTA에 보이는 자세를 보면 '가치관 공유'에 근거한 구별은 없는 듯 보인다. 일본 입장에선 한일 양국의 가치관이 같다고 생각하지만, 한국 측은 일본을 그런 식으로 보지 않을지도 모른다는 의문을 갖게 한다.

Q 통일한반도의 내셔널리즘 경향에 대해 말해보자면, 한국의 민주주의 규범이 내셔널리즘을 뛰어넘을 수 있다고 믿는다. 피를 흘리고 쟁취한 것이므로 통일이 안 되는 한이 있더라도 민주주의 체제를 포기하지는 않으리란 이야기다. 결국 이것은 굳이 말할 필요가 없는 전제가 아닌가? 중국과 북한에 대해서도 마찬가지다. 민주화가 바람직하다고는 보지만 결국 당사자가 주체적으로 할 일이기 때문에 명시적으로 말하지 않을 뿐이라고 본다.

이즈미 나는 한국이 민주주의 체제로부터 이탈하리라고는 전혀 생각지 않는다. 그렇게 생각할 일본인은 없을 것이다. 한국의 민주주의 체제와 시장경제가 흔들릴 일은 절대 없다고 본다. 그러나 그것이 말할 필요도 없는 전제라면 균형자론 역시 굳이 말할 필요가 없었던 것 아닌가. "일본과 중국 사이에서 균형을 취한다"라고 말하면 강한 위화감을 느끼게 된다. 일본에서는 한일이 협력해 중국에 대처해야 한다는 것이 일반적 중론이다. 그런데 한국의 균형자론은 오히려 중국과 가까워지겠다는 뜻이 된다.

Q 만일 한국이 주도해 통일이 이뤄진다면 일본과 별도의 조약이 필요할까?

이즈미 통일한국이 그 점을 어떻게 판단하느냐에 달렸다. 1965년 체결한 한일기본조약을 통일한국이 관할하게 되는 한반도 전체에 적용할 수도 있다. 통일한반도와 새로운 조약을 맺어야 한다고 생각하는 사람은 일본 내에 거의 없다고 본다. 통일한국 정부가 새로운 조약을 맺고 싶어한다면 그때는 일본 측도 고려할 것이다. 그러나 통일한반도는 대한민국의 영토가 넓어진 셈이 되므로 한국이 그동안 맺은 기존의 조약·협정을 그대로 적용하면 그만이라는 것이 일본 측의 시각이다.

▌일본 민주당 정권, 북한에 더 강경해질 수도

Q 냉전 시기 일본이 국교를 맺지 않은 나라에 대해 행한 외교를 보면 혁신 정당이 비정식非正式 접촉자 등을 통해 창구 역할을 했다. 물론 뒤에선 자민당 유력자와 이야기하는 등의 분업관계가 있었다. 자민당에는 북한과의 관계를 정상화하자는 인사가 있었는데 민주당의 경우 어떤가?

이즈미 그런 의식은 희박하다고 본다. 북한으로 통하는 루트도 특별히 없다. 민주당의 외교정책은 세대가 바뀌면서 점점 보수화하는 경향이 있다. 민주당 내의 리버럴한 분위기를 지탱해온 인물은 오자와 이치로였다. 오자와는 대외정책에서는 상당히 리버럴한 인물이다. 미국이 중요하다는 의식이 전제되는 상황에서 중국이나 한국과의 관계를 어떻게 할 것인가를 늘 생각한 사람이다. 오자와 외에 하토야마 이치로, 간 나오토, 오카다 가쓰야岡田克也까지는 리버럴이다. 이러한 1세대가 퇴장하고 노다 요시히코 내각이 들어서면서 등장한 젊은 세대는 거의 대부분 보수적이다.

Q   이전의 실용주의적 사고방식은 사라지고, 가네마루 신이나 다케시다 노보루 이후 세대에서는 이데올로기 측면에서 경직됐다는 의미인가?

이즈미   그런 셈이다. 노다 요시히코나 마에하라 세이지는 오히려 아베 신조에 가깝다. 자민당 내에는 아베 같은 인물도 있지만 차세대 정치인 가운데 하야시 요시마사林芳正나 고노 다로河野太郎 같은 리버럴한 인물도 있다. 그러나 민주당 내의 젊은 리더 가운데 그런 인물은 별로 없는 것 같다. 마쓰시타정경숙松下政經塾[9] 출신의 노다, 마에하라, 겐바 고이치로玄葉光一郎 등이 리버럴하다고는 생각되지 않는다.

---

9 마쓰시타전기, 지금의 파나소닉을 창업한 마쓰시타 고노스케가 1979년에 사재를 털어 설립한 정치학교. 일종의 사회지도자 양성소로, 국회의원을 비롯한 정치가, 미디어관계자, 대학교수 등 다양한 인재를 배출해왔다.

Q 마쓰시타정경숙은 꽤 보수적이랄까, 내셔널리즘적 인상을 주는 데, 그렇게 봐도 되는가?

이즈미 기본적으로는 보수적이라 본다.

Q 민주당의 대북정책은 자신들의 선거공약에서도 밝혔듯이 '대화와 압력' 노선을 계승하는 것이다. 그러나 민주당 고유의 대북정책 구상은 별로 안 보인다. 왜 그런가?

이즈미 외교정책 가운데 대북정책의 우선순위가 낮아서다. 게다가 상위에 위치하는 미국, 중국, 한국과의 관계를 둘러싸고 현안이 산재한 현재 상황에선 구체적 대북정책을 구상할 여유가 도무지 없으리라 본다.

Q 2011년 10월에 노다 총리가 방한하면서 조선왕실의궤 일부를 가져왔다. 그 일이 한일관계에 긍정적 영향을 미쳤다고 보는가?

이즈미 물론 긍정적 영향을 미쳤겠지만, 결코 크지는 않았을 것이다.

Q 민주당 정권이 들어서면서 한반도 문제에 더 소홀해지지 않았나?

이즈미 민주당 정권이 한반도 문제를 소홀히 하겠다는 의식을 갖지는 않았을 것이다. 단지 외교적으로 최우선 과제인 대미관계 및 대중

관계에 대처하기 급급해 한반도 문제에 대해서는 좀처럼 손쓸 여력이 없는 상황일 것이다.

▌대북 강경론, 정당정치에 악용되고 있어

Q   선생이 재직하고 있는 시즈오카현립대에는 한반도전문가가 많고 연구자층도 두텁다. 일본에서 이뤄지는 북한 연구의 장래는 어떠리라 전망하는가?

이즈미   일본에서의 북한 연구는 점차 힘든 상황에 처할 것이다. 지금 30대 이하의 젊은이들 가운데 북한을 연구하겠다는 사람은 거의 없다. 언제 붕괴할지 알 수 없는 나라를 연구할 순 없지 않나 하는 생각인 것 같다. 한국 연구의 경우에도 문화인류학적 연구는 점점 늘고 있지만 정치·경제·외교·안보 분야는 연구의 층이 두터워질 가능성이 별로 없다. 일본에서 나온 북한 연구 관련 박사학위 논문을 봐도 한국인이나 중국인 유학생이 쓴 게 대부분이다. 북한 연구로 박사학위를 취득하는 일본인은 거의 없는 상태다.

현 상황을 보면, 앞으로도 전문적인 북한 연구자의 수는 늘지 않을 것 같다. 다만 북한이나 한반도 전체에 대한 관심은 항상 높고, 그것이 축소될 일은 없을 테니 그 범위 내에서 공부하는 사람은 계속 있을 것이다. 한국의 북한대학원대학에 유학한 일본인의 경우를 봐도 연구자가 되려는 것이라기보다는 언론이나 정부 관계자가 많다.

Q 북한을 연구함으로써 대학에서 자리를 얻을 확률은 역으로 더 높
   아지는 것 아닌가?

이즈미 지금의 경향은 그와 반대다. 그래서 젊은 세대는 북한을 연구
해 대학에서 자리를 얻을 수 있을지 따져본 뒤 그만두는 편이 낫다
고 생각하는 것 아니겠는가. 사회나 문화 분야에서 오히려 그 가능
성이 높다고 생각하는 것이다. 북한을 연구하는 젊은 세대가 늘어
날 가능성이 없으니 북한 연구의 심화 가능성도 별로 보이지 않는
다. 일반적으로는 북한에 대한 흥미나 관심이 있다. 이른바 '북한
마니아'도 등장했다. 그러나 이런 사람들이 연구자가 되는가 하면,
그렇지는 않다. 북한에 대한 보도가 늘어나면서 북한에 대한 지식
이나 정보는 증가했지만 어디까지나 흥미 위주에 머물러 있다.

Q 1960년대에 고故 고사카 마사타카高坂正堯는 정당정치에 의해 여론
   과 정책이 연결되는 데 어려움을 겪는다며 '정당정치의 기능부전'
   을 지적한 바 있다. 그로 인해 일반인들은 정부의 정책에 대해 선
   과 악 또는 찬성과 반대로 양분된 채 감정적으로만 격렬하게 반응
   할 수밖에 없다는 것이다. 이러한 해석이 대북정책에도 적용될 수
   있다고 보는가?

이즈미 여론이 정책을 좌우하는 데 커다란 영향을 준 것이 '소선거구

제'다. 근소한 차이로 승부가 갈리기 때문이다. 그 점에선 여론이 큰 의미를 갖는다. 부정적 의미에서 그렇다. 납치 문제가 강력한 영향력을 발휘한 까닭을 생각해보면 알 수 있다. 납치 문제 때문에 선거에서 떨어질지도 모르기 때문이다. 예를 들어 사민당 당수였던 도이 다카코土井たか子는 압승이 예상되는 출신 지역에서 납치 문제와 관련된 네거티브 공세에 휘말려 낙선한 적이 있다. 이는 국회의원들에게 큰 충격을 안겨주었다. 이런 것도 크게 보면 소선거구제의 영향이다. 한 선거구에서 한 명밖에 당선될 수 없는 상황에선 외교 문제로 네거티브 공세를 당하면 낙선 가능성이 높다. 이런 리스크가 국회의원의 행동규범을 제한하게 된다.

Q 특히 젊은 의원의 경우 그런 경향이 더 클 것 아닌가?

이즈미 그럴 것이다. 지금 민주당을 보더라도 연속으로 당선되기보다는 한 번 떨어지는 경우가 상당히 많다. 다른 하나는 중의원과 참의원 사이의 '비틀림' 현상이다. 자민당도 그랬지만 중의원에서는 300석 이상의 압도적 다수를 차지해도 참의원에서 소수여당이 되면 정권은 압박을 받는다. 이를 고려할 수밖에 없다. 이렇게 되면 정당 내부에서 변화의 움직임이 강해져 총리 교체가 빈번히 발생한다. 이 문제를 해결하려면 소선거구제를 중선거구제로 되돌리거나 중의원 우위의 원칙을 정할 필요가 있다. 그러면 참의원만으로 사안을 뒤집는 일은 없어지므로 장기 정권이 창출될 가능성이 높아진다. 물론 두 가지를 해결한다고 해서 정권의 안정성과 여론에 휘둘리지 않는 정책 추진이 이뤄진다는 보장은 없다.

Q 꽤나 답답한 상황이다.

이즈미 다들 고이즈미 총리가 1년 안에 그만둘 것이라고 생각했었다. 그러나 장기간 정권을 유지했다. 또한 민주당으로 정권이 교체되면서 막연하지만 기대감도 있었는데 결국 지지자들 모두가 지금은 실망하고 있다. 이런 상황에서 구체적인 대북정책을 수립하기란 어렵다. 나는 북한에 대해 보다 힘을 기울여 정책을 추진해야 한다고 생각하지만 국내정치 상황을 고려하면 대북정책에 진전이 없는 것도 당연하다.

Q 어떤 여건이 조성되어야 정책 변화가 가능하다고 보는가?

이즈미 매우 불행한 사태, 예컨대 '전쟁'이 발발하면 바뀔지도 모른다. 한반도가 통일된다면 상당한 영향을 받겠지만 그것이 일본의 정책을 전환시킬 계기가 될지는 미지수다. 북일국교정상화 교섭 제안이 시작된 때가 1990년이니까 이미 22년이 흘렀다. 22년 동안 북일관계를 관찰하며 느낀 점은 대부분 어쩔 수 없는 일이었다는 것이다. 앞으로 변화가 생긴다고 해도 극히 일부분에 지나지 않을 것이다.

Q 무척 유익한 대담이었다. 성의 있는 답변에 진심으로 감사드린다.

" 일본이 한반도 문제에 어떻게 접근할 것인가는
한반도 전체, 동북아시아, 세계와 같은
큰 그림 속에서 생각해야 한다. "

10장

북핵 문제와 6자회담

다나카 히토시

다나카 히토시

田中均 / Tanaka Hitoshi

1947년 교토 출생. 1969년 교토대학교 법학부를 졸업하고 외무성에 들어가 북미국 2과장, 아시아국 동북아시아과장(1987), 북미국 심의관(1996), 아시아·대양주국 국장(2001), 정부 담당 외무심의관(2002) 등의 요직을 역임했다. 일과 학문을 병행하여 옥스퍼드대학교에서 학사 및 석사(정치, 철학, 경제) 학위를 취득했다. 2005년 8월에 외무성을 퇴직해 현재는 재단법인 일본국제교류센터 시니어 펠로(2005. 9~)와 도쿄대학교 공공정책대학원 특임교수(2006. 4~)를 겸임하며 일본총합연구소 산하 국제전략연구소 이사장(2010. 10~)으로 재직 중이다.

저서로 《도쿄대 vs》(2005), 《국가와 외교》(2005), 《외교의 힘》(2009), 《프로페셔널의 교섭력》(2009) 등이 있다. 《주오코론》, 《외교포럼》, 《국민외교》, 《논좌(論座)》, 《월간현대》, 《동아》 등 월간지와 일간지에도 기고하며 활발한 평론 활동을 전개하고 있다. 특히 2005년 11월 《월간현대》에 기고한 "북한과의 극비교섭, 내가 본 고이즈미 외교 4년 동안의 진실"은 세간의 이목을 집중시킨 바 있다.

다나카 히토시 이사장은 일본 외무성이 배출한 탁월한 직업외교관이자 지략가로, 한국에서도 지명도 높은 인물이다. 외무성 북미국北美局 심의관 시절에는 미일안보공동선언의 실무책임자로 활약했으며, 고이즈미 준이치로 총리의 방북과 사상 최초의 북일정상회담을 극비리에 교섭해 성공시킨 것으로 유명하다. 하지만 한편으로는, 북일교섭 과정에서 국교정상화를 우선시하느라 납치피해자 문제를 경시했으며, 미국과 오키나와 후텐마 기지 교섭을 할 때도 물밑교섭을 선호하는 특유의 스타일로 인해 매스컴으로부터 비난을 받기도 했다.

안전보장정책, 미일동맹, 국제경제 관계, 동아시아 외교, 한반도 문제 등 다방면에 걸친 정책횡단적 전략가로 평가되며, 이론과 실무, 의사소통력 모두 발군으로 통한다. 외무성 재직 당시부터 다수 매체에 기고하는 등 일본의 대표 논객으로 알려졌으며, 퇴직 후에도 일본의 동아시아 외교나 미일관계, 대북정책 등과 관련해 집필 및 평론 활동을 계속해왔다.

다나카 이사장과의 인터뷰는 국제전략연구소 이사장실에서 실시되었으며, 2012년 7월 서면을 통해 추가 질의와 응답이 이루어졌다. 북일평양선언2002. 9이 이루어진 배경과 경위, 일본인 납치 문제로 인해 북일관계가 교착상태에 빠지게 된 경위, 북한의 핵위협에 대한 일본의 인식수준, 북핵 문제에서 기인하는 일본의 핵무장 가능성, 일본 대북외교의 방향성 등에 대해 진지하고도 기탄없는 대화가 이루어졌다.

2012년 8월 중순 북한과 일본 정부 간 대화가 4년 만에 재개되었다. 김정은 체제가 들어선 뒤 개혁·개방을 향한 미세한 움직임이 감지되는 가운데 성사된 대화이니만큼 북일국교정상화에 대한 기대도 품게 했다. 그렇다면 향후 일본은 북한에 대해 어떤 접근법을 취할 것인가? 다나카 이사장의 다음 발언이 그 밑그림을 어느 정도 파악하도록 해줄 것이다.

"일본이 한반도 문제에 어떻게 접근할 것인가는 한반도 전체, 동북아시아, 세계와 같은 큰 그림 속에서 생각해야 한다. 그래서 우리는 납치 문제만이 아니라 국제사회와 북한의 로드맵을 만든다는 생각으로 북한과 교섭했다. ……그러나 일본 국내에서는 매우 강한 비판을 받았다. ……여론의 힘이 한층 강해졌고 이를 타개하지 못하는 외교가 되고 말았다. ……내 의도와는 정반대로 일본이 납치 문제에만 집중해 오히려 핵 문제 등에서는 외교적 입지가 좁아지고 말았다. 결국 납치 문제마저 옴짝달싹할 수 없게 되어버린 것이다. 그럼 북한과의 교섭은 하지 않는 편이 좋았겠는가 하면, 그건 아니라고 생각한다. ……나는 지금도 북일관계가 악화된 원인은 핵 문제에 있다고 생각한다. 그러나 언젠가는 이 문제도 타개될 날이 올 것이다. 미국이나 한국에서도 마찬가지지만 이런 일을 하는 사람들은 도중에 자신의 주장을 바꾸는 경우가 많다. 그러나 10년 전에 한 말이 지금과 다르지 않도록 해야 한다."

▌ 북일평양선언은 어떻게 성사되었나?

Q 무척 바쁜 일정 속에서 시간을 내줘 고맙다. 다나카 선생은 오랜 외교관 생활을 마치고 나서도 다양한 활동을 하고 있다. 먼저, 선생이 이사장으로 있는 일본총합연구소日本総合研究所 산하 국제전략연구소에 대해 간단히 소개해달라. 그리고 최근에는 어떤 일들을 하고 있는가?

다나카 나는 아직도 도쿄대학교 특임교수visiting professor로 재직 중이며 일본국제교류센터JCIE의 시니어 펠로도 겸하고 있다. 일본총합연구소 자리는 미쓰이스미토모은행SMBC 은행장의 제안이었다. 그는 내가 '유식자有識者'로서 오랜 외무성 경험을 통해 얻은 다양한 지식을 공공에 제공하면 좋겠고 그 일을 지원하고 싶다고 했다.

SMBC는 커다란 금융그룹이며 그 산하에 일본총합연구소가 있다. 기본적으로 컴퓨터 소프트웨어를 개발하고 경제와 관련된 조사나 컨설팅도 해왔지만, 외교나 대외관계 같은 건 다루지 않았다. 그러다 일본총합연구소 입장에서 국제관계에 대해서도 발신해달라고 내게 요청한 것이었다. 이 외에 도쿄대학교에서 학생들을 가르치고, 세미나와 심포지엄에 참석하며, 일본국제교류센터의 영문 뉴스레터에 글도 쓰며 지낸다.

Q 왕성한 활동이 부럽다. 한국의 은행이나 금융기업도 그런 일들을 지원했으면 좋겠다.

다나카 　일본의 은행들은 경제적 측면의 대외관계만이 아니라 정치·안 보관계도 기업활동에 큰 영향을 미친다는 것을 잘 이해하고 있다. SMBC나 다른 주요 은행들은, 특히 아시아에서 역동적으로 기업활 동을 전개하는 곳에 관해 연구하고자 하며, 그러려면 아무래도 정 치·안보 관련 정보와 지식이 끊임없이 공급되어야 할 것이다.

Q 　선생과의 인터뷰를 위해 자료를 조사하면서 2002년 9월 17일에 발표된 '북일평양선언'[1]을 다시 읽게 되었는데, 매우 깊은 인상을 받았다. 탁월한 외교문서라 생각한다. 북일평양선언(이하 '평양선언')을 발표하기까지 선생은 아주 중요한 역할을 했다. 당시 고이즈미 준 이치로 총리의 국내정치적 입지는 약했고, 한국의 김대중 정권은 '햇볕정책'을 추진하고 있었다. 그런데도 고이즈미가 북한에 대해 그토록 대담하고 창의적인 접근을 할 수 있었던 까닭은 무엇인가? 고이즈미의 방북과 평양선언의 배경을 좀 더 상세히 설명해달라.

다나카 　역사에는 우연이라는 측면이 항상 있다. 평양선언에 쓰인 내용 대부분은 내가 외무성에서 경력을 쌓으며 얻은 지식에 기반을 두 고 있다. 예를 들어 일본의 역사 문제, 한반도와의 관계, 사죄 문 제, 보상 문제 등이 그렇다. 나는 '무라야마담화' 초안 작성에 참여 했고, 한국과 관련해서는 위안부 문제, 피폭자 문제 등에도 관여했

---

1 북한 김정일 국방위원장과 방북한 고이즈미 준이치로 총리가 정상회담을 가진 후 발표한 선언문으로 국교 교섭 재개, 일본의 식민지 지배 사죄 및 일본의 경제협력 실시, 일본 국민의 생명 및 안전에 대한 적절한 조치, 동북아시아의 평화와 안정을 위한 협력 및 북한의 미사일 발사 보류 등을 주된 내용으로 한다.

다. 사할린에 강제 연행된 사람들을 귀국시킨 일도 내가 외무성 과장이었을 때 이루어졌다.

이렇게 역사 문제로서 한반도와의 관계에 나 스스로 깊이 관여해왔다. 나는 1987년부터 1989년까지 한반도 문제를 담당하는 과장이었고, 그 시기에 KAL기 폭파 사건과 북한에 의한 테러 등이 발생했다. 북한의 납치 문제가 명확해진 것도 그때였다. 당시 김현희를 면회했는데, 그녀는 북한으로 납치된 일본 여성에게서 일본어를 배웠다고 말했다.

Q 북핵 문제도 다루었는가?

다나카 나는 1993년 로버트 갈루치Robert L. Gallucci나 토머스 허바드Thomas Hubbard 등과 한반도에너지개발기구KEDO[2] 구상을 만들었다. 안전보장 문제로서의 북한과 관련해서는 1996년 미일방위협력 가이드라인을 작성할 당시의 담당자이기도 했다. 지금도 기억나는데, 그때 미국 국방성펜타곤 상황실에 가서 나의 카운터파트인 커트 캠벨Kurt Campbell, 현재 미국 국무부 동아시아태평양 담당 국무차관보을 비롯해 CIA나 DIA 등 정보기관 사람들과 함께 시뮬레이션을 했다. 북한이 앞으로 어떻게 될지에 대한 시뮬레이션이었다. 그 결과에 따라 미일방위협력의 가이드라인과 일본의 유사체제를 정비한다는 것이

---

2 KEDO는 The Korean Peninsula Energy Development Organization의 약자. 1993~1994년 북핵위기 후 북미제네바합의(1994. 10)에 근거해 북한 경수로사업을 지원하고자 1995년 3월 국제 컨소시엄 형식으로 발족되었다. 북핵 문제 정체를 배경으로 KEDO 집행위원회는 2006년 5월 경수로 사업 중지를 결정했다.

었다. 며칠 동안 이어진 회합 끝에 우리가 내린 결론은 우리에게 유리한 상황이 전개되리라는 것이었다. 북한이 점차 경제적·군사적 침체를 겪을 것으로 예상되었기 때문이다. 그러므로 유사시에 대비하며 북한을 고립시키는 것이 우리에게 필요한 기본 노선이라 생각했다. 이런 판단에 기초해 1996년 미일공동선언이 작성되었고 미일방위협력 가이드라인도 짜여졌다.

Q 북한 문제에는 어떻게 관여하게 되었는가?

다나카 나는 2001년 외무성 아시아대양주국 국장이 되었다. 그간 안전보장·과거사, 한반도와 일본의 정치적 관계 등 거의 모든 문제를 다뤄봤기 때문에 이젠 북한과 교섭해 활로를 모색하는 것이 나의 사명이라고 생각했다. 그래서 고이즈미 총리를 찾아가 일본과 한반도의 관계형성 배경을 설명했다. 일본은 군사력을 바탕으로 행동할 수 없으므로 교섭을 하지 않는 한 외교적 성과를 얻을 수 없다, 그러므로 북한과 교섭을 하고 싶다고 말했다.

　한반도 관련 직무를 수행해본 사람이라면 누구나 그럴 것이다. 과장 재직 시 나도 그런 마음이었다. 어떡하든지 북한과 파이프라인을 만들어 교섭해야 한다고 생각하던 터였다. 동북아시아 담당 과장 시절 미국 측 친구들로부터 미국을 제쳐둔 채 대북교섭을 하지는 말아달라는 말을 몇 번씩 들을 정도로 사명감이 강했다. 한반도 분단의 원인 중 하나는 일본에 있다. 이런 의미에서, 한반도 평화를 구축하는 것은 나의 과제이자 사명이라 생각했다. 또 한편,

나는 외교관이고 그래서 현실주의자다. 결코 말만 하면 만사가 그냥 움직인다고 생각지 않는다. 북한에 대비하며 가이드라인을 짜는 한편, 북한과 교섭하고 싶다는 뜻을 고이즈미 총리에게 비친 이유다.

▌전문지식과 권위의 합체가 필요

Q 사실 고이즈미 총리는 한반도 문제에 별 관심이 없지 않았는가? 어떻게 그의 관심을 끌 수 있었나?

다나카 당시 고이즈미 총리는 한반도 문제에 대해 이렇다 저렇다 할 만한 의견을 갖고 있지 않았다. 하지만 내 이야기를 듣고 나더니 반응이 달랐다. 교섭을 한번 해보자는 것이었다. 내가 아시아대양주국 국장이 된 2001년 9월의 일이었다. 고이즈미 총리의 방북이 공식 발표된 것은 다음 해 8월 30일이었다. 약 1년간 북한과 미리 교섭하면서 상황을 총리에게 보고했다. 이를 위해 관저를 방문해 고이즈미 총리와 만난 횟수가 88번에 이른다. 북한과의 교섭은 25차례에 걸쳐 이루어졌는데 모두 토요일과 일요일이었다. 교섭 전후인 금요일과 월요일에 총리를 만나러 간 것만 따져도 50번이다. 북한과의 교섭 배경은 대략 이렇다.

　나 같은 일개 관료가 이런 일을 해내기란 사실상 불가능하다. 전문지식expertise이 있더라도, 더불어 권위가 필요하다. 당시 나는 나의 전문지식과 일본 총리라는 권위를 합치면 불가능할 게 없다고 판단했다. 북한과의 관계에서도 그랬다. 나는 다나카 히토시라는 한 명의 관료에 불과했지만, 그들 역시 내가 자신들과의 교섭 전후로 고이즈미 총리를 만나 보고한다는 것을 분명히 알고 있었다. 일본의 신문들을 매일매일 모니터링했으니까 말이다.

사실 거의 모든 사람이 북한과의 교섭은 불가능하다고 생각했다. 일본은 1991년부터 10년간 북일국교정상화 교섭을 시도했지만 아무런 변화도 끌어내지 못했기 때문이다. 납치 문제, 핵 문제로 인한 다국 간 교섭, 미사일 동결, 정치적 해결 이후의 경제협력 등은 '결코 해결할 수 없는' 사안으로 여겨졌다. 나는 외교관으로서 미국이나 한국과 교섭해봤고, 그러므로 적어도 북한과의 교섭에선 내가 가장 알맞은 전문가라고 생각했다. 고이즈미 총리도 힘을 실어주었다. 그는 비밀을 지켜주었고, 리스크를 감당하는 정치적 담력도 있었으며, 외부에 훌륭한 퍼포먼스를 보여주는 등 총리로서 필요한 자질을 두루 갖추고 있었다. 내 입장에서는 행운이었다.

Q 솔직히 말해 고이즈미 총리가 북한을 방문한 진짜 이유는 일본 국내정치 때문 아닌가? 안전보장이나 핵이 아니라 납치 문제가 주요 이슈가 된 것을 봐도 그렇다. 당시 한국의 인식은 그랬던 것으로 보이는데, 이런 관측에 동의하는가?

다나카 고이즈미 총리는 정치가로서 꿈이 있는 인물이다. 그는 자신이 임기 내에 달성할 수 있는 일에 흥미가 많았다. 고이즈미 총리는 적어도 김대중 대통령과는 협력할 수 있다고 판단했기 때문에 여러 가지 일을 했다. 그 시기에 한일관계는 확실히 좋아졌다. '7항목 합의서'[3]를 작성했고 모든 면에서 진전이 있었다. 고이즈미 총리에게 직접 들은 바에 따르면, 김대중 대통령과 함께라면 한일관계를 발전시킬 수 있다고 생각했다. 그러나 그는 노무현 대통령과는 함께 일을 할 수 있을지, 적잖은 의문을 품고 있었다. 한국과 일본이 함께 일을 도모할 수 없었던 것은, 그 후 한일 간에 북한 문제를 둘러싼 인식 차이가 생긴 탓이 가장 크다고 생각한다. 당시 한국은 북한에 대해 계속 유화정책을 편 반면 일본은 그렇지 않았다. 북한에 대한 정책의 차이가 한일관계를 갈라놓았다.

중일관계 역시 마찬가지다. 나는 아시아대양주국 국장이 되었을 때 외무성 차관으로부터 주변국과의 관계 회복을 지시받아 총리의 중국 및 한국 방문 프로젝트를 추진했다. 고이즈미 총리는 중국의 루거우차오蘆溝橋중국인민항일전쟁기념관과 한국의 서대문형무소를 찾아 그곳에서 자신의 역사인식을 표명했다.[4] 한중 양국은 이를 긍정적으로 받아들였다. 고이즈미는 굳이 따지자면 우파에 해당하지만 역사관은 무라야마 도미이치와 같았다. 무라야마담화에 이르기까지의 과정에 대해 나는 고이즈미 총리와 수십 번이나 이야기를 나누었다. 그래서 나는 그가 틀림없이 중국과의 관

---

3 2001년 10월 20일 상하이 APEC정상회담 시에 열린 김대중 대통령과 고이즈미 총리 간 회담에서 합의한 항목으로 공동역사연구기구의 조속한 설치, 꽁치분쟁, 항공협력, 한국인의 일본비자 면제, 일본의 한국산 돼지고기 수입, 한일투자보장협정 및 IT분야 협력, 대테러 협력 강화를 말한다.
4 고이즈미 총리는 과거사에 대한 사과와 반성이라는 상징적 차원에서 2001년 10월 8일과 15일 각각 루거우차오기념관과 서대문독립공원(구 서대문형무소)을 방문했다.

계를 수습하고 싶어한다고, 또 그 일이 가능하리라 믿었다. 실제로 중일관계도 어느 정도 회복되었다. 그러나 중국을 방문한 이듬해 야스쿠니신사에 다시 참배함으로써 중국과의 관계가 틀어졌다. 이후 그는 중일관계를 완전히 회복할 수 있으리란 기대를 접었다.

이런 경위가 있기에, 나는 고이즈미가 국내 이슈에만 관심이 있었고 단지 인기를 위해 대외관계를 이용했다고는 생각지 않는다. 그 자신이 대외관계에 대한 인식perception을 갖고 있었다. 그의 생각은 기본적으로 부시 정권과의 밀접한 관계를 바탕으로 대아시아 외교를 전개한다는 것이었다. 북한 문제에 강경하게 대처하는 부시 정권으로 인해 북한이 겁을 먹은 상황 그 자체에서 일본 외교의 여지가 생겨났다고도 볼 수 있겠다. 이런 외교가 가능했던 것은 미국과 강력한 관계를 맺고 있었기 때문이다. 만일 고이즈미 총리가 아니었다면 부시 대통령은 일본 총리의 방북을 저지했을 것이다. 고이즈미 총리였기 때문에 부시가 방북에 합의했던 것이다.

▌ 네오콘, 고이즈미 방북 계획 무산 시도

Q 당시 미국 국무부 군축담당 차관이었던 존 볼튼John Robert Bolton과 국무부 부장관이었던 리처드 아미티지Richard Armitage가 2002년 7월과 8월 사이 도쿄를 방문했을 때 일본 언론은 그들이 고이즈미의 방북을 단념시키고자 온 것이라고 보도한 바 있다. 이는 사실인가?

다나카 아미티지는 그렇지 않았다. 그는 우리가 방북 계획을 이야기했 던 최초의 인물 중 하나다. 지금도 기억하지만, 오쿠라 호텔 객실 에는 후쿠다 야스오 관방장관을 비롯해 아미티지, 당시 국무부 동 아시아태평양 담당 차관보였던 제임스 켈리James Andrew Kelly, 주일 미국대사였던 하워드 베이커Howard Henry Baker, 백악관 안보보좌관 이었던 마이클 그린Michael Green 등 미국의 주요 인사가 모여 있었 다. 이 자리에서 고이즈미 총리의 방북 계획 및 북한과 함께 발표 할 선언문의 내용을 알렸다. 그러자 아미티지가 일본에는 일본 나 름의 어젠더agenda가 있다며 납득했고, 대사관에 돌아가 자신이 직 접 콜린 파월Colin Powell 국무장관에게 전화하겠다고 말했다. 그를 통해 부시 대통령에게 전달하겠다는 것이었다. 이튿날 고이즈미 총리가 부시 대통령에게 전화하자 "고이즈미, 당신이 하는 일에 미 국은 100% 지원하겠다"고 했다.

Q 그러면 미국 측의 반대는 전혀 없었다는 것인가?

다나카 통상적 외교루트를 통해 이런 일을 벌였다면 아마 실패로 돌아 갔을 것이다. 이후 존 볼튼이나 도널드 럼스펠드Donald Rumsfeld 국 방장관 등 이른바 네오콘neo-conservatives이라 불리던 이들의 반격이 있었기 때문이다. 반격의 핵심에는 북한의 농축 우라늄이 있었다. 2002년 9월 럼스펠드는 북한이 농축 우라늄 계획을 진행하고 있 으므로 이 시기에 방북하면 일본 총리가 쓰라린 경험을 하게 될 것 이라고 엄포를 놓았다. 나는 그 리스크는 우리가 감당하겠노라고 대답하고는 구체적인 정보를 내놓으라고 요구했다. 미국 측은 그럴 수 없다고 했고, 그래서 우리는 미국이 직접 대표단을 보내면 될 것 아니냐고 했다. 당시 미국은 농축 우라늄 문제를 제기했지만 그 이후 오랜 기간 동안 북한의 농축 우라늄 문제를 거의 불문에 부쳐왔다. 2005~2006년 국무부 동아시아태평양 담당 차관보를 지내고 지금은 덴버대학교에 있는 크리스토퍼 힐Christopher R. Hill 역시 오랜 기간 북핵 문제를 담당했지만 북한의 농축 우라늄 문제를 전혀 꺼내지 않았다. 미국은 정보intelligence를 상대방의 형편을 살피는 용도로만 썼던 것 같다.

Q 김대중 정부도 미국의 농축 우라늄 정보를 받아들이지 않아 큰 논쟁이 벌어졌었다. 한편 고이즈미 총리의 방북에서 놀라운 점은 김정일 위원장이 일본인 납치 사실을 인정했다는 것이다. 기존의 북한을 생각하면, 이는 매우 혁명적인 사건이었다. 이 문제는 누가 협상한 것인가? 북한 측과 사전조정이 있었나? 아니면 김정일과 고이즈미 두 지도자가 직접 타결한 것이었나? 김정일이 납치 문제를 인정할 것이라는 전망 없이 고이즈미 총리의 방북이 성사될 리 없었을 테니까 말이다. 다나카 선생과 북측 교섭당사자 간에 어떤 형태로든 사전합의가 있었는가?

다나카 기본 방향에 대해서는 명확한 합의가 있었다.

Q 고이즈미 총리가 방북하기 전에 타협을 했다는 것인가?

다나카　실질적으로는 그렇지만 방북이 없었다면 실현되지 않았을 것이다. 우리의 대전제는 납치 문제에 대한 북한의 인정과 사죄, 생존자 귀환, 완전한 진상규명이었다. 원래 생존자와 사망자 정보를 포함한 사전 공표가 우리 측의 교섭 전제였다. 그렇지만 북한은 납치를 사전에 인정하는 일은 불가능하다며 난색을 표했다. 김정일이라는 인물의 권위만이 이를 가능케 하므로 총리가 방문하지 않는 한 납치 관련 정보를 제공하는 일은 불가능하다는 것이었다.

Q　그렇다면 참으로 어려운 상황에 처했던 셈이다. 북한을 그리 쉽게 믿을 수 있었는가?

다나카　우리 역시, 김정일이 직접 납치를 인정·사죄하고 생존자를 돌려보내는 동시에 진상규명까지 해주리라고 쉽게 믿었던 것은 아니다. 이 부분이 가장 중요했다. 당시 후쿠다 관방장관도 리스크가 너무 크다고 말한 바 있다. 우리는 납치 문제에 대해서만은 사전에 명확히 해줄 것을 강력하게 요구했지만, 북한 측은 응하지 않았다. 이런 상황에서 총리가 방북할지 여부가 정부 내에서도 마지막까지 쟁점이었다. 나 자신은 총리에게 소극적 의견 제시를 할 생각이었다. 북한을 정말로 믿을 수 있는지가 문제였기 때문이다. 만일 총리가 방북했는데도 북한이 납치 문제에 대해 아무 말도 하지 않는다면 일본 내각은 반드시 무너질 것이었다. 그 같은 리스크를 감당할 것인가 하는 판단은 전적으로 총리의 몫이었다. 고이즈미 총리는 그러한 위험을 전혀 회피하지 않았다. 거기서 나는, 정치가로서 고이즈미 총리가 지닌 담력을 엿볼 수 있었다.

그러나 사전교섭을 통해 신뢰할 만한 상대인지를 계속 체크했던 것도 사실이다. 예를 들어 당시 북한에 신병이 구속되어 있던 일본의 신문사 기자를 무조건 귀환시키는 문제가 있었다. 또 북한 측에 무언가 발표시키는 일이 가능한지 여부도 실험했다. 남북한 간에 서해교전2002. 6. 29이 발생했을 때, 우리는 그 일에 대해 북한이 사과하지 않으면 교섭을 그만두겠다고 말했고, 당시 북한은 유감을 표명했다. 이는 우리가 북한에 그것을 요청한 뒤 브루나이에서 파월 국무장관과 북한의 외무장관을 만나게 함으로써 성사된 일이었다. 이처럼 당시 북한은 일본의 요청을 모두 들어주었다. 그래서 우리는 북한을 믿어도 되겠다는 결론을 내렸고, 총리가 방북한 것이다.

김정일은 평양선언에 서명해 납치를 인정·사죄하고 생환자를 돌려보내는 동시에 진상을 규명하겠다고 약속했다. 이는 아마도 북한이 사죄한 유일한 예일 것이다. 이렇듯 외교란 갑자기 무슨 일이 벌어지는 법은 없다. 면밀한 준비가 있어야만 비로소 정상 간의 외교가 의미를 갖게 되는 것이다.

▌ 북일평양선언 이후의 북일관계

Q 지금 평가하면 선생의 교섭은 성공적이었다. 선생은 저서《외교의 힘外交の力》에서 큰 그림이 필요함을 역설하며 외교의 일곱 가지 원

칙을 제시했다. ① 큰 그림을 그릴 것. ② 교섭을 일원화할 것single channel. ③ 행동에 따라서만 상대방을 신뢰할 것action-for-action principle. ④ 모든 교섭기록을 보존할 것. ⑤ 비밀합의를 하지 말 것. ⑥ 비밀을 철저히 유지할 것. ⑦ 정부 내에 철저한 협의체제를 구성할 것. 이런 원칙이 교섭 과정에서 잘 지켜졌다. 그런데 교섭에는 성공했지만 평양선언을 이행하는 데는 실패했다. 그 후 북일관계는 최악의 상황이 되었다. 이것은 누구의 책임인가? 일본인가, 북한인가, 아니면 양국 모두의 책임인가?

다나카 거기에는 이유가 있다. 북일정상회담이 이루어진 것은 2002년 9월 17일이었다. 이후 납치피해자들이 돌아온 것은 10월이다. 이와 병행해 제임스 켈리에 의한 북미교섭이 진행되었다. 앞서 말했듯이 우리는 북한의 농축 우라늄에 대해서는 미국 스스로 문제를 제기하라는 자세를 취했기 때문에 미국 대표단이 방북해 농축 우라늄 문제를 제기했다. 그러면서 북미대립이 시작되었다. 이것이 북일관계가 악화된 가장 큰 원인이다.

북한 문제는 단편적piecemeal으로 접근하면 해결하기 어렵다. 남북한은 물론이고 북미나 북일 역시 마찬가지다. 뿌리에서 크게 움직이지 않으면서 한 분야의 관계가 진전되는 일이란 있을 수 없다. 북한의 모든 행위는 그 근간에 체제생존regime survival이 있기 때문이다. 체제생존을 위해 남북관계를 진전시키는 것이 적절하다고 생각하면 그들은 그렇게 한다. 핵 문제나 납치 문제에서도 마찬가지로, 체제생존을 위해 꼭 필요하다는 근거가 없는 한 절대 움직이지 않는다. 납치피해자들이 일본으로 돌아온 뒤 핵 문제가 체제유지를 둘러싼 최대 과제가 되었다. 핵 문제는 북한 대 세계미국, 한국, 일본, 중국, 러시아의 관계였다. 사실 평양선언에 미처 담지 못한 것이 6자회담 문제였다. 6자회담이라는 말이 평양선언의 원안에 들어 있었지만 교섭 마지막 단계에서 북한은 이 단어를 쓰는 건 시기상조이므로 빼달라고 요청했다. 그래서 6자회담을 빼고 '관계국과 협력'이라는 말을 쓰게 되었다.

그러나 우리는 이후에도 북한과의 루트를 유지했다. 아직도 기억하는데, 우리는 어느 수준에서 농축 우라늄 문제를 논의할지까지 포함해 북한과 은밀히 대화하고 있었다. 결과적으로는 차관급이 되었는데, 나 자신은 그게 잘못이었다고 생각한다. 최고책임자와 직결된 직급이었다면 좋았겠다는 생각이다. 북한은 보다 높은 직급에서 문제를 다루고 싶어했다. 그러나 미국은 북한 문제에 접근할 때 실패를 전제로 교섭했기 때문에 너무 높은 직급은 선호하지 않았다. 북한의 문맥context에서 보면 외무성 차관은 매우 낮은 직급이다.

문제의 본질은 체제유지, 즉 핵 문제가 움직이지 않는 한 북일관계나 납치 문제도 움직이지 않는다는 것, 그게 최대 원인이었다고 생각한다. 그때까지 나는 고이즈미 총리에게 언젠가는 북일관계가 움직임을 보일 날이 올 것이며, 그때는 여론에 굴하지 말고 강력한 리더십을 발휘해야 할 것이라고 계속 말했다. 총리는 그 점을 잘 알고 있다고 했지만 그런 기회가 다시 오지는 않았다. 핵 문제로 인해 납치 문제도 전혀 진전되지 않았다.

▌ 벼랑 끝에 선 일본인 납치 문제

Q 한국에서 선생은 고이즈미 방북과 북일평양선언을 사전에 조정하고 성공시킨 유능한 외교관이자 어떤 의미에서는 영웅으로 높이 평가받았다. 그러나 일본 내의 반응은 좀 달랐던 것 같다. 일본인 납치 문제에 대한 여론이 악화되면서 선생은 국가적 영웅에서 매국노national traitor로 매도되기도 했던 것으로 알고 있다. 우리 같은 제3자가 보아도 이는 다분히 부당한 처사였다. 선생 입장에서도 일본사회로부터 배신당한 기분이 들었을 것 같은데, 어땠는가?

다나카 그런 마음은 없었다. 이건 내 사명감과 관련된다. 오랜 경험을 통해 북한 문제에 리스크가 있다는 것은 충분히 알고 있었다. 그러나 나는 외교관으로서 해야 하는 일에 대해 너무나도 강한 신념이 있었다. 그게 나 자신의 임무이며 그렇게 생각하면 세상으로부터 무슨 말을 듣든 상관이 없다. 일본인으로서 북한의 리스크와 납치 문제에 대해 적어도 내가 가장 잘 알고 있다고 생각했고, 프로로서 할 일을 한다는 마음이 가장 중요했다. 보신保身이나 승진을 의식했다면 달랐을지 모른다. 그런 비판을 받는 것은 커리어에 중대한 차질을 야기할 수도 있기 때문이다. 그러나 나는 지금도 목표를 완수했다는 마음을 갖고 있다.

Q 일본사회나 일본의 '상황주의'에 대해 씁쓸한 감정은 갖고 있지 않은가? 참으로 믿기 어려웠던 것은 일본사회 여론의 가변성이었다.

그 당시 나문정인는 게이오대학교에 초빙교수로 가 있었다. 어느 날 《아사히신문》 칼럼을 담당하던 미즈노 다카아키水野孝昭 차장이 나를 찾았다. 일본인 납치 문제에 대해 기고할 사람이 필요하다며 글을 써달라고 요청해온 것이다. 여론에 반하는 칼럼을 쓸 일본 측 지식인은 찾기가 쉽지 않았던 모양이다.

그 글에서 나는 일본 외교에 우선순위가 있다는 점, 일본인 납치 문제도 중요하지만 북핵 문제나 미사일 문제가 훨씬 중요하다는 점을 강조했다. 일본 국익의 우선순위를 생각했을 때 일본 전체가 납치 문제의 인질이 되어서는 안 된다고 주장했다. 와다 하루키 교수 역시 내게 납치 문제가 일본 외교를 납치했다고 말한 바 있다. 또한 그 칼럼에서 나는 리비아 문제를 해결하는 데 중요한 역할을 한 토니 블레어Anthony Blair 영국 총리의 예를 들면서 북핵 문제 해결에서는 부시 대통령과 긴밀한 관계인 고이즈미 총리가 그 같은 역할을 할 수 있을 것이라 전망했다. 그러나 아무 일도 일어나지 않았다. 이후 일본 외교 전체는 일본인 납치 문제의 인질이 되었다. 이는 우리가 기대하는 일본의 모습이 전혀 아니다. 이 점에 대해서는 어떻게 생각하는가?

다나카　어느 부분에선 그런 측면이 있다고 생각한다.

Q　어느 부분인가?

다나카　일본이 한반도 문제에 어떻게 접근할 것인가는 한반도 전체,

동북아시아, 세계와 같은 큰 그림 속에서 생각해야 한다. 그래서 우리는 납치 문제만이 아니라 국제사회와 북한의 로드맵을 만든다는 생각으로 북한과 교섭했다. 큰 그림을 그린 덕분에 납치 문제 해결에 움직임이 있었던 것이다. 그러나 일본 국내에서는 매우 강한 비판을 받았다. 고이즈미 총리의 지지도는 급격히 올라갔지만 직업외교관인 나에 대해서는 정반대였다.

방금 당신이 말했듯이 그로 인해 여론의 힘이 한층 강해졌고 이를 타개하지 못하는 외교가 되고 말았다. 어쩌면 이 책임이 나 자신에게 있는 건 아닌가 싶기도 하다. 내가 한 일이 잘못되었다는 것이 아니라 그것이 일본 외교를 운신할 수 없게 만드는 결과를 낳은 건 아닌가 싶다는 말이다. 본래의 내 의도와는 정반대로, 일본이 납치 문제에만 집중한 탓에 핵 문제 등에서는 오히려 일본의 외교적 입지가 좁아지고 말았다. 결국 납치 문제마저 옴짝달싹할 수 없게 되어버린 것이다.

그럼 북한과의 교섭은 하지 않는 편이 좋았겠는가 하면, 그건 아니라고 생각한다. 나 자신에게 필요한 것은 나 자신의 일관성 integrity을 지키는 일이다. 나는 지금도 북일관계가 악화된 원인은 핵 문제에 있다고 생각한다. 그러나 언젠가는 이 문제도 타개될 날이 올 것이다. 미국이나 한국에서도 마찬가지지만 이런 일을 하는 사람들은 도중에 자신의 주장을 바꾸는 경우가 많다. 그러나 10년 전에 한 말이 지금과 다르지 않도록 해야 한다. 만일 내가 변명과 자기정당화를 꾀해 '일관성'을 지키지 못했다면 지금 이 자리에 없을 것이다.

▌ 북핵 문제와 일본의 대응

Q 이제 북핵 문제에 대해 이야기해보자. 선생은 북한 핵무기가 정말로 위협이라고 믿는가? 북한을 완전한 핵보유국으로 보는가? 미사일 위협은 어떤가?

다나카 북한이 완전한 핵보유국이라고는 생각하지 않는다. 미사일에 실을 정도로 핵무기를 소형화했느냐 문제를 포함해 북한이 진정한 의미의 '위협'이 되고 있는지는 정확히 알 수 없는unknown 상태라 본다. 현재 세계에는 핵무기 보유국이 몇 있다. 일본 가까이에도 중국과 러시아가 있지만 일본인들이 이를 직접적 위협으로 생각하는 것 같지는 않다. 왜냐하면 이들 나라는 핵무기 사용에 따른 대가stake가 매우 크다는 것을 스스로 인지하고 있기 때문이다.

이 지역에는 미국의 핵억지력이 작동한다는 인식이 존재한다. 자국의 멸망을 각오하지 않는 한 핵을 사용하지 않는 것이 합리적인 '핵억지'다. 이 논리는 북한에도 들어맞을 것이다. 만일 북한이 핵무기를 사용하려 든다면 그 위협에 대한 일본인의 인식수준이 크게 올라가겠지만, 그것은 북한이 자국의 멸망을 각오했을 때다.

따라서 현재는 '위협' 자체가 그리 크지 않은 것으로 볼 수 있는데, 그렇다고 해도 북한체제가 생존을 걸고 비합리적 행동을 취할 가능성이 완전히 사라지는 건 아니다. 얼마 전 미국의 친구들이 핵포기denuclearization냐 핵 문제 관리냐 하는 두 가지 논의가 있다는 말을 했다. 나는 일본에서는 후자에 관한 논의가 없으며 핵포기만이 방법이라고 대꾸했다. 국가의 안전보장을 논할 때에는 가능성이 매우 낮다 하더라도 핵포기 실현을 처음부터 끝까지 외교적 목표로 정해야 할 것이라고 말했다. 원리주의적으로 들릴지 모르지만 그게 나의 입장이다.

Q 선생은 북한이 핵무기를 추진하는 가장 큰 이유가 체제생존에 있다고 본다. 그런 논리에서는 만일 우리가 북한 체제를 위협하지 않으면 북한이 핵무기를 사용할 이유도 전혀 없다는 것이 된다. 이 이야기는 일본이 북한의 핵무기를 우려할 필요가 없다는 것인가?

다나카 북한의 미래가 어떻게 될지에 대한 판단이 중요하다. 나는 북한의 미래는 두 가지 길밖에 없다고 생각한다. 하나는 주변국을 끌어들이는 형태로 붕괴하는 것이다. 이때 핵무기는 아주 위험하다. 붕괴하는 상황 자체가 그 정권의 국내에서의 권위 상실을 의미하기 때문이다. 이런 상황에서는 핵무기가 사용될 가능성이 없지 않다. 다른 하나는 연착륙을 하는 것이다. 이 경우, 핵 문제는 순조롭게 해결될 것으로 본다.

Q 붕괴로 인해 핵무기에 대한 통제를 잃는 상황은 일본에 대한 직접적 위협이라기보다는 핵확산proliferation 문제가 아닌가?

다나카 체제붕괴 상황에서는 핵무기를 사용하려 할 가능성이 있다.

북핵 문제 주요 일지

1953. 3.	북한–소련 원자력 평화적 이용 협정
1962.	영변 원자력연구소 설치
1963. 6.	북한, 소련에서 소형 연구용 원자로 도입
1974. 9.	북한, 국제원자력기구(IAEA) 가입
1985. 12.	북한, 핵확산금지조약(NPT) 가입
1991. 12.	남북한, 한반도비핵화공동선언
1992. 1.	북한–IAEA, 핵안전조치협정
1993. 2.	북한, IAEA 특별사찰 요청 거부
1993. 3.	북한, NPT 탈퇴 선언
1994. 10.	북미, 제네바합의
1995. 3.	KEDO 설립
1998. 8.	북한, 대포동 1호(광명성 1호) 발사
1999. 9.	미 페리보고서
2000. 6.	제1차 남북정상회담(평양)
2002. 1.	미국 부시 대통령 '악의 축' 발언
2002. 9.	북일정상회담 및 평양선언(평양)
2002. 10.	미 켈리 특사 방북, 북한 핵개발계획 인정
2002. 12.	북한, 핵 활동 동결 해제 선언
2003. 1.	북한, NPT 탈퇴 선언
2003. 8.	제1차 6자회담(중국 제안)
2005. 2.	북한, 핵무기 보유 선언
2005. 9.	9·19공동성명(핵무기 및 핵계획 포기)
2006. 7.	북한, 대포동 2호 미사일 시험발사
2006. 10.	북한, 제1차 핵실험
2006. 10	유엔 안보리 대북제재 결의(1718호)
2007. 2.	6자회담 '2·13합의'
2009. 4.	장거리미사일 시험발사
2009. 5.	북한, 제2차 핵실험
2009. 6.	유엔 안보리 대북제재 결의(1874호)
2011. 12.	북한 김정일 사망
2012. 4.	북한 김정은 당 제1비서 추대
2012. 4.	북한, 미사일 시험발사 실패

Q 누구에 대해서 말인가?

다나카 한국이나 일본이다. 그럼으로써 내부를 통합할 구심력을 얻으려 할지 모른다. 북한이 자멸suicide할 때 함께 죽을 대상을 만들려는 것인지도 모른다.

Q 그러나 붕괴 상황에서는 군부 내의 파벌 등으로 인한 권력투쟁이 있을 것이다. 이렇게 되면 북한 정권은 밖으로의 군사력 투사보다는 내부투쟁에 집착하지 않겠는가?

다나카 북한 붕괴는 하룻밤 사이에 일어날 일이 아니다. 이는 하나의 과정이다. 그리고 튀니지, 리비아, 이집트와는 다른 형태가 되리라 생각한다. 북한이 여론과 동조해 김씨 왕조를 몰아내는 일은 나로서는 상상하기 어렵다. 북한 붕괴는 군부 내 파벌투쟁에 의해 일어날 가능성이 있다. 북한 내부에서 김정은이 아니라 김정남이나 다른 이를 지지하는 장군들과 힘겨루기를 할 수 있다. 이런 일이 벌어지면 말 그대로 혼돈상태chaos가 될 것이다. 혼돈상태에서는 핵무기가 사용될 수 있다.

Q 미국은 북한이 자신들의 대량살상무기를 통제할 수 없는 지경에 이르는 것을 우려한다고 생각한다. 북한이 한국이나 일본에 핵무기를 사용하는 문제보다 북한 핵무기가 확산되는 것에 관심이 있지 않은가?

다나카 그건 잘못된 견해라고 생각한다. 확산방지는 유일한 문제가 될 수 없다. 만약 당신이 북한 내부의 권력투쟁 와중에 생길지 모르는 유일한 위협이 대량살상무기의 확산이라고 확신한다면 확산방지가 유일한 문제일 것이다. 나는 미국에 이 부분을 정말로 확신할 수 있는지 묻고 싶다. 북한이 한국 또는 일본에 핵무기를 사용할 가능성이 없을 때, 그때 확산방지를 유일한 목표로 삼으라는 이야기다.

▌북핵 문제 정체의 책임은 누구에게 있나?

Q 보다 근본적인 질문을 해보자. 선생은 북한이 핵무기를 포기할 것이라고 생각하는가?

다나카 나는 학자가 아니다. 나는 퇴임한 외교관이며 외교관은 목표 objective를 믿는다. 당신은 거의 모든 사람이 북한은 납치 문제에 대해 사과하지 않으리라 생각했을 것이라고 말했다. 사실이다. 아무도 그것을 믿지 않았다. 그러나 결국 그들은 사과했다. 과연 누가 소련 붕괴나, 카다피Muammar Gaddafi가 그렇게 죽으리라 믿었겠는가. 외교는 불가능을 가능으로 만드는 어떤 것이다. 당신이 북한은 절대 핵을 포기하지 않을 것이기 때문에 다른 방법을 찾아야 한다고 말하는 것이라면 나는 당신 말에 동의할 수 없다.

나는 북한에 두 가지 시나리오가 있다고 말했다. 하나는 좀 전에 말했듯이 지역의 국가들을 끌어들이는 형태의 붕괴다. 다른 하나는 연착륙이다. 모든 사람이 북한의 연착륙을 바라고 있다. 북한이 붕괴하면 많은 것을 잃기 때문이다. 특히 한국은 정치적·경제적으로 잃는 것이 많다. 따라서 우리는 북한이 연착륙 과정에 들어가도록 유도할 필요가 있으며 결국 그 과정이란 한반도 비핵화일 것이다. 안타깝게도 시간이 많이 걸리는 일이지만, 북한의 연착륙이 가능하도록 하려면 외교적 작업을 추진해야 한다.

Q 그 외교적 작업이란 어떤 내용인가?

다나카 이 작업 역시 두 가지로 이루어진다. 하나는 만일의 사태, 즉 급변사태 대비책contingency plan 마련이다. 한일 양국은 미국과 함께 아주 견고한 비상대책을 세울 필요가 있다. 유사시의 사태는 자칫 많은 목숨을 희생시킬지 모른다. 국제사회는 이 사람들을 도울 필요가 있다. 이때 일본은 후방 군사지원 같은 형태로 매우 중요한 역할을 수행할 수 있을 것이다. 또한 한국과 미국과 일본만이 아니라 중국과 러시아까지 포함해 여러 국가의 강한 연대unity가 필수적이다. 북한 문제를 돌아보면 모든 나라가 자기 목표만 추구해왔고, 이 목표가 서로 충돌하는 경우가 많았다. 실제로 북한은 각 국가 간의 차이를 교묘하게 이용해왔다.

　또 하나는, 교섭할 때 중대한 문제를 결정할 권한을 지닌 자가 누구인지를 생각하지 않으면 안 된다는 것이다. 교섭을 담당하는 북한 외무성 관료들은 그런 결정을 할 수 없다. 김계관현 북한 외무성 제1부상 혹은 또 다른 누구도 그런 권한은 없다.

Q 6자회담의 북측 대표들은 권한이 없고, 그렇기 때문에 실패할 가능성이 크다는 이야기로 들리는데…… 그런 점을 암시하는 것인가?

다나카 아니다. 형식으로서의 6자회담은 옳다. 이행할 수 있는 형식이고 실제로 유용하다. 대표자의 수준이 아니라 교섭을 위한 틀 framework이 중요하다. 회담에 참여하는 6개국은 핵심 국가이며 6자회담이 없으면 각국은 서로 다른 목표를 추구할 것이다. 따라서 6자회담은 유지해야 한다. 양자 간 교섭의 가능성이라는 장점도 있다. 나는 한국이나 미국이 자신들에게 효과적인 양자 간 채널을 개척해주었으면 한다. 미국 여기자 둘이 북한에서 수감되었을 때 미국 측은 내게 그 문제를 풀 좋은 방법이 있는지 물었다. 나는 적절한 채널을 만들라고 권했다. 이후 미국은 클린턴 전 대통령을 북한에 보냈고 두 여기자는 석방되었다. 아마 북측에서 김정일 총서기와 가까운 누군가를 통해 사전협의를 진행한 덕분일 것이다.

Q 현재 한국의 이명박 정부는 그런 점을 간과하는 것 같다. 일본은 어떤가?

다나카 일본도 별반 다르지 않다. 북한이라는 나라는 신뢰할 수 없다는 점에서 매우 위험하다고 생각한다. 북한과의 교섭은 딛고 있는 사다리가 치워져 국내에서 수많은 비판을 받기 쉽다는 점에서 위험부담이 크다는 것이다. 따라서 최고위급과 직접 연결된 프로세스가 아니면 교섭 성공의 가능성이 낮다.

Q   그렇다면 현재의 교착상태는 누구의 탓인가? 물론 첫 번째는 북한이겠지만, 두 번째 원인제공자는 누구인가?

다나카   북한의 체제 문제가 가장 크다. 다음으로 같은 민족인 한국이 문제를 어떻게 파악하고 그 대안으로 어떤 정책을 취하는가가 큰 의미를 지닐 것이다. 미국도 일본도 기본적으로는 한국의 이익을 존중한다고 말할 테고, 한국을 중심으로 연계를 강화하는 일이 가능할 것이다. 그러나 물론 이것이 한국만의 문제는 아니지만, 한국의 북한 정책도 일관성이 결여되지 않았나 생각한다.

Q   이명박 정권 들어 한국이 6자회담에 큰 장애가 되었다는 주장도 제기되고 있다. 이 의견에 동의하는가?

다나카   한국에 새 정권이 들어선 뒤로 남북관계가 정체되었다는 사실은 부정할 수 없다. 하지만 그렇다고 해서 한국이 그 책임을 져야 한다는 주장에는 공감이 가지 않는다. 가장 중요한 문제는 '북한의 행동'이며, 한미일 공조가 시기와 상관없이 필수적이다.

Q   솔직히 말해, '9·19공동성명'[5]과 '2·13합의'[6]는 매우 훌륭한 외교적 성과 아닌가? 그러나 이런 성과를 6자회담 참여국들이 간과했

던 게 문제라고 본다. 사실 첫 번째 원인제공자인 북한을 제외하더라도 두 번째로 한국 정부가 비난을 받아야 하며 세 번째로는 워싱턴의 이니셔티브 부재도 문제시된다. 중국의 소극적 외교 또한 한몫을 했다. 러시아는 아무것도 하지 않았고 일본은 납치 문제의 인질이 되어 있었다. 이렇듯 각 나라 국익의 기이한 조합이 6자회담 과정을 망쳐놓았다고 본다. 6자회담이 기능하지 않는다고 가정해보자. 먼저 북한은 농축 우라늄 계획을 포함해 핵무기를 증강시킬 것이다. 이런 상황에서 일본은 어떻게 대처할 것인가?

다나카　10년 전에 미국은 이라크와 아프가니스탄을 공격했고 북한을 '악의 축Axis of Evil'의 하나로 간주했다. 따라서 북한은 미국을 진짜 위협이라고 느꼈다. 그로부터 10년이 흐른 지금, 북한은 한국을 자신의 생존과 관련된 주요 위협이라 생각한다. 반면 미국을 주요 위협으로 여기지 않는다. 물론 미국을 고려하기는 할 것이다. 그러나 이라크와 아프가니스탄으로부터의 철수, 군사 개입에 관한 오바마 대통령의 공식 입장, 미국 군사전략의 변화나 예산 문제 등을 종합적으로 판단해보면 10년 전과 같은 위협에는 미치지 못한다. 위협이란 상대적인 것이다. 미국의 위협은 줄었지만, 이전보다 경제적으로 더 발전한 한국으로부터의 위협이 더 커졌다고 느끼지

5　제4차 6자회담 중 2005년 9월 19일 제1단계 회담에서 북한이 모든 핵무기를 파기하고 NPT, IAEA로 복귀한다는 약속을 한 선언. 한반도평화협정, 단계적 비핵화, 북한에 대한 핵무기 불공격 약속, 북미 간의 신뢰구축 등을 골자로 한다.

6　제5차 6자회담 중 제3단계 회담이 마무리된 2007년 2월 13일에 이루어진 합의. 북한의 영변 핵시설 가동 중지와 봉인, IAEA의 감시 재개, 북한에 대한 중유 지원, 실무그룹 설치 등을 내용으로 한다.

않을까? 나는 북한이 주요 위협으로 대두되는 현실에 비추어볼 때 한국이 북한과 타협하기란 결코 용이하지 않다고 판단한다.

Q 그런 추론의 근거는 무엇인가? 내가 만난 북한 사람들은 아직도 미국을 주요한 위협으로 인식하고 있었다.

다나카 북한은 모든 것을 '체제유지'라는 측면에서 생각한다. 지금 그들은 한국이 강해졌다고 생각한다. 그래서 굳이 군사적 도발을 감행하는 것이다. 북한은 한국에 양보하려 들지 않을 것이다. 6자회담은 중요한 것이고 반드시 지켜져야 한다. 이런 전제에서 남북한·북미·북일의 세 가지 양자관계가 중요해진다. 남북한은 같은 민족이므로 거기서 시작해 앞으로 나아가지 않으면 안 된다.

Q 당신의 의견에 전적으로 동의한다.

다나카 미국을 설득한다면 가능한 일이다. 미국과 다른 나라가 동의한다면 말이다.

Q 그러나 이명박 정부를 설득하기는 어렵지 않을까?

다나카 남북한은 그런 일을 시작한 적이 있지만 내가 기대한 바와 같은 진전은 없었다. 그래서 미국은 자신들이 먼저 움직였다고 말하는 것이다. 미국은 식량원조나 농축 우라늄 동결 등 목표가 명백했다. 그러나 북한 정권은 교체되었고, 현재 북한 문제는 북한의 권력계승 문제가 전부인 것 같은 느낌이 든다.

▌동북아 핵 도미노 가능성은 적어

Q 동북아시아 핵 도미노nuclear domino 가능성에 대해서는 어떤 견해인가? 만일 북한이 계속 핵무기를 증강한다면 일본 역시 핵무장을 해야 한다고 주장하는 일본 학자들이 있다. 이를 어떻게 보는가?

다나카 나는 세미나나 심포지엄 등에서 일본은 앞으로도 핵무장을 하지 않을 것이라고 공공연하게 발언한다. 핵무장은 정치적·국제적으로 일본에 너무나 많은 비용을 요구하기 때문이다. 하지만 청중은 내 말을 믿지 않는다. 북한이 완전한 핵보유국이 되면 일본 또한 '현상유지'에 매달리지 않고 핵무장을 하리라고 믿는다. 나는 대중이 갖는 인식을 적극적으로 부정할 생각은 없다. 그러나 개인적으로는 그렇게 생각하고 있지 않다.

Q 일본의 일반적 여론은 어떤가?

다나카 여론은 핵무장을 고려하지 않는다. 후쿠시마 원자력발전소 사고 등으로 인해 일본에는 매우 강한 반핵감정이 존재한다. 그러나 일본이 핵무장을 할지 모른다는 인식이 북핵폐기에 도움이 된다면 그걸로 충분하다고 본다. 그런 인식이 북핵폐기를 이끈다면 그걸 부정해야 할 이유가 어디 있는가?

Q 한국에서는 북한이 핵위협을 드러낼 때 일본이 핵무장을 할 것이라는 인식이 의식 밑바닥에 깔려 있다. 바로 여기서 불신의 악순환 vicious circle of distrust이 시작된 것 아닌가?

다나카 무엇보다 고려해야 할 것은 중국 측의 인식이다. 중국은 공산당에 의해 통치되고 있다. 공산당이 통치하는 중국은 한국이나 일본이나 타이완이 핵무기를 갖지 않을까 여전히 우려한다. 기술 수준이나 플루토늄 보유량을 고려하면 비교적 일본이 핵무장에 용이하다는 인식을 중국은 견지할 것이다. 그런 인식이 북한의 핵폐기에 강력하게 작용한다면 그것도 좋다.

Q 일본은 미국의 핵우산 아래 있으므로 걱정할 필요가 없지 않은가?

다나카 그렇다면 한국인들이 일본의 핵무장 가능성을 논하는 이유는 대체 무엇인가?

Q 미국 노틸러스연구소 피터 헤이스Peter Hayes 소장이나 개릿 에번스, 가와구치 요리코川口順子 같은 이들은 동북아시아의 비핵지대화 구상을 지지한다. 이런 논의에는 동의하는가?

다나카 이념으로서는 모르겠지만, 현재와 같은 상황에서는 동의하지 않는다. 나는 북한 체제를 신뢰하지 않는다. 따라서 나는 안보를 해치는insecurity 그 어떤 합의 구상도 신뢰하지 않는다.

▌일본의 대북 외교, 납치 문제의 속박에서 벗어나야

Q 일본인 납치 문제는 닭과 달걀의 문제가 아닌가? 일본 측은 일본인 납치 문제가 해결되어야 북한과 관계개선이 이뤄질 수 있다고 하지만, 사실 이 문제는 북한과 관계가 먼저 개선되어야 해결될 수 있는 사안 아닌가?

다나카 그렇지는 않다.

Q 얼마 전 헨리 키신저Henry Kissinger는 매우 흥미로운 질문을 제기한 바 있다. "일본인 납치 문제와 관련해 일본이 원하는 것은 무엇인가?"라는 질문이었다. 일본 측이 진정 원하는 것은 무엇인가?

다나카 그 같은 대화가 얼마 전 오카야마岡山의 한 텔레비전 방송사 주최로 열린, 나와 키신저의 대담에서 이뤄졌었다. 나는 어떤 상황에서든지 모든 나라는 최종적으로 이런 형태의 문제에 대한 해결책을 찾을 것이라고 대답했다. 동티모르나 베트남에서 실종된 미국인의 경우도 마찬가지다. 이런 문제를 해결하기 위한 표준적 방법은 첫째, 국제적으로 신뢰받는 조사위원회를 구성하는 것이다. 북한과 일본 두 나라는 각자의 국내정치적 의제가 있기 때문에 그저 양자 간 협의만으로는 해결을 보기 어렵다. 따라서 북한이 하는 말이나 제시되는 근거의 신용도를 평가할 수 있는 제3자가 필요하다. 조사위원회에는 북일 양국의 사법 및 안보 당국과 함께 옵서버로서 적십자사 등과 같은 단체가 포함되어야 한다.

둘째, 이런 문제는 해결에 시간이 많이 걸린다는 점을 서로 이해해야 한다. 평양 중심지에서 5킬로미터만 밖으로 나가도 매우 어두워 교통사고가 빈발한다. 또한 자연재해도 많다. 북한의 상황이 이런데 납치된 일본인들이 결코 좋은 형편으로 지내리라고는 생각지 않는다. 그들에게 무슨 일이 있었는지 사실을 조사하는 데도 많은 시간이 소요될 것이다.

좀 전에 말한 조사위원회는 관계자들이 서로 다른 이해관계를 가진 상황에서는 설치하기가 쉽지 않다. 이해관계란 핵무기, 미사일, 한반도의 운명 등을 말한다. 핵 문제 해결이나 남북한 및 북미관계의 안정에 관한 실질적이고 생산적인 움직임이 있을 때 비로소 그 프로세스는 실현될 것이다. 그 프로세스는 포괄적 합의와 함께 진전되어야 하며 이런 상황에서만 납치 문제를 해결할 현실적 방안이 가능해질 것이다. 이 점에 대해 나는 의문의 여지가 없다.

Q 일본인 납치 문제가 이 모든 과정의 전제조건은 아니라는 것인가? 그러면 납치 문제와 핵 문제, 북일수교 문제를 병행해서 추진하라는 것인데 가능하리라 보는가?

다나카 병행해서 추진하지 않는 한 각각의 문제를 해결하기가 어렵다는 말이다. 또 그런 접근법이 옳은지 그른지 판단할 때 여론에 좌우되어선 안 된다는 이야기다. 어떤 나라든 권한authority에 따른 책임은 정부가 져야 한다. 납치 문제 해결은 정부의 책임이며 의사결정의 주체도 정부여야 한다.

Q 그러나 일본 정부에도 그런 결정을 내릴 만한 배짱을 가진 정치적 리더는 없지 않은가? 혹은 지금까지 그런 배포를 보인 적이 없지 않은가?

다나카 내가 외무성을 퇴직한 후인 2005년 9월, 일본을 포함한 6자회담에서 합의한 9·19공동성명은 포괄적 패키지complete package였다. 이는 납치 문제에 관한 것이 아니었고 '납치'라는 말조차 들어가지 않았다. 그때 합의한 대로 포괄적 문제 해결을 위한 조건을 찾을 날이 올 것이다. 그때 일본 정부는 결단력을 보여줄 것이다. 진전이 더디거나 전혀 없을 때, 혹은 오히려 후퇴하는 상황이라면 당신이 말한 그런 일을 할 수가 없다.

Q 일본의 정치 시스템을 가까이서 관찰하는 학자로서 우리는 두 가지를 우려한다. 하나는 일본의 정치 시스템이 너무나 분열되어 있고 정치적 목적을 결여했다는 점이다. 정치적 리더십이 지나치게 자주 바뀌고, 게다가 정당을 이끄는 지도자들에게는 결단의 용기가 없어 보인다. 그래서 일본 정치 시스템의 질quality에 대한 근본

적 의구심이 생긴다. 다른 하나는 외무성의 주변화marginalization가 우려스럽다. 외무성이 너무 기운 없어 보인달까…….

다나카 한국이나 미국도 마찬가지 문제를 안고 있지 않은가?

Q 그렇기는 하지만, 한국이 일본보다는 나아 보인다. 미국의 상황 역시 좀 다르다. 일본 외무성은 총체적으로 주변화되었다고 느낀다. 선생이나 야치 쇼타로2005. 1~2008. 1 외무성 사무차관 재임가 이룬 성과와 비교하면 더욱 그렇다. 정치적 분열과 관료의 입지 약화라는 두 가지 문제 속에서 일본은 과연 외교 전반의 이니셔티브를 추진할 수 있는가? 더욱이 북한 문제에 대한 외교적 이니셔티브를 취하는 것이 가능한가?

다나카 가능하다고 생각한다. 민주당은 경험이 적고, 전문가 관료들을 사용할 줄도 모른다. 하지만 상황은 바뀔 것이다. 노다 요시히코 총리는 관료의 역할input 증가를 지지하며, 민주당의 기존 방식을 바꾸려 하고 있다. 간 나오토 정권에서 사사에 겐이치로 외무성 차관이 총리를 만나는 것은 두세 달에 한 번 있을까 말까 한 일이었다. 그러나 현재 노다 총리는 사사에 차관과 일주일에 한 번꼴로 만난다. 이런 상황은 민주당이 관료로부터 정보를 얻기 시작했음을 보여준다. 그러므로 나는 정치가가 관료들의 지지를 얻어 보다 강력한 이니셔티브를 일본 정부가 쥘 수 있게 되리라 확신한다.

▌ 앞으로 북일관계는?

Q 일본은 최근 동일본대지진을 겪었고 재정 상황도 좋지 않다. 만일 북일 양국이 납치 문제에서 타결을 보고 북핵폐기에서도 진전을 이뤄낸다면 일본은 북한에 자금을 제공할 것인가?

다나카 물론이다.

Q 평양선언을 발표할 당시에는 100억 달러가 거론되었다.

다나카 정확한 수치가 존재하는 건 아니다. 일본은 1965년 한국과 이 문제에 합의했고 유상·무상의 형태로 5억 달러를 공여했다. 한일 양국은 이 자금이 배상compensation이 아니라 청구권을 서로 포기한 다음 경제협력에 따른 것이라는 데 합의했다. 평양선언을 보면 양국이 관계를 정상화한 뒤 실질적 경제협력을 고려하기로 되어 있다. 이것이 틀form이고, 자금의 규모에 대해서는 추후 교섭을 해야 할 것이다. 양국이 미래에 대한 확실한 공통이익을 갖게 된다면 교섭은 원만히 진행되리라 생각하며, 향후 제공될 자금은 의심할 여지 없이 북한에 실질적 도움이 될 것이다. 그 금액이 정확히 얼마일지는 나도 모르며, 추측할 만한 정보도 없다. 내가 북한과 교섭할 때도 금액 문제는 언급하지 않았다. 그건 국회에서 결정할 일이라고 생각해서다. 분명한 건 일본이 자금을 제공하리라는 점이고 이는 한국에도 좋은 일일 것이다.

Q 김정은의 등장으로 북한은 새로운 시기를 맞았다. 핵 문제나 납치 문제의 돌파구를 이젠 어떻게 찾아야 하겠는가?

다나카 앞에서도 언급했지만 불행히도 분리된 채 단독으로 존재하는 해결책은 없다고 본다. 납치 문제가 분리된 형태로라도 해결된다면 환영할 일이지만, 이 문제는 북한의 체제유지와 직결되는 문제여서 북한 측이 '개별적 해결' 쪽으로 가지는 않을 것이다. 나는 핵 문제와 납치 문제가 동시에 해결되기를 기대한다. 북한의 정권교체는 크나큰 기회가 될 것이다. 만일 북한이 좋은 방향으로 나아가지 않는다면 북한 정권은 매우 불안정한 시기를 거쳐 군부 내의 세력다툼을 겪을 것이라 예측된다. 이는 매우 위험한 시나리오다.

　　그러나 동시에 나는 한국이나 일본, 미국과 중국 등이 북한 바깥에서 영향을 주는 것은 가능하다고 믿는다. 이들 국가가 북한에 대해 합치된 접근을 하기 위해 상의해야 한다. 더욱이 지금이야말로 북한 스스로 태도를 바꿔 우리와 합의하기 좋은 시기다. 체제유지라는 측면에서도 훨씬 더 유리한 길에 들어서 있다. 우리는 이 지역에서 한국과 일본, 특히 중국의 번영을 망칠 수 있는 소란 disturbance이 일어나는 걸 원치 않기 때문이다. 따라서 북한이 진정으로 변화하고 연착륙 코스로 접어든다면 결과적으로 체제유지가 될지 모른다.

Q 확인을 위해 묻겠다. 2011년 12월 20일자 《아사히신문》에 게재된 좌담회 기사에서 선생은 일본 정부가 구체적인 위기관리계획을

조속히 정비해야 한다고 제안했다. 어떤 의미인가?

다나카 앞서 언급한, 급변사태를 대비한 계획을 말한다. 1994년에 이미 일본은 비상시 대책을 마련하는 일을 했다. 당시 나는 그 일을 담당하는 외무성의 실무책임자였다. 그 계획에서 가정하는 최초의 날day 1은 북한이 한국을 향해 진격하는 날이다. 1994년 당시 북한은 만약 유엔 안보리가 제재를 실행한다면 이를 선전포고로 간주하겠다는 성명을 발표한 상황이었기 때문이다. 또한 일본은 자국민을 구출하는 방법이나 난민대책, 일본 내 핵시설이나 고속철도 파괴공작으로부터 보호할 방법, 미군을 후방에서 지원하는 방법 등 생각할 수 있는 모든 항목에 대해 리스트를 작성해두었다. 우리는 미국과도 상의했는데 미국은 담요 공급 같은 것까지 포함한 방대한 양의 리스트를 제시했다.

　　그때 일본은 한국을 군사적 비상사태에 대비한 계획에 끌어들일 생각도 하고 있었다. 우리는 일본 국민의 수송을 지원하기 위해 자위대를 부산으로 보낼 수 있기를 희망했다. 그러자 한국의 한 장군은 만일 자위대가 부산으로 온다면 북한을 향하던 총구가 자위대를 향하게 될 것이라고 말했다. 이처럼 당시에는 양국이 공동의 대책을 마련하기가 불가능했다. 그러나 지금은 양국 공동의 비상대책을 세울 시기라고 생각한다. 물론 비밀스럽게 진행되어야겠지만, 그 자체가 북한에 대한 억지력으로 작용할 것이다.

Q 북한 붕괴나 유사시에 한국과 어떻게 협력할 것인지, 문제 해결 시

나리오나 매뉴얼은 있는가?

다나카 그런 건 아직 없겠지만, 앞으로 작업이 이뤄지기를 바란다.

Q 긴 시간 할애해주어, 깊은 감사의 뜻을 전한다. 매우 유익한 대담이었다.

제4부

일본의 총합안전보장과
미래 질서 구상

❝ 인류가 가진 제도로서의 전쟁은 쇠퇴하고 있다……
그렇다고 해서 전쟁준비를 하지 않느냐 하면, 또 전혀 그렇지는 않다.
미식축구처럼 '한 발짝이라도 앞으로 나아가지 않으면 패배하기 때문이다. **❞**

11장

일본과 동아시아의 미래

이노구치 다카시

이노구치 다카시

猪口孝 / Inoguchi Takashi

1944년 니가타(新潟) 출생. 도쿄대학교 교양학부를 졸업하고 미국 매사추세츠공과대학 (MIT)에서 정치학 박사학위를 취득했다. 조치대학교 교수, 도쿄대학교 동양문화연구소 교수를 역임했다. 일본국제정치학회 이사장, 주오대학교 법학부 교수 겸 공공정책대학원 교수를 지냈으며, 2009년부터는 니가타현립대학 총장으로 재직 중이다. 도쿄대 명예교 수이자 일본학술회의 연계회원도 겸하고 있다. 전 조치대학교 교수이자 현 참의원 의원 이노구치 구니코(猪口邦子)가 그의 부인이다.

주요 저서로 산토리학예상을 수상한 《국제정치경제의 구도》(1982), 《정치학 사전》 (2000), 《국제정치 사전》(2005), 《거버넌스》(2012, 근간), 《아시아의 마음을 비추 는 거울: 아시아 바로미터》(2012, 근간) 등을 꼽을 수 있으며, 이 외에도 *The Political Economy of Japan*(1989), *Japan's International Relations*(1991), *American Democracy Promotion*(2000), *Reinventing the Alliance*(2003), *Japanese Politics*(2005), *Values and Life Styles in Urban Asia*(2005), *Political Cultures in Asia and in Europe*(2006), *The Uses of Institutions*(2007), *Citizens and the State*(2008), *Globalization, Public Opinion and the State*(2009), *The Quality of Life in Confucian Asia*(2010), *Japanese Politics Today: From Karaoke to Kabuki Democracy*(2011), *The US-Japan Security Alliance*(2011), *The Quality of Life in Asia*(2012), *Political Parties and Democracy*(2012, 근간), *The Troubled Triangle: The US, Japan and China*(2012, 근간) 등의 방대한 저술과 논 문이 있다.

이노구치 다카시 총장은 일본 정치학자 중 국제적으로 가장 널리 알려진 학자다. 그는 학문적 업적을 쌓는 것은 물론, 일본 정치학계의 공공재를 만드는 데도 앞장서왔다. 특히 1987년 오타케 히데오大嶽秀夫, 무라마쓰 미치오村松岐夫와 함께 잡지 《리바이어선レヴァイアサン》을 창간해 실증주의적 정치학 발전에 크게 이바지했다. 또한 일본정치학회의 *Japanese Journal of Political Science*Cambridge University Press와 일본국제정치학회의 *International Relations of the Asia-Pacific*Oxford University Press 간행을 주도해 이를 SSCI국제공인학술지급 국제 저명 영문 학술지로 만드는 등 일본 정치학의 국제화를 이끌었다. '일본 정치학계의 간판스타'라 해도 무방할 것이다. 또한 유엔대학 상급부총장을 역임하는 등 유엔과 일본 정부에 대한 정책자문도 맡아왔다.

이노구치 총장은 'Mr. 시나리오Scenario'라는 별명이 있다. 1980년대 이후 한순간도 쉬지 않고 동아시아 및 태평양의 국제질서를 분석하고 이후 향방을 탐색해왔다. 아마도 이노구치 총장 이상으로 책을 많이 읽고 1주일에 50권 이상 읽는다고 한다 상상력이 풍부하며 자신의 견해를 쾌도난마로 설파하는 학자는 일본에 없을 것이다. 세계 어느 지역보다 불안정하지만 또 한편 역동적인 동아시아의 미래 질서를 가늠하기 위해 누구보다 먼저 이노구치 총장의 의견을 듣고 싶었던 이유다.

인터뷰는 2011년 11월 12일, 도쿄 소재 국제문화회관에서 진행되었다. 그리고 이후 이노구치 총장이 서면을 통해 적지 않은 내용을 가필·수정해주었다. 주요 질문은 '일본 정치학계가 침체하는 이유는 무엇인가? 21세기 동아시아의 국제질서는 어떤 추이를 보일 것인가? 본인이 제기한 일본의 세계적 '정상국가화'란 무엇인가? 동아시아공동체는 과연 현실적 대안이 될 수 있는가?' 등이었다.

이노구치 총장은 향후 국제질서에 대해 강대국 간 전쟁은 발생하지 않겠지만 군비·훈련·전략·동맹파트너를 둘러싼 치열한 경쟁체제가 되리라고 내다본다. 부연하자면, 분쟁을 해결하기 위한 제도로서의 전쟁은 쇠퇴했고 과거처럼 온 나라를 동원하는 것도 불가능해졌지만, 미식축구처럼 한 발짝이라도 물러서면 패배하기 때문에 막대한 시간과 비용이 들더라도 군사적 측면에서 앞으로 나아가려 한다는 것이다. 이 시점에서 일본이 개헌과 핵무장을 할 필요는 없지만, 미일동맹 및 외교적 이니셔티브 강화와 재래식 무기 확충은 게을리하지 말아야 한다고 설파한다. 우리로서도 깊이 숙고할 필요가 있는 대목이다.

이노구치 총장은 10년 전쯤부터 아시아 전 지역 여론조사인 '아시아 바로미터Asia Barometer'를 실시해왔다. 그 자신의 말처럼, 이는 최초의 그리고 유일무이한 여론조사라 할 수 있으며 아시아의 귀중한 지적 공공재다. 그 결과의 일부가 한국에도 소개된 바 있다.[1] 일독을 권한다.

---

1 이노구치 다카시 외 (2009). 《아시아 바로미터》. 민숙 옮김. 소화.

침체일로의 일본 정치학계, 그 원인은?

Q 이노구치 선생은 일본 국내는 물론 외국에도 널리 알려진 국제정
   치학자다. 일본 학계에서 중요한 역할을 해왔을 뿐만 아니라 학술
   지를 창간해 실증주의적 정치학 방법론의 기반을 다지기도 했다.
   그런데 선생의 활발한 공헌에도 불구하고 일본의 정치학계는 갈
   수록 침체되는 분위기다. 예를 들어 미국국제정치학회ISA 연차총
   회에 참석하는 일본 학자를, 과거와 달리 요즘엔 거의 볼 수가 없
   다. 국제적 학술지에 실리는 일본 학자들의 논문 수도 그리 많지
   않은 것 같다. 도대체 일본학계에 무슨 일이 일어난 것인가?

이노구치 세 가지 이유가 있다고 본다. 첫째는 연구자들에게 세대와 소
   속을 불문하고 내향적이고 소극적이며 보수적인 경향이 만연해졌
   다는 점이다. 둘째는, 이것은 그다지 잘 알려진 이야기는 아니지
   만, 일본인의 국제경쟁력, 특히 영어 커뮤니케이션 능력이 떨어졌
   다는 점이다. 예를 들어 하버드대학교 정치학과 대학원 과정에 지
   원한 일본 학생들 거의 대부분이 입학허가를 받지 못하고 있다. 박
   사 과정은 보통 1년에 30명 정도를 모집하는데 그중 상위 20명가
   량은 중국인, 한국인, 인도인이다. 거기에다 5명가량은 미국인을
   뽑는다. 결국 일본인은 거의 들어가지 못하고 있다. 셋째는 일본의
   대학이 해가 갈수록 축소되는 경향이 있어서 외국에 나가면 오히
   려 일본사회에서 잊히지 않을까 두려워한다는 점이다.

Q 선생은 1970년대에 미국에서 박사학위를 취득한 몇 안 되는 사람 중 하나다. 그 시기 미국에서 박사학위를 받은 일본인 학자들은 대부분 매우 활동적이었다. 그러나 요즘 도쿄대, 게이오대, 와세다대 등 유명 대학에 있는 연구자들은 다수가 미국의 유수 대학에서 박사학위를 취득했지만 그리 활동적인 것 같지 않다. 왜인가?

이노구치 박사학위의 개념이 바뀌었다. 박사학위는 이제 자동차면허증 같은 것이라 사용하지 않으면 휴면상태가 된다. 미국 박사학위를 가지고 있다 해도 마찬가지다. 항상 논문을 쓰고 학회에 참가하지 않으면 쓸모없어진다. 일본의 대학들은 대부분 종신고용제라서 최첨단 학술연구 활동을 도중에 그만두는 경우가 많다.

Q 과거 일본의 대학에는 일종의 학풍 같은 것이 있었다. 세키 히로하루關寬治,[2] 호소야 지히로細谷千博,[3] 고사카 마사타카高坂正堯,[4] 사토 세이사부로佐藤誠三郎,[5] 가미야 후지神谷不二[6] 등이 그렇다. 요즘은 거의 없어진 듯한데, 왜 이렇게 되었는가?

---

2 1927~1997년. 도쿄대학교와 리쓰메이칸대학교 교수, 일본평화학회 초대회장을 역임하는 등 일본평화학을 선도했다.

3 1920~2011년. 히토쓰바시대학교 교수와 일본학사원 회원을 지냈으며, 일본 외교사에서 대가로 평가받는다.

4 1934~1996년. 교토대학교 교수를 역임했으며, 전공 분야는 국제정치학 및 유럽외교사로 일본을 대표하는 현실주의자로 알려졌다.

5 1932~1999년. 도쿄대학교 교수를 지냈으며, 보수파 논객으로서 나카소네 총리의 외교 브레인이기도 했다.

6 1927~2009년. 게이오대학교 교수를 역임했으며, 현대 아시아 국제정치 및 미일관계를 전문으로 연구했다. 1966년, 한국전쟁이 북한의 남침에 의해 일어났다고 주장해 주목받았다.

이노구치 정확한 이유는 알 수 없다. 한 가지 예를 들자면 학문의 정점에 있다고 할 수 있는 도쿄대 교수들은 젊을 때 훌륭한 저작을 발표해 공적이나 이름이 알려지지만 그 뒤로는 거의 아무것도 내놓지 못하게 된다. 학술논문이나 책을 쓰지 않는데 어떻게 학풍을 세울 수 있겠는가?

Q 일본 정치학계가 미국의 지적 식민지가 될 것이라고 생각하나?

이노구치 그건 좀 다른 문제다. 표면적으로는 식민지처럼 보일지 모르나 진정한 의미의 식민지는 아니다. 미국 학계에 대한 충성심 같은 건 없기 때문이다. 미국 학계의 식민지라면 미국에서 사용하는 개념을 자주 사용하고 미국 학계의 풍토가 학문적 판단기준이 되어야 하는데 그렇지는 않다. 그쪽에서 쓰는 키워드를 자주 써서 식민지처럼 보이는 것일 뿐이다. 실제로는 미국 학계의 이론적 흐름과도 그다지 상관없는 논문을 쓰고 있다. 게다가 미국식 능력주의 meritocracy가 학회나 대학을 주름잡고 있지도 않다.

Q 비교를 한번 해보자. 일본 경제학자들 중에는 국제적 지명도를 가진 사람들이 적지 않다. 그런데 이와 대조적으로 국제정치학 분야에서는 유력한 일본인 학자가 그리 많지 않다. 이에 대해서는 어떻게 생각하는가?

이노구치 앞서 말했듯이 일본 정치학자들의 내향적 경향과 소극적 자세가 이런 결과를 가져온 것 같다. 정치학 학술저서를 집필·간행할 때 요구되는 영어능력이 상대적으로 높지 않기 때문일 수도 있다. 그러니 일본의 국제적 학술경쟁력도 떨어질 수밖에 없는 것 아니겠는가.

Q 일본 정치학계가 일본의 국력쇠퇴와 똑같은 길을 걷고 있는 건 아닌가?

이노구치 먼저, 일본의 국력은 쇠퇴하고 있지 않다. 중후장대重厚長大한 제품은 경박단소輕薄短小한 제품보다 압도적으로 강하다. 예를 들면 히타치의 중후장대한 공작기계라든지 미쓰비시중공업의 F-35 전투기 주요 부분이 그렇다. 더욱이 일본 엔화円의 환율이 높은 수준에서 안정적으로 유지되고 있다. 이런 상황이 일본의 실력을 보여준다. 그에 비해 일본의 정치학계는 오히려 정체되었는지도 모른다. 정치가 사회에서 차지하는 비중이 줄어든 것에 비례해 일본 정치학계도 그 비중이 줄어든 건 아닐까? 기업이나 그 외 민간조직은 국내 활동이 원활하지 않으면 해외, 그중 신흥국으로 비약한다. 일본 정치학계에서는 그런 일이 좀처럼 없다.

Q 그러나 지역전문가area specialists들은 정부와 밀접한 관계를 맺고 있지 않은가? 중국에 대해서는 고쿠분 료세이, 동남아시아에 대해서는 시라이시 다카시, 한국에 대해서는 오코노기 마사오 같은 학자[7]가 국제적 명성도 얻었고 일본 정부에 대한 영향력도 큰 것으로 알고 있다.

이노구치　지역전문가는 외국과 연결되는 파이프라인이 있고 정부와는 어느 정도 거리를 둔 채 여러 가지 일을 할 수 있기 때문이다. 자금 면에서는 좀 고생하겠지만 책임질 일이 없으니 편하다. 정부 입장에서는 그들이 충실히 일해주니까 반가울 것이다. 그런 의미에서 지역연구가 주류를 차지하는 추세다. 그러나 정책에 대해서는, 외무성이든 경제산업성이든 재무성이든 국제정치는 자신들이 가장 잘 안다고 생각한다.

Q　선생은 매우 왕성한 연구자였고 지금도 그렇다. 현재는 니가타현립대학 총장직을 맡고 있다. 대학행정가로 변신한 소감은 어떤가?

이노구치　여러 가지를 염려했지만 막상 해보니까 아주 어렵지는 않다. 새로 생긴 대학이기도 하지만, 지방의 작은 대학은 학생 수가 워낙 적다. 내가 있는 대학 역시 학생 수가 1,000명인데 교원이 80명이나 된다. 나는 젊은이들에게 보내는 메시지로 매년 한 권의 책을 쓰고 있다. 단풍잎처럼 사람들에게 밟히고 아스팔트 틈으로 얼굴을 내미는 일이 있더라도 꽃을 피울 수 있는 인생을 살자고 했다. 다른 사람들이 보든 말든 열심히 하면 언젠가는 세계에서 날개를 펼 수 있는 것이다. 함께 일하는 동료들에게도 그렇게 학생들을 격려하다 보면 반드시 길이 있을 테니 걱정하지 말자고 말한다.

　사실 작은 대학이라서 홍보활동을 하지 않으면 인지도가 낮아

---

7 이 책의 5장, 6장, 8장을 참고.

학생이 늘지 않는다. 신입생들의 입학성적도 좀처럼 높아지지 않는다. 그렇기 때문에 홍보와 선전을 굉장히 많이 한다. 앞서 말한 책도 이런 점과 상관있다. 지방의 작은, 게다가 새로 생긴 공립대학이지만 홍보를 하니 경쟁률이 10배로 높아졌다. 신입생들의 입학성적도 올라가고 있다. 경쟁률이 높아지면 아무래도 좋은 학생이 들어온다. 지금까지는 성공이다. 이들이 좋은 곳에 취업하면 더 좋은 학생이 들어온다. 그래서 요즘은 학생들의 구직활동을 지원하느라 정신이 없다. 도쿄해상일동화재보험東京海上日動火災保険, JTB간토, JR동일본 등 수많은 기업의 인사 담당자들에게 전화를 해가며 우리 학생들을 추천하고 있다.

몹시 바쁘지만 대학행정을 맡아 좋은 점도 두 가지 있다. 하나는 수업이 없다는 점이다. 정해진 시간에 와서 강의할 필요가 없다. 또 하나는 교수회의나 위원회 등에 매번 참석하지 않아도 된다는 점이다. 시간을 자유롭게 쓸 수 있다. 그러나 한편으로는 총장도 학술논문을 열심히 쓴다는 걸 보여줄 필요가 있다. 그것이 대학의 지명도나 평판을 높여준다. 일본어 논문과 영어 논문을 합해서 1년에 2~4권 정도를 출판하고 있다. 2011년 3월 11일에 발생한 대재해와 관련해서도 《뉴욕타임스》에 기고했다.[8] 피해를 입은 일본의 젊은이들이 앞으로 살아갈 수 있도록, 또 힘을 낼 수 있도록 국제사회가 그들에게 유학의 기회를 제공하는 것이 미래의 일본을 지탱하는 데 필요하다는 논지였다.

▌21세기 동아시아 국제질서의 모습은?

Q 선생은 'Mr. 시나리오'로 알려져 있다. 국제관계에 대해 자주 흥
   미로운 시나리오를 내놓기 때문이다. 1980년대부터 선생은 국
   제관계의 미래를 팍스 아메리카나Pax Americana, 미일 공동패권
   bigemony, 팍스 콘소시아Pax Consortia,[9] 다국 간 안보질서multilateral security
   arrangement[10]의 네 가지 시나리오로 구상해왔다. 지금도 이런 시나리
   오가 유효하다고 믿는가?

이노구치 국가 중심 시나리오는 이미 낡았다. 팍스 콘소시아나 다국 간

---

8 ▏동일본대재해와 관련한 《뉴욕타임스》 기고문

Instill Hope in the Young

 Takashi Inoguchi is the president of the University of Niigata Prefecture and professor emeritus at the University of Tokyo.

MARCH 15, 2011

To help Japan to recover from the worst disaster in its modern history, it is not too soon for the international community to think of ways to help the young people who have lost loved ones and who face the prospect of living alone and an uncertain life ahead.

Those youngsters will be handicapped financially and psychologically, yet they will also shoulder Japan's reconstruction.

The international community can encourage them by setting up opportunities to study abroad and educational programs and scholarships for acquiring foreign language and other important skills.

This will help give Japan's young people the hope and courage to move on amid sorrow and despair.

자료: *New York Times*(March 15, 2011). ⟨http://www.nytimes.com/roomfordebate/2011/03/15/what-aid-makes-sense-for-japan/after-japans-earthquake-instill-hope⟩.

9 강대국들에 의한 다극체제.
10 유엔이나 나토 같은 다자적 안보체제.

안보질서 시나리오로 점차 변화하고 있다.

Q 그 시각에 동의하기 어렵다. 동아시아는 '베스트팔렌Westphalia식 주
권체제'[11]가 더욱 강화되고 있다고 보는데 다자 또는 다극 질서로
변화한다는 근거는 무엇인가?

이노구치 근거는 두 가지다. 첫째, 인류가 가진 제도로서의 전쟁은 쇠
퇴하고 있다는 점이다. 뮬러나 골드스타인도 말했지만 1945년 이
후 핵전쟁은 한 번도 일어나지 않았다.[12] 전쟁 사망자 숫자를 보면
알 수 있다. 제2차 세계대전 중에는 연평균 550만 명이 사망했다.
1990년대에는 연평균 10만 명이 사망했고, 2000년대에는 더욱
감소해 연평균 5만 5,000명이 사망했다. 전사자 수가 격감하는 추
세다. 이는 무기의 표적에 대한 정밀도, 파괴의 거대함, 표적에 도
달하는 속도 등에서 너무나도 압도적 차이가 있어 그 사용에 공포
를 느끼고 주저하게 되었기 때문인지도 모른다. 혹은 인류가 점차
무력행사를 부정하는 규범이나 규칙을 공유하는 정도가 강해진
결과라고도 할 수 있다.
　강대국 간 전쟁도 일어나지 않았다. 사실 강대국은 그다지 대단

---

11 30년전쟁이 끝나고 1648년에 체결된 베스트팔렌조약으로 인해 성립된 체제. 근대 외교 및 국제법의
　　기본원칙인 국가의 영토권, 영토 내 법적 주권, 그리고 주권국가에 의한 상호내정불간섭 원칙이 확립
　　되었다.

12 John Mueller (2009). "War Has Almost Ceased to Exist: An Assessment". *Political
　　Science Quarterly*. 124. pp. 297~321; Joshua S. Goldstein (2011). *Winning the
　　War on War: The Decline of Armed Conflict Worldwide*. Dutton/Penguin.

하지 않은 일로 전쟁을 벌인다. 1979년 중국-베트남전쟁, 1983년 영국의 아르헨티나 개입포클랜드전쟁, 최근 러시아의 그루지야 개입 등이 모두 그렇다. 사소한trivial 구실을 국가주권으로 내세우며 개입하는 것이다.

한국전쟁 당시에는 수백만 명이 사망했다. 북한의 연평도 포격 사건이나 천안함 침몰사건에서는 수십 명이 죽었다. 그러나 그 이상 나아가지는 않는다. 예전처럼 갑자기 온 나라를 동원하는 일은 생각할 수도 없다. 베트남전쟁에서도 역시 수백만 명에 달하는 사망자가 나왔다. 1979년 중국-베트남전쟁에서는 수만 명이 죽었다. 그 이후 2012년 현재 남중국해 영유권 문제가 있으나 중국과 베트남 간에 분쟁으로 인한 사망자가 나온 적은 없다.

장기간의 움직임을 분석해보면 적어도 그렇게 되어가는 추세인 것만은 확실하다. 그렇다고 해서 전쟁준비를 하지 않느냐 하면, 또 전혀 그렇지는 않다. 미식축구처럼 한 발짝이라도 앞으로 나아가지 않으면 패배하기 때문이다. 방심하면 금세 압력을 받으면서 자기 쪽으로 공이 들어온다. 다시 말해, 진다는 이야기다.

Q 선생은 미국의 이른바 '군사적 케인스주의Military Keynesianism'에 대해 경고한 적이 있다. 군사적 케인스주의란 무엇을 의미하는가? 미국이 아직도 국가주도의 군사적 팽창을 고집한다는 것인가? 선생은 중국의 팽창을 우려한다. 선생의 글을 보면, 한편으로는 주권국가의 힘이 약화된 국제체제인 '필라델피아체제Philadelphia system' 편입이 불가피함을 강조하면서 다른 한편으로는 국가라는 주요행위자

를 보라고 한다. 모순적인 것 아닌가?

이노구치 그건 틀린 해석이다. 미국이나 중국의 정치지도자들의 생각이 시대착오적이라 사건에 대한 반응이 군비증강이라는 형태로 나타난다. 특히 미국의 경우는 중국과 다르다. 중국은 이미 개발된 기술로 무기를 만들기 때문에 비용이 덜 들지만 미국은 첨단무기를 사용하기 때문에 연구와 개발에 막대한 비용과 시간이 든다. 무기개발이 언제 완료될지는 알 수 없으며 처음부터 예산을 확보해두지 않으면 아무것도 할 수 없다. F-35 한 기機만 해도 100억 엔 정도약 1,450억 원다. 이는 엄청난 부담이다. 전쟁까지 가지 않는다 해도 군비경쟁은 여전히 치열하다.

　미국의 무기개발비는 전 세계의 80~85％를 차지한다. 오바마 대통령은 향후 10년간 국방비를 대폭 감축하려는 계획인데, 그런 시도가 무기 연구개발에 어느 정도 영향을 미칠지 주목된다. 미국의 압도적 우위가 점차 줄어들 것인가는 무기개발비의 누적지출액에서 알 수 있을 것이기 때문이다. 군사적 케인스주의란 대부분의 무기를 사용하지 않게 된 상황에서도 방심하면 밀릴 것이라는 인식 아래 정부가 군비 지출에 열심인 것을 말한다. 그렇게 하면 경기부양과 기술혁신이라는 이중혜택을 얻을 수 있으리라고 당사자들은 믿는다.

Q 그렇다면 '팍스 아메리카나' 질서 또는 구상은 이미 사라졌다는 이야기인가?

이노구치　경제적으로 보면 팍스 아메리카나 질서는 사라졌다고 볼 수 있을지 모른다. 그러나 많은 나라가 공유하는 국제규범 및 규칙상의 팍스 아메리카나는 건재하며 아마 앞으로도 그럴 것이다.

Q　중국의 경우는 어떤가? 중국이 미국을 대체할 수 있다고 보는가?

이노구치　중국은 아직 선진기술이 없다. 중국이 인공위성을 발사하고 스텔스기를 개발했다고는 하지만 그것도 결국 다른 누군가의 기술을 배운 것이다. 군사적으로 보면 중국의 힘은 불확정적이다. 미국의 압도적 우위는 향후 10년 정도는 계속될 것이다. 중국은 덩샤오핑 노선이 변화될 분기점에 처했으며, 특히 2012년 정권교체를 계기로 공산당이 인민해방군을 어디까지 제어할 수 있는지도 분명해질 것이다. 덧붙이자면 에이스모글루와 로빈슨이 말한 '착취형 정치·경제 제도extractive economic and political institutions'를 어느 정도 개혁할 수 있는가도 머잖아 명확히 드러날 것이다.[13]

Q　중국의 부상을 우려하지 않는다는 말인가?

이노구치　아니다. 우려하고 있다. 앞서 말한 미식축구 전략이 사활적으로 중요한 이유가 바로 그것이다. 그런 의미에서 자위대도 강해져

---

13 Daron Acemoglu and James Robinson (2012). *Why Nations Fail: The Origins of Power, Prosperity, and Poverty*. Crown Business.

야 한다. 하루라도 뒤처지면 질서가 무너지기 때문이다. 따라서 군비도 훈련도 게을리할 수 없다. 전쟁이 일어나지 않는다고 해서 마음 편히 지낼 수 있는 시대가 아니다. 군비·훈련·전략 경쟁이 한창이고, 더구나 동맹파트너를 차지하기 위한 경쟁이 치열한 시대다. '중국위협론China Treat'은 중국을 위협으로 느끼고 결과적으로 스스로를 강하게 만드는 것이다.

Q 중국위협론이란 미국과 일본의 극단적 보수주의자들ultra conservatives이 인위적으로 만들어낸 것 아닌가? 자유주의자인 선생은 중국위협론을 어떻게 보는가?

이노구치 자유주의적 이상ideal을 실현하려면 강해져야 한다. "남자는 자상하기만 해선 안 되며 강해야 한다"는 말이 있다. 이것이 자유주의자의 요체다. '전략적 호혜'가 2008년 일본과 중국 정부가 확인한 기본방침이다. 물론 서로가 겉으로 위협을 드러내지 않은 채였다. 국가주권 그리고 과거사 문제를 제외하면 일본은 지난 40년간 중국과 많은 부분을 공유해왔다. 얼마 전에 《동아시아학 저널》에 게재된 핵스트룀의 논문이 이를 잘 보여준다.[14]

Q 자유주의적 이상으로 되돌아가보자. 만일 선생이 중국을 위협으로

---

14 Björn Jerdén and Linus Hagström (2012). "Rethinking Japan's China Policy: Japan as an Accommodator in the Rise of China, 1978-2011". *Journal of East Asian Studies* 12(2): 215-250.

느낀다면 중국은 당연히 위협이 될 것이다. 반대로 중국을 친구로 대한다면 중국은 친구가 될 것이다. 이것이 일종의 자유주의적 사고방식이다. 결국 선생의 주장은 자신의 자유주의적 사고와 모순되는 것이 아닌가?

이노구치　내 행동이 곧 내 말의 증거다. 2010년 11월 2일 중일우호위원회 소속 중국인 10명과 일본인 10명이 니가타현립대를 방문했고, 나는 중국어로 개회 인사를 했다.[15] 당시는 센카쿠열도의 중국 어선 충돌 사건이 해결되지 않은 때였다. 서로 심리적 긴장이 남아 있어 위원회 사람들도 좀 경직된 분위기였다. 그 자리에서 나는, 일본과 중국이 싸워도 괜찮지만 전쟁에 이르는 건 안 된다고 말했다. 덧붙여 예전에 덩샤오핑이 "미국과 중국이 싸우면 천하가 무너지고 중국과 일본이 싸우면 천하의 절반이 무너진다"고 했는데, 이는 현재 상황에 꼭 맞는 말이며 결코 실수해서는 안 된다고도 했다. 그 말에 그들은 매우 기뻐하며 니가타현립대 학생 20명을 봄에 초대하겠다고 했고, 실제로 초대해주었다. 또 다른 사람은 "니

---

15 전문은 다음과 같다.

21世纪新日中友好委员会的各位来宾, 我代表新潟县立大学衷心地欢迎你们！
首先, 非常感谢新日中友好委员会给了我们这样宝贵的机会, 去了解那些肩负着世界未来的学生们的思想。
关于日本和中國的关系, 中国改革开放的总设计师邓小平先生曾经说过这样的话；如果中國和日本经常发生冲突的话, 那么天一定会塌下来一半的。我非常同意他的说法。
我想, 如果美國和中國要是冲突的话, 那么整个天都会塌陷了。同样, 美國和日本冲突也会造成同样的结果。
但有些人说, 日本和中國冲突不会对世界有多大的影响。我完全不同意这样的说法。因此, 日中友好尤为重要！
最后, 我衷心祝愿21世纪新日中友好委员会能取得卓越的成果！

가타는 단풍이 훌륭하다. 흑룡강黑龍江과 시나노강信濃川의 물은 동해에서 합류한다. 함께 우호적으로 협력하자"라는 내용의 한시漢詩로 화답해주었다. 나의 실제 행동은 이렇다. 긍정적인 움직임을 보이면 중국인 역시 그렇게 응답해 오는 경우가 많다. 연구나 논문은 이와는 별개로 받아들일 필요가 있다.

▌ 일본, '세계적 정상국가'를 지향해야

Q 일본을 보면 이상한 점이 있다. 일본은 세계 3위의 경제대국이며 1억 넘는 인구가 있고 ODA 지출이 최상위권인 선진국이다. 그럼에도 현재 일본은 갈 길을 잃은 것처럼 보인다. 일본은 외교적으로 난쟁이diplomatic Pigmy가 되었다. 왜 그런가? 일본의 국민적 정신세계 national ethos 때문인가? 아니면 일본 관료의 외교성과가 낮기 때문인가? 많은 사람이 이 점을 의아해한다. 일본이 아시아·태평양 지역에서 중요한 역할을 할 수 있음에도 불구하고 후퇴하는 듯 보이기 때문이다. 일본의 존재감을 발견하기가 어렵다.

이노구치 나도 대부분 동감이다. 특히 아시아에서, 보다 발 빠르게 움직이면 많은 이득을 얻을 수 있을 것이다. 그러나 내가 정부에 있는 것이 아니므로 우려한들 소용이 없다. 나는 학자이기에 학문적으로 열심히 하는 수밖에 없다. 어째서 일본 정부가 도무지 이해할 수 없는 일들만 하는지 묻는다면, 먼저 일본의 사회 시스템이 정부의 역할에 그다지 크게 좌우되지 않는다는 점을 그 이유로 들 수 있다. 사실 총리가 바뀌어도 별 변화가 없다. 그러나 후쿠시마 원자력발전소 사고나 지진·쓰나미 재해에는 사회 시스템을 기반으로 신속하게 대응했다. 대조적인 경우로 2005년 허리케인 카트리나 피해를 입은 미국 루이지애나는 여태껏 그 잔해가 남아 있을 정도다. 주정부의 재해복구에 대한 미국 연방정부의 지원은 일본 정부의 동일본대지진 복구 지원이나 대처에 비해 매우 늦다.

외교 분야에서 일본의 존재감이 느껴지지 않는 점은 일정 부분 동감한다. 외교에서는 정부의 결정이 늦다. 마치 조수이雜炊[16]처럼 정책노선이 복잡하게 혼재된 듯한 인상을 준다. 그 때문에 단순명쾌한 결정과 신속하고 극적인 행동을 선호하는 매스컴, 특히 국제적 매스컴에는 존재감을 알리지 못한다.

그러나 동시에 세계질서가 혼란스러워 크게 불안정해질지도 모르는 때에도 일본은 비교적 평정심을 갖고 사안을 처리해 세계 안정화에 크게 기여했다. 경제가 그 예다. 유럽에서 수요가 급감하고 미국이 불경기에서 좀처럼 회복하지 못하며 중국에서 버블붕괴가 한층 심각한 문제가 될지도 모르는 상황에서, 일본의 엔화는 안정의 오아시스 같은 존재인 듯하다. 전 세계가 혼란 상태에 빠져도, 자국의 국토에 대재해가 일어나도, 일본인은 침착하게 행동하며 착실하게 복구해낸다. 정부의 재정적자와 관련해서도 드디어 의사결정이 이뤄질 것으로 보인다. 모든 것을 명쾌하고 신속하게 일

---

16 채소·어패류 등을 넣고 된장·간장으로 간을 맞춘 죽.

양단—刀兩斷하는 방식으로 해결하기보다는, 다수의 의견에 귀를 기울이면서 점진적으로 이뤄내려는 일본인들을 과소평가하는 것은 잘못이다. 일본의 강점은 비즈니스이며, 기업들은 실패와 도전을 반복하며 생존을 이어나가고 있다.

이런 점을 중시하기에 정부는 앞에 나서지 않는다. 현재 일본은 엔고円高와 전력부족에 시달리는 상태라 제조기업들이 외국으로 나가려 한다. 하지만 경제주도가 되는 편이 정치적으로도 안정된다. 정부는 기업이 리스크를 피해 외국에 진출하더라도 국내사회가 큰 손해를 입지 않도록 법률 등으로 이를 지원했다. 그 때문에 공동화空洞化 문제도 어느 정도 피할 수 있었다.

Q 하지만 선생은 일본이 과거에 가졌던 국가적 목표나 좋은 시스템이 이젠 없다고 말하지 않았나?

이노구치 이전에는 정부주도의 목표나 시스템이 있었으나 지금은 그렇지 않다. 관리기구가 기능하기 어려워졌기 때문이다. 민간의 이익이 서로 복잡하게 뒤얽혀 있기에 민간주도로 하도록 내버려두는 것이 가장 낫다고 본다. 그런 의미에서 일본은 연성국가soft state가 되어가는 중이라는 생각도 든다. 그러므로 정부의 방침이 지나치게 자주 바뀐다는 비판은 의미가 없다. 매우 일관된 생각이 작용하는 것보다 그편이 오히려 나을 때가 많기 때문이다.

존 킨은 현재 대의제민주주의가 흔들리고 있으며, 그 대신 감시민주주의monitory democracy로 변화하고 있다고 말한다.[17] 사회도 정부만큼 힘을 갖게 되었으므로 국가 주도가 되면 시민사회를 방해한다는 것이다. 따라서 국가가 보다 부드러워지되 법률 등 중요한 부분을 제대로 정비하면 기업에도 좋고 국민들 역시 정치에 불안을 느끼지 않아 사회가 안정된다.

Q 2011년 6월에《학술의 동향》지에 기고한 논문 "냉전 후 일본 외교노선의 모색"에서 선생은 우치다 다쓰루의 일본변경론, 소에야 요시히데의 미들파워론, 니시베 스스무西部邁의 '핵무장론' 등을 전후 일본 외교의 세 가지 방향성으로 들고 있다. 첫 번째는 고립주의적이고, 두 번째는 요시다 노선의 각색이며, 세 번째는 일본이 강한 국방력을 갖고 다시 일어서야 한다고 주장하는 극단적 보수주의다. 선생은 이 중 두 번째와 세 번째 입장 사이에 있는 듯 보인다. 이렇게 보는 것을 수용하는가?

이노구치 '일본과 세계의 동향Japan and World's Trends'이라는, 웹을 이용한 여론조사 결과가 있다. 그에 따르면 여당과 최대 야당이 모두 지지하는 '미일동맹·중일협상' 노선에 대한 지지는 27% 이상, '미국·유럽을 배제한 아시아공동체'에 대한 지지는 11% 이상, '핵무장·중립'에 대한 지지는 21% 이상이었다.

동시에 일본 외교가 혼미에 빠졌다는 인식에 근거해 미중 양국과

---

17 감시민주주의란 공공이 지속적으로 정책결정자들을 감독하고 통제하는 민주주의를 의미한다. John Keane (2009). *The Life and Death of Democracy*. Simon and Schuster.

복잡하게 얽히는 것에서 자유롭고 싶다는 선호가 슬그머니 머리를 내밀고 있다. 즉 현재와 같은 무장 수준에서 중립, 통상적 군비 증강에 의한 중립, 핵무장 중립 등 중립노선을 모두 합하면 54% 이상으로 가장 큰 비중을 차지한다. 이는 '미일동맹·중일협상' 노선을 훨씬 능가하는 지지율이다. 물론 중립노선 대부분은 그것이 지속가능한지에 대한 우려가 존재한다. 그럼에도 불구하고 미국이나 중국만 신경 쓰는 것은 힘겹다는 인식이 강한 것도 분명하다.

Q 현상유지가 의미하는 바는 무엇인가?

이노구치 현재 상황에서 아무것도 하지 않는다는 의미다.

Q 선생의 관점이 무엇인지 궁금하다. 2009년 4월《세계와 의회》지에 기고한 논문에서 선생은 일본에 대전략이 필요하다며 제안한 바 있다. 대전략은 일본과 같은 중견국middle power이 아니라 미국 같은 패권국가hegemony power에 필요한 것 아닌가? 아니 그 전에 우선, 일본은 강대국great power인가, 중견국인가?

이노구치 일본은 강대국이다.

Q 그렇다면 소에야 요시히데 교수의 미들파워론은 틀린 것인가?

이노구치 미들파워론은 일본을 과소평가한 것이다. GDP가 세계 3위라는 것은 그만큼 세계적 규모의 책임global responsibility이 요구된다는 뜻이다. 뉴질랜드나 한국 같은 중견국처럼 행동하는 것은 개념상으로 무리라는 게 내 생각이다. 현상유지론이나 미들파워론이 높이 평가받는다는 건 알지만 세계적 책임과 능력이 있는 국가에는 걸맞지 않다. 자위대만 해도 강하다. 자칫하면 '편승론', '책임회피론'이 될 수 있다.

Q 선생이 말한 일본의 대전략 가운데 핵심은 '세계적 정상국가global ordinary power'이다. 이 말은 모순된 것 아닌가? '정상국가'가 의미하는 바는 무엇인가?

이노구치 방위력 증강defense building이다. 핵무장을 의미하는 것은 아니다.

Q 그렇다면 오자와 이치로가 말하는 '보통국가론'과 유사한 것으로 간주해도 되는가?

이노구치 그렇게까지 할 필요는 없다. 해석호헌解釋護憲[18]으로 충분하다. 헌법 전문은 세계인류와 함께 평화를 희구한다고 적고 있다. 그 말 그대로 실현되지 않으면 안 된다는 것이 아니라 그 방향으로 매진해나간다는 것이다. 국가주권 발동으로 말하자면, 국가 존망의 위

---

18 '해석호헌'이란 개헌을 하지 말고 현행 헌법과 관련된 제반 문제점을 최대한 기존의 헌법 원칙과 모순되지 않도록 해석하자는 입장을 말한다. 이에 비해 헌법을 달리 해석하여 실질적으로 개헌에 근접한 효과를 거두자는 입장을 '해석개헌'이라 한다.

기가 닥치면 자연스럽게 그런 권리를 발동하게 될 것이다. 재래식 무기를 기본으로 해서, 제대로 된 사이버 전력도 구비해나갈 것이다. 핵무기는 과거 70년 동안 사용되지 않았다. 아마 앞으로도 사용되지 않는 무기가 될 것이다.

Q 선생의 대전략 중 첫째는 미일동맹 강화를 바탕으로 한 자위이며, 둘째는 '세계적 정상국가', 셋째는 글로벌 인재개발, 넷째는 양자주의와 다자주의의 조합과 '공격적 법률주의', 다섯째는 기술 및 조직혁신, 마지막은 '비핵'이다. 아직도 이 관점을 유지하는가?

이노구치 그렇다.

Q '세계적 정상국가'는 무엇을 의미하는가? 세계적 공공재를 위해 세계 규모로 힘을 투사하는 국가를 말하는가?

이노구치 그렇다.

Q 그것은 어떤 방식으로 실현할 수 있는가? 헌법 9조를 개정해야 가능한 것인가?

이노구치 그런 일은 일어나기 어렵다. 실현 가능한 이야기가 아니다. 내가 '정상'이라는 용어를 사용한 이유는 일본이 국제적 활동을 하는 데 많은 제약을 안고 있어서다. 앞서 말했듯이 헌법의 해석을 바꾸면 된다. 핵무기는 독이기 때문에 갖지 않는 게 좋다. 그러나 일본도 의료 및 비전투 부대의 파견, 도로·수송·통신을 담당하는 공병부대의 파견 등 다른 나라들이 실행하고 있는 비전투활동 같은 세계적 공공재를 제공해야 한다.

'유엔 평화유지활동PKO 5원칙'[19]도 시대에 뒤처졌다. 유엔의 활동과 좀 더 조화되는 일본의 원칙을 만들 필요가 있다. 다른 나라 사람들이 곤란한 상황에 처해 있다면 도와주러 가야 한다는 말이다. 인간안보가 세계적 추세 아닌가. 세계는 전쟁을 하지 않는 방향으로 가고 있지만 PKO는 매우 활발하다. 일본도 더 자주, 더 많이 자위대를 파견할 필요가 있다. 특히 중국의 엄청난 PKO에 대응하기 위해서도 그렇다. 중국은 PKO 파견 세계 1위 국가다. PKO도 ODA와 마찬가지로 중국과 협력하면서 실시하면 좋을 것이다.

Q '공격적 법률주의'란 무엇인가?

이노구치 공격적 법률주의는 법률에 좀 더 강해지고 영어로 보다 능숙하게 이야기할 수 있어야 한다는 말이다. 그렇지 않으면 미국에 당한다. 기업은 무역투자나 지적재산권 등으로 자주 다툴 수밖에 없는데 그럴 때 지게 된다는 것이다. 또한 일본은 세계적 룰이나 규

---

19 PKO협력법(1992. 6)에서 정한 자위대의 참가조건으로는 ① 분쟁당사자 간 정전 합의, ② 일본의 참가에 대한 분쟁당사자와 수용국의 동의, ③ 해당 PKO의 중립적 입장 준수, ④ 상기의 ①~③ 원칙이 미충족되는 상황이 발생할 경우 업무 중단, 요원·부대 철수, ⑤ 요원의 생명 등의 보호를 위해 필요 최소한의 무기(소화기) 사용을 규정하고 있다.

범을 만드는 일에 좀 더 적극적으로 임해야 한다. 미국은 그런 것에 강하다. 현재 진행 중인 TPP도 그렇지만, 준비 없이 들어갔다가는 큰 낭패를 겪을 수 있다. TPP의 경우 기업의 변호사가 전면에 나서는데, 미국의 변호사는 매우 뛰어난 반면 일본 변호사의 수준은 그리 높지 못하다. 이런 점을 고려해보면 룰과 규범을 만들 정도의 능력을 지닌 인재가 늘어나야만 한다. 이는 외무성이나 경제산업성 등의 관료도 마찬가지다. 최근 미국은 특허제도에서 지금까지 고수해온 '선先발명주의' 원칙을 '선先출원주의'로 변경했다. 이는 일본이 계속 주장해온 것이다. '공격적 법률주의'의 효과가 나타난 것인지도 모른다.

▌ 일본, '아시아의 영국' 되어야

Q 선생의 책이나 논문을 읽을 때 가끔 모순점을 느낀다. 선생은 '글로벌 거버넌스'의 강력한 지지자이면서도 미일동맹을 매우 강조한다. 한편으로는 현상유지를 지향하는 경향이 있으면서도, 다른 한편으로는 글로벌 거버넌스의 큰 비전을 제시한다. 이런 모순은 왜 나타나는가?

이노구치 이상은 항상 멀리 있는 것이다. 나는 당신처럼 정부에 들어가 일해본 적이 없어서 아마 생각이 좀 다를 것이다. 말하는 것은 크지만 행동은 작을지 모른다. 나로서는 논리를 명확히 하는 게 중요할 뿐 실행에는 그다지 관심이 없다. 그건 정부의 몫이다.

글로벌 거버넌스는 국제규범·규칙의 형성·준수를 주요 역할로 하는데, 신흥국에도 이를 충분히 확산시키는 것이 절대적으로 필요하다. 새로운 규범·규칙을 주장한다면 책임감 있는 주체성을 갖고 해야 할 것이다. 최근의 G20회의를 봐도 별로 확실한 대안은 나오지 않고 있다. 시간이 걸리더라도 제대로 했으면 한다.

동시에 경제 분야에서 미국의 압도적 존재감은 무너지고 있지만 규범·규칙의 확산에서 미국의 역량은 아직까지도 세계에서 가장 앞선다. 미국은 군사 분야에서도 여전히 압도적 힘을 갖고 있다. 미국의 동맹국으로서 일본의 역할 가운데 특히 중요한 것이 국제규범·규칙을 지탱시키는 군사적 강력함을 보조하는 일이다. 이를 과소평가해선 안 된다. 미국이 경제적으로 그리고 군사적으로 점차 힘을 잃어간다 해도 국제규범·규칙의 종주국으로서의 입장은 유지되어야 한다. 그러므로 당장은 미국의 군사적·경제적 쇠퇴를 원하지 않는 일본이 미일동맹을 견지하는 건 자연스러운 일이다.

Q 선생은 '자유주의적 제도주의liberal institutionalism' 관점을 취하는 존 아이켄베리John Ikenberry 교수의 강력한 지지자다. 미국이라는 패권국은 국제적 동맹망은 물론, 세계적으로 자유주의 질서가 탄생·유지되는 데 커다란 공헌을 해왔다. 그런 맥락에서 그의 견해에 동의하는 것인가?

이노구치 그렇다.

Q 그러나 아이켄베리 교수조차 모순이 있다. 선생이 안전보장 구조 security architecture를 말할 때 동맹 이외의 대안이 있지 않은가? 동맹은 현실주의적 대안이지만 자유주의적 패러다임을 뒷받침하는 집단적 안전보장체제collective security system도 있다. 유엔헌장이 이를 잘 보여준다. 물론 이것은 동맹과 같은 집단적 방어체제collective defense system와 양립할 수 없다. 그러나 선생은 이 둘 모두를 옹호하는 것 같은 인상을 준다. 안 그런가?

이노구치 내가 미일동맹을 강조하는 이유는 동일본대지진 전까지 미일동맹이 거의 공동화되었기 때문이다. 미국은 일본의 영토방위를 거의 염두에 두지 않는다. 미군은 중국, 북한, 러시아, 아프가니스탄 문제 등으로 바쁘다. 하지만 어둡게만 볼 필요는 없다. 이번 대지진 때 미국은 왜 동맹이 필요한지를 일본 사람들에게 여실히 보여주었다. 동맹이란 이처럼 그것을 필요로 하고 마음이 맞을 때 활동이 이뤄지는 것이다.

다른 하나의 예는 중국어선 문제다. 인도네시아 해군은 중국어선이 많아지면 일이 복잡해질 것을 염려하여 철수했다. 한국의 해군은 북한을 상정해 중무장하고 있기 때문에 중국어선이 잘 접근하지 않는다. 그럼에도 한국의 해경 1명이 살해된 적이 있다. 그에 비해 일본은 사정이 완전히 다르다. 중국어선들이 얼마나 일본을 얕보았으면 해상보안청 선박에 충돌해 오겠나? 그래서 강경하게 대응하면 중국은 그제야 부드럽게 나온다.

상대가 긍정적으로 나오면 이쪽도 그렇게 하겠지만, 반대로 마찰을 일으키려 하면 확고한 자세로 대응할 수밖에 없다. 안 그러면 이쪽을 업신여긴다. 일본의 《요미우리신문》과 중국의 《신화통신》이 합동으로 행한 여론조사를 보면, 일본인에 대한 중국인의 신뢰도가 2010년에는 상당히 떨어졌지만 2011년에는 급상승해 50%가 신뢰한다고 답할 정도다. 중국의 위협에 대해서는 오히려 확실히 대응해야 신뢰로 이어지지 않겠는가.

Q   선생은 예전에 칭기스칸 모델의 옹호자였는데, 현재는 미식축구 모델을 이야기한다. 이전과 비교해 선생의 패러다임에 어떤 변화가 있는 것인가?

이노구치   그렇지는 않다. 상황 변화에 따른 대응방식의 차이를 강조할 따름이다. 몽골제국의 팽창은 기마군단 전술에 근거한 높은 수준의 기동력, 자유무역과 여행, 신앙의 자유, 그리고 평등주의와 다문화체제 등에 힘입은 바 크다. UCLA의 사회학자 마이클 만Michael Mann도 지적했듯이 군사력·경제력·조직력·문화이데올로기를 가져야 제국이 형성될 수 있다. 그러나 일단 제국으로 자리 잡은 뒤에는 미식축구식 접근방식을 취할 수밖에 없다. 중장기적으로 보았을 때 이 둘은 상호보완적이다.

Q   사실 요즘 같은 세상에서는 상대에게 얕보이지 않도록, 상대가 함부로 하지 못하도록 착실하게 훈련하고 준비하는 미식축구 모델이 적절할지도 모르겠다.

이노구치　방위 문제에 한해서는 그렇다.

Q　중국이 공격적이지 않다면 왜 일본이 방어를 해야 하는가?

이노구치　나는 일본인의 눈으로 보고 있으니 방어적일 수밖에 없다.

Q　중국이 자국의 배타적 경제수역EEZ을 지키려는 것 외에 센카쿠열
　　도에 대한 공격적 움직임을 포착한 적이 있는가?

이노구치　국가주권에 관련된 일이라면 대부분의 국가는 맹목적이 되
　　기 싶다. 중국도 그렇고 일본도 그렇다.

Q　선생은 또 다른 저서에서 일본의 대외정책과 관련해 세 가지 모델
　　을 제시했다.[20] 그 첫째는 프랑스처럼 내셔널리즘적 자세를 취하는
　　것이고, 둘째는 독일과 같이 지역 협력과 통합에 방점을 두는 것이
　　다. 마지막으로 영국모델을 들고 있는데, 이는 미국과 밀접한 동맹
　　관계를 유지하는 것이다. 선생은 일본이 셋째 모델로 가야 한다면
　　서 '일본은 아시아의 영국'이 되어야 한다고 주장한 바 있다. 이 관
　　점은 아직도 유효한가?

---

20 Takashi Inoguchi and Paul Bacon (2008). "Rethinking Japan as an Ordinary Country,"
in G. John Ikenberry and Chung-in Moon (ed.), *The United States and Northeast Asia:*
Debates, Issues, and New Order. New York: Rowman & Littlefield Publishers, Inc.

이노구치 미일동맹은 상당히 공동화되어 있다. 2011년의 동일본대지진 당시 미군의 구출·복구작전인 이른바 '도모다치작전'을 통해 다소 강화되긴 했지만, 그런 분위기가 언제까지 이어질지는 알 수 없다. 미국은 군사활동에 많은 예산을 써서 피폐해지고 있다. 중국도 무기연구개발을 본격적으로 시작하면 그렇게 될지 모른다. 자칫, 레이건 대통령의 SDI우주 방위 이니셔티브에 대항해 거대 예산을 편성하는 건 무리라며 항복 깃발을 내걸었던 고르바초프 같은 처지가 될지도 모른다. 영국이 미국과 '특별한 관계'라고 말하는 시대는 이미 끝났으며, 더욱이 영국은 문젯거리를 만드는 유럽 대륙과도 통화나 안전보장 측면에선 그리 긴밀한 관계를 맺으려 하지 않는 것 같다.

　마찬가지로 "미일동맹은 세계에서 가장 중요한 쌍무적 관계다"라고 말하는 시대는 일본에서도 이미 옛날이 되어버렸다. 일본은 아시아의 여러 나라와 경제적·기술적 유대를 긴밀히 해나가고 있지만 정치·외교적으로는 그렇지 못한 형편이다. 이런 의미에서 일본은 영국과 비슷하다. 한편 독일과 비교하자면, 독일은 미국의 군사기지가 있는 것도 아니며 지역 내 EU 가맹국들에 대해서는 경제적으로 통화를 장악함으로써 국가의 사활을 좌우할 수 있는 결정적 수단을 갖고 있다. 일본과는 매우 다르다는 말이다. 또 프랑스로 말하면 미국과는 그저 그런 관계이며, 독일에 대해서도 그다지 강한 입장을 취하고 있지 않다. 프랑스는 오히려 신흥국과의 유대를 강화하고 있다. 일본이 프랑스같이 되기는 힘들다.

Q 미일동맹의 공동화란 가이드라인 등 제도 정비가 더 필요한 시점

이라는 이야기인가?

이노구치 그보다는 동맹의 힘 자체가 약해졌다는 뜻이다. 장래를 알 수 없게 된 것이다. 그렇다고 동맹을 폐기한들 좋을 것도 없다. 따라서 미일안보협력을 이어가되, 동맹이 약해진 만큼 일본이 스스로를 강화해야 한다. 영국의 경우 미국과의 관계가 점차 멀어져 이젠 동맹관계 같지도 않다. 순식간에 바뀐 것이다. 영국은 유럽에서 고독한 나라가 되었다. 그리고 동아시아공동체는 사실상 거대한 경제적 역동성Dynamism의 중핵이지만 제도화되려면 시간이 꽤 걸릴 것이다. 현실적 옵션이 되기는 어렵다.

▌동아시아공동체, 현실적 대안이 되기는 어려워

Q 선생은 2007년 1월 10일자 《마이니치신문》 기고에서 일본 외교에 대해 흥미로운 예측을 했다. 일본이 '탈아脫亞'하는 동시에 '입아入亞' 해야 한다는 것이었다. 다분히 형용모순인데, 어떤 의미인가?

이노구치 현실적으로 일본은 '입아'하고 있다. 일본의 거대기업들은 이제 대부분 중국, 베트남, 인도네시아, 인도, 말레이시아, 타이 등 아시아에 공장을 두고 있다. 그런데 미국과 유럽은 거의 파산국가에 가깝다. 미국이 파산하지 않는 것은 한국, 중국, 일본 등이 미국 채권treasury bond을 대량 구매하고 있기 때문이다. 기축통화 국가이기 때문에 도움이 되는 측면도 있다. 그러나 그렇기 때문에 하고 싶은 대로 하는 부분도 있으며, 앞으로 50년은 갈지 몰라도 언제까지나 힘이 지속되기는 어려울 것이다. 그러므로 미국의 힘이 약화되는 만큼 일본은 중국이나 다른 나라와도 사이좋게 지내면 된다는 의미였다. 내 경험상 이는 충분히 가능한 일이다. 정부에서 그렇게 할 것인가는 별개의 문제이며, 내가 좋다고 생각하는 방법을 제안한 것이다. 정부만 봐서는 실제 움직임을 알 수 없다. 기업과 민간의 사고방식은 완전히 '입아'이다.

Q 좀 더 자세히 말해달라. 선생의 저술 한쪽에는 '글로벌 거버넌스'가 있고, 다른 한쪽에는 '미국과의 강한 연대'가 있다. 그러나 거기에서 동아시아공동체 같은 지역구상은 보이지 않는다. 세계인global man이나 미국인American man으로는 보이지만 아시아인Asian man으로는 보이지 않는다.

이노구치 먼저, 아시아의 지역 구상을 안이하게 생각해선 안 된다는 마음이라는 점을 말해두고 싶다. 학자 입장에서 하는 이야기지만, 2000년대부터 '아시아 바로미터'라는, 아시아 전 지역에서 '생활의 질'에 초점을 맞춘 면접여론조사를 실시해왔다. 세계에서 최초로 이루어진 것으로, 아직까지 이와 비슷한 것은 없다. 모두 합해서 1만 5,549명을 관찰했다. 국가로 말하면 동아시아나 동남아시아만이 아니라 남아시아와 중앙아시아 전부를 포함한다. 북한과 동티모르를 제외한 29개국이다. 남아시아나 중앙아시아의 경우 대부분의 나라에서 '아시아 바로미터'에 의한 무작위 면접여론조사가 전국적으로 실시되고 있으며, 이는 최초의 학술적 여론조사 경험이기도 하다. 동아시아나 동남아시아에서도 사정은 크게 다르지 않다. 이 같은 대규모 여론조사를 통해 아시아의 서민, 보통의 아시아 대중, 부미푸트라Bumiputera[21] 등을 조사하며, 이를 영문 학술지 형태로 간행하는 주체 역시 아시아인이다. 이제껏 세계에서 누구도 하지 않았던 대규모 여론조사다. 아시아 29개국 가운데 비민주주의 국가가 80%를 차지한다. 그럼에도 불구하고 아시아인 마을의 실태를 아는 것, 다른 아시아인의 생활·인식·감정을 아는 것이 언젠가는 아시아 지역의 결합을 강화하는 데 기여할 것이라는 신념을 가지고 하는 일이다.

2012년 출간한 《아시아의 삶의 질The Quality of Life in Asia》이라는 책에서 분석한 아시아의 삶의 질과 사회 유형을 반드시 검토해보기 바란다. 나는 아시아인이라는 아이덴티티가 강하다. 현재 일본에, 일본어나 유럽 언어 외에 한국어·중국어·인도네시아어 등 아시아 언어를 열심히 공부하는 학자가 몇이나 되겠는가? 아마 나 혼자일 것이다.

Q 다이쇼 데모크라시大正 Democracy[22] 시기에는 동아질서를 이야기했

---

21 '대지의 아들'이라는 의미를 지닌 말로, 예전부터 말레이 반도에서 살아온 토착민을 가리킨다. 말레이인과 원주민을 비롯해 원주민계 국민이 포함된다.

22 러일전쟁이 끝난 1905년부터 호헌 3파 내각(입헌정우회·헌정회·혁신구락부)에 의한 개혁이 이루어진 1925년까지 20여 년간 일본의 정치를 비롯해 사회·문화 각 방면에 걸쳐 자유민주주의의 기운이 충만했던 시기를 말한다.

고 그 뒤에 대동아공영권이 등장했다. 전후에는 후쿠다 다케오나 오히라 마사요시가 있었고 나카소네 야스히로 역시 동아시아공동체를 제안한 바 있다. 점차 진화하는 동아시아공동체의 성격을 보다 자세히 말해줄 수 있는가? 그리고 선생은 어떤 이유로 동아시아공동체를 거부하는가?

이노구치 내가 편집하는 영문 잡지 *Japanese Journal of Political Science*는 2011년에 '아시아 지역주의에 대한 일본의 생각Japanese Ideas of Asian Regionalism'이라는 주제를 특집으로 다룬 바 있다. 이를 보면 일본의 내부 메커니즘 자체가 일본을 동아시아공동체라는 방향으로 가지 못하게 하는 커다란 요인임을 알 수 있다. 파편화된 정부와 각 성청省廳은 동아시아지역주의에 대해 생각이 전혀 다르다. 따라서 동아시아공동체는 일본의 이니셔티브를 통해 탄생하기는 어렵다. 하토야마 전 총리처럼 슬로건으로 동아시아공동체를 말하는 건 가능하다.

Q 그렇다면 선생은 현실적인 문제로 동아시아공동체 구상을 거부 또는 무시하는 것인가?

이노구치 동아시아공동체는 비정부non-government 행위자에 의해 시작된다. 이미 실질적으로 그렇게 되고 있다. 기업인과 NGO단체가 아시아 각국에서 활발히 활동하고 있다.

Q 그것은 피터 카첸슈타인이나 시라이시 다카시가 말한 '비공식 네트워크'[23]와 유사한 것인가?

이노구치 아니다. 그보다 훨씬 실질적이다. 그들이 말하는 것은 학술적인 비공식 네트워크지만 내가 말하는 것은 각 국가에 뿌리 내린 실제 비즈니스이며 실재하는 개인적 유대다. 지역레짐에 가까운 것이다.

Q 그렇지만 선생은 동아시아공동체의 실현 가능성을 믿지 않는 것 아니었나?

이노구치 빠르든 늦든 동아시아공동체는 현실이 될 것이다.

Q 그렇다면 왜 선생의 저술에서는 그 현상에 주목하지 않는가?

이노구치 내가 그것을 언급하면 다른 수많은 버전과 쉽게 혼동된다. 사람들도 주의 깊게 읽지 않을 것이다.

Q 경쟁하듯 제안되는 '동아시아공동체 구상' 중 어느 것이 좋다고 보는가?

---

23 이 책의 6장 시라이시 다카시와의 인터뷰를 참고.

이노구치 그 어느 것도 좋아하지 않는다.

Q 이유는 무엇인가? 하토야마의 경우에는 꽤 실행될 가능성이 있지 않았는가?

이노구치 어렵다. 실현 가능성은 그 말을 듣는 사람이 받아들일지 말지에 달렸다. 일본에서는, 미일동맹이 아무리 공동화되었더라도 계속 유지해야 한다는 분위기가 강하다. 그렇게 말하지 않으면 아무것도 움직일 수 없다.

Q 그 점에서 일본에 의구심이 생긴다. 일본은 현실에선 동아시아공동체를 말하지만 실제 추진에서는 가장 수동적passive이다. 거기에는 두 가지 이유가 있다고 본다. 하나는 일본 외교정책이 미국 외교정책에 기반을 두고 있기 때문이다. 다른 하나는 일본에서 대두한 내셔널리즘 때문이다. 내셔널리즘은 지역주의 구상과 양립할 수 없다. 대외적으로 미국을 중시하면서 대내적으로는 내셔널리즘이 강하기 때문이라는 이 비판을 어떻게 받아들이는가?

이노구치 일본의 외교정책이 미국과의 관계에 기반을 두고 있기 때문에 그런 이야기가 나올 수밖에 없다. 미국은 일본의 동맹파트너이며 미일안보조약 제5조는 양측에 어떤 과제나 의무도 명확히 특정하지 않고 있다. 기본적으로 미국이 요구하면 일본은 이를 고려하고 가능하면 승낙한다. 어려울 경우 확답을 주저하기는 하지만 '노No'라고는 말하지 않는다. 미일 양국이 후텐마 기지 이전에 합의한 1996년부터 2011년까지, 그 기간이 몇 년인가? 15년 넘는 기간 동안 '노'는 없었다. 이것이 미일 간의 상호작용이다. 일본이 아닌 다른 어떤 나라가 이렇게 미룰 수 있겠는가? 이를 과소평가해서는 안 된다. 내셔널리즘은 어떤 측면에선 그럴지 모르지만, 그렇게 강하지 않다.

Q 여러 나라가 일본에서 내셔널리즘이 부활하는 것을 우려하고 있다.

이노구치 중국과 한국 이외의 나라들은 그리 걱정하지 않는다. 여론조사 결과를 봐도 한국과 중국이 일본의 내셔널리즘 회귀에 대해 두드러지게 우려한다. 《산케이신문》 같은 몇몇 소수가 내셔널리즘 목소리를 내는 것이다.

Q 일본에 내셔널리즘 부활의 가능성이 없다는 뜻인가?

이노구치 몇몇 부분에서는 그런 문제가 있을 수 있다. 하지만 개별적으로 생각할 필요가 있다.

Q 그들이 강력한 정치세력이 되지는 않으리라 보는 것인가?

이노구치 그렇다. 일본 정부는 내셔널리즘을 차단하는 쪽으로 대응하고 있다. 고이즈미 총리는 총리가 되기 전에도, 된 다음에도 야스쿠니신사를 참배했다. 야스쿠니신사 참배를 이용해 극단적 민족주의를 잘 달랬다고 본다.

▮ 일본의 미래는?

Q 마지막으로 좀 더 근본적인 문제를 이야기해보자. 일본의 국내정치가 외교정책을 무력하게 만든다고 생각지는 않는가?

^{이노구치} 때때로 그런 생각도 든다. 하지만 지지자가 제일 중요하다. 일본 외교의 기반은 지지자가 없을 때 쉽게 약화된다.

Q 그런 측면에서 일본은 미국과 마찬가지 아닌가? 오바마 정부의 노선에 반대하는 미국 보수 세력의 '티파티 운동'을 생각해보라. 미국을 편협하고 배타적인 국가로 만들고 있지 않은가?

^{이노구치} 나도 그 점이 우려된다. 이번 미국 대선은 오바마 진영이 이기는 편이 낫다고 본다. 예전 공화당의 레이건 대통령도 별 생각이 없었지만 그때는 지금처럼 어렵지 않았다. 티파티 운동을 하는 사람이 아니라면 롬니든 매케인이든 상관없지만 티파티 운동은 환영하고 싶지 않다. 티파티 운동가들이 미국의 외교정책을 주도하게 된다면 세상은 무척 어려워질 것이다.

Q 일본의 미래는 밝다고 보는가?

이노구치 물론 밝다고 생각한다. 세계적 흐름은 두 가지다. 하나는 전쟁이 점차 사라지고 있다는 것이다. 이제 전쟁은 국가 간 경쟁의 주요한 수단으로 활용되고 있지 않으며 무력 사용도 감소하고 있다. 제2차 세계대전 이후에, 그리고 냉전기, 1990년대, 2000년대를 거치며 전쟁은 계속 감소하고 있다. 2000년대에는 아프가니스탄전쟁과 이라크전쟁이 일어났지만, 전쟁 관련 사망자는 연평균 5만 5,000명이었다. 제2차 세계대전 기간 중 연평균 550만 명이 사망한 것에 비하면 매우 적은 수다.

다른 하나는 일본 주변의 여러 국가와 미국, 유럽 등지에서 인구가 감소하고 있다는 사실이다. 인구가 감소하면 고령자 비율이 높아진다. 사실 예전 같으면 고령자는 전쟁이 일어나도 직접 참전하지 않으므로 그들 사이에 호전적인 주장이 많았다. 그러나 지금은 세금을 내는 사람이 줄면 좋지 않다는 의견이 높다. 15~65세 사이의 인구가 생산인구인데, 이 층은 줄어들고 65세 이상이 전체 인구의 3분의 1에 달한다. 한국도 마찬가지 상황이다. 이런 상황에서 젊은이들이 죽는 전쟁을 좋아할 사람은 없을 것이다. '아시아 바로미터'에서 "정부예산 중 무엇을 중시해야 하는가?"라는 질문을 던진 적이 있다. 조사 결과, 가장 중요한 것은 도로건설이나 군비가 아니라 연금pension이었다. 이는 통계상으로 명백하고 유의미한 숫자였다. 아시아 29개국에서 모두 그렇다. 중국이나 타이 정도를 제외하면 군비확충을 지지할 사람은 없는 것이다. 이러한 지역적·세대적 경향이 있다. 그리고 일본의 기업은 전 세계에 퍼져 있다. 이런 걸 보면 21세기 환경은 일본에 매우 좋다. 그것이 반드시 세계에서 가장 강한 국가, 외교가 강한 국가를 의미하지는 않겠지만 말이다.

Q 일본이 거둔 성과를 보자. G2는 이제 '미국과 일본'이 아니라 '중국과 미국'이다. G7정상회담은 완전히 무력해졌다. 일본은 G20 중 하나일 뿐이며, 6자회담에서 한 역할도 거의 없다. 중요한 국제무대에서 일본의 역할이 희미해진 것 같다. 이런 현상은 어떻게 보는가?

이노구치 나는 일본이 보다 적극적으로 활동하는 편이 좋다고 생각한다. 앞서 말한 '공격적 법률주의'가 그런 것이다. 하지만 결과가 어떤가 하면, G7 회원국 가운데 미국은 불황, 유럽도 불황이지만 일본은 그저 그런 상태이기는 해도 엔화 가치가 비교적 높은 수준으로 안정된 상태다. 6자회담은 북한의 교묘한 외교로 인해 미국에 동조하면서도 우롱을 당해왔다. 일본은 문 밖에서 아무런 영향력도 행사하지 못했지만, 많은 것을 기대하지 않았기에 실망도 크지 않다. 외교적 존재감과 그 성과는 아마 심리적인 게 아닐까 생각한다.

Q 시라이시 다카시 교수와의 대담에서 선생은 일종의 다국 간 안보대화를 형성하기 위해 '아시안 G7'[24]이 필요하다고 제안한 바 있다. 그러나 일본으로부터 새로운 구상이 나오는 것을 본 적이 없

---

24 '아시안 G7'이란 G20에 참가하고 있는 한국, 일본, 중국, 인도, 인도네시아, 호주 6개국에 미국을 포함시킨 G7에서 아시아의 안전보장 및 경제 문제를 논의하자는 구상이다. 猪口孝·白石隆 (2009. 3). "國際社會に果たす日本の役割", 《潮》.

다. 하토야마의 동아시아공동체 구상은 다소 이목을 집중시켰지만, 그 밖에 다른 외교적 이니셔티브는 없었다. 왜 그런가?

이노구치 정부의 외교적 이니셔티브가 적은 건 사실이다. 문제는 국내 정치의 안정성이 결여됐다는 점이다. 외교에서 과감한 이니셔티브를 취하려면 국내적으로 정부가 강력한 기반을 갖추는 게 좋다. 국제적으로도 상대국 정부의 입장에서 보자면, 나약한 일본 정부를 진지하게 상대한다 해도 큰 소득을 기대하기는 어렵다고 판단할 것이다. 이니셔티브를 취하려고 해도 시작부터 제풀에 지치는 경우도 적지 않다. 예를 들어 일본 정부는 TPP 협의에 참가하고 싶어하지만 반대파가 신속한 행동을 취할 수 없도록 만드는 바람에, 협의 일정에 맞추어 대응할 수 있을지 의문이다. 러시아 정부에 대해서도 일본은 영토 문제를 거론하고 싶어하지만, 러시아는 일본 정부의 약점을 간파해 영토 문제는 무시하고 에너지나 투자 문제에 국한시키려는 듯하다.

Q 일본의 경제력과 인구를 고려하면 일본이 그렇게 수동적인 이유를 모르겠다. 일본은 창조적이고 건설적인 국가라기보다 '거부하는 국가rejectionist power'가 된 것 같다. 어떤 일에 대해 늘 '할 수 없다'고 하는 타성에 빠져 있는 듯도 하다. 잘못 본 것인가?

이노구치 '안 한다'는 게 아니라 '주저'하고 있는 것이다. 어떻게 하면 좋을지, 이렇게 하면 누가 반대할지 고민하며 망설이는 것이다. 좀 더 호의적으로 말하면 그러한 망설임이 결과적으로 합의형성을 위한 충분한 시간을 확보해주고, 의외로 일이 잘 풀리게 한다. 일본의 이러한 합의형성 방식도, 그 모양새는 좋지 않지만 나쁜 것만은 아니라고 본다. 엔고가 이어지는 것 역시, 일본이 전쟁을 하지 않고 기업체들이 외국으로 진출해 리스크를 줄이고 있기에 가능한 일이다.

Q 문제는 국내정치 아닌가?

이노구치 그렇지만 일본은 한국만큼 정치를 중시하지 않는다. 2006년인가, 고이즈미 총리가 방미訪美했을 때 미국 의회에서 연설을 해달라는 부탁을 받았다. 그러나 고이즈미는 연설을 하지 않고 부시 대통령과 함께 엘비스 프레슬리의 생가가 있는 멤피스를 방문했다. 직접 엘비스의 노래도 불렀다. 그는 정부 업무나 연설도 중요하지만 무엇보다 사람이 중요하다는 걸 알고 있었던 것이다. 지금 세계는, 앞서 말했듯이 '감시민주주의'가 강해지고 있다. 센카쿠열도의 어선충돌 영상이 유출된 사건에서 볼 수 있듯이 정부가 리더십을 잡기 어려운 시대다. 여러 조건이 필요하겠지만, 그런 조건이 쉽게 만들어지진 않는다. 그 때문에 연방의회 연설보다 엘비스 프레슬리의 노래가 힘을 갖는다고 판단할 수 있는 것이다. 이런 판단이 실패를 가져올 수도 있지만, 고이즈미는 성공했다.

Q 하지만 그 뒤로 6개월에 한 번씩 총리가 바뀌지 않았나?

이노구치 모두들 그 문제에 대해 말하지만 벨기에 같은 나라는 최근까지도 1년 이상 재직한 총리가 거의 없었다. 그래도 아무도 뭐라고 하지 않는다.

Q 벨기에는 작은 나라지만 일본은 글로벌파워 아닌가?

이노구치 벨기에가 작은 나라라고는 해도 경제력은 강하다. 일본도 마찬가지다. 한국외국어대학교가 76개 이상의 외국어를 가르친다고 해서 놀랐다. 그에 비해 도쿄외국어대학교는 27개의 외국어를 가르친다. 나이지리아, 네팔, 아르메니아, 투르크메니스탄, 트리니다드토바고 같은 나라의 말까지 신경 쓸 필요는 없다고 생각해서다. 한정된 자원으로 무엇을 할지 판단하는 것이 중요하다.

Q 장시간 인터뷰에 응해줘 고맙다. 여러모로 유익한 이야기였다.

"그렇다면 왜 (동아시아 지역) 통합의 정체성이 생겨나는 것인가? 그에 대한 나의 잠정적 대답은 세계에서 이 지역만큼 오랫동안 전쟁을 치른 지역은 없다는 것이다…… '화해를 향한 뜨거운 열정'이 이 지역의 정체성이라는 말이다."

12장

동아시아 지역주의와 '동북아시아 공동의 집'

와다 하루키

와다 하루키

和田春樹 / Wada Haruki

1938년 오사카 출생. 도쿄대학교 서양사학과를 졸업한 뒤 모교에서 교수로 재직하였다. 산하의 사회과학연구소 소장을 역임하였으며 1998년에 퇴직해 명예교수가 되었다. 그 후 도호쿠대학 동북아시아연구센터 객원교수를 지냈으며, 현재는 이 연구센터 펠로로 있다.

주요 저서로 《한국 민중을 바라보는 일》(1981), 《북의 친구에게 남의 친구에게: 한반도의 현황과 일본인의 과제》(1987), 《북방영토 문제를 생각한다》(1990), 《역사로서의 사회주의》(1995), 《김일성과 만주항일전쟁》(1992), 《한국전쟁》(1995), 《북조선: 유격대국가의 현재》(1998), 《조선의 유사사태를 바라는가: 공작선·납치의혹·유사입법을 생각한다》(2002), 《동북아시아 공동의 집: 신지역주의 선언》(2003), 《동시대비평: 북일관계와 납치 문제》(2005), 《어떤 전후정신의 형성 1938~1965》(2006), 《일본과 조선의 100년사》(2010), 《러일전쟁: 기원과 개전》(상권 2009, 하권 2010), 《북한현대사》(2012) 등이 있다.

와다 하루키 교수는 본래 역사학자이지만 정력적인 시민운동, 신문 투고, 한국과의 인적 네트워크 등을 통해 한국에 가장 널리 알려진 일본의 대표적 진보 지식인 중 한 사람이다. 평화포럼이 주최하는 북일국교정상화연락회日朝國交正常化連絡會 고문을 맡고 있으며, 과거에는 한국의 민주화운동, 특히 1980년 김대중 전 대통령이 군사재판에서 사형선고를 받자 그 구명운동에 적극 참여해 한국과 일본에서 폭넓은 관심을 불러일으킨 바 있다. 그 후에도 재일 한국인·조선인의 사회적 지위 개선, 전후 보상 등에 대해 활발히 발언하며 활동하고 있다. 1990년대 중반 무라야마 도미이치 내각 때는 한국인 종군위안부 문제를 해결하기 위해 '여성을 위한 아시아 평화 국민기금'이른바 '아시아여성기금' 활동에도 관여하였다. 가히 일본을 대표하는 양심적 지식인이라 하겠다.

　와다 교수와의 인터뷰는 2011년 10월 21일 도쿄 진보쵸神保町에 위치한 학사회관學士會館에서 진행되었고, 2012년 여름 서면을 통해 추가 질문과 응답이 이루어졌다. 인터뷰에서 첫 질문은 연구자로서 와다 교수의 역정歷程에 관한 것이었는데, 그의 세계관과 역사관이 어떻게 연구로 승화되었는지를 살펴보기 위함이었다. 곰곰이 생각해보면 러시아–북한–한국 연구로 이어진 그의 기나긴 '연구' 여정은 곧 일본의 근현대사에 대한 철저한 반성의 여정임을 알 수 있다.

냉전 해체 이후, 특히 21세기에 들어서면서 일본의 정계·학계·언론계에서는 수많은 지역주의 구상이 제시되었다. 하토야마 유키오 내각의 동아시아공동체 구상이 있었고 또 그에 앞서 고이즈미 준이치로 내각도 유사한 구상을 천명한 바 있다. 한국에서도 김대중 정권이 동아시아 구상을, 그리고 노무현 정권이 동북아시대 구상을 제창한 바 있다. 개념적으로는 민족주의와 글로벌리즘의 중간에 위치하는 일종의 지역주의 구상이라 하겠다.

주지하는 바와 같이 동아시아의 지역주의 움직임은 1990년대 초반 냉전 해체와 경제성장을 배경으로 세간의 이목을 집중시켰으며, 1990년대 후반의 동아시아 금융위기를 거치면서 ASEAN+3_{한중일}정상회담 등 약간의 제도화가 이루어지기도 했다. 그럼에도 불구하고 여전히 동아시아의 지역주의는 걸음마 단계를 벗어나지 못하고 있다. 그 근본적인 이유는 무엇인가? 과거사의 유산 때문인가, 동북아 안보환경의 불안정성 때문인가, 아니면 이 지역에 속하는 우리 모두의 자국이익지상주의 때문인가? 와다 교수와의 인터뷰를 통해 그 해답을 구하고자 하였다.

논의의 출발점은 이미 한글로도 번역 소개된 그의 저서 《동북아시아 공동의 집》_{이원덕 옮김, 일조각, 2004}이다. 과거에 대동아공영권이라는 아시아 최초의 지역주의정책을 취한 일본이 패전 이후 지역주의와 결별한 이유는 무엇인가, 전후 일본의 외교정책에는 어떠한 지역주의적 요소가 존재했는가, 동아시아 지역주의에서 다른 나라가 아닌 바로 한국이 중심이 되어야 한다고 주장하는 까닭은 무엇인가 등의 질문이 이어졌다.

 동북아시아 공동의 집을 만들려면 공통의 아이덴티티가 필요하지 않은가 하는 우리의 최종 질문에 대해서는 이런 의미심장한 이야기가 돌아왔다. 즉 동아시아는 과거 80년 동안이나 전쟁_{일본에 의한 전쟁 50년, 그 후 한국전쟁과 베트남전쟁 등 30년}을 경험했고, 기나긴 침략과 다민족 식민지배로 인해 지역민들의 정신적 상처가 뿌리 깊게 남아 있다. 따라서 이를 배경으로 한 '화해를 향한 뜨거운 열정'이야말로 공통의 정체성이라는 것이다. 요컨대 일본은 물론, 지역의 모든 국가가 진정성을 가지고 적극적으로 이 문제를 시급히 해결하지 않으면 안 된다는 것이다.

▌러시아 역사 연구에서 북한 연구로

Q 와다 선생은 소비에트·러시아 연구로 학문활동을 시작했다. 그러
나 한국에서는 《북조선: 유격대 국가의 현재》 등의 저서가 소개되
면서 북한전문가로 널리 알려졌다. 소비에트·러시아 연구에서 북
한 연구로 전환한 계기는 무엇인가?

와다 고교 시절부터 한국에 관심을 가지게 되었다. 입학 직후 다케우
치 요시미竹内好의 《현대중국론》1951을 읽고 일본과 아시아의 관계,
전쟁 당시 중일관계에 눈떴다. 그러던 중 1953년 10월 한일회담
에서 이른바 '구보타 망언' 사건이 발생했다.[1] 나는 그 사건을 두고
일본 정부와 야당, 매스컴이 보인 태도에 의문이 생겼다. 그때부터
한반도 문제에 관심을 가졌다는 말이다.

　나는 '구보타 망언'에 대한 일본의 태도가 잘못됐으며, 일본 정부
대표가 식민지배에 대해 "미안한 마음을 갖는가, 갖지 않는가는 한
일관계의 기초요 근본"이라는 한국 측 대표의 발언이 옳다고 생각
했다. 또한 일본이 식민지배에 대한 생각을 바꾸는 것은 한국만이
아니라 한반도 전체가 바라는 일이므로 이를 무시해선 안 된다고
봤다. 사회적 문제의식을 자각할 즈음 한반도 문제가 일어났고, 이
를 통해 일본사회와 나 자신의 관계를 스스로 돌아보게 된 셈이다.

---

1 1953년 10월에 열린 제3차 국교정상화 회담에서 일본 측 대표인 구보타 간이치로(久保田貫一郎)가 "일본
의 조선 통치는 한국민에게 유익했다"고 발언한 것을 가리킨다. 한국 측의 청구권 주장에 대해 일본 측도 한
국에 대한 청구권이 있다고 주장하는 과정에서 나온 말이었다. 이 사건으로 회담이 5년간 중단됐다.

Q 그러나 러시아 연구자로서 한반도 문제로 연구방향을 전환하기가 그다지 용이한 일은 아니었을 것이다. 구체적으로 어떠한 계기가 있었는가?

와다 물론 고교 시절부터 러시아어를 배우고 러시아에 대한 관심이 많아져 진로를 결정할 때는 러시아 역사 연구자가 되려 했다. 만일 그때 한국어나 중국어를 배울 기회가 있었다면 아시아 역사를 전공했을지도 모르지만 그럴 기회가 없었다. 나는 대학을 졸업한 1960년부터 20년 동안 소련·러시아 역사를 연구했다. 그러나 1973년 김대중 납치 사건이 발생한 뒤로는 한일관계를 생각하고 한국의 민주화운동과 연대하는 등 시민운동가로 활동하게 됐다. 그 이전에 베트남전쟁 반대운동을 한 영향도 있었다. 한국 문제와 관련해 시민운동을 하고, 다른 한편으로는 러시아 역사를 연구하는 식으로 나뉘었던 셈이다. 그러나 한국에 대해 공부하지 않으면서 시민운동을 할 수는 없었다. 전문가가 아니더라도, 직업이 아니더라도, 설령 문외한이라 해도 상관없었다. 제대로 된 연구를 해야 한다고 생각했다.

Q 선생은 한반도 연구 중에서도 특히 북한 연구로 탁월한 업적을 남겼다. 그 배경은 무엇이었는가?

와다 당시까지는 북한을 의식적으로 피하면서 한일관계를 중심으로 다루었다. 하지만 1980년대에 들어서면서 북한 문제를 모르는 상황에서는 한일관계도 제대로 알 수 없다는 것, 그리고 실제로 북한에 대해 아는 게 아무것도 없다는 생각이 들었다. 나는 러시아 역사 전문가니까 한반도에 대해 좀 더 전문성 있게 파고들면 북한 연구에도 도움이 되리라 판단했다. 북한은 소련군 점령하에서 성립된 나라이기 때문이다. 러시아어로 된 자료를 활용할 수 있다는 면에서도 유리했다. 그런 의미에서 나는 한반도 문제를 연구한다면 한국 연구보다는 북한 연구를 하는 편이 낫겠다고 생각했던 것이다. 합리적 사고였다고 믿는다. 1980년대 초반 "소련의 북한정책"이라는 논문을 썼다. 그게 시작이었다.

처음엔 깊이 들어갈 계획이 아니었지만, 그 논문을 쓴 뒤 미국에서 출판된 브루스 커밍스Bruce Cumings의 명저 《한국전쟁의 기원》을 읽었다. 그 책을 통해 미국에는 한국전쟁 당시 북한에서 노획한 문서Capture of North Korean Materials가 존재한다는 걸 알게 됐다. 이런 저서를 여태껏 읽지 않고 소련 자료만으로 논문을 발표한 것이 부끄러웠다. 그래서 그 자료를 보러 처음 미국에 갔고, 자료를 모으기 시작하면서 점점 더 북한 연구에 빠져들게 됐다. 그리고 1980년대 중반 김일성과 만주항일무장투쟁에 대해 논문을 썼을 때 북한의 역사서술을 '신화' 형성으로 규정했다. 그리고 그것이 전공연구자에 의한 변辨임을 보여주기 위해 현대 한반도 연구를 내 전공 분야의 하나로 선언하기로 했다. 러시아 근현대사와 함께 북한 연구를 전공 분야라고 말할 수 있게 된 것이다.

▌ 전전戰前 일본의 지역주의가 침략의 도구로 전락

Q 매우 흥미롭다. 소비에트·러시아 연구에서 북한 연구로 이어졌고
한국 문제에 대해서는 사회운동이라는 차원에서 접근했다는 것 아
닌가. 그리고 1990년대 들어서면서 동북아 지역주의에 대한 관심
이 급격히 높아진 것으로 알고 있다. 저서 《동북아시아 공동의 집》
서문에서 선생은 두 가지를 강조한다. 하나는 역사에 대한 국가의
확고한 책임의식이며, 다른 하나는 지역주의다. 이 두 가지를 전제
로 신지역주의를 선언했는데, 이와 같이 지역주의로 선회하게 된
이유는 무엇인가?

와다 전후 일본이 걸어온 길을 되돌아보면 역시 미국과의 관계가 압도
적 비중을 차지한다. 미국과의 전쟁에서 패해 미국이 일본을 전면
적으로 점령한 가운데 민주화와 비군사화가 진행됐기 때문이다.
이는 아주 고마운 변화였다. 그런 의미에서 나는 미국에 깊이 감사
한다. 그러나 일본은 모든 것을 미국에 맡기는 모습도 보였다. 미
국의 일본 역사 연구가 존 다우어John Dower가 쓴 《패배를 껴안고》[2]
라는 책이 있는데, 여기선 미국이 일본을 껴안았다기보다는 오히
려 일본 자신이 미국의 품에 안긴 측면이 더 크다고 지적한다.
　　전전의 일본은 이웃나라들과 함께 새로운 세계를 만들자는 발상

---

2 원제는 *Embracing Defeat: Japan in the Wake of World War Ⅱ* (New York and London: W.
W. Norton & Company/The New Press, 1999). 일본어판은 《敗北を抱きしめて》(三浦陽一·高
杉忠明 譯, 岩波書店, 2001). 한글판은 《패배를 껴안고》(최은석 옮김, 민음사, 2009).

을 내걸었지만 그건 구실이었고, 실제로는 일본이 이들 나라를 지배하려 했다. 그것이 최종단계에서 '대동아공영권'[3]이 됐다. 대동아전쟁에서 패배하면서 대동아공영권이 파멸된 셈인데, 그 후에는 지역주의적 발상 자체를 완전히 버리고 양국 간 관계, 특히 미국과의 관계 속에서 살아가는 길로 들어섰다. 나는 거기에 문제가 있다고 보았다.

Q 어떤 문제인가?

와다 물론 일본도 그것만으로는 충분치 않다고 생각했다. 그 후에 등장한 것이 동남아시아와의 관계 중시였다. 그런데 이 또한 미국이 바라던 바였다. 일본 주변국들에 대해서는 노터치로, 일본 입장에서 보면 텅 비어버린空洞 형국이었다. 일본은 한국, 북한, 중국, 타이완 등과는 거의 관계를 맺지 않은 상태였다. 원교근공遠交近攻이라는 말처럼 먼 나라와 교류하면서 가까운 나라들과는 문제를 안고 있는 것이 전후 일본의 모습이었다. 이를 바꿔야 한다는 생각이 강했다. 제대로 된 나라라면 가까운 이웃나라들과 양호한 관계를 유지하면서 그 협력관계를 더 넓은 범위로 확장해가는 것이 자연스럽지 않은가? 물론 이를 완고하게 주장했던 것은 아니다. 먼 나라와도 친하게 지내는 게 좋다. 그러나 이웃나라들과 양호한 관계

---

3 동남아시아 및 동아시아를 구미제국주의에 의한 식민지 지배에서 해방시켜 제국 일본을 맹주로 한 공존공영의 새 질서를 구축한다는 구상을 말한다. 1940년 7월 고노에 후미마로 내각이 결정한 기본국책요강 발표 이후 공식 용어로 쓰이게 됐다.

를 맺지 않는 건 비정상이라는 게 내 믿음이다. 따라서 나는 근린 국가와 새롭고 인간적인 협력관계를 구축하는 것이 일본이 정상적 국가가 되는 길이며 함께 살아가는 데 필요한 일이라 봤다.

Q 일본의 지역주의에는 여러 가지 얼굴이 있는 것 같다. 후쿠자와 유키치福澤諭吉 시대로 돌아가면 탈아론脫亞論과 입아론入亞論이 있다. 1894~1895년의 청일전쟁, 1904~1905년의 러일전쟁에서 승리한 뒤 식민지가 확대됐지만, 다이쇼 데모크라시 시기에는 자유주의와 민주주의가 발흥하고 유럽적인 지역주의 사상이 전파된 바 있다. 이것이 1930년대에 들어서면 대동아공영권과 이어져 배타적이고 공격적인 지역주의로 나아간다. 그런데 왜 하필 1930년대에 이런 변화가 일어났다고 보는가? 이를테면 일본 측의 해석에서는 황화黃禍, Yellow Peril론[4]이 있고, 외부에서 봤을 때는 2·26사건[5] 등을 배경으로 국내정치적 목적을 위해 외부의 위협을 인위적으로 만들었다는 설도 있다. 이러한 공격적 지역주의가 발생하게 된 내부요인설과 외부요인설에 대해선 어떻게 평가하는가?

와다 메이지유신 이후 일본은 부국강병富國强兵을 도모했다. 당시 일본은

---

4 19세기 후반 유럽에서 일어난 황색인종 경계론으로, 장래에 황색인종(특히 아시아)이 흥기하여 백색인종을 위협할 것이라는 논리를 말한다. 그 기원은 과거 몽골제국에 의한 유럽 공격에 있으며, 19세기 말 청일전쟁 무렵에 독일의 빌헬름 2세가 이러한 논리를 강조한 것으로 전해진다.

5 1936년 2월 26~29일 황도파 계열의 육군 청년장교들이 일으킨 반란사건. 천황 친정(親政)을 내걸고 다수의 각료를 살해한 이들의 시도는 곧 진압됐는데, 결과적으로는 통제파가 군부의 주도권을 장악하고 정치세력으로 등장하면서 군부 독주의 군국주의화가 촉진되는 결과를 낳았다. 이 사건 이후 내각은 군부의 꼭두각시로 전락했다.

세계를 약육강식의 질서에 따른 제국주의 세계로 인식했고, 그래서 부국강병을 꾀해 영토를 확장한 러시아 표트르 대제Pyotr the Great의 방식을 배웠다.[6] 강력한 군주권력으로 근대화를 추진함으로써 국가를 부유하게 하고 강한 군대를 만들며, 이를 바탕으로 대외적 팽창을 꾀한다. 애당초 일본에는 이 같은 사고방식이 존재했다.

Q 부국강병의 사고방식을 표트르 대제로부터 배웠다는 것인가?

와다 그렇다. 막부幕府 말기부터 메이지유신을 준비한 사람들은 모두 네덜란드 책을 읽었고, 표트르 대제의 업적에 대해서도 잘 알고 있었다. 표트르 대제를 모방하고자 하는 의지가 강했는데, 이는 주변 가까운 곳부터 세력을 넓혀나가겠다는 사고방식이었다. 지역주의적이긴 한데, 자신을 중심으로 지배·침략을 확대하려는 관점에서 보고 있었던 것이다. 따라서 오키나와, 타이완을 병합한 뒤 그 다음에는 조선이 중요하다는 식이 됐다. 그러나 조선처럼 역사적으로 오랜 관계를 가진 나라로 세력을 뻗치기란 매우 곤란한 일이었다. 이때 떠오른 생각이 러시아가 조선을 노리고 있다는 점이었다. 조선을 러시아에 빼앗기면 일본은 끝이라는 '러시아위협론'이 등장했고, 이를 이용해 일본의 조선 진출을 정당화하려는 움직임이 나타났다. 러시아의 조선 진출에 대해 일본과 청淸이 힘을 합쳐 조

---

6 러시아 로마노프 왕조의 제4대 황제(재위 1682~1725)로 수도를 상트페테르부르크로 정하고 부국강병 책으로서 군사, 행정, 산업, 교육, 종교 전반에 걸친 개혁을 단행해 러시아를 근대적 강대국으로 발전시켰다.

선을 지키자는 것이 '동아협력론東亞協力論'의 출발점이다. 동아의 결속과 연대라는 사고방식이 그 후에도 이어진다. 러시아를 견제하면서 자신의 지배를 확대한다는 형태의 지역주의인 것이다.

Q 그렇다면 다이쇼 시기1912~1926에 민주주의가 활성화되고 당시 유럽의 평화주의적·자유주의적 지역주의가 일본에 유행했던 것은 어떻게 설명할 수 있는가?

와다 다이쇼 시기, 러시아혁명1917이 일어났고 윌슨Woodrow Wilson이 제창한 국제연맹처럼 새롭고 협력적인 국제사조가 일본에 들어왔다. 그러나 이것은 일시적 현상으로, 1930년대에 들어서면 소련공산주의와 구미제국주의에 대항해 일본과 만주, '지나支那, 중국'를 구성원으로 한 동아공동체를 지향하게 된다. 당시 조선은 이미 일본의 식민지였다. '적이 존재하니 이에 대항한다'라는 지역주의가 일본의 세력을 확대하는 침략의 수단이 되었던 셈이다. 이 과정에서 국경을 뛰어넘는 지역경제 협력을 지향해야 한다고 주장하는 로야마 마사미치蝋山政道[7] 같은 사람도 나타난다. 그러나 이 시기는 군국주의·침략주의 시대였기 때문에 다양한 이상주의적 논의도 결국 침략주의를 돕는 수단이 될 수밖에 없었다. 새로운 국가 간 관계라는 사고방식도 최종적으로는 일본의 세력권 확대라는 흐름

---

7 정치학자·행정학자로 오차노미즈(お茶の水)여자대학 교수를 지냈으며 민주사회주의를 제창했다. 특히 미일안보긍정론을 통해 민사당(民社黨)의 외교·방위정책의 이론적 근거를 제공했다.

속으로 편입돼간다. 다만 지금 시점에서 돌이켜보면 당시 사람들의 활동을 면밀히 검토해 어디에 문제가 있었고 어떻게 이용당했는지 검증하는 작업은 필요하다고 본다.

Q 일본의 지식인들과 이야기하다 보면, 대동아공영권이 '아시아를 위한 방어적 지역주의'였음을 강조하면서 정당화하는 경향을 느끼게 된다. 논쟁을 할 때도 대동아공영권은 그리 착취적인 것이 아니었으며, 서구의 인종주의·제국주의에 대항할 목적으로 아시아의 단결을 촉구하는 것이었다는 신념을 지닌 사람들이 적지 않다. 이 점에 대해선 어떻게 생각하는가?

와다 일본의 역사를 전부 부정하기는 불가능하다. 반성할 부분은 있지만 긍정할 점은 긍정적으로 보자는 주장이, 그래서 자주 나타난다. 일본이란 나라의 행동은 그 나름의 근거와 정당성이 있다고 보는 경향이 분명 존재한다. 이는 그전에 '무라야마담화' 등 과거에 대해 확실히 반성한다는 점을 국민적 자세로 확립하려는 움직임이 있었는데, 그에 대한 반동으로 현재와 같은 우익적 경향이 발생하는 것으로 본다. 그러나 나는 당시 사람들에게 침략을 정당화할 동기가 있었다는 사실과, 그것을 역사적으로 어떻게 평가하느냐는 별개의 문제라고 생각한다. 가장 상징적인 것은 시바 료타로司馬遼太郎의 《언덕 위의 구름坂の上の雲》 같은 작품이 대표하는, 러일전쟁에 대한 평가 문제다. 현재 NHK에서도 드라마로 방영되고 있고 분게이슌주사文藝春秋社 등 여러 출판사가 경쟁하듯 이와 관련된 책을

출판할 예정이다. 러일전쟁을 높이 평가하려는 분위기가 널리 퍼져 있는 것이다. 당시 사람들이 러시아의 침략으로부터 일본과 아시아를 지키고자 생각했던 것은 사실이지만, 이를 역사적으로 정당화할 수 있느냐 하는 문제와는 구별해야 한다.

▌ 전후 일본 지역주의의 변모

Q 전후 일본의 외교정책은 요시다 노선으로 시작된다. 요시다 노선의 핵심에는 미일동맹이 있고, 그런 미일동맹 아래서 일본은 경제적 이득을 극대화하는 전략을 전개했다. 그러나 1970년대에 후쿠다 독트린1977을 통해 지역주의 움직임이 처음으로 나타나면서 동남아시아에 중점을 두게 됐다. 오히라 마사요시 정권에 들어서서는 호주와 함께 APEC 설립 공동 제안국이 된다. 그 후 나카소네 야스히로 내각 시기에 미일동맹을 중시했지만, 1990년대에 들어서면 유엔중심론이나 국제공헌론 등이 나온다. 2000년대에는 고이즈미 준이치로나 하토야마 유키오 등에 의한 동아시아공동체론이 있었다. 이 가운데 나카소네 전 총리는 수년 전에 이토 겐이치伊藤憲一 교수 등과 함께 동아시아공동체평의회를 설립했다. 이렇듯 다양한 구상들이 지속적으로 나오고 있는데, 이에 대해 어떻게 평가하는가?

와다 앞에서 지적했듯이 일본이 과거에 시도한 대동아공영권이 철저하게 부정되는 과정에서 '지역주의는 위험하다'는 사고방식을 갖기에 이르렀다. 대미관계를 중시한 요시다 노선은, 말하자면 경제 중심의 경무장 평화주의였다고 할 수 있다. 그러나 이 시기는 일본의 주변국가들 입장에선 '전쟁의 30년'이었다. 청일전쟁부터 태평양전쟁까지 50년에 걸친 전쟁이 끝난 뒤 일본은 전쟁을 그만두었지만, 주변에서는 중국국공내전, 한국전쟁, 인도차이나전쟁, 베트남전쟁 등 30년 동안이나 전쟁이 계속됐다.

그런 상황에서 지역주의를 거론한다면 그건 아시아의 전쟁에 일본이 직접적·주체적으로 참가하겠다는 의미가 된다. 그래서 아시아의 전쟁으로부터 떨어져 이익만을 취하겠다, 전쟁에는 주체적으로 관여하지 않고 미국에 기지만 제공해 특수特需를 얻는다는 자세를 취했다. 교활하다면 교활한 것이겠지만 일본인들은 이런 식으로 전쟁을 피해왔다고 할 수 있다. 그 와중에 아시아의 전쟁이 끝난 것이다. 캄보디아전쟁은 계속됐지만, 1975년 베트남전쟁이 종결된 건 매우 큰 변화였다. 이 단계에서 미국과 중국 양국이 화해하는 등 구조적 변동이 발생했다.

Q 그러나 기시 노부스케 같은 정치지도자는 요시다 노선에 이의를 제기하지 않았는가? 동아시아의 지역협력을 강조했던 것으로 기억한다.

와다 그건 그렇다. 요시다 노선에 대항하려던 것이 기시 노부스케 노선이다. 기시는 이러한 변화 속에서 일본이 동남아시아 국가들과 새로운 관계를 맺어나가야 한다고 믿었다. 기시의 구상은 '아시아 반공동맹'으로, 동남아시아조약기구SEATO를 대신하는 동북아시아 조약기구NEATO를 만들자는 것이었다. 그에 대해 대다수 사람들이 경계심을 감추지 않았다. 그러나 기시의 노선을 이어받은 후쿠다 다케오는 보다 평화적이고 경제적인 사고방식으로 동남아시아에 접근했다.

타이완, 한국, 북한, 중국 등 일본의 침략으로 피해를 입은 국가들은 일본에 대해 잠재적 적대감정을 강하게 갖고 있었다. 하지만 동남아시아는 일본의 전쟁 덕분에 유럽제국주의로부터 해방됐다고 생각하는 사람들이 있을 정도로 대일감정이 비교적 양호했다. 따라서 동남아시아와 관계를 구축하는 것이 용이하다고 판단하는 사람이 많았다. 단, 이는 지역주의로서는 문제가 있었다. 일본은 동남아시아라는 지역이 존재한다는 의식은 매우 명확했지만 자신이 그 구성원이라고는 생각지 않았다. 그런 의식은 거의 결여돼 있었다.

이러한 접근방식이 문제가 있다고 여겨질 때 나카소네 정권이 들어섰다. 나카소네는 미일동맹 중시론자로 유명하지만, 그가 총리가 된 직후 맨 처음 방문한 나라는 전두환 정권의 한국이었다. 한국을 매우 중시한 셈이다. 기시 노선은 이미 지났고 안전보장을 비롯해 새로운 의미에서 한국을 포함한 지역주의를 모색하자는 움직임이 있었다. 그러나 야스쿠니신사 참배 등으로 주변국과 마찰이 생기면서 그 지역주의가 구체화되지 못했다고 본다. 이러는 사이 한국과 중국의 급속한 경제성장 등으로 아시아가 일변했다.

그 지점에서 일본이 주변국과 새로운 관계를 맺어야 한다는 사고 방식이 나왔고, 동아시아공동체 구상이라는 형태로 나타난 것이다. 이 구상은 여러 사람이 제시했다. 외무성의 다나카 히토시田中均도 그 중 한 사람이다. 이에 기초해 고이즈미 총리의 구상도 나왔다.

Q 고이즈미의 동아시아공동체론은 내용이 있는 것인가? 이에 대해서는 상당히 회의적이다. 고이즈미는 기본적으로 미일동맹을 강조했다. 물론 일본·ASEAN 10개국 정상회의를 개최해 '도쿄선언'[8]을 채택하기도 했지만 어디까지나 중국의 동남아 접근에 대항한다는 인상이 강하다. 이 점에 대해선 어떻게 평가하나?

와다 고이즈미는 복잡하고 난해한 인물로, 평가를 내리기가 어렵다. 수수께끼라 해도 좋을 정도다. 고이즈미 외교의 특징 가운데 하나는 북한을 방문해 북일평양선언을 채택하는 등 북한에 대해 적극적 외교를 전개했다는 점이다. 그러나 중국과는 야스쿠니 문제에 집착하며 대립해 중국 내의 반일운동을 확대시켰다. 미국과는 이라크전쟁 지지로 양호한 관계를 구축하려 했지만, 그가 미국에는 비밀로 한 채 대북교섭을 추진한 점을 미국은 아직도 용서하지 않고 있다. 고이즈미는 전후 60주년이 되는 해에 국회에서 최초로 동아시아공동체를 지향한다고 선언한 총리이기도 하다. 이 모든 사항의 문맥이

---

8 2003년 12월 11일 도쿄에서 발표된 선언으로 정식 명칭은 '일본과 ASEAN의 파트너십을 위한 도쿄선언'이다. 과거 30년 동안의 관계를 회고하면서 향후의 관계발전을 위해 공통의 기본원칙과 가치관, 행동을 위한 공통전략, 그리고 그 실시를 위한 조치에 합의했다.

제각각이고 더군다나 서로 모순된다. 감각이 뛰어나고 개별 사안에서는 중요한 정책을 시행하기도 했지만, 전체적으로 보면 고이즈미 정책에 체계나 전략 같은 건 없었다고 생각된다.

고이즈미가 두 번에 걸쳐 방북하고 정상회담을 한 것은 미국으로부터 벗어나 자립하고 싶어서였다. 양국 간 외교문서에 '동북아시아'라는 용어가 처음 쓰인 것이 평양선언이었다. 동북아시아가 평화로워야 한다는 신념을 처음으로 제시한 것이다. 이것이 6자회담으로 이어졌기 때문에 매우 중요한 역할을 수행한 것인데, 이를 동아시아공동체와 어떻게 연결시킬 것인가, 미국·중국과 관계를 어떻게 조정할 것인가에 대해선 구체적 아이디어가 없었다. 일본은 오랫동안 '헌법 9조' 제약에 묶여 있던 나라이므로, 정치인으로서 새로운 발상을 가지고 뭔가 하려다 보면 그것이 고이즈미처럼 모순된 형태로 나타날 수밖에 없는지도 모른다.

Q 고이즈미 전 총리나 나카소네 야스히로, 이토 겐이치伊藤憲一 등이 내놓은 동아시아공동체 구상은 본래 중국을 견제하기 위한 것 아니었나?

와다 중국의 대두가 가장 중요한 요인이라는 관점은 모두의 공통된 인식일 것이다. 그러나 이를 전제로 한 동아시아공동체 구상에는 두 가지 방법이 있다. 먼저, 좋은 의미에서 중국과 협력하고 대화하자는 노선이다. 일본은 잘못된 내셔널리즘을 고집해선 안 되며, 이를 건전한 것으로 만들려면 인근 국가와 협조해야 한다는 것이다. 여기서는 중국과의 협력이 사활적 문제다. 다나카 히토시는 그런 발상이었다.

이에 대해, 중국이 동아시아의 패권을 쥐면 곤란하다, 중국의 패권에 대항해 일본도 이니셔티브를 취해야 한다는 사고방식이 있다. 나카소네는 어떤지 잘 모르겠으나 이토 겐이치는 그런 견해가 강했다고 본다. 이토는 베이징에서 동아시아 싱크탱크 네트워크 설립회의를 갖고 그 네트워크 사무국을 중국사회과학원이 맡게 된 데 충격을 받아 귀국 후 서둘러 동아시아공동체평의회를 설립했다는 이야기를 들은 적이 있다. 나카소네는 정치인이므로 여러 가지를 고려했겠지만, 아무래도 중국을 견제해야 한다는 관점이 강하고 따라서 미국의 힘을 이용해야 한다고 생각했을 법하다. 다시 말해 동아시아공동체협의회 회장을 맡은 나카소네 전 총리의 경우, 안전보장은 미일동맹을 중심으로 하고 동아시아공동체는 경제협력에 제한한다는 사고방식을 갖고 있었다.

Q 그 점에서 하토야마와 약간 다르다고 생각한다. 하토야마는 미일동맹을 넘어선 새로운 동아시아공동체론을 주장하며 중국과의 협력을 불가결한 변수로 파악했다. 데라시마 지쓰로寺島實郎[9]와 비슷한 생각인데, 어떻게 보는가?

---

9 일본의 대표적 논객으로 현 다마대학교 총장. 재단법인 일본총합연구소 이사장을 맡고 있으며 경무장-경제국가 견지, 대등한 미일관계, 아시아의 다자 간 안보관계 구축 등 온건 보수파로 알려졌다.

와다 하토야마는 데라시마와 관계를 맺고 있으며, 그의 이야기에 귀를 기울인 것도 사실이다. 다만 하토야마의 동아시아공동체론 역시 치밀하게 준비해서 내놓은 구상이라 보기는 어렵다. 고이즈미 이후 다시 한 번 동아시아공동체론을 내놓았을 때 하토야마가 몰래 품은 생각은 미국으로부터 자립이었고, 그럼 중국 쪽으로 너무 기울게 된다. 이 문제를 어떻게 조정할 것인가는 그다지 고려하지 않았다. 그렇기 때문에 오키나와 문제로 미국의 압력을 받자 금세 굴복해버린 것이다. 하토야마에게 동아시아공동체론은 전략이라기보다는 일종의 '희망적 관측wishful thinking'에 불과했다고 볼 수 있다.

Q 사실 하토야마의 동아시아공동체론을 자세히 들여다보면 구체적인 내용은 거의 찾을 수가 없다. 아시아 통화단위 문제나 동아시아 자유무역지역 같은 구상도 있기는 하지만, 이는 실질적 정책내용이라기보다는 슬로건에 지나지 않아 보인다. 선생은 어떻게 평가하는가?

와다 특별한 건 없다. 나도 검토해봤지만 찾을 수 없었다. 미국과의 관계를 조정해 보다 자립적이 되고 중국과 사이좋게 지낸다는 말이 씌었을 뿐 그 이상의 내용은 없다. 포장지를 뜯어보니 안에 아무것도 없는 셈이다. 고이즈미는 적어도 북한과의 관계 조정이라는 내용이 있었지만 하토야마는 그 부분도 명확하지 않다. 그러나 오키나와 문제 등을 포함해 뭔가 새로운 방향성이 있지 않을까 하는 의구심 때문에, 정작 미국은 하토야마의 동아시아공동체론을 매우 경계했다. 결국 그의 구상은 실패로 끝났다. 몹시 유감스럽게 생각한다. 이전의 논의를 충분히 정리한 뒤 새로운 방향성을 제시했어야 했는데 그러지 못했다.

Q 하토야마는 한국의 한 매체로부터 "당신이 말하는 동아시아공동체론의 지적 기원intellectual origin은 무엇인가?"라는 질문을 받았을 때 자신의 할아버지로부터 영향을 받았다고 대답했다. 당신은 하토야마 유키오에게서 그의 조부인 하토야마 이치로鳩山一郎[10]의 영향을 발견할 수 있었는가?

와다 '매파강경파 알레르기' 같은 게 있지 않았을까 생각한다. 다이쇼 시기부터 시작된 새로운 사조가 하토야마 이치로에게도 이어졌다. 하토야마 이치로는 미국으로부터 자립해 헌법을 개정하고, 자위군을 만들고, 중국과 국교를 수립해야 한다는 의중이었다. 이는 일종의 지역주의적 발상인데, 하토야마 유키오에게도 어느 정도 계승됐는지 모른다. 하토야마 유키오가 가장 강조하는 것은 우애友愛외교, 즉 우애의 정신이다. 우애정신이 지역주의의 기반이 된다는 것인데, 그러려면 무엇을 해야 하는지에 대한 발상이 없었다.

---

10 일본 자민당 초대총재로서 제52~54대 총리(1954. 12~1956. 3)를 역임했다. 요시다 시게루의 친미 노선에 대항해 자주외교와 헌법개정 등을 주장했으며 1956년에 소련과 국교를 정상화했다.

한국이 중심이 되는 '동북아시아 공동의 집' 만들어야

Q 선생의 저서 《동북아시아 공동의 집》에 대해 이야기해보자. 사실
일본의 지역주의 구상은 동북아와 동남아를 포함한 동아시아에서
일본이 중심국가가 되는 '동아협동체론'과 궤를 같이하지 않는가?
그런데 선생은 '동북아시아 공동의 집'을 거론했다. 지역의 초점이
왜 동아시아에서 동북아시아로 바뀌었는가?

와다 나는 처음부터 지금까지 줄곧 동북아시아를 생각해왔다. 앞에서
지적했지만 일본은 동남아시아 지역을 중시하면서 일본과 동남아
시아를 연결시키려는 발상을 갖고 있었다. 그러나 그것만으로는
안 된다. 일본과 가까운 한국, 북한, 중국, 러시아 등과 새로운 관
계를 구축하는 것에 대해 진정성을 가지고 고민해야 한다. 동아시
아공동체론을 말하는 사람들이야 이미 있지만, 한자문화권과 유
교문화권을 바탕으로 하는 '동아시아공동체론'은 문제가 있다고
들 보는 것이다. 그런 식의 문화주의적 지역주의는 매우 폐쇄적이
될 수 있다. 새로운 지역공동체는 여러 요소가 뒤섞인 다문화적인
것이 돼야 한다.

　동북아시아에는 러시아가 존재한다. 게다가 미국을 포함하면 더
욱 다문화적이고 개방적인 지역이 된다. 미국은 동아시아공동체
론에 강력히 반발해왔다. 미국과 협력관계를 유지하지 않는다면
안정적 커뮤니티는 불가능하다. 이 지역에선 미국에 대항하거나
반미적 공동체는 있을 수 없다. 6자회담을 봐도 알 수 있듯이 미국

이 동북아시아공동체에 들어오는 흐름은 자연스럽다. 이런 흐름, 즉 동북아시아와 동남아시아에 각각의 공동체가 존재하고 그 위에 동아시아공동체를 만드는 중층적인 방식이 좋을 것이다. 미국이 동북아시아공동체에 포함된다면 동아시아공동체에는 들어가지 않아도 무방할 것이다. 미국이 포함되는 것과 그렇지 않은 것을 중층적으로 구성함으로써 공동체 간에 협력관계를 만들어가는 게 적절하다고 생각한다. 폐쇄적 지역공동체는 의미가 없다. 동북아시아공동체와 동아시아공동체를 양립시키지 않으면 안 된다.

Q 선생의 '동북아시아 공동의 집' 구상은 노무현 전 대통령의 구상과 상당히 비슷하다. 노무현 전 대통령의 주장은 동아시아공동체에 관한 논의는 많지만 실질적으로는 어렵지 않느냐는 것이었다. 또한 동아시아공동체의 핵심은 동북아시아인데, 한중일의 협력이 잘 이뤄지지 않고 남북한이 대립하는 상황을 고려한다면 동북아 문제를 해결하지 않고 어떻게 동아시아공동체가 가능하겠느냐는 것이었다. 그런 의미에서는 두 사람의 생각이 매우 닮았다. 한 가지 다른 점은 노무현 대통령의 발상에는 몽골이 포함되지 않았다는 것이다. 그러나 선생은 몽골을 포함한 7개국 협의체를 말하고 있다. 그 이유는 무엇인가?

와다 예전에는 나도 몽골을 그리 의식하지 않았다. 그러나 몽골은 이 지역 내의 한 국가로서 중요하며 동시에 개성 있는 역할을 수행하리라 본다. 몽골은 비핵지대화돼 있으며 자연과의 공생이라는 관점에서도 중요한 지역이다. 또 일본 입장에서 보자면 우수한 스모相撲 선수를 배출하는 나라기도 하다. 스모, 곧 씨름은 이 지역을 한데 묶는 힘으로 작용할 수 있다. 러시아, 한국, 몽골, 일본은 각각 형태는 다르지만 씨름을 즐기는 나라들이니 이 역시 의미가 있다고 생각한다. 그러므로 몽골도 지역구성원으로서 좋다는 이야기다.

Q 그 이야기도 수긍이 가는 부분이 있다. 한국과 일본이 가깝고 중국과 북한이 가깝지만 러시아는 그런 상대가 없다. 거기에 러시아와 몽골이 이어지고 미국이 포함되면 균형이 잡힐 것 같다. 몽골이 포함되면, 한국도 그렇지만 러시아 역시 편안함을 느낄지 모른다.

와다 또 하나 말해두고 싶은 건 동북아시아 각국에 수많은 '코리언'이 살고 있다는 점이다. '코리언'이 이 지역을 이어주는 요소가 될 것이다. 이에 대해선 노무현 대통령도 언급한 바 있지만, 나 역시 한반도가 동북아시아의 중심이 될 것으로 생각한다. 동남아시아는 중국인이 연결하는 세계라고 볼 수 있는데, 동북아시아에서는 조선족, 한교韓僑, 한국인이 그런 역할을 할 수 있으리라 생각한다.

Q 선생은 '동북아시아 공동의 집'이라는 목표에 3단계로 접근하고 있다. 환경보호 문제, 경제협력, 안전보장이다. 환경 문제에 대한 협력은 상당히 새로운 접근이다. 일반인들은 환경을 경제협력의 부분집합으로 생각하며 그 후 정치협력과 안전보장협력으로 나아간다. 그런데 환경협력에 대해 의문스러운 점이 있다. 동일본대

재해 이후 원자력협력이 가장 큰 문제가 되었음에도 일본의 노다 요시히코野田佳彦 내각, 한국의 이명박 정부, 그리고 중국 정부 모두 여전히 원자력을 지지한다. 예를 들어 2012년 3월 한국에서 핵안보정상회의가 열렸고, 여기서 핵안보nuclear security, 비핵확산non-proliferation, 핵안전nuclear safety이라는 세 가지를 모두 다룰 것으로 생각했지만 핵안보만 주요 의제로 다뤄졌다. 선생의 관점에서 본다면 핵안전이 가장 큰 과제였을 텐데 그 의제는 회피된 것이다. 지금도 한중일은 물론 북한과 러시아에서도 성장 패러다임이 지배적이다. 이런 상황에서 환경보호협력, 그중 가장 중요한 원자력 문제 협력이 가능하다고 보는가?

와다 동북아시아를 하나로 묶는 힘 가운데 환경 문제는 각국에 공통된 것이다. 소련 원자력잠수함 처리 문제, 해양오염 문제, 황사, 산성비 등이 그렇다. 그런 의미에서 환경 문제에서 시작하는 것이 중요하다. 이미 정부 간 협력이 개시됐다. 따라서 나는 환경 문제를 지역공동체를 형성하는 첫 번째 단계로 다루는 게 당연하다고 생각한다. 경제 문제와 달리 환경 문제는 독자적 성격을 갖는다는 인식도 필요하다. 지난 동일본대재해에서는 지진 발생이 문제의 시작이었는데, 이런 대재해에서 서로 돕고 원조하는 체제를 구축하는 것 역시 이 지역의 문제라고 생각한다. 지진은 중국, 러시아, 타이완 등 어디서나 발생한다. 우선은 환경 문제, 그 가운데서도 재해 문제가 출발점일 것이다.

사실 후쿠시마 원자력발전소 문제는 보다 넓게 생각하면 한일 양국의 문제기도 하다. 양국의 원자력발전소는 동해_{일본명 '일본해'}를 둘러싸는 형태로 자리를 잡고 있다. 일본 측에 33기, 한국 측에 10기가 있다. 이번에는 태평양 쪽에서 사고가 났지만 동해에서 사고가 발생한다면 이 바다는 죽음의 바다가 될 수 있다. 한편 중국은 수많은 원자력발전소를 계속 건설하고 있다. 중국은 지진이 빈발하는 지역이므로 후쿠시마 사고 같은 것이 중국에서도 발생할 우려가 있다. 북한에 대해서는 핵실험 이야기가 자주 나오지만, 원자로 사고가 발생하는 경우가 더 우려할 상황이라고 생각한다. 그런 의미에서 원자력발전소의 안전성 문제는 지역의 공통과제로 반드시 부상할 것이다. 이는 동시에 새로운 에너지, 재생 가능한 에너지에 의한 발전으로 전환해가는 것이 한중일 3국의 목표가 되리라는 의미다. 이를 통해 한국, 성장 일로의 중국, 그리고 저성장 상태의 일본이 앞으로 지향해야 할 경제 모델, 자본주의 모델은 무엇인가를 두고 대화해나가야 한다.

Q 환경 분야에서도 어려운 점이 있지만, 경제협력은 더욱 어렵다. 동북아경제의 현황을 보면 중국과 일본은 한국과 FTA를 체결하고 싶어하는데 한국은 이미 미국과 FTA를 체결했다. 중국은 한중일 3국 FTA를 주장해왔는데 일본은 반대 입장을 취하고 있다. 경제협력이란 FTA에서 시작해 관세동맹, 공동시장, 경제연합, 통화연합으로 나아가는데, 현재 가장 낮은 단계인 FTA에서도 협력이 잘 이뤄지지 않고 있다. 무엇보다 일본이 소극적인 것 같다. 이 문제는 어떻게 보는가?

^{와다} 일본은 고정관념을 버리고 논의해야 할 시점에 와 있다고 본다. 일본경제는 확실히 저성장시대로 들어섰으며, 앞으로의 경제성장 방식에 대해 고민 중이기 때문에 방어적 자세를 취하는 경향이 있다. 한국처럼 적극적으로 추진하지 못하는 것이다. 경제협력을 위해 FTA는 필요하지만 그 속에는 보호돼야 할 이해관계도 존재한다. 이런 여러 요소를 조화해나간다는 사고방식이 필요하다. '경제협력'이라는 방향으로 나아가야 하지만 이에 저항하는 세력도 있고 걱정할 만한 요소도 당연히 있다.

Q FTA의 경우, 경제가 발전한 선진국일수록 개방적인 것이 일반적이다. 그런데 동북아시아를 보면 개발도상국인 중국이 가장 적극적이고 일본은 오히려 소극적이고 방어적이다. 어째서 이런 현상이 나타나는가? 중국을 너무 의식하는 건 아닌가?

^{와다} 일본인은 중국에 대해 진심으로는 열려 있지 않은 데가 있다. 여러 논의나 상호이해 측면에서 한일 양국은 매우 밀접한 관계를 맺어왔다. 그러나 중일관계는, 1972년 중일국교정상화로 국교가 수립되기까지는 많은 노력을 기울였으나, 그 후로 그다지 진전이 없었다. 특히 중국이 경제성장을 하고 군사력이 강화되자 일본이 중국을 경쟁자로 간주하면서 경계하는 분위기가 고조되기 시작했다. 과거 상황을 고려하면 중국이 그 정도로 성장한 것은 기뻐할 일이지만, 우려하고 두려운 부분도 있다. 반면 일본은 힘이 약해지고 있다. 중국은 대국이고, 나라의 힘이 강해지면 해군력 증강도

당연할 것이다. 그러나 군사력을 외교의 지렛대로 사용해선 안 된다. 중국에 대한 인식을 전환함으로써 대국 중국과 흉금을 터놓고 대화하지 않으면 안 되는 국면이 됐다.

Q 중국 측에도 문제가 있다고 보는가?

와다 중국에도 문제는 있다. 중국은 작은 나라를 잘 상대하지 않으려는 경향이 있어서 주로 미국만 바라보고 행동한다. 그래선 안 된다. 중국이 제2의 일본이 돼선 안 된다는 말이다. 일본이 현대사에서 저지른 잘못을 반복하는 방향으로 중국이 나아가는 걸 결코 원치 않는다. 새로운 동아시아와 동북아시아란, 중국 측도 말했듯 누구도 패권을 추구하지 않는, 대국도 소국도 서로를 돕는 지역이라야 한다. 일본은 자신감을 잃었기 때문에 중국과 대화가 잘 안 되고 있다. 현재 대화가 가장 부족한 상태에 처한 것이 일본과 중국이다.

Q 선생이 제안한 동북아시아 안보 구상에는 우리도 동의한다. 동북아 7개국에 의한 정상회담과 외교 및 국방 장관회담의 정례화, 동북아 평화비핵지대 구상 등에 대해서도 마찬가지다. 그런데 이런 구상이 실현될 가능성은 점점 더 낮아지는 느낌이다. 미일동맹, 한미동맹, 그리고 중국의 부상 등 장래 동북아시아의 지정학적 지형이 미중 양국의 협의에 의해 결정될 가능성이 커지고 있기 때문이다. 이런 현실적 제약 아래에서 선생의 구상은 실현가능하다고 보는가?

와다 일전에 미국 학자와 이야기했는데, 미국은 해양국가인 반면 중국은 대륙국가이므로 일본은 미국을 따르고 남북한은 중국 측에 설 것이며, 결국에는 미중 양국이 잘 조율해나갈 것이라는 견해를 들은 바 있다. 나는 그런 형태로 미중 양국이 관리하는 아시아는 재미없는 세계라고 생각한다. 보다 평등한 관계를 지향해 동북아시아 공동의 집이라고 부를 수 있는 관계가 되려면 일본과 한반도의 협력관계를 확립해 발언권을 제고하는 것이 매우 중요하다. 이 지역에서 미중 양국이 모든 일을 결정하는 구조가 되지 않으려면 한국과 일본이 먼 장래까지 내다보는 시야를 갖고 전략적으로 협력해야만 한다. 이 점에서 남북한 문제가 열쇠다. 한국도 남북관계를 해결하기 위해 열심히 노력하고 있지만, 일본 역시 우선은 북일 간의 문제 해결을 위해 노력하되 남북관계 향상에도 더 적극 공헌해야 한다.

Q 6자회담의 9·19공동성명과 2·13합의는 6개국 중심의 안보협력 구상을 제시했다. 북한의 비핵화가 진전되면 6개국 외교장관회담을 개최하고 이를 통해 동북아의 안보·평화 메커니즘을 만들기로 합의한 바도 있다. 이런 계획이 잘 실현되면 선생의 구상대로 몽골을 포함하는 방식도 생각할 수 있겠지만 현재 6자회담 자체가 교착상태에 빠져 어려운 상황이다. 일본은 납치 문제 때문에 6자회담을 도외시하고 있는데, 이렇게 되면 북한의 핵·미사일 능력이 증대되어 6자회담을 통한 다자안보협력체제 형성도 곤란해진다. 이런 측면에서 일본이 취하는 방식은 그다지 이해가 되지 않는다.

일본의 지도자들은 미일동맹이 해결책이 아니며 결국 다자안보체제로 가지 않으면 일본의 지정학적 미래 역시 보장받을 수 없다는 인식을, 과연 갖고 있기는 한 것인가?

와다　일본의 정치인들과 외무성을 포함한 관료들은 어쨌든 미일안보체제에 얽매여 있다. 나는 미일관계를 바꿀 경우에는 이 지역의 안전보장 메커니즘을 변화시키는 방향으로 가야만 하며 이는 6자회담을 통해서 가능하다고 본다. 한미안보협력도 마찬가지다. 미중양국을 포함한 새로운 관계가 되면 장래 지역경찰군을 만드는 구상도 가능할지 모른다. 그러나 일본은 현재 너무나 한심한 처지에 빠졌다. 납치 문제로 인해 외교라는 것이 완전히 봉인됐다. 6자회담에서도 하등의 공헌을 하지 못하고 있다. 현 노다 총리는 납치 피해자 구출지원 활동의 상징인 블루리본을 달고 유엔총회에서 연설했고 한국을 방문했을 때도 총리 이하 전원이 블루리본을 착용했다. 허나 아무리 그런다 해도 문제가 해결되진 않는다. 문제 해결을 위해서는 북한과 교섭해야 한다. 교섭은 회피하면서 외국에 나가 어필만 하고 있는 것이다. 일본의 정치인과 외무성이 보여주는 방식은 정말로 딱하다. 자신도 한 사람의 플레이어라는 생각으로 책임을 다하지 않으면 문제는 해결될 수 없다. 일본이 바뀌고 싶고 적극적 역할을 하고자 한다면 다양한 가능성이 열릴 것이다. 또 그런 변화가 필요하다.

Q　현재 한중일 3국 정상회담이 가동 중이다. 지금 선생이 말한 대로

참가국을 늘려 다자 간 협의체로 만든다는 구상이 한중일 정상회담의 의제가 될 가능성은 있다고 보는가?

와다 이미 환경 문제에는 러시아와 몽골도 참여하고 있다. 일본이 대재해를 입은 직후이므로 일본 국민도 적극적 문제 제기를 찬성할 테고, 국제사회의 지지도 받고 있다. 참가국 확대 구상은 충분히 가능한 이야기라고 생각한다.

▌일본 시민사회의 낮은 관심

Q 선생이 제안한 '동북아시아 공동의 집' 구상에 대한 정부 차원의 의지는 약하다고 본다. 그렇다면 NGO를 포함한 시민사회가 이를 이끌어야 하는데, 일본 시민사회의 전반적 상황은 어떤가? 선생의 구상에 공감하는 세력이 많은가? 그렇지 못하다면 어떻게 해야 이를 확산시킬 수 있으리라 보는가?

와다 많은 사람이 애쓰고 있지만, 일본에서는 동아시아공동체에 대한 논의가 별로 진전되지 않고 있다. 보고서가 나와도 신문에서 이를 다루지 않는다. 현실적인 문제라고 생각지 않기 때문이다. 즉 '동아시아공동체'보다 더 현실적 문제가 산적하므로 이를 먼저 해결하지 않는 한 동아시아공동체 문제 자체를 제기할 수 없다는 것이다.

우선은 북방영토, 독도/다케시마, 센카쿠/댜오위다오 문제 등 세 나라가 얽힌 영토 문제가 있다. 또한 북한과는 납치 문제가 있다. 이런 상황에서 동북아시아공동체라든가 동아시아공동체 같은 것에 대한 논의가 제대로 이뤄질 리 만무하다. 당면과제로서 납치 문제북일관계 문제와 영토 문제에 대한 논의를 진전시켜야 한다. 이 가운데 가장 논의가 부족한 것이 독도/다케시마 문제다. 이 사안에 대한 논의가 많이 필요하다.

강상중 교수가 있는 도쿄대학 '현대한국연구센터' 역시 앞으로 지향해야 할 목표로서 동아시아공동체를 염두에 두고 있다. 앞서 말한 동아시아공동체평의회도 그와 관련한 활동을 벌이고 있으며, 네트워크상에서 각 대학이나 연구기관이 정보를 교환하는 '북동아시아연구교류센터'도 존재한다. 지역공동체와 관련된 연구학회도 생겼다.

그러나 시민운동 수준에서 보면 관심이 매우 저조하다. 최근에 생긴 것이 재일한국인들이 중심이 된 '원아시아재단One-Asia Foundation'이다. 여러 대학에서 아시안·커뮤니티Asian Community를 주제로 하는 연속강좌를 개설하는 활동을 하고 있다. 구체적인 운동으로는 '동북아시아 비핵지대 구상'이 있다. '피스데포peace depot'라는 단체의 회장인 우메바야시 히로미치梅林宏道가 그 중심이다. 여기서는 비핵 관점에서 몽골을 포함해 비핵지대를 형성하고 나가사키대학에 새로운 연구기관을 만들려는 활동을 벌이고 있다. 그렇지만 영토 문제와 북한 문제를 타개하지 않고서는 동아시아공동체 혹은 동북아시아 공동체를 둘러싼 논의가 진지하게 이루어지기 어렵다.

Q 강상중 교수가 말하는 동북아시아공동체론은 한반도를 영세중립 국화하고 4대국이 한반도의 평화를 보장함으로써 동북아시아의 평화를 확보하자는 주장이다. 이에 대해서는 어떻게 생각하는가?

와다 영세중립국화라는 것은 군사동맹에 참여하지 않는다는 이야기 인데, 그 표현이 다소 소극적이라는 느낌이 든다. 다른 나라와의 동맹관계에서 떠나려는 것이기 때문이다. 자국의 안전보장은 타 국의 안전보장도 보장함으로써 성립되는 것이라는 점을 고려하면 서, 쌍무적 안보 해소보다는 다자 간 안보 틀을 만드는 방향으로 나아가는 편이 좋다.

Q 그 의견에 동의한다. 동북아시아의 지정학은 동맹이나 진영논리로 움직이는 건 아니다. 진영논리가 없다면 남북한이 중립화를 운운 할 이유가 전혀 없다. 영세중립화란 과거의 질서에 기초한 것이지, 미래를 내다보는 적극적 구상은 아닌 것 같다.

▌ '화해와 평화에 대한 열정'이 지역정체성 돼야

Q '동북아시아 공동의 집'을 만들려면 환경·경제·안보협력이 모두 중요하지만 그 전에 공통의 정체성common identity이 필수불가결하 다고 본다. 선생도 이미 지적했듯이 이 지점에서 과거 역사에 대 한 책임의식이 필요하다. 일본이 이를 해결할 수 있다면 지역의 리

더가 될 수 있을 것이며 일본 중심의 공동체 구상도 가능할지 모른다. 그러나 일본은 모든 상황이 어려워지니까 오히려 국수주의적이고 배타적인 민족주의로 향하는 경향을 보이고 있다. 사실 '열린 지역주의'와 새롭게 부상하는 '일본의 민족주의'는 서로 모순된다고 생각한다. 일본의 이런 국내정치적·사회적 상황은 선생의 공동체 구상에 역행하는 것 아닌가? 이를 어떻게 평가하고 있으며, 그 극복 방법은 무엇이라 보는가?

와다 동북아시아 또는 동아시아 지역의 정체성을 생각할 때 물론 한자나 유교 같은 아시아적 문화가 존재한다. 하지만 이는 어디까지나 하나의 요인일 뿐이다. 그것만으로는 끝나지 않는 문제가 있다. 그렇다면 왜 통합의 정체성이 생겨나는 것인가? 그에 대한 나의 잠정적 대답은 세계에서 이 지역만큼 오랫동안 전쟁을 치른 지역은 없다는 것이다. 일본이 치른 50년의 전쟁, 그 후 30년에 걸친 아시아의 전쟁 등 80년 가까이 전쟁이 계속됐다. 유럽과는 비교가 되지 않는다. 그만큼 침략과 다민족 식민지배가 오래 이어졌기에 이 지역 사람들이 받은 정신적 상처는 깊다. 바로 그렇기 때문에 그 상처를 치유하고 싶다. 이 지역 사람들은 화해에의 열망을 공유하리라 생각한다. '화해를 향한 뜨거운 열정'이 이 지역의 정체성이라는 말이다. 물론 일본과의 화해가 필요하지만, 한국이나 타이완도 각각 화해해야 할 대상이 존재한다. 중국과 베트남 사이, 미국과 베트남 사이도 마찬가지다. 그런 의미에서 인간으로서 서로 화해하고 평화롭게 살아가고자 하는 마음, 이런 바람을 누구보다 강하게, 그것도 공통된 형태로 지닌 곳이 바로 이 지역일 것이다. 이를 위해 일본이 가장 먼저 문제를 제기하고 논의해야 한다. 중요한 것은 사상·정신의 혁명이다. 이것이 일어나면 일본은 보다 적극적 역할을 감당할 수 있다. 이 혁명을 일으키지 않고 주변국이 우려하는 방향으로 향한다면 점차 위기 속으로 가라앉게 될 것이다.

Q 과거사를 청산해야 한다는 이야기로 들린다. 그런가?

와다 그렇다. 다만 일본만의 과거 청산을 의미하지는 않는다. 지역 내 모든 국가가 과거사 문제를 청산해야 하고 그때 일본이 가장 앞장서서 그 문제를 제기할 수 있다는 말이다.

Q 한국에서도 중국에서도 역사에 역행하려는 움직임이 있다. 한중일 3국 내부에 역사를 역행하려는 움직임이 있기 때문에 과거 청산이 어려운 것이다. 선생처럼 평화주의적·진보적 인물이 일본사회에선 앞으로 더 많이 나와야 할 텐데, 오히려 천연기념물절멸우려종처럼 소수화·주변화marginalized되고 있는 것 같다. 예전에 자유주의적·진보적이던 사람들마저 지금 만나보면 보수화되고 민족주의화된 경우가 적지 않다. 이런 현상은 어떻게 해석해야 하는가?

와다 오랫동안 일본 지식인들은 마르크스주의 위에 서 있었다. 그러나 마르크스주의의 권위는 붕괴됐다. 소련 붕괴로 인해 사회주의가 권위를 잃었고 사회당은 작아졌으며 공산당은 그 중심이 무엇인지도 알 수 없게 돼버렸다. 결국 일본이 안고 있는 가장 큰 문제는 지식인들을 지탱해온 좌익적 사상의 전통을 잃어버렸다는 점이다. 소련 붕괴는 일본의 지성계에 큰 타격을 입혔다. 이를 대신하는 새로운 것, 민주주의적이면서 국제주의적이고 평화주의적인 사고방식이나 사상이 나타나야 하는데 그게 안 되고 있다.

Q 그런 사상적 공백이 일본의 중도적 진보세력을 약화하는 것 같다. 이 흐름이 앞으로도 계속되리라 보는가?

와다 앞서 말한 바와 같이 정신적 전환이 없다면 계속될 것이다. 매우 불행한 사건이었지만, 그런 의미에서 나는 3·11동일본대지진이 일본인들의 마음속에 일으킨 정신적 변화는 큰 의미가 있다고 생각한다. 원자력발전소에 대한 일본인들의 사고방식은 혁명적이라 해도 좋을 정도로 크게 변했다. 지금까지 원자력발전소에 반대하는 이론가들은 사회에서 완전히 배제됐다. 그러나 이젠 그 사람들이 선각자로서 텔레비전이나 신문에서 다뤄지고 있다. 예전에 사회에서 주변화됐던 사람들의 이야기를 모두가 들으려 하고 있는 것이다. 출판사도 이런 사람들의 책을 출판하는 등 많은 변화가 있었다. 이건 아주 새로운 변화다. 나는 이 변화가 보다 확대돼 지금까지의 일본을 다시 한 번 돌아보고 또 검증하는 분위기가 됐으면 한다. 그리하여 일본인들의 사고방식이 바뀌기를 기대한다. 대재해 속에서 모두가 서로를 돕지 않으면 안 된다는 정신이 생겼으니, 인근 국가들과도 돕고 살아야 한다는 식으로 생각이 확장될 수 있지 않겠는가. 그렇게 되면 새로운 지역주의 전개로도 이어질 수 있을 것이다.

Q 진정으로 유익하고, 말 그대로 흉금을 터놓는 대화였다. 한국의 독자들에게 매우 많은 참고가 됐으리라 믿는다. 다시금 감사의 말씀을 전하고 싶다.

66 지금은 분명히 '잃어버린. 20년'일지도 모른다.
그러나 이를 어느 지점에서 좋은 흐름으로 바꾸어나갈지
고민하고 노력하는 일을 멈춰선 안 될 것이다. 99

13장

일본의 자연재해와 국가위기관리

: 동일본대재해, 어떻게 극복할 것인가? :

이오키베 마코토

이오키베 마코토

五百旗頭真 / Iokibe Makoto

1943년 효고현(兵庫)현 출생. 1967년 교토대학교 법학부를 졸업하고 동 대학원을 마쳤다. 히로시마대학교 조수·전임강사·조교수를 거쳐 1981년부터 2007년까지 고베대학교 법학부 교수로 재직하였다. 고베대학교 재직 중 하버드대학교·런던대학교·도쿄대학교 사회과학연구소 객원연구원 및 객원교수를 지냈으며, 일본정치학회 이사장을 역임했다. 2006년부터는 방위대학교 총장에 취임하여 2012년 3월까지 활발히 활동하였으며, 현재는 구마모토현립(熊本縣立)대학교 이사장, 공익재단법인 효고대지진 기념 21세기 연구기구 이사장, 신(新)중일 우호 21세기위원회 위원 등을 맡고 있다.

주요 저서로 《미국의 일본점령 정책: 전후 일본의 설계도》(1985, 산토리학예상), 《정치외교사》(1985), 《미일전쟁과 전후 일본》(1989, 요시다 시게루상), 《질서변혁기 일본의 선택: '미국·유럽·일본' 3극 시스템을 권함》(1991), 《점령기: 총리들의 신일본》(1997, 요시노 사쿠조상), 《전후 일본 외교사》(편저, 1999, 요시다 시게루상), 《전쟁·점령·강화: 1941~1955》(2001), 《미일관계사》(2008), 《역사로서의 현대일본: 이오키베 마코토 서평 집성》(2008, 마이니치 서평상) 등이 있다.

이오키베 마코토 이사장은 일본 외교사, 특히 전후 미일관계사의 권위자로 널리 알려져 있다. 그는 방위대학교 총장으로 취임할 당시 "나 자신은 자위대가 합헌이라 생각하지만 최근의 주변위협론이나 무장론을 편들지는 않으며, '국민이 군사력을 감시하고 폭주를 막는다'라는 문민통제를 무엇보다 중시한다"라고 언급해 세간의 화제를 모았다. 고이즈미 준이치로 내각 당시에는 총리의 야스쿠니신사 참배가 아시아 외교를 마비시켰다며 비판하기도 했으나, 2006년 8월 바로 그 고이즈미 총리의 요청을 받아들여 제8대 방위대학교 총장에 취임하였다. 이오키베 이사장은 오부치 게이조 내각의 '21세기 일본의 구상' 간담회 외교분과회 좌장, 고이즈미 내각의 '안전보장과 방위력에 관한 간담회' 위원, 그리고 후쿠다 야스오 내각 당시에는 '외교정책연구회' 좌장 및 '방위성 개혁회의' 위원 등 다수의 정책 관련 위원직을 수행하였다.

이오키베 이사장과의 인터뷰는 그가 방위대학교 총장으로 재직 중이던 2012년 1월 16일 도쿄 이치가야市ヶ谷에 소재한 방위성에서 진행되었다. 그리고 2012년 가을, 서면을 통한 추가 질의·응답이 있었다. 이오키베 이사장에게 '자연재해와 일본'이라는 주제로 인터뷰를 부탁한 것은 그가 2011년 4월에 발족한 동일본대재해부흥구상회의 의장

을 맡은 바 있고, 그 후에도 이 회의를 계승한 부흥추진위원회의 위원
장2012. 2~현재으로서 역할을 수행하고 있기 때문이다. 인터뷰와는 관계
없이 부흥구상회의나 부흥추진위원회 활동 중 기억에 남는 에피소드
가 있는지 물으니, "매주 토요일 5시간에 걸친 회의를 두 달 반 계속한
뒤 6월 하순에 '비참함 속의 희망'이라는 타이틀의 보고서를 완성했다.
많은 논객이 참여하고 있었고 게다가 모두들 강한 사명감을 갖고 있었
던 터라 격렬한 논쟁이 벌어지곤 했다. 지금 생각해보면 좋은 추억거
리다"라고 회상했다.

이오키베 이사장과 인터뷰할 때 가장 인상 깊었던 것은 동일본대재
해의 문명사적 의미에 대한 언급과 일본인들의 저력에 대한 그의 강한
믿음이었다. 부연하자면, 7세기의 백강전투, 막부 말기 페리 제독 내
항, 제2차 세계대전 패전 이후가 그랬듯이 이번의 위기 또한 일본 약
진의 기회가 될 수 있으며, 일본인들은 위기를 번영으로 전환시키는
에너지를 충분히 보유하고 있다는 것이다. 물론 그의 이 같은 거대담
론은 정치사 연구자답게 설득력 있는 근거에 바탕을 둔다. 이를테면
지난 대재해에서 예상치 못한 쓰나미 피해를 입기는 했지만 일본은 지
진 대비태세에서 세계 최고라는 점, 고베대지진 이후 자위대를 대폭
개혁해 이번 위기에선 재해대응 능력이 보다 좋아졌다는 점, 피해지역
부흥을 위한 구상 및 예산 마련이 일본경제 전체의 재생으로 이어질
것이라는 점 등이 그 근거다.

한편 그는 최근에 정치적 쟁점이 된 원전폐기 문제에 대해서는 다소

유보적 입장을 취한다. 합리적으로 판단해, 자연·재생 에너지도 잘 활용하고 원전의 안전성도 고려해야 한다는 것이다. 이와 관련하여 그는 항공자위대의 안전성 노력을 거론하면서, 인간의 실수를 인정하는 것이 안전성 제고의 전제가 되어야 한다고 지적한다. 부단한 노력만이 대형 사고를 막을 수 있다는 이야기다.

원전 문제를 비롯하여 과연 우리는 위기관리체제를 끊임없이 정비하며 대책을 마련하고 있는가? 동일본대재해를 일본 쇠퇴의 증거로 간주하는 듯한 담론이 최근 무성하지만, 우리가 좀 더 주의 깊게 관찰해야 할 것은 일본의 위기관리체제와 재해에 대한 그들의 극복과정이 아닐까?

고이즈미 총리의 요청으로 방위대학교 총장에 취임

Q 이오키베 선생이 학자 생활을 마치고 방위대학교 총장에 취임했다
는 사실을 듣고 적잖이 놀랐다. 총장 생활은 어떠했나?

이오키베 취임 후 55개월 동안 근무했다. 첫 출근일은 2006년 8월 1일
이었고, 그때 처음 방위대학교를 방문했다. 그날 작은 소동이 있었
다. 나는 학자이기 때문에 방위대학교 학생 2,000명 전원을 대상
으로 매달 1시간 이상 이야기를 하겠다고 말했다. 그러자 부총장
중 한 사람이 반발했다. 방위대학교에는 세 명의 부총장이 있는데,
그 중 한 사람은 육상자위대 육장陸將으로 제복팀制服組을 대표하며[1]
간사로도 불린다. 다른 한 사람은 300명에 달하는 방위대 교수들
이 선거로 뽑은 문민 대표다. 나머지 한 사람은 관료 대표로 방위
성이 임명한다. 이들 중 관료 대표인 부총장이 "지금까지 그런 일
을 한 총장은 없었다"며 이의를 제기한 것이다. 그래서 나는 "지금
까지는 어땠는지 모르지만, 현직 총장이 하자는 것"이라고 응수했
다. 논쟁을 지켜보던 육장 간사가 "총장이 그렇게 말씀하시니 실시
해봅시다" 하고 거들어줬다.

방위성 관료는 현장의 교수나 제복팀이 폭주하지 못하도록 막는
것이 사명이다. 새로운 일을 시작하면 자신이 책임을 져야 해서 반
대했던 것으로 생각한다. 나는 지금까지 40년 동안 학자로 살아왔

---

1 육장은 한국의 육군중장에 해당하며, 제복팀이란 현역 자위관을 말한다.

기 때문에 제복팀에 대해 전혀 알지 못했고 방위성 관료에 대해서도 잘 몰랐다. 그런데 가장 모르는 제복팀 부총장이 도와준 것이다. 그들은 모두 방위대학교 출신이라 후배들인 방위대학교 학생들을 무척 사랑한다. 따라서 그들에게 득이 되는 일이면 찬성하는 입장이고, 총장이 자기 학생들에게 친밀하게 이야기하는 건 좋은 일이라 여긴 것이다.

Q 총장직 제의를 받았을 때 선생은 그 제의를 거절했다고 알고 있다. 당시 정황은 어떠했는가?

이오키베 방위대학교 총장이 돼달라는 요청이 왔을 때 조금 주저했다. 나는 아무래도 학자고, 당시 국제교류에 관련된 일도 하고 있었다. 그 외에도 한신·아와지대지진 이후 효고현에 만들어진 싱크탱크 부이사장직까지 맡고 있었다. 안전보장에 대한 관심은 있었다. 하지만 그 분야를 특화하느라 다른 일을 그만두는 것은 나 자신의 인생설계와는 조금 달랐다. 그래서 처음에는 사양했는데, 내 의사를 전해들은 방위성_{당시 방위청} 간부는 당황했다. 고이즈미 총리가 반드시 이오키베 교수를 총장으로 임명해야 한다고 말했다는 것이다. 총장 임명은 최종적으로 각료회의에서 결정되므로 총리의 주장이 절대적이다.

내 반응에 깜짝 놀라고 당황한 그 방위성 간부는, 내가 지금까지 해온 학술활동이나 국제교류도 공공재이니 계속 해내갈 수 있도록 겸무명령을 내리겠다, 그러니 취임만 해달라고 요청했다. 그래서 취임을 결심했다. 즉 다른 일들을 계속해도 된다는 약속을 받았기 때문에 부임한 것이다. 그런데 막상 부임하니 부총장이 겸무는 허용되지 않는다고 말했다. 방위대학교 총장 이외의 다른 직임을 맡는 것은 방위대신의 특별허가가 없으면 불가능하다는 것이었다. 이 때문에 첫날 또 한번 소동이 일었다. 나중에 방위청에 문의해본 관리 담당자는 실례되는 일을 해선 안 된다며 오히려 질책을 받았다고 한다. 내게 총장직을 제의한 것은 새로운 일을 해주기 바랐기 때문으로, 거기에 브레이크를 걸어서는 안 된다는 의미였던 것 같다.

Q 방위대학교 내부에서도 곤란한 일이 있었던 것으로 아는데…….

이오키베 내가 하고자 하는 일에 반대한 부총장은 8월 말에 다른 곳으로 옮겨갔고 후임 부총장은 매우 협조적이었다. 취임 직후만 해도 낯선 땅에 떨어져 주위엔 적들만 있는 것 같은 심경이었지만, 이후 5년간은 주변 사람들이 너무나 잘 지원해줬다. 2011년 내가 일본 문화공로상을 수상하자 이를 기념해 방위성이 축하연 자리를 마련해주었다. 방위성에 소속된 사람이 문화공로자로 선정된 적은 처음이라고 했다. 130여 명의 간부들이 모여 축하해주었다.

　지난 5년을 돌이켜보면, 처음엔 학생들에게 이야기한다는 것만으로도 반대가 있었는데 끝나는 시점이 되자 모두들 서로를 격려해주는 분위기였다. 매우 불가사의한 느낌이었다. 재임 중에는 '다모가미 문제'[2]도 있었다. 그때는 자위대 안에서도 나를 지지하는 사람들과 다모가미 씨에게 공감을 느끼는 사람들로 나뉘어 있었다. 나를 반대하는 그룹이 방위대학교 정문이나 방위성, 더욱이 우리 집 앞까지 몰려와 데모를 했다. 나로서는 위기의 순간이었다.

Q 선생은 당시 고이즈미 총리에 대해 상당히 비판적이었다. 그럼에도 불구하고 고이즈미 총리가 굳이 선생을 방위대학교 총장에 임명한 이유는 무엇이었나?

이오키베 나는 그전에 고이즈미 총리와 몇 번인가 만난 적이 있다. 아주 기분 좋은 만남이 많았다. 나는 총리의 야스쿠니신사 참배에 반대했고, 어떤 때는 많은 사람 앞에서 총리에게 직접 "야스쿠니 참배 중지를 귀중한 외교카드로 사용"할 것을 직언하기도 했다. 그래서 나는, 예의 그 방위성 간부에게서 고이즈미 총리가 반드시 나를 뽑아야 한다고 했다는 이야기를 들었을 때 총리가 좀 특이한 사람이구나 하고 생각했다. 물론 나는 그를 높이 평가했지만 학자로서 잘못됐다고 생각하는 부분에 대해선 분명하게 비판해왔고, 보통의 정치인들은 그런 인물을 중요 직책에 임명하지 않으니까 말이다.

내가 주저하고 있을 때 고이즈미 총리는 나를 불러서 반드시 해야만 한다고 설득했다. 또한 아내와 딸들도 반대하리라는 예상과 달리 찬성해주었다. 그래서 학자생활을 계속하는 것도 좋지만 새

---

2 2008년 공군 막료장 다모가미 도시오가 민간의 현상공모에서 일본의 침략전쟁을 부정하는 논문으로 최우수상을 수상해 경질된 사건을 말한다.

로운 일을 해보는 도전도 필요하지 않을까 생각하여 그 제안을 받아들였다.

Q 고이즈미 총리가 그같이 설득한 데는 뭔가 이유가 있었을 텐데, 구체적 내용을 설명해줄 수 있는가?

이오키베 고이즈미 정권은 지금까지와는 전혀 다른 방식으로 탄생했다. 보통 자민당 정권은 자민당 내부와 관료제의 지지 위에서 성립됐지만 고이즈미 총리는 바로 그것을 부숴버리겠다고 언명했고 이는 국민들로부터 폭넓은 지지를 받았다. 나는 고이즈미 정권이 직면한 어려움과 기회, 그리고 가능성에 대해《아사히신문》등에 기고했다. 보통의 신문 기고문들은 고정관념을 따르는 경우가 많았는데, 나는 한 사람의 인간, 고독한 리더이지만 싸우고자 하는 인간으로서 고이즈미 총리의 등장에 대해 썼다. 그 논평에 공감을 느꼈는지도 모른다.

당시 미국의 부시 대통령은 북한을 '악의 축'이라 칭한 뒤 한중일 삼국을 방문했다. 부시 대통령이 일본을 방문하기 2주 전쯤, 총리관저로부터 만나고 싶다는 연락이 처음으로 왔다. 북한 문제를 이야기해보려고 만나자는 것이겠지 생각했다. 헌데 고이즈미 총리는 갑자기 내가 쓴《미일전쟁과 전후 일본日米戦争と戦後日本》을 읽고 매우 감명받았다는 말을 꺼냈다. 그 책은 미국의 점령정책 아래 전후 일본이 어려운 가운데서도 되살아나는 프로세스를 분석한 내용이었다.

일본이 진주만을 공격한 지 반년 후 미 국무성에는 전후 일본의 점령정책과 재건을 검토하는 위원회가 생겼다. 일본은 당시 승리에 도취돼 있었는데, 바로 그때 미국은 일본이 패배하면 그 뒤 어떻게 재건할 것인가를 생각하고 있었다. 나는 이를 미국 국립보존기록관National Archives 자료를 이용해 분석했다. 고이즈미는 그 부분에서 깊은 감명을 받았다고 말했다. 그러면서 말하기를, "얼마 전 부시 대통령, 파월 국무장관, 라이스 보좌관과 이야기를 나눴다. 거기서 나는 '제2차 세계대전 당시 미국은 대단했다, 진주만 직후 일본 재건을 검토했고 그 내용이 아주 훌륭한 것이었기 때문에 지금과 같은 미일관계를 만들 수 있었'고 말했다. 그리고 지금 미국은 아프가니스탄을 공격하고 있는데 앞으로는 미일 양국이 힘을 합쳐 아프가니스탄 재건을 위한 위원회를 만들자고 제안했다. 부시 대통령과 파월 국무장관은 대찬성이었다. 그래서 오가타 사다코를 의장으로 하는 아프가니스탄 부흥지원을 위한 국제회의가 열리게 됐다. 다 선생의 책 덕분이다'라고 했다. 이런 점에서 고이즈미 총리와의 만남은 출발이 좋았다.

Q 그런데 왜 고이즈미 총리에 대해 비판적이었나?

이오키베 9·11테러의 진원지인 아프가니스탄에서의 전쟁은 미국 중심으로 수행되어야 한다고 생각했다. 하지만 이라크전쟁은 좀 달랐다. 이라크는 9·11테러를 자행한 테러조직과는 무관했다. 대량학살무기를 보유했다는 확증도 없었다. 사담 후세인의 폭정은 사실이지만 민주주의를 위해 개입하는 것이라면서 무조건 다른 나라의 정치에 관여해서는 안 된다. 그런 식으로 하면 전 세계 비민주주의 국가들을 상대로 전쟁을 계속하지 않으면 안 되기 때문이다. 그래서 이라크전쟁은 현명한 것이 아니라고 비판했다.

또 하나는 총리의 야스쿠니신사 참배 문제였다. 거기에는 전쟁을 이끌고 최고결정에 관여한 A급 전범이 합사돼 있다. 이들을 받드는 것은 침략전쟁을 신성화하는 의미를 갖는다. 야스쿠니신사가 순수하게 나라를 위해 목숨을 바친 사람들을 애도하는 곳이라면 별 문제 없다. 그러나 전사자가 아닌, 전쟁을 추진한 지도자를 합사한 것은 일본이 전쟁을 정당화한다는 함의를 갖는다. 이는 전후 일본의 국제적 정통성을 위험에 처하게 하고 아시아에서의 신뢰관계를 손상시킨다. A급 전범이 합사돼 있는 한 총리가 참배해서는 안 된다는 글을 신문에 썼던 것이다.

'신중일 우호 21세기위원회'에 참가하고 있었을 때 같은 위원회 멤버들과 함께 고이즈미 총리와 면담한 적이 있다. 그때 나는 총리에게 이런 제안을 했다. "야스쿠니 참배를 반복할 것이 아니라 참배를 그만두는 것을 카드로 사용하는 건 어떠한가? 중국이 일본의 유엔 안보리 상임이사국 진출에 반대하고 있는데 그건 좋은 일이 아니다. 일본이 야스쿠니를 참배하는 것도 좋지 않다. 총리가 참배 중지를 카드로 내걸어 중국이 일본의 상임이사국 진출 반대를 무마하는 것은 어떤가? 새롭고 건설적인 중일관계를 구축하기 위해 전환하는 게 좋겠다."

이 과정에서 마치 내가 고이즈미 정권에 대한 비판자인 듯 인식

되기는 했지만, 고이즈미 총리는 관대했다. 내가 그렇게 말하는 데는 합당한 이유가 있다고 생각했는지 별로 화를 내지 않았다. 검토할 가치가 있다고 판단한 것이다.

▌ 복합재해로서의 동일본대재해와 후쿠시마 원전사고

Q 선생은 최근까지 동일본대재해부흥구상회의 의장을 맡았다. 지금은 부흥추진위원회 위원장직을 맡고 있다. 이번 대재해는 자연재해인가, 인재人災인가, 아니면 둘 다인가?

이오키베 대지진과 대형 쓰나미가 초래한 자연재해다.

Q 그렇다면 후쿠시마 원자력발전소 사고의 성격은 어떻게 규정하는가? 이는 인재가 아니었는가?

이오키베 지적하듯이 동일본대재해는 복합재해다. 첫째, 매그니튜드 9.0의 대지진이 발생했다. 둘째, 쓰나미가 덮쳤다. 셋째, 원자력발전소 문제가 생겼다. 약 2만 명이 사망했는데 사망자 대부분이 쓰나미에 의한 것이었다. 대지진 자체로 인한 희생자는 그다지 많지 않았다. 이는 일본사회가 1995년 고베대지진한신·아와지대지진 이후 상당히 내진화耐震化했음을 보여준다.
진도 7의 고베대지진 당시 우리 집도 피해를 입었다. 날이 밝은 뒤 2층에서 밖을 내다보니 맞은편에 있던 호화저택이 놀랍게도 사라지고 없었다. 그때는 고가 주택이 무너지고 우리 집 같은 서민의 집이 멀쩡했던 이유를 몰랐다. 나중에 알고 보니 우리 집은 '투바이포 공법two-by-four method'[3]으로 지은 것이었다. 프리패브prefab, 조립식 주택과 투바이포 공법으로 지은 집은 진도 7의 대지진에도 멀쩡했던 것이다.

전통가옥은 기둥이 있고 그 위에 지붕 등 무거운 것을 올려놓기 때문에 직하형 지진이 나서 들어올려지면 위험하다. 한편 프리패브나 투바이포 공법은 기둥을 두지 않고 가벼운 건축자재를 조합해 벽을 만든다. 한마디로 말하면 육면체cube로 이루어진 집이다. 육면체를 굴려도 부서지지 않는 것처럼 이런 식으로 만든 집도 잘 부서지지 않는다. 그 후로 일본의 일반인들은 집을 새로 지을 때는 그런 경험을 참고로 하고 있다. 또 일본은 빌딩 내진 기준이 세계에서 가장 엄격히 유지되고 있어서 이번 지진 때 그 피해가 별로 없었다. 미야기宮城현 구리하라栗原시에서는 진도 7이라는 최고 수준의 진동에도 불구하고 단 한 채도 무너지지 않았다.

당시 신칸센 열 대가, 피해를 입은 세 개 현縣을 달리고 있었지만 탈선한 차량은 한 대도 없었다. 긴급 지진속보의 역할이 컸다. 긴급 지진속보라는 것은 지진예측이 아니라 진원震源 근처의 지진계측기가 진동을 계측하면 이를 즉시 먼 곳에 알려 진동에 대비하도록 하는 것이다. 그 덕분에 센다이 부근을 시속 265킬로미터로 달

---

3 기둥을 사용하지 않고 두께 2인치, 너비 4인치의 각재만을 사용하여 집을 짓는 방법.

리던 신칸센에도 소식이 전달돼 첫 진동이 도달하기 9초 전 자동으로 브레이크가 걸렸다. 후쿠시마현 고오리야마시郡山市를 시속 270킬로미터로 달리던 신칸센은 30초 전에 브레이크가 작동했다. 이렇게 최고 속도로 달리던 열 대의 신칸센이 안전하게 멈춤으로써 부상자가 한 명도 나오지 않았다. 지진에 대한 일본사회의 대응력이 매우 발전됐음을 보여준다.

이렇듯 지진에 대해서는 세계 최고의 대비태세를 갖추고 있지만 그 외의 재해에 대해서는 완벽하지 않다. 이번 부흥구상회의에서는 방재防災, 즉 재해를 미리 완벽하게 막는 것은 불가능하지만 감재減災는 가능하다는 논의를 했는데, 사실 쓰나미에 대해서는 대비가 불충분했다. 12만 채의 주택이 쓸려나갔다. 대략 30만~40만 명이 살았다고 치면 제법 많은 사람이 살아남았지만, 그래도 사상자는 2만 명에 달했다. 부끄럽지만 일본사회에는 실감주의實感主義라는 것이 있어서 이론적으로는 어떤 일이 일어날 수 있다고 생각하더라도 돈을 쓰면서까지 대비하지는 않는다. 재해가 발생하고서야 큰일이라고 떠들며 고수하던 방식을 고친다. 일본은 지진이나 화산폭발 등 수많은 재해가 있기 때문에 다방면에서 대비를 해왔지만 최근에 발생한 재해 가운데 쓰나미는 없었던 것이다.

Q 지진과 쓰나미는 이해할 수 있다. 그러나 원자력발전소는 어떤가? '국가 실패state failure'의 완벽한 본보기 아닌가? 일본은 안전대국으로 유명했고 한국은 일본의 안전대책에서 많은 것을 배워왔다. 그런데 이번 사태에서 일본 정부의 대응을 보고 큰 충격을 받았다.

그 상황은 어떻게 이해해야 하는가?

이오키베　가장 잘 대처하지 못한 것이 원자력발전소 문제다. 자위대는 고베대지진 때 생존자를 175명밖에 구해내지 못했다. 반면 경찰은 3,800명을 구했고, 소방청도 화재진압 외의 구출활동으로 750명을 살렸다. 생존구출은 재해 당일이 아니면 안 된다. 대략 80%가 당일에 구출된다. 그런데 자위대는 당일 현장에 없었다. 도착이 늦었던 것이다. 이런 점을 반성해 그간의 자위대를 대폭 개혁했다. 그 가운데 하나가 특수 상황 대처가 필요한 경우 신속 대응하는 중앙즉응집단中央即應集團 창설이었다. NBC무기核, 생물학, 화학무기 대처가 필요하면 이 집단이 출동하도록 한 것이다. 그런데 화학무기에 대해서는 충분한 대응력을 갖고 있었지만, 원자력발전소 사고는 기본적으로 전력회사에 일임했고 중앙즉응집단도 방사능에 대한 대응력은 충분치 않았다.

지진의 진동과 함께 후쿠시마 원자력발전소는 모두 자동으로 핵분열이 정지됐다. 그래도 발열은 계속되는데 이를 냉각시키지 않으면 안 된다. 쓰나미로 인해 냉각시스템이 전파되어 노심용해, 즉 멜트다운melt down이 발생했다. 도쿄전력東京電力이 사태를 얼마나 파악했었느냐는 미묘한 문제지만 예상외의 사태가 일어나 패닉상태에 빠졌던 것 같다. 도쿄전력은 당시 멜트다운을 인정하지 않았는데, 알면서도 감추었는지 아니면 스스로도 몰랐는지, 정부는 더더욱 아는 것이 없었다.

정부의 지시를 받은 자위대는 곤란한 상황에서 출동해 3월 14일

헬리콥터로 원전에 물을 뿌렸다. 자위대는 방사능방호형 헬기가 없었기 때문에 매우 위험한 일을 한 셈이다. 텅스텐을 보유한 회사를 파악해 간사이에서 운반하여 헬기 바닥에 깔고 전 승무원이 납으로 된 앞치마를 몸에 감쌌다. 그렇지만 상공의 방사선량이 너무 높아 다가갈 수 없었고 정지한 채 작업을 할 수도 없었다. 다음 날 방사선을 80% 차단할 수 있는 고압방수차가 접근해 건물 너머로 방수하는 것에 성공하여 어쨌든 응급으로 냉각시켜 위급한 상황을 넘긴 것이다.

Q 주일미군이 수행한 역할도 컸다고 들었다.

이오키베 미군은 블랙호크 등을 통해 후쿠시만 원전을 상공에서 정찰해 파악한 결과 멜트다운이 일어나고 있다고 판단했을 것이다. 그러나 도쿄전력과 일본 정부는 이를 인정하지 않았다. 미국 입장에서 보면 일본 측이 이를 감춘 것처럼 보였는지 모르겠는데, 그게 아니라 일본 측이 이를 인지하지 못했던 것이라면 더욱 위험하다. 미국은 원전으로부터 80킬로미터 이내의 미국인을 전원 대피시키고 군인 가족은 본국으로 돌려보냈다. 외교단과 군 전체를 철수시키는 안도 검토하기 시작했던 것으로 보인다. 일본인 스스로가 사태를 파악하지 못한다면 그만큼 무서운 일은 없다.

흐름을 바꾼 것은 자위대 헬기를 통한 위험한 방수임무였다고 본다. 미군은 일본이 방사능방호형 헬기를 갖고 있지 않은 것을 알고 있었기 때문에 자살작전suicide mission이라며 놀랐다. 그 다음 날

방사능을 80%까지 차단하는 방호차를 사용해 겨우 냉각시킬 수 있었는데 20%의 방사능은 막을 수 없었으니 선두 차량이 물을 주입한 다음 바로 다음 차량이 주입하는 로테이션 방법으로 작업했다. 미국 측은 일본 측의 인식을 매우 불신했지만 자위대가 위험을 무릅쓰면서까지 싸울 의지가 있다는 건 확인했다. 그 뒤 방위성의 다카미자와高見沢 국장이 의장을 맡고 미군의 원자력전문가, 문부과학성과 방위성의 전문가들이 모여 가공되지 않은 데이터raw data를 제시하며 함께 논의했고 신뢰를 회복했다.

Q 당시 일본은 위기관리매뉴얼이 있었는가? 일본은 위기관리계획이 잘 갖춰진 것으로 유명하지만, 그것이 계획대로 이루어지지 않았다는 보도가 있었다.

이오키베 원전 사고 대비, 위기관리 역시 당사자인 도쿄전력의 책임이었다. 물론 정부가 어드바이스를 하고 최종결정을 내리지 않으면 안 되었지만 원자력에 대한 전문적 지식은 없었다.

Q 어째서인가? 과거 일본 정부는 항상 국영기업을 주시하면서 협조하는 동시에 통제하지 않았는가?

이오키베 책임 있는 현장조직이 제대로 대처하지 못하면 정부가 개입한다. 그러나 대처의 우선권priority은 책임을 지는 도쿄전력에 있었다.

Q 그러나 도쿄전력은 거짓말을 했다. 이런 상황에서 어떻게 대응이 가능한가?

이오키베 그 문제로 간 나오토 총리도 상당히 조바심을 냈다. 그는 직접 도쿄전력을 방문했고 그 후 정부와 도쿄전력에 의한 합동대책본부가 만들어지고 총리보좌관 호소노細野가 책임자로서 도쿄전력에 상주하면서 상황이 조금 나아졌다. 또한 미국 국방성과 일본 방위성 사이에 공동위원회가 열리면서 미군의 '도모다치작전'이 시작됐다. 미군은 결국, 그대로 철수하지 않고 2만 명에 달하는 병력을 투입해 각별하고 긴밀하게 지원해준 것이다.

▌동일본대재해부흥구상회의: 구성과 쟁점

Q 선생이 부흥구상회의 의장으로 취임한 일을 두고 세간에선 적잖은 비판이 있었다. 그 중 하나는 역사연구자가 어떻게 부흥구상을 계획할 수 있느냐는 것이었다. 의장으로 임명된 구체적 이유는 무엇이었나?

이오키베 아마도 내가 고베대지진을 경험하고 관련된 일도 해보았기 때문일 것이다. 내가 관여하던 고베대지진 관련 싱크탱크에서는 고베대지진 기록을 영원히 남기는 작업을 하고 있다. 일본에서는 어떤 불행한 일이 일어나면 가능한 한 그것을 드러내지 않으려는 경향이 있는데, 잘못된 것이다. 모든 사실을 분명히 밝히고 이를 세계와 후손에게 알려야 한다. 나는 이 작업을 위해 현縣지사, 시청, 자위대 지휘관, 소방·경찰 등 거의 모든 관계자와 인터뷰해 어떤 구상하에서 위기관리를 했으며 무엇이 잘못됐는지를 기록하였다. 지금도 나는 효고현 싱크탱크 부이사장 및 연구본부장을 겸하고 있다. 이런 경험이 있으니 이번 대지진 문제 처리에도 자격이 있다고 생각한 것 아닐까.

Q 아무리 그래도 고베대지진을 경험했다는 이유만으로 선생을 의장으로 임명하기는 어려웠으리라 본다. 다른 이유도 있었을 것 같은데, 어떤가?

이오키베 내 개인적 해석이지만, 간 나오토 총리가 자위대를 높이 평가했던 것이 영향을 미쳤는지 모른다. 곤란한 사태에 직면해 고군분투하던 총리가 누군가 도와줬으면 하고 생각한 순간 헬기나 소방차로 물을 주입하는 일을 한 것이 자위대였다. 이 때문에 간 총리는 마지막에 의지할 수 있는 건 결국 자위대라는 생각을 하게 된 것 같다. 오리키 료이치折木良一 통합막료장이 전투복을 입고 나타나자 총리의 표정이 한결 부드러워졌다고 한다. 총리는 곤란할 때 뭐든지 도와준다는 의미에서 자위대를 '도라에몽'에 비유하기까지 했다고 한다.

지진이 발생한 지 9일 후인 3월 20일은 방위대학교 졸업식이었다. 방위대 졸업식에는 총리가 매년 반드시 출석한다. 그러나 그해는 사태가 심각하니만큼 총리가 오지 못할 것으로 생각했다. 방위대 졸업식은 그냥 졸업식이 아니라 새로운 자위대 간부를 탄생시키는 임관식이기도 하다. 따라서 나는 아무도 오지 않더라도 식을 진행할 생각이었다. 당시 10만 명의 자위대원이 재해지역에서 활동했는데 그들이 안심하고 일할 수 있는 것은 새로운 간부가 그 뒤를 이어주기 때문이다. 기타자와 도시미 방위대신은 아무도 오지 않더라도 자신만은 꼭 참석하겠다고 했다.

그런데 놀랍게도 간 총리가 몸소 졸업식에 와주었다. 나는 총리에게, 지금 같은 상황에 여기 있어도 괜찮은지 물었다. 그러자 총리는 "자위대가 너무 잘해주고 있다. 그에 대한 감사의 뜻을 표하기 위해 졸업식에 왔다"라고 대답했다. 그날 간 총리의 연설도 뜨거웠지만 졸업생 대표의 연설이 너무나 감동적이었다. 선배들의 활약에 경의를 표하며 이를 긍지로 삼겠다, 우리도 그 뒤를 따르겠다는 내용이었다. 총리 역시 학생대표의 연설에 감명을 받았다. 그리고 며칠 뒤 내게 직접 전화해 부흥구상회의 의장직을 맡아주지 않겠느냐고 요청해왔다. 이런 맥락에서 보면, 내가 고베대지진의 경험자일 뿐만 아니라 크게 의지가 되는 자위대 간부를 양성하는 대학교의 총장이라는 점을 평가한 게 아닐까 한다.

Q 선생은 부흥구상회의의 성과에 만족하는가? 부흥구상회의에서 나온 이슈는 어떤 것들이었나?

이오키베 우선 멤버 구성이 힘들었다. 좌장으로 임명되면 누구를 멤버로 할지를 나와 상담해서 정하는 줄 알았는데, 다음 날 정무政務와 사무事務를 각각 맡은 관방부장관官房副長官 두 사람이 방위대 총장실로 오더니, 미리 준비한 부흥구상회의 멤버를 제시했다. 벌써 정해졌는가 하고 놀라며 내용을 들여다보고는 더더욱 놀랐다. 피해지역 세 개 현의 지사가 포함되는 것은 당연하겠지만, 그래도 각각의 전문성을 갖고 전체적 구상을 할 수 있는 사람들로 팀을 짜야 한다고 생각했는데 그런 사람이 별로 없었다. 위원 대부분은 피해지역인 도호쿠 지방과 연계된 사람들이었다.

  나는 그런 방식으로 인선하는 것은 좋지 않다, 마을 재건이나 어업, 농업, 공급체인 등에 대해 전문성을 갖고 전체적 구상을 할 수 있는 사람이 필요하다고 말했다. 그러자 부장관 한 사람이 구상회의 안에 검토부회檢討部會를 만들어 젊은 전문가들을 모을 생각이니 괜찮을 것이라 했다. 나는 검토부회 사람들이 전문성이 있더라도 구상회의 위원이 이해하지 못한다면 곤란하지 않겠느냐고 반문했다. 하지만 미리 짜인 멤버들은 관저와 민주당 유력자들이 추천한 사람들이라 자를 수 없다, 다만 희망하는 사람이 있으면 추가해도 좋다는 것이었다. 그래서 의장대리에 미쿠리야 다카시御厨貴 도쿄대 교수, 검토부회장에 이이오 준飯尾潤 정책연구대학원대학 교수, 그리고 고베대지진 이래로 활약해오던 지진전문가 가와타 요시아키河田惠昭 간사이대학 교수 세 명을 추가했다.

Q 가와타 교수를 제외하면, 선생을 포함해 모두 정치학자 아닌가. 정치학자들이 부흥구상회의의 핵심 멤버가 되는 것은 다소 무리한

구성이라고 보는데…….

이오키베 그렇다. 나와 미쿠리야, 그리고 이이오 세 명이 중심이 돼서 일했는데 다들 정치학자다. 내 생각에, 정치학자의 특징은 전체성이다. 개별적 문제보다는 그것들을 전체적으로 통합하는 데 강한 이들이 정치학자다. 가와타 교수는 지진전문가여서 전혀 반대가 없었다. 그 외에는 대부분이 논객이었다. 그래서 처음엔 테이블을 뒤엎을 정도로 대논쟁이 벌어졌다. 나는 논쟁을 피하지 않고 2시간이든 5시간이든 논의를 하도록 했다.

　몇몇은 이런 방식에 이의를 제기했지만 철저한 논의가 필요하다고 믿었다. 다양한 의견에는 그 나름의 이유가 있다. 최종적으로는 옳지 않을지 모르지만 각각의 의견을 존중하면서 논쟁을 해보고, 각각의 의견이 갖는 위치와 한계를 회의 참석자 전원이 인식할 필요가 있다. 이런 일 없이 토론을 중단하면 그만둔 위원은 밖에 나가서 매스미디어 등에 구상회의를 비판할 게 불 보듯 뻔하다. 그럼 가뜩이나 정부도 불안정한데, 구상회의의 분열까지 더해져 사실상 실패하게 되는 것이다. 의미 있는 보고서를 만드는 임무도 중요하지만 전원이 함께 최종보고서에 도달하는 것 또한 중요하다. 모든 의견에 경의를 표하고 정중하게 받아들이면서도 최종적으로는 하나의 보고서로 총괄했다.

Q 구상회의에서 가장 쟁점이 됐던 게 증세 문제 아니었던가? 이 문제는 어떻게 다루어졌나?

그렇다. 증세 문제가 주요 쟁점 중 하나였다. 나는 처음부터 증세는 피할 수 없다고 생각했다. 왜냐하면 일본은 GDP의 200%에 달하는 국가재정 적자를 안고 있다. 그리스의 140%를 뛰어넘는 심각한 수준이다. 부채를 다음 세대에 떠넘겨선 안 된다. 우리 형제는 8명인데 손자는 모두 합쳐 3명밖에 안 된다. 다음 세대에게 우리가 만들어놓은 막대한 적자를 통째 안겨주는 건 도의道義에 어긋나고 무책임한 일이다. 이번 지진에 대처하기 위한 예산은 20조 엔에 달했다. 빚을 낼 게 아니라, 현재 세대가 증세를 해서라도 제대로 지탱하지 않으면 안 된다.

나는 의연금, 민간자금, 국채, 부흥세 등 네 가지 재원을 모두 사용하는 것까지 시야에 넣는 형태로, 필요한 부흥사업을 해야 한다고 봤다. 재원이 없다는 이유로 이것도 저것도 포기하는 게 아니라 필요하다고 생각되는 모든 부흥사업을 하기 위해 증세까지 각오하지 않으면 안 된다는 이야기였다.

그런 생각을 제1회 구상회의 때 의장제출자료에 적힌 '다섯 가지 기본방침' 중 하나로 써 넣었다. 다만 제1회 회의에서는 후쿠시마 원전 문제나 관료를 다루는 방법 등을 논의하면서 5시간이 훌쩍 지나가버려 증세 논의가 이뤄지지 않았다. 그러나 회의 후 기자회견에서 그 질문이 나왔다. 의장의 사견이긴 하지만 증세도 논의의 선택옵션에 포함된다고, 나는 답했다. 신문은 이를 격렬히 비판했다. 구상회의 위원 중에도 증세는 절대로 안 된다며 반대하는 사람이 몇 있었다.

Q 어떤 이는 구상회의가 도호쿠 지방이라는 좁은 지역에만 초점을 맞춘다고 비판했다. 그보다는 일본경제를 재생하고 이를 지탱시키는 '큰 그림'을 제시해야 한다는 주장이다. 선생은 어떤 의견인가?

이오키베 제4회 회의에서 격론 끝에 '부흥구상 7원칙'이 정해져 헌법적 의미를 갖게 되었다. 그 제5원칙이 다음과 같은 나의 대답이다. "피해지역의 부흥 없이 일본경제의 재생은 없다. 일본경제의 재생 없이 피해지역의 부흥은 없다. 이러한 인식 위에서 대지진으로부터의 부흥과 일본재생을 동시에 진행시키는 것을 지향한다."

앞에서 말했듯이 신문기자는 증세를 할지 말지 물었으나 결국 신문에는 "이오키베 의장, 증세를 제안"이라는 타이틀로 기사가 나왔다. 이렇게 본다면 어째서 좁은 증세 논의에만 집중하느냐는 비판은 그들이 멋대로 만들어낸 이미지를 상대로 한 비판이라고밖에 볼 수가 없다. 부흥구상회의 보고서를 보면 알 수 있듯이 장래에 필요한 고령화사회 대책, 재생 가능한 에너지를 인프라로 구비한 마을의 재건 등 폭넓은 범위에서 큰 그림을 그리고 있다. 피해지역의 부흥을 뒷받침하는 가운데 일본 전체가 활력을 되찾는 것, 그게 우리들의 희망이다.

▌동일본부흥구상의 과제와 방향성

Q 선생의 경험에 비쳐봤을 때 도호쿠 지방 재건에 가장 큰 어려움은

무엇인가? 정치적 리더십이나 공적자금의 결여인가? 아니면 상상력과 아이디어인가? 무엇이 가장 큰 장애요인가?

이오키베 현 시점에서는 피해지역 주민 사이의 '합의' 형성이 가장 큰 문제다. 지금까지는 정부가 돈을 제대로 지출할 수 있을 것인가가 문제였다. 예를 들어, 고지대 이전 문제가 있다. 메이지 시기 산리쿠三陸지진1896이 발생했을 때 한 마을은 100년 뒤 또다시 쓰나미가 올 것이니 고지대로 옮기지 않으면 후손들의 안전을 확보할 수 없다고 생각해 고지대로 이전했다.

그러나 고지대는 물이 풍부하지 않았다. 또한 대부분의 사람들이 수산가공업에 종사하고 있어 귀가시간이 1시간 넘게 걸리는 등 매우 불편했다. 그러나 오늘날엔 세계 어디나 언덕 위에 뉴타운이 건설되고 있다. 도로만 제대로 갖춰지면 자동차로 10분 안에 왕래할 수 있다. 문제는 돈이다. 이번 재해에서 국가가 돈 문제를 해결해 이후 발생하는 쓰나미에 또 휩쓸리는 일이 없도록 안전한 마을을 만들어야 한다고 생각했다.

부흥구상회의는 다섯 가지 모델을 제시했는데 그중 첫째가 고지대 이전 모델이다. 돈은 들지만 그것 말고는 다른 문제가 없다. 2011년 6월 25일 이를 첫째 권장모델로 제안하는 내용의 '비참함 속의 희망'이라는 보고서를 제출했다. 그리고 7월에 가스미가세키霞ヶ關, 일본의 관료기구가 모여 있는 거리 관료들이 우리가 제안한 비전을 구체 정책으로 바꾸는 작업을 진행했다. 그런데 이 과정에서 '고지대 이전'이라는 말이 사라졌다. 나의 억측일지 모르지만, 재무성이

500평방킬로미터에 이르는 수백 개 마을을 고지대로 이전할 경우 국가재정이 파탄 날 위험이 있다고 우려한 결과 그 단어를 삭제한 것이 아닌가 싶다.

Q 사실 재무성 관료들을 설득하기가 쉽지 않았을 텐데 어떻게 풀어 나갔나?

이오키베 지금까지의 규칙은, 위험지역으로 인정된 곳에 새로운 마을을 세우는 비용의 4분의 3, 약 75%를 국가가 부담하고 나머지 4분의 1을 해당지역이 부담하는 것이었다. 그러나 구상회의에서 논의해보니 도호쿠 지방은 고베처럼 부유한 사람들이 많이 사는 곳이 아니었다. 따라서 4분의 1조차 부담할 수가 없었다. 그래서 중앙정부가 지방정부에 주는 교부금交付金을 더해 90~94%를 국가가 부담하는 방안을 논의했다. 그러나 보고서에 퍼센티지를 넣을 수는 없었기 때문에 별도의 교부금에 더해 대부분의 경비를 국가가 부담해야 한다고 썼다.

그런데 '고지대 이전'이라는 말 자체가 사라져버린 것이다. 그래서 나는 신문 칼럼에 "또다시 쓰나미가 발생해 사람들이 죽으면 정부는 어떻게 책임질 것인가" 하고 따졌다. 10월에 재무성 사람으로부터 고지대 이전 비용은 100% 국가가 부담할 것이라는 보고를 받았다. 재무성이 어떻게 이런 결정을 내렸을까. 내 추측으로는 증세가 실현될 전망이 보여서다.

재원이 확보되지 않은 부흥계획은 의미가 없다는 것이 내 주장이었고 이를 구상회의에서도 몇 번이나 말했다. 재원을 제대로 확보하고 훌륭한 내용을 담은 계획을 세운 뒤 피해지역을 확실히 부흥시킴으로써 일본 전체가 활력을 되찾아 재생의 기회로 삼아야 한다는 것이 구상회의의 생각이었다. 이를 재무성이 받아들인 것이다.

Q 국가가 100% 부담한다면 전체 비용은 대략 얼마나 드는가?

이오키베 전체 부흥비용은 20조 엔 정도지만 고지대 이전 비용은 그 4분의 1쯤일 것이다. 재원 문제가 해결된 지금은 피해지역의 합의 형성이 가장 중요한 사안이 됐다. 예전에 살던 곳에 집을 짓겠다는 사람이 있는가 하면 고지대로 이전하고 싶다는 사람도 있다. 의견이 나뉘는 것이다. 이런 경우에는 국가가 돈을 지원할 수 없다. 조기에 합의를 형성한 지역은 큰 이득을 본다. 물론 합의가 쉽지는 않다. 고베대지진 때는 합의하는 데 10년이나 걸린 지역도 있다. 그러나 이번엔 5년 내에 빨리 합의하지 않으면 안 된다. 언제 또다시 재해가 일어날지 모른다. 수도직하형首都直下型 지진이 일어날 수도 있고 일본의 동해, 동남해, 남해에서 지진이 발생할지도 모른다. 그리되면 도호쿠지진에 대해서는 모두 잊어버릴 것이다. 그러므로 도호쿠의 지방자치단체는 한시라도 빨리 합의를 형성해 국가가 부담하기로 한 경비를 받아내야 한다. 지금은 이것이 가장 긴급한 문제다.

▌ 동일본대재해, 새로운 도약의 계기로 삼아야

Q 2011년 7월 3일자 《요미우리신문》 기고문에서 선생은, 동일본대재해를 페리_{Matthew C. Perry} 제독의 내항, 제2차 세계대전 패전과 비교하며 지금의 비극이 재도약의 전환점이 될 수 있다고 썼다. 또한 일본인들은 이 비극 속에서도 기회를 찾아낼 수 있을 것이라고도 말한 바 있다. 선생은 정말로 그렇게 믿는가? 덧붙여 선생은 일본인이 지닌 에너지에 대해서도 언급했다. 그런데 일본 국내외에선 일본 국민들이 이미 희망과 힘을 상실했다고도 말한다. 정치권은 분열되어 있으며 개개인은 우울하다. 이 같은 현재 일본의 심리상태_{gestalt}와 감정_{sentiments}을 고려하면 선생이 말하는 희망이 과연 존재하는지 의문이 든다. 이런 지적에 대해서는 어떻게 보는가?

이오키베 신문 기고문에선 한 가지 예를 더 들었다. 663년의 백강전투_{白村江の戦い}가 그것이다. 2만 7,000명에 달하는 야마토_{大和}군이 백제_{百濟} 부흥을 위해 신라_{新羅}와 당_唐 연합군에 대항해 싸운 전투다. 이 전투에서 일본은 단 이틀 만에 패했다. 그 후 야마토 조정은 신라와 당이 일본을 침공할 것으로 믿어 이에 대비해야 한다고 생각했다. 그 때문에 전국에서 병사들을 동원했는데 도호쿠 지방 사람들 역시 동원돼 규슈나 쓰시마_{對馬} 등으로 보내졌다. 신속하고 전국적인 동원이었다. 이듬해부터 야마토 조정은 당나라의 문명을 열심히 학습하기 시작했다. 50년 뒤인 710년에는 당의 장안_{長安}을 모델로 한 헤이조쿄_{平城京}를 건설했다. 도다이지_{東大寺}와 대불_{大佛}도 만들었으며 그 결과 수준 높은 문화를 이룩했다. 당시 세계문명 가운데 당 문명은 최고 수준이었는데 이를 학습한 결과 일본도 약진했고 그 수준에 접근했다.

페리 내항 이후에도 일본은 부단한 노력을 기울여 서구문명과 어깨를 나란히 하는 수준이 됐다. 또한 1945년 패전 당시 일본은 교토京都를 제외한 주요 도시가 잿더미 상태였다. 그때도 일본인들은 엄청난 에너지를 모아 반세기도 되지 않는 기간에 가장 경쟁력 있는 공업국이 됐다. 이것이 일본인들의 유전자DNA다. 물론 당신이 지적한 것처럼 지금은 그 유전자가 거의 사라진 듯 보인다. 그래도 나는 내재된 힘을 다시 일깨울 수 있으리라 믿는다.

Q 어떻게 그 힘을 다시 일깨울 수 있는가?

이오키베 기회가 필요하다. '위기'가 바로 그 기회다. 자연재해든 인간에 의한 재해든 그때는 강한 위기감을 느끼게 된다. 일본이 저출산·고령화 사회에 접어들었으니 쇠퇴하는 건 당연하다는 식의 숙명론이 중요한 게 아니라, 의지가 중요하다. 일본인이 "우리는 할수 있다"고 생각하면 가능하다. 이런 이야기를 할 때면 나는 한국의 예를 자주 든다. 한국도 고령화가 진행되고 있으며 일본보다도 더 빠르게 진행되고 있다. 게다가 인구는 일본의 절반도 안 된다. 그럼에도 한국에는 활력이 넘친다. 전략적 사고를 갖고 좋은 일을 해서 우리에게 감동을 주지 않는가. 더 많은 인구를 가진 일본은 어째서 그게 안 되는가. 의지가 없어서다. 숙명론에 빠져 한탄만

하는 것이다. 싱가포르 같은 작은 나라도 힘껏 살아가고 있지 않은가. 그러니 우리가 다시 한 번 강한 의지와 뜻을 가지면 된다는 생각을 이번 지진을 계기로 부활시켜야 한다.

Q 충분히 이해된다. 다만 도쿄에 와서 이따금, 도쿄 사람들은 이미 동일본대재해를 잊어버린 것 아닌가 하는 인상을 받곤 한다. 잘못 느낀 것인가?

이오키베 잊어버린 것은 아니다. 부흥 문제는 이미 제도화되었을 뿐이다. 일본 정부는 2011년 말 제3차 보정補正예산을 통과시켰고 증세법안과 부흥청復興廳 설치 법안도 가결됐다. 따라서 피해지역 주민들과 합의만 이뤄진다면 국가제도에 근거해 자동으로 지원을 받을 수 있다.

Q 선생은 그《요미우리신문》칼럼에서 동일본대재해와 후쿠시마 원전사고가 일본의 기존 패러다임을 바꿀paradigm shift 정도로 충격을 주었다고 언급했다. 그러나 일본인들과 직접 이야기를 나눠보면 그런 패러다임 전환을 발견하기가 힘들다. 왜 그런가?

이오키베 그 지적에는 동의하기 힘들다. 패러다임 전환을 명시적으로 거론하지 않더라도 그런 변화는 이미 일어나고 있다. 한 예로 자원봉사활동에 많은 사람이 참여했다. 또 상당한 피해를 입은 기업의 공급체인이 2011년 여름까지 95% 정도가 복원됐다. 일본 각지를 달리는 신칸센과 고속도로 복구도 매우 빨랐다. 일본은 풍요로운 사회라서 얼핏 보기에는 무사태평해도 '이것을 해야 한다'고 생각했을 때 나오는 현장의 힘은 무시하기 어렵다. 일본인들은 어떤 일을 해야 한다고 의식하고 달려들면 젊은 사람을 비롯해 모두가 든든한 원군이 된다. 어느 회사 사장은 젊은 사원을 봉사활동에 보냈더니 예전에는 지시받은 일 외에는 하지 않던 사람이 자발적으로 일하는 리더십을 체득했다고 말했다.

Q 최근 많은 일본 기업이 한국으로 이전하는 추세다. 과거, 일본 기업들은 항상 일본 국내에 안주했다. 그러나 이젠 다른 나라로 눈을 돌리고 있는데, 이런 현상은 어떻게 보는가?

이오키베 엔고 현상이 심각한 탓이다. 그러나 거꾸로 도요타같이 도호쿠 지역에서 사업을 확장할 계획을 세운 곳도 있다. 부흥구상회의의 계획에는 경제특구 설치도 들어 있다. 재해를 입은 지자체가 기업을 유치하면 국가가 세제 면제는 물론 보조금을 지급하는 구역을 설치한다는 것이다. 유로도 달러도 저평가되고 있는데 일본 엔만 비정상적으로 고평가되고 있다. 기업이 외국으로 이전하려는 마음을 갖는 것은 이해할 수 있다. 하지만 도호쿠 지방의 특구 대우를 활용하며 기다리다 보면 일본의 엔고 현상도 언젠가는 진정될 것이다.

▌후쿠시마 원전 사고는 문명사적 충격

Q 후쿠시마 원전 사고는 문명사적으로 심대한 충격을 주었다. 우리
가 원자력을 이용하고 있다는 사실 때문이다. 이는 아주 심각한 문
제다. 일본의 원전 사고는 독일에도 영향을 미쳐 원전 폐쇄로까지
이어졌다. 한국에서도 대대적 논쟁이 벌어지고 있다. 이명박 대통
령은 원전 건설을 계속해야 한다고 주장하지만 다른 한편에선 한
국도 일본처럼 재앙calamity이 일어날 가능성이 있으며 영원히 원전
에만 의존하는 건 불가능하다며 반대하는 사람들도 있다. 선생은
어떤 관점인가? 선생은 원자력 이용에 찬성하는가, 아니면 탈원전
을 지지하는가?

이오키베 그 문제에 대한 국제사회의 대응은 세 가지다. 하나는 지금
당장 원자력발전을 멈춰야 한다는 주장이다. 간 총리는 이쪽에 상
당히 가깝다. 둘째는 지금 당장은 어렵지만 20~30년 내로 원전을
종료해야 한다는 주장이다. 셋째는 원전의 안전성을 계속해서 높
이자는 의견이다. 후쿠시마 원전 사고와 같은 일이 다시는 발생하
지 않도록 안전성을 높여 원자력을 유효하게 활용하자는 말이다.
원전 가동을 멈출 경우 중요한 문제는 대체수단이 무엇인가다. 물
론 가스도 좋다. 하지만 당분간은 재생 가능한 에너지, 자연에너
지 개발에 전력을 기울여야 할 것이다. 도호쿠 지방은 지열地熱도
있고 태양열이나 풍력을 이용할 수도 있다. 새로운 마을을 건설하
는 인프라에 이런 재생 가능 에너지를 포함시킴으로써 새로운 사

회를 만들어야 한다. 또한 기술혁신으로 태양전지의 효율을 2배, 4배 향상시켜 원전을 가동하지 않아도 되는 길을 모색해야 한다. 이런 노력을 통해 에너지의 원활한 공급이 가능해지면 원전은 그때 없애도 될 것이다. 그러나 그 시점에서 원전의 안전성이 향상돼 일부를 남겨놓는 게 합리적이라고 판단된다면, 그 중 일부는 남겨놓아도 좋을 것이다. 자연·재생에너지와 원전의 안전성을 둘 다 고려할 필요가 있다.

Q 후나바시 요이치나 손정의孫正義 소프트뱅크 사장도 지적한 바 있듯이, 일본에는 관료와 정치가 그리고 재계라는 기득권 세력이 있다. 그들은 원전을 지지한다. 이를 어떻게 보는가?《아사히신문》의 와카미야 요시부미若宮啓文 주필과 장시간 토론한 적이 있는데, 와카미야는 강력한 반핵론자임에도 원전폐기에 대해서는 매우 회의적이었다. 일본에는 다른 대체에너지가 없어서 후쿠시마 원전 사고에도 불구하고 원전을 포기하는 건 불가능하다는 의미였다. 손정의가 말하는 대체에너지 노선도 일본에선 그다지 환영받지 못하는 것 같다.

이오키베 당신이 말한 대로다. 지금까지 그들은 독점기업으로서 엄청난 자금을 사용해 원자력 과학자, 후쿠시마현 정치인, 저널리스트를 동료로 삼았다. 원전의 안전성을 어필하기 위해 선전용으로 이용한 셈이다. 이러한 사고방식은 잘못됐다. 예를 들어 시즈쿠이시雫石 사건 이후 한동안 항공자위대는 '사회의 적'으로 불렸다. 1971

년 항공자위대 전투기가 젠닛쿠숲日空 여객기와 충돌해 162명의 승객 전원이 사망한 사건이다. 당시만 해도 항공자위대에 의한 사고, 즉 사망자가 생기거나 기체가 파손되는 큰 사고가 해마다 10건씩 일어났는데, 그 중 하나가 시즈쿠이시 사건이었다. 엄청난 비난에 직면한 항공자위대는 그 후 안전성을 높이고자 최선의 노력을 기울였다. 그 결과 1990년대에는 1년에 5건 이하, 때로는 0건인 해도 있을 정도로 사고가 줄었다. 그런데 세기의 전환기에는 2~3년 동안 갑자기 5건 정도의 사건이 계속 이어졌다. 이에 항공자위대는 다시 조직의 총력을 쏟아 부었고, 21세기에 들어선 뒤로는 11년 동안 인명피해 사고가 단 2건밖에 발생하지 않았다.

　나는 자위대의 사고를 조사하는 정부위원회에서 보고서 초안을 작성하는 일을 맡은 적이 있고, 어째서 이런 사고가 발생하는지 분석했다. 사고만 발생한 것이 아니라 좋아진 부분도 있으리라 여기며 조사한 결과, 항공자위대의 놀라운 개선 실적을 확인할 수 있었다. 어떻게 변할 수 있었는지 확인하기 위해 항공자위대의 책임자와 인터뷰도 했다. 그는 이렇게 말했다. "인간은 실수human error를 피할 수 없다. 실수가 생길 수 있다는 전제로, 그것이 대형사고로 이어지지 않도록 수없이 체크하는 일이야말로 가장 중요하다." 그는 바로 이런 사고방식에 따라 프로세스 중 일곱 가지를 반드시 체크하도록 했고, 그리하여 10년간 대형사고는 1건밖에 발생하지 않을 정도로 안전성을 높였다. 즉 인간의 실수를 인정하면서도 안전성 제고 노력을 거듭함으로써 중대사고의 발생을 막은 것이다. 그 이야기에 감명받아 그 내용을 보고서에 담겠다고 했더니 그가 만류했다. 대형사고는 거의 없어졌지만 중소 규모의 사고는 아직도 연간 200건 이상 발생하고 있는데, 그런 식으로 칭찬을 받으면 정신이 해이해져 또다시 큰 사고가 일어날지 모른다는 것이었다.

Q 항공자위대는 조직화된 군대고 도쿄전력은 민간기업 아닌가. 항공자위대 모델을 민간기업에 적용하기는 쉽지 않을 것 같다. 이 점은 어떻게 보는가?

이오키베 양쪽 다 권위 있는 전문가 집단이고 그 분야를 독점하고 있지만 차이가 두드러진다. 도쿄전력은 안전한데도 사회가 불필요한 비난을 퍼붓고 있다면서 사회에 대한 홍보활동에만 힘을 기울인다. 그러나 원자력은 무서운 것이고, 잘못하면 대형사고가 발생할 수 있다. 이 점을 무엇보다 중시한다면 무서운 사고를 방지하기 위한 방안을 더욱 강구해야 한다. 즉 40년 전 미국에서 도입된 원자로를 그대로 쓸 게 아니라 확인에 확인을 거듭해 안전성을 높이지 않으면 안 된다. 그런데 도쿄전력은 그런 노력은 충분히 하지 않고 그저 비판하는 사람 수를 줄이는 데 돈을 써왔다.

동일본대재해로 일본사회는 다시 변화하고 있다. 독립성과 객관성이 어느 정도일는지는 모르지만 학술적·국제적 수준의 위원회를 만들어 그 안전성을 체크해가려 한다. 또한 하나의 기업이 송전과 발전 사업 두 가지를 독점적으로 맡아오던 방식에서 벗어나 이들을 분리할 것이다.

대재해에도 불구하고 일본의 국제공헌은 지속될 것

Q 이번 재해에서 한국, 미국, 중국을 비롯한 국제사회가 일본을 지원하는 모습을 보고 깊은 감명을 받았다. 국제협력의 기회가 존재한다는 점을 확인할 수 있었다. 선생은 '일본의 국제적 위상'이라는 측면에서 이번 재해가 어떤 의미를 갖는다고 보는가?

이오키베 불행히도 일본은 자연재해가 빈발하며 그 어느 나라보다도 큰 시련을 겪어왔다. 지정학적으로 보면 한국이 공산주의에 대한 전선前線 역할을 맡고, 그 덕분에 일본은 GDP 1% 이내의 방위비와 미일안전보장조약으로 안전하게 지낼 수 있었다. 그러나 자연재해의 경우 그와 반대다. 일본 땅은 지각地殼이 서로 충돌하는 지점에 위치한다. 하지만 거기서 약간 떨어진 한국은 자연재해 피해가 비교적 덜하다.

운명의 차이는 있지만 어쨌든 일본은 자연재해 경험이 많은 선진국으로서 그 대처방법·기술·능력을 향상해왔다. 이를 국제사회와 공유하는 것이 중요하다. 방재와 관련된 국제협력에서 일본이 리더가 될 필요가 있다. 만약 자위대를 군사적 목적으로 파견한다면 한국인들 모두가 반대할 것이다. 그러나 사람들에게 고통을 주는 자연재해에 대해서는 일본이 가진 특별한 기술력을 필요할 때 세계와 공유하는 것이 중요하다.

Q 지금까지 일본은 국제공헌 국가였다. 1990년대 중반 일본의 ODA

는 세계 1위였다. 그러나 그 후 일본의 ODA는 점차 줄었고, 특히 이번 대지진과 만성적chronic 재정 악화로 상황은 더 어려워지고 있다. 문부과학성이 초청하는 외국인 유학생도 줄었다. 이번 사태가 일본의 국제적 위상에 어떤 영향을 미치리라 보는가? 그리고 앞으로도 일본은 인간안보, ODA 등의 분야에서 국제사회를 리드할 수 있을 것으로 보는가? 이런 일들이 일본의 소프트파워에 어떤 영향을 줄까?

이오키베　현 상황에선 도호쿠 지방의 복구·부흥을 최우선으로 생각하는 게 당연하다. 다만 이를 계기로 일본경제 전체가 활성화되기를 기대한다. 민주당 정권은 공공 토목사업을 하지 않겠다고 선언했기 때문에 국가 자금으로 하는 건설사업이 더는 없으리라 여겼는데, 도호쿠 지방의 비극으로 인해 20조 엔이라는 막대한 자금을 기반으로 한 부흥수요가 생겼다. 지금 센다이 시내 호텔은 꽉 차서 예약이 힘들 정도라 한다. 도호쿠 신칸센 역시 예약하기가 힘들다. 많은 사람이 도호쿠로 향하고 있다는 의미다.

　앞으로 각 지자체가 재건사업을 본격적으로 시작하면 진짜 수요가 생겨난다. 일본에서는 생각할 수 없을 정도로 큰 내수内需가 발생하는 것이다. 이를 기회로 세금을 착실히 회수할 필요가 있다. 증세를 하면 소비가 위축된다는 우려도 일리는 있지만 지금처럼 건설붐으로 부흥수요가 있을 때는 세금을 올려도 괜찮다. 이로 인해 일본경제가 활성화되고 본격 궤도에 오르면 전후 일본은 후나바시 요이치가 말하는 '세계민생대국' 같은 하나의 브랜드가 될 것이다.

나는 작년 가을 동남아시아 5개국을 방문했다. 방위대학교에는 100명 정도의 유학생이 와 있는데 한국 학생은 두 번째로 많고, 첫 번째는 타이이다. 타이를 비롯해 캄보디아, 베트남, 인도네시아, 동티모르 등지를 방문해 유학생을 파견해준 데 감사의 뜻을 표했다. 그리고 동일본대재해로 피해를 입은 일본을 진심으로 지원해준 점에 대해서도 감사의 말을 전했다. 그에 대해 "우리는 오랫동안 일본의 ODA 지원을 받았다. 일본은 아무런 대가도 바라지 않고 충분히 우리를 지원해주었다. 따라서 이런 때 조금이라도 보답하는 게 당연하다. 이쪽이야말로 감사하게 생각한다"라는 대답이 돌아왔다.

일본인들은 이런 점을 별로 인식하지 못하고 있다. 언론에서는 문제 있는 돈을 썼다든가 자연을 파괴했다든가 하는 것 말고는 보도하지 않는다. 그러나 내가 방문한 나라는 어느 곳이나 일본의 ODA 지원에 감사를 표했다. 일본으로서는 크나큰 자산이다. 일본은 '잃어버린 20년'을 벗어나는 과정에서 글로벌한 역할을 수행해야 한다는 점을 잊어선 안 된다.

Q 그러나 최근에는 일본의 ODA가 계속 줄고 있지 않은가? 앞으로 ODA가 증액될 가능성도 별로 없어 보인다…….

이오키베 나는 예전부터 이렇게 주장해왔다. 하시모토 류타로 전 총리가 처음으로 ODA를 삭감했다. 나는 역대 총리들의 자문에 응하는 일이 많았는데 하시모토 총리도 외교에 관한 의견을 물은 적이 있다. 나는 하시모토의 외교를 높이 평가하지만 3년 연속 ODA를 10% 삭감한다는 총리의 방침은 잘못된 것이라고 말했다. 군사적 행동을 하지 않는 일본이 ODA를 하지 않는다면 누가 총리가 되든지 간에 좋은 일은 할 수 없기 때문이다. 그러자 하시모토 총리는 외무성이 ODA와 관련해 일으킨 스캔들을 언급했다. 그에 대해 나는, 인간이 하는 일이니 10% 정도는 좋지 않은 일이 생길 수 있지만, 그렇다고 해서 국가전략으로 추진해온 ODA를 하지 않으면 무엇을 할 수 있겠느냐고 대답해, 결국 논의가 평행선을 이루며 끝나버린 적이 있다. 나는 그 정도로 ODA를 중시한다.

Q 그건 그렇지만 안전보장을 소홀히 해선 안 되는 것 아닌가?

이오키베 물론 소홀히 하면 안 된다. 북한이 공작선을 보내와 국민을 납치하는 걸 보면서도 못 본 척하는 경찰은 곤란하다. 이에 대해서는 단호한 자세로 대처해야 한다. 2001년 일본이 동중국해에서 공작선을 침몰시킨 뒤 북한은 고이즈미 총리의 평양 방문을 받아들였고 그 후로는 공작선이 출몰하는 일도 없다. 일전에 마이즈루舞鶴 군항을 방문했을 때 사령관이 안내해주겠다고 하기에 나는 최신형 이지스함이나 미사일방어MD 같은 걸 보여주리라 예상했다. 그런데 이지스함이 출동 중이라 고속 미사일정을 보여주겠다며 250톤짜리 작은 배 쪽으로 나를 안내했다. 이 미사일정은 기동성이 좋아 40노트 이상의 속도로 달리기 때문에 가만히 서 있기조차 힘들다.

사령관은 공작선이 다시 오면 절대로 놓치지 않을 함정艦艇이라 했다. 미사일이 있기 때문에 도망치려 해도 도망치기 어렵다는 설명이었다. 공작선이 출몰하지 않는 것이 이 미사일정을 배치한 일과 관련되는지 묻자 북한은 자국 항구에서 공작선을 정비해 언제라도 출항할 수 있도록 준비해두고 있을 것이라 했다. 그렇다면 또다시 북한공작선이 나타날 가능성이 있는 것이냐는 물음에, 일본이 이렇게 대비하고 있다는 것을 그들도 알기 때문에 쉽게 오지는 않을 것이라는 대답이 돌아왔다. 수상한 행동을 하는 자에게 엄중히 대처할 수 있는 상황을 만들면 누구라도 거기에 함부로 손을 댈 수 없는 법이다. 전후 일본은 자신이 먼저 공격하려 한 적은 없다. 그러나 상대방이 공격하려 하면, 오히려 상대방이 더 곤란해지도록 대비한다. 이것이 전수방위專守防衛에서 중요한 사항이자 확실히 해두어야 할 일이다.

Q 선생은 일본 외교가 일본인 납치 문제의 인질이 돼선 안 된다고 언급한 바 있다. 일본은 더 큰 외교를 추구해야 하며 납치 문제 하나에 구속돼선 안 된다는 뜻이었다. 그 관점을 견지하는가?

이오키베 넓은 시야를 가지고 작은 문제를 극복하는 것이 중요하다. 작은 문제에 몰두하면 그 문제는 해결할 수 있을지 모른다. 그러나 큰 그림을 잃으면 미래도 잃는다.

Q 그 발언으로 많은 비판을 받았는데도 여전히 그렇게 말하는 것을

보면 선생은 참으로 용기 있는 분이다.

이오키베 어떤 의견에 대해서도 비판자는 항상 존재한다. 고이즈미 전
총리의 야스쿠니신사 참배를 비판했을 때도 우익들이 들이닥쳤
다. 여기 방위대학교에서도 졸업식이나 개교기념제 행사를 할 때
데모대가 몰려들었다. 하지만 지금은 전혀 오지 않는다. 그리고 나
는 아무것도 바뀌지 않았다.

▌일본의 미래, 과연 회의적인가?

Q 우리가 일본의 지성들과 인터뷰를 해보니 이노구치 다카시를 제외
한 모든 분이 일본의 미래를 우울하고 회의적으로 보고 있었다. 선
생은 어떻게 전망하는가?

이오키베 모든 민족에게는 좋은 시대와 나쁜 시대의 주기cycle라는 게
있다. 일본의 경우 가장 나빴던 시기는 '오닌의 난應仁の亂'부터 전
국시대戰國時代에 걸친 150년간, 이른바 내전 시대다. 오늘날의 정
치가 좋으니 나쁘니 해도 지금과는 도저히 비교가 되지 않을 만큼
그때는 나빴다. 피로 피를 씻고 부모자식이 서로 죽이는 상황이 영
원히 이어지는 게 아닐까 하고 말하던 시대였으니까. 이런 상황을
어떡하든 바꿔야 한다고 생각한 것이 270년에 걸친 도쿠가와德川
시대의 평화를 만들었다.

불교사상에서도 역사가 타락하는 주기가 3단계로 있다. 석가釋迦의 올바른 가르침이 있었던 시대, 형태로는 불교예술이라는 것이 있지만 마음을 잃고 겉모양만 취하는 시대, 그리고 겉모양조차 버리고 사람들이 서로 죽이는 말법末法의 시대가 그것이다. 요는 이 타락의 끝에서 묘법妙法이 되살아나고 부처님이 자유의 보살菩薩을 보내줌으로써 진흙 속에서 연꽃이 피어나듯 전란 속의 세계가 부활하게 된다는 이야기다. 이것이 말법사상末法思想이다.

당시 일본인들은 혼란스럽고 감당할 수 없는 말법시대라 하면서도 묘법의 시대가 되살아나기를 꿈꾸었다. 그런 사고방식이 일본의 역사에 복원력復原力을 부여해줬다. 지금은 분명 '잃어버린 20년'일지 모른다. 그러나 이를 어느 지점에서 좋은 흐름으로 바꿔나갈지 고민하고 노력하는 일을 멈춰선 안 될 것이다.

Q 귀중한 말씀에 진심으로 감사드린다. 일본의 밝은 미래를 기대한다.

" 일본은 미국과 중국 사이에서 샌드위치 상태다.
그리고 한국은 미국과 일본, 중국 사이에서 샌드위치 상태다.
양국 모두 현재 상황은 매우 어렵다. 하지만 한국은
위기에 대한 건강한 감각이 있다는 점을 나는 강조하고 싶다. "

14장

일본이 보는
국제경제질서의 미래

다케나카 헤이조

다케나카 헤이조

竹中平藏 / Takenaka Heizo

1951년 와카야마(和歌山)현 출생. 히토쓰바시대학교 경제학과를 졸업하고 일본개발은행 (현 일본정책투자은행)에 입사했다. 이후 오사카대학교 경제학부 교수, 하버드대학교 객원 교수를 거쳐 1990년부터 게이오대학교 총합정책학부 교수로 재직하고 있다. 오부치 내 각의 경제전략회의, 모리 내각의 IT전략회의 위원을 역임하였으며, 고이즈미 내각의 경제 각료로서 일본경제의 '성역 없는 구조개혁'을 이끌었다. 2004~2006년에는 참의원 의원 을 지내기도 했다.

현재 게이오대학교 글로벌 안보연구소 소장, 공익 사단법인 일본경제연구센터 연구고문, 주식회사 파소나그룹 회장, 아카데미힐즈 이사장 등의 직책을 맡고 있다. 또 세계경제포 럼(다보스포럼) 이사회 멤버로서 국제무대에서도 지도적 역할을 수행하고 있다.

일본경제의 구조적 문제 및 개혁의 당위성을 역설하는 논평을 활발히 게재하는 등 다수의 저작을 발표해왔다. 대표적으로 《연구개발과 설비투자의 경제학》(1984, 산토리학예상), 《대외불균형의 매크로 분석》(1987, 이코노미스트상), 《미일마찰의 경제학》(1991), 《일본 현국론(日本賢國論)》(1993), 《민부론(民富論)》(1994), 《경세제민(經世濟民): 경제전략회 의 180일》(1999), 《소프트파워 경제: 21세기의 조감도》(1999), 《우정민영화: '작은 정 부'에의 시금석》(2005), 《구조개혁의 진실: 다케나카 헤이조 장관 일기》(2006), 《정권교 체 버블》(2009), 《일본경제 이렇게 하면 부흥한다》(2011) 등이 있다.

'Mr. 구조개혁', 다케나카 헤이조 교수의 대명사이다. 2001년 고이즈미 내각 출범과 더불어 경제재정 담당 대신, 금융 담당 대신, 우정민영화 담당 대신, 총무대신 등을 역임하며 거대은행 불량채권 문제, 우정민영화 등의 구조개혁을 과감히 추진한 전설적 인물이다. 일각에서는 정치인이나 관료 출신도 아닌 일개 대학교수 출신이 그러한 구조개혁에 성공할 수 있겠는가 하는 의구심을 가졌으나 고이즈미 총리의 전폭적 신뢰와 지지를 받으며 구조개혁을 성공으로 이끈 바 있다. 고이즈미 총리와는 1990년대 초반부터 관계를 맺어왔다고 한다.

다케나카 교수와의 인터뷰는 2011년 11월 12일, 도쿄 롯폰기힐즈 내 아카데미힐즈에서 진행되었고, 2012년 8~9월에 서면을 통해 추가 질의와 응답이 있었다. 고이즈미 내각의 구조개혁을 추진한 당사자였기 때문에 일본 국내에서는 그를 '신자유주의자' 또는 '미국의 하수인'이라 비판하는 사람이 적지 않다. 그 같은 비판에 대해 그는 다음과 같이 단호히 말한다. "나는 스스로를 상식적 경제학자commonsense economist라고 생각한다. 예를 들어 단기적으로 수요가 부족할 때는 케인스주의적 정책이 필요하다. 그리고 물가를 안정시키려면 통화정책도 필요하다. 장기적 제구력制球力을 높이려면 공급 역시 중요하다. 이건 상식의 문제다."

그리고 개혁이 성공했느냐 실패했느냐에 대해서는 "절반의 성공, 절반의 실패"라고 평한다. 은행 개혁은 불량채권 문제를 처리했다는 점에서 성공, 우정민영화는 계획 자체는 좋았지만 정계가 중간에 그 계획을 바꾸었다는 점에서 미완성, 행정·지방정부 개혁은 문제를 제기하는 데 그쳤다는 점에서 실패, 그리고 거시경제 관리는 성공이었다는 것이다. 덧붙여 그는, 고이즈미 내각이 '철의 삼각형'^{자민당-관료기구-재계}으로 불리는 기존의 기득권익에 근거한 일본모델을 해체하고자 하였으며 적지 않은 성과가 있었다고 자부한다. 하지만 고이즈미 내각 이후의 아소 내각, 그리고 민주당으로 정권이 바뀌면서 정부지출 규모를 늘리는 등 개혁이 이루어지지 못하고 있다고 개탄한다.

향후 일본경제 및 동아시아경제에 대해서는 비교적 낙관했는데, 그의 전망은 이렇다. "2001년 'BRICs'라는 말이 등장한 이후 인구가 경제발전에 미치는 긍정적 힘이 주목받게 됐다. 이를 계기로 최근에는 ASEAN도 주목받고 있다. ASEAN 10개국의 인구 6억 명은 EU의 5억 명을 상회한다. 하지만 이런 나라들이 더욱 발전하려면 새로운 혁신이 필요하다. 이 점에서 일본과 한국에 대한 기대가 크다. 거꾸로 말하면 그것이 일본과 한국의 활로이기도 하다."

▌ 고이즈미 총리와의 운명적 만남

Q 먼저 개인적인 질문으로 인터뷰를 시작할까 한다. 고이즈미 준이
치로 총리는 다케나카 선생을 어떻게 발탁하게 된 것인가? 선생은
탁월한 연구업적을 쌓아온 순수 학자였지 이른바 '폴리페서polifessor,
politicized scholar'는 아니었잖은가. 솔직히 고이즈미 총리가 선생을 발
탁해 그렇게 중요한 직책을 맡긴 걸 보고 좀 놀랐다.

다케나카 내가 고이즈미 총리와 접촉하게 된 것은 버블경제가 붕괴된
직후인 1990년 무렵이다. 그때 고이즈미가 연구회勉強會를 만들었
다. 그 전에도 그에 대해 잘 알고 있었고 이야기를 나눈 적도 있었
지만 연구회에서 더 많은 소통이 이루어졌다.

Q 고이즈미의 연구회였나?

다케나카 그렇다. 그 연구회는 고이즈미의 개인적인 연구회였다. 경제
인들이 주축이 되어, 고이즈미를 총리로 만들 목적으로 시작한 연
구회였다.

Q 그렇다면 고이즈미는 1990년부터 이미 총리가 되기 위한 준비를
하고 있었다는 이야기인가?

다케나카 아마 그보다도 더 이전부터였을 것이다. 그 연구회에서 여러

가지 재미있는 경험을 했다. 나는 내 앞에 앉은 고이즈미에게 열심히 경제에 관해 설명했다. 그 와중에 그가 혹시 자고 있는 건 아닌가, 제대로 듣고 있긴 한 건가 의심하기도 했다. 그러나 고이즈미의 그런 스타일은 총리가 된 후 총리관저에서 여러 일을 설명할 때도 전혀 바뀌지 않았다. 나중에 알았는데 고이즈미는 이야기를 들을 때 지엽적이고 사소한 부분보다는 무엇이 핵심인가에 더 관심을 두는 스타일이었다. 지엽적인 것은 생략하고 중요한 게 뭔지를 파악해 이를 이해하는 데 집중하는 것이다. 나는 이게 '지도자 스타일'이라 본다.

Q 선생은 순수 경제학자에서 매우 개혁적인 장관으로 변신했다. 소감은 어땠나?

다케나카 사실 그전에도 다른 정치인으로부터 내각에 들어오라는 제안을 받은 적이 있다. 그때는 거절했다. 정치인이 되려고 생각한 적이 전혀 없었기 때문이다. 나는 학자가 되고 싶었고 학자로 만족하고 있었다. 그러나 고이즈미의 제안을 받았을 때는 달랐다. 고이즈미는 보통의 상황이었다면 총리가 되지 않았을 사람이다. 요컨대 일본경제가 너무나 어려운 상황에 처했고 새로운 유형의 총리를 필요로 했기 때문에 그가 총리가 된 것이다. 나는 그런 사람이 총리가 된다면 일본을 바꿀 수 있으리라 믿었다. 그래서 고이즈미에게서 입각 제안을 받았을 때는 거절하면 나중에 후회할 것 같았다. 고이즈미라는 인물의 특별함 때문에 요청을 받아들인 것이다.

그러나 정치인이 될 생각은 애초 없었기에 고이즈미 총리가 퇴임하자마자 나도 대학으로 돌아왔다.

Q 선생은 매우 논쟁적인 인물이다. 어떤 사람은 선생에게 '신자유주의자'라는 딱지를 붙인다. 또 어떤 이는 선생이 작은 정부와 시장원리를 강조하는 것을 들어 레이거노믹스나 대처리즘을 흉내 낸다고도 말한다. 경제이론적 관점에서 선생은 자신을 어떻게 규정하는가?

다케나카 공급중시자supply-sider나 신자유주자 등 여러 관점이 있을 것이다. 25년쯤 전에 하버드대학교에서 공부를 마치고 일본으로 돌아온 뒤 로렌스 서머즈Lawrence H. Summers 하버드대 경제학 교수를 초청한 적이 있다. 그의 첫 일본 방문이었다. 나는 그때 서머즈에게 "당신은 케인스주의자, 신고전주의자, 공급중시자 중 어느 쪽에 속하는가?"라고 물었다. 서머즈는 깜짝 놀라며, 미국에선 그런 질문을 받은 적이 없다고 했다. 서머즈는 굳이 말하자면 자신은 신케인스주의자neo-Keynesian이지만 미국에선 결코 그런 식으로는 말하지 않는다고 했다. 그때 한중일 등 아시아 경제학자들이 지나치게 패턴화하려는 것은 아닌가 하는 생각이 들었다.

나 또한 같은 대답을 하고 싶다. 기본적으로 시장경제가 중요하다고 생각하지만 정부의 역할 역시 경우에 따라서는 중요하다고 본다. 매우 일반적으로 논의되는 상식을 견지한다는 말이다. 그래서 나는 스스로를 '상식적 경제학자'라고 생각한다. 예를 들어 단기적으로 수요가 부족할 때는 케인스주의적 정책이 필요하다. 물가를 안정시키려면 통화정책도 필요하다. 장기적 제구력을 높이려면 공급 역시 중요하다. 이건 상식의 문제다.

Q 거시경제에서 선생은 국가경제를 다루기 때문에 케인스주의자일 수 있다. 그러나 미시경제 시각에서 보면 선생은 강력한 시장원리 지지자이다. 그렇게 봐도 되는가?

다케나카 그렇다. 미시경제에서는 시장이 중요하기 때문이다. 그러나 거시경제의 수요관리도 중요하다. 나는 규제를 완화하기도 했지만 불량채권을 처리할 때는 규제를 강화하기도 했다. 그런 의미에서 나 자신이 어느 한쪽에 치우쳤다고는 생각지 않는다.

▌ '자조self-help'를 통한 복지 구현 필요해

Q 《주간 도요케이자이週刊東洋經濟》 2010년 8월 14일자 기고문에서 선생은 일본사회의 기본 철학으로 '자조自助'를 들었다. 이 안에 시장원리가 있다. 하늘은 스스로 돕는 자를 돕는다는 것이다. 또 이런 사고가 애국적이라는 언급도 했다. 이 부분을 좀 더 자세히 설명해 줄 수 있는가?

다케나카 '자조'는 자기 일을 스스로 처리하자는 이야기다. 그러나 중요한 건, 세상에는 스스로 할 수 없는 사람도 있다는 점이다. 장애인이나 외딴섬 주민 등은 자기 힘만으로는 살기 힘들다. 자조자립自助自立하는 사람이 많을수록 정말로 도움이 필요한 사람들을 도울 수 있다. 이 시점이 정책을 추진할 때 가장 중요하다. 예를 들어 수십 명이 탄 배가 가라앉기 일보 직전이라고 하자. 배가 가라앉을 때 스스로 헤엄칠 수 있는 사람은 헤엄을 쳐야 한다. 그럼 고령자나 아이를 구명보트에 태울 수 있다. 모두가 구명보트에 타려 한다면 결국 모두 죽을 것이다. 이는 사회의 대원칙이다.

Q 선생은 앞서 말한 기고문에서 아주 단순명쾌한 주장을 펼쳤다. 규제 철폐와 법인세 인하 등을 통해 성장동력을 만든다는 이야기로, 성장이 최우선이고 성장을 통해서만 국가부채와 고용의 문제 등이 해결될 수 있다는 것이다. 그렇다면 복지 문제에 관한 선생의 입장은 무엇인가?

다케나카 복지와 사회안전망은 필요하다. 소득격차 문제를 예로 들어보자. 솔직히 나는, 그동안은 일본의 소득격차 문제가 그리 심각한 상황은 아니었다고 본다. 하지만 빈곤구제는 필요하다. 소득격차는 상대적이지만 빈곤은 절대적 문제다. 빈곤층을 구제할 정책을 제대로 시행해야 한다. 일본은 그런 정책을 실행하지 않고 있다. 지금까지 빈곤조사라는 것을 실시해본 적이 없다. 나는 아베 내각 이후 줄곧 빈곤조사를 실시해야 한다고 주장해왔다. 다만, 빈곤하지 않은 사람들은 자조 노력을 기울여야 한다.

Q 일본이 과복지국가over-welfare state라고는 생각하지 않는가?

다케나카 아주 좋은 질문이다. 나는 일본이 전체적으로 과복지국가라고는 생각하지 않는다. 하지만 진짜 약자弱者와 약자인 척하는 사람들이 있다. 그리고 약자인 척하는 사람들에게 돈이 나가고 있다. 진정한 약자에게 도움을 줘야 한다.

Q 진짜와 가짜를 어떻게 구별할 수 있는가?

다케나카 구별하기 어렵다. 그렇기 때문에 빈곤조사를 실시해야 한다는 것이다. 그동안 빈곤조사를 실시하지 않은 이유는 일본이 평등주의 사회라 절대빈곤을 겪는 사람이 적어서였다. 상대적 빈곤에 대한 이야기가 여전히 많지만, 문제는 절대빈곤이다. OECD에 '빈곤율poverty rate'이라는 지표가 있다. 이는 중간치인 절반 이하의 사람들을 빈곤층으로 분류한다. 중간의 수준이 높으면 빈곤율도 상당히 올라간다. 적절한 지표라 할 수 없다.

빈곤의 원인으로는 대략 세 가지를 들 수 있다. 첫째는 일하고 싶지만 일할 수 없는 경우다. 이들은 생활보호가 필요하다. 둘째는 일하고 싶지만 일자리가 없는 경우다. 여기에는 고용정책이 필요하다. 셋째는 일하고 있지만 급료가 낮은 경우다. 이에 대해서는 최저임금을 높이는 방법을 쓰지 않으면 안 된다. 각각 상황에 따라 필요한 정책이 다른데, 각 경우에 해당하는 사람이 얼마나 되는지 잘 모른다는 것은 말이 되지 않는다.

Q 어떤 학자는 선생이 복지보다 성장을 선호한다고 비판한다. 그런데 선생은 실질적으로 복지와 성장 모두를 달성하고자 하는 것 아닌가?

다케나카 물론이다. 내가 말하고 싶은 것은 정말로 복지를 필요로 하는 사람에게 복지의 혜택을 줘야 한다는 점이다.

Q 정책을 집행하다 보면 정말로 도움이 필요한 사람과 그렇지 않은 사람을 구분하기란 쉽지 않을 것이다. 게다가 약자인 척하는 사람들이 오히려 많은 혜택을 챙기는 경우도 생긴다. 한국에도 그런 현상이 있다.

다케나카 예를 들어 어떤 농민이 지원을 늘려달라고 주장한다. 그러나 이들의 소득은 매우 높다. 소득을 제대로 파악하면 이들을 도울지 말지를 결정할 수 있다. 소득을 파악하고 빈곤층을 정의하는 일이 우선시돼야 한다.

█ 성공한 개혁, 실패한 개혁

Q 좀 더 세부적으로 들어가보자. 선생의 개혁은 성공한 것도 있지만 그렇지 못한 것도 있다. 선생이 추진했던 은행 및 금융 개혁, 우정민영화 등 이른바 '삼위일체 개혁'으로 불리는 행정 및 지방정부 개혁

중 어느 것이 성공했고 어느 것이 성공하지 못했다고 보는가?

다케나카 가장 중요하고 의미 있었던 건 은행 개혁이었다고 생각한다. 불량채권을 처리하자 단기적으로 주가가 올랐다. 그 뒤 은행의 상황이 개선돼 '은행위기'라는 말이 매스컴에서 사라지는 등 명백한 결과가 나왔다. 그런 의미에서 가시적 성과가 있었다고 본다. 우정 민영화의 경우 계획은 잘 마련되었지만 그 뒤 정치권이 그 계획을 바꿔버렸다. 우리가 할 수 있는 것은 다 했으나 실천이 제대로 이뤄지지 않았다.

　지방정부 및 분권화 개혁은 문제를 제기했을 뿐 충분히 실행하지 못했다. 다만 당시 내가 한 일은 거시경제정책과 재정정책을 한데 묶은 것이다. 경제재정자문회의에서 한 일이었는데, 이 역시 성공적으로 진행되어 거시경제 관리가 무난히 이뤄지기 시작했다. 그러나 현 정권이 이를 전부 파기했다. 정책 자체에는 문제가 없었지만 정치적 환경이 변함으로써 정책이 바뀐 것이다.

Q 은행 및 금융 개혁에서는 두 가지가 중요한 요소였다고 본다. 하나는 이른바 불량채권 규제, 다른 하나는 합병을 통해 은행을 더 크고 경쟁력 있게 만드는 것이었다. 선생이 지적했듯이 요즘 일본 매체에서 '은행위기'라는 말은 찾아보기 어렵다. 은행 및 금융 개혁이 성공한 이유는 무엇이었다고 보는가?

다케나카 공적자금 투입이 가장 중요했다.

Q 투입된 공적자금의 규모는 어느 정도였나?

다케나카 은행에 대한 공적자금 투입은 정부가 개혁을 위해 뭐든지 하겠다는 일종의 상징, 시그널이었다. 약 2조 엔 투입됐다. 2003년 5월 17일 리소나りそな은행에 자금을 투입했는데 그 과정은 지금 생각해도 매우 드라마틱하다. 공적자금을 투입하기 열흘쯤 전에 금융청 관료들이 리소나은행은 괜찮다고 보고했다. 그러나 내가 가진 다른 네트워크로부터 리소나은행과 관련한 문제로 감사법인 공인회계사들이 서로 다투고 있다는 정보가 들어왔다. 그래서 나는 고이즈미 총리에게 "관료들은 공식적으로 리소나은행이 안정적이라고 보고하지만 내겐 다른 정보가 있다"고 보고했다. 그리고 만일 리소나은행에 자금이 필요할 경우 즉시 투입하고 싶다는 의견을 덧붙였다. 총리는 그렇게 하라고 했다.

Q 선생의 답변은 개혁이 성공하려면 체계적 '감시monitoring'와 '리더십', 개혁을 담당하는 장관에 대한 리더의 신뢰 두 가지가 필요하다는 점을 시사해준다. 물론 당시에는 은행위기가 심각했기 때문에 정치적 지지를 동원하기가 쉬웠으리라 보는데, 선생의 견해는 어떤가?

다케나카 그것도 한 요인이라고 생각한다. 정치적으로 유리한 환경이 조성됐기 때문에 총리도 그대로 추진하라고 할 수 있었을 것이다. 단, 이 문제는 비밀리에 진행해야 했기 때문에 한 열흘쯤은 기밀을 유지하느라 많은 신경을 썼다. 총리관저에 갈 때도 관방장관을 만나러 가는 척하면서 몰래 총리를 만났다. 총리가 회의 참석차 오키나와에 가 있을 땐 전화로 보고했다. 주가폭락의 우려가 있었으므로 기밀유지가 매우 중요했다.

Q 그렇다면 우정민영화는 왜 그다지 성공적이지 못했나?

다케나카 법률안이 통과됐다는 점에선 성공적이었다. 그러나 정치가 바뀌었다. 그 뒤 우정민영화에 반대하는 정당이 정권을 잡았기 때문에 어쩔 수 없는 부분이 있다. 정책 자체는 성공적이었고 바람직한 방향으로 가고 있었지만 정치적 결정이 이를 바꿔버렸다. 따라서 왜 실패했느냐고 묻는다면, 고이즈미 총리가 사임했기 때문이라고 답할 수밖에 없다.

Q 당시 언론에서는 선생을 "미국 정부의 대리인"이라며 비판했다. 미국의 투자은행 등이 일본에 들어와 우편저축 자금을 가져갈 수 있다는 이야기였다. 이런 비판에 대해서는 어떻게 생각하는가?

다케나카 미국이 원했던 것과 우리가 법률로 정한 것은 완전히 다르다. 미국이 원했던 것은 완전한 민영화가 달성될 때까지는 새로운 업무는 하나도 해서는 안 된다는 것이었다. 다시 말해 미국은 일본 정부가 조금이라도 우편행정 주식을 가지고 있는 동안에는 새로운 보험을 판매하거나 국제 업무에 진출하는 데 반대했다. 우리는 반대 입장이었다. 완전한 민영화를 위해서는 새로운 업무를 하도록 해야 했다. 미국의 요구와는 정반대되는 내용을 법률로 정한 것이다. 미국의 앞잡이라든가 하는 비난에는 모종의 의도가 있다. 우정사업에는 막대한 기득권익이 존재하기 때문이다. 기득권익을 가진 사람들이 개혁을 저지하기 위해 내놓은 비난이었을 뿐 정말로 미국이 주장하는 게 뭔지 생각해서 한 말은 아니었다.

Q 선생은 《우시오》 2010년 8월호 기고문에서 일본 민주당이 우정사업을 다시 국유화하려 함으로써 민주주의 원칙을 손상시키려 한다고 비판했다. 여기서 '민주주의 원칙'이란 무엇을 의미하는가?

다케나카 2005년 9월 우정사업 민영화 문제를 쟁점으로 선거가 실시됐다. 그때 국민 대다수는 민영화에 찬성을 표했다. 그 후 선거에서 민주당이 이겼지만 그때는 우정사업에 대해 국민에게 아무런 공약도 하지 않았다. 그렇게 정권을 잡아놓고는 국민의 선택을 뒤집으려는 것이다. 즉 민의民意를 거치지 않았다는 의미다.

Q 선생은 지방정부 개혁과 관련해 매우 혁명적인 변화를 시도한 바있다. 정부 권한의 분권화가 그것이다. 또한 지방정부에 대한 중앙정부의 보조금을 삭감했다. 세원稅源을 지방정부에 이양했다 하더라도 어쨌든 지방정부에 대한 보조금은 삭감한 셈인데, 이에 대해 중앙정부 관료뿐 아니라 현縣 정부의 많은 반대에 부딪히지 않았나? 한국의 경우를 보면 지방정부는 새로운 세원과 동시에 더 많

은 중앙정부의 보조금을 바란다. 일본은 어떤가?

다케나카　기본적으로 나는 중간단계의 일밖에 하지 않았다. 일본의 지방재정 시스템은 기준재정수요基準財政需要라고 해서, 지방이 필요로 하는 돈이 얼마이고 지방의 세수稅收가 얼마인지를 국가가 계산한다. 이 차액을 보조금, 지방교부세地方交付稅로 지방정부에 준다. 결과적으로 보조금을 삭감한 듯 보이는 것은 상정되는 수요가 늘어나지 않도록 억제하는 한편, 그사이 지방의 세수가 늘어났기 때문이다. 불량채권을 처리해서 경제가 좋아지고 경제가 좋아지면 세수가 늘어난다. 세수가 늘어나면 보조금은 줄여도 된다. 내가 한 것은 거기까지다. 다음 정권이 이를 지속적으로 추진해주기 바랐지만, 그들은 수요를 억제하지 않았다. 다시 지방의 수요를 인정한 것이다. 따라서 교부세가 늘어났다. 개혁은 잘됐으나 정치가 포퓰리즘화해 정책을 무너뜨린 것이다.

▌기득권익과 포퓰리즘이 일본의 구조개혁 망쳐

Q　여러 글에서 선생은 기득권자 때문에 구조개혁이 실패했다고 주장하고 있다. 누가 기득권자이고, 왜 그들이 문제가 되는 것인가?

다케나카　기득권자에는 여러 유형이 있다. 가장 알기 쉬운 예는 우체국장이다. 그리고 자민당이 추진한 공공건설을 통해 이득을 얻어온 지방의 건설업자들도 있다. 지방공무원 또한 기득권자에 속한다. 그들은 중앙정부의 보조금으로 높은 급여수준을 유지해왔다. 도쿄전력처럼 국가의 보호를 받는 산업에 종사하는 사람들 역시 기득권자다.

Q 국회의원은 어떤가?

다케나카 국회의원은 숫자가 너무 많으므로 줄일 필요는 있지만 기득권자라고 보기는 어렵다. 과거에는 국가보조로 국회의원들에게 상당한 연금이 지급됐지만 현재 그 제도는 없어졌다. 국회의원과 관련된 기득권익은 그리 많지 않다.

Q 과거의 일본모델로 돌아가보자. 일본모델은 국가를 대표하는 관료, 집권정당 자민당, 재계를 대표하는 게이단렌 등에 의해 구성된 '철의 삼각형'을 특징으로 했다. 그런데 선생의 글을 보면 이 '철의 삼각형' 구조가 일본의 경제침체를 가져온 근본원인이라는 인상을 받게 된다. 이러한 평가에 동의하는가?

다케나카 그런 구조가 여전히 남아 있다. 고이즈미 총리는 이 '철의 삼각형'을 부술 수 있음을 증명했다. 계속 부숴나갔다면 좋았겠지만 이를 도중에 멈춘 정치적 리더십 부족이 문제다. 당신이 지적한 대로 지금도 관료는 많은 이권을 갖고 있으며 경제계 일부도 그렇다. 그러나 경제의 세계화가 진행되는 상황에서 경제계가 철의 삼각형 안에 머물 가능성은 분명 낮아지고 있다. 예를 들어 도요타는 철의 삼각형 안에 들어가 있지 않다. 현 게이단렌 회장인 요네쿠라 히로마사米倉弘昌가 경영하는 스미토모화학 역시 철의 삼각형에 편입돼 있지 않다.

Q 고이즈미 총리가 철의 삼각형을 부술 수 있었다는 것에 대해 좀 더 구체적으로 이야기해달라.

다케나카 알기 쉽게 말하자면 기득권익을 갖고 있던 건설업 분야에서 공공사업을 줄였다. 건설족 의원, 우정족 의원 등 '족族의원'[1]들이 관련된 사업의 예산을 줄인 것이다. 우정사업 역시 그 권한을 대폭 줄였다. 한마디로 예산과 권한의 축소라는 카드를 썼다. 그러기 전에는 우편국장에게 엄청난 권한이 있었다. 예컨대 우편국장이 소유한 우체국 건물을 국가가 빌려 사용하고 그 대가로 임대료를 지불한다. 이 임대료는 시장가격보다 30% 정도 비싸게 책정됐다. 메이지유신 초기 정부는 우정네트워크를 발달시켜야 했다. 이를 위해 지방의 유지들에게 소유한 주택을 우체국으로 사용할 수 있도록 해달라고 요청했다. 그리고 국가가 그 임대료를 지불하는 방식이 100년 넘게 지속된 것이다. 더욱 재미있는 것은 이 우체국을 우체국장의 자녀가 상속할 경우 상속세를 면제받는다는 사실이다.

---

1 농업, 건설, 의료 등 특정 분야에서 장기간 의원 생활을 하며 업계 이익을 대변하는 정치인을 가리킨다.

Q 옛 다이묘大名나 지방 유력자로부터 시작된 사업이라는 이야기인가?

다케나카   바로 그렇다. 일종의 세습이라 할 수 있다. 고이즈미 총리는 그러한 기득권익을 해체하려 했다. 이들은 독점기업을 가지면서 자회사도 만들어나갔다. 일본의 우편요금은 매우 비싸다. 미국의 1급 우편요금의 2배다. 이렇게 해서 만들어진 자금으로 우체국 직원 제복을 납품하는 회사를 만들었다. 25만 명에 가까운 사람들의 제복을 만들어, 한 벌당 1,000엔 마진을 붙인다고 해보자. 엄청난 이익이 창출되는 것이다.

Q 우정사업 종사자들의 정치적 영향력은 어느 정도인가? 일본 전역에 우체국은 얼마나 되는가?

다케나카   우체국은 전국에 약 2만 5,000곳 정도 있다. 일하는 사람들은 모두 25만 명 정도에 달한다.

Q 생각보다는 적은 수치다.

다케나카   그러나 그들은 각 지방에서 매우 큰 영향력을 행사한다. 물론 선거에서도 중요한 역할을 수행한다.

Q 일본의 농협 조직과 비슷한 것 같다.

^{다케나카} 그렇다. 영향력은 오히려 농협보다 더 막강하다고 할 수 있다. 특정우편국^{特定郵便局}[2] 국장은 봉건 시기부터 이어져온 기반을 갖추고 있어 해당 지역에서 저명하며 영향력도 크다. 이들은 지역 사회의 유력한 여론주도층이기도 하다.

▌ 정권교체가 개혁 실종 가져와

Q 선생은《주오코론》2009년 9월호 좌담에서 세계 100대 기업에 일본 기업이 도요타_{22위}와 혼다_{100위}만 들어갔다고 지적하고 있다. 또한 OECD 국가 중 일본의 1인당 소득은 18위로 룩셈부르크의 절반 정도이며, GDP 대비 국가부채 비율이 200%를 넘긴다는 점도 지적하고 있다. 고이즈미 정권 5년 동안 훌륭한 개혁이 이뤄졌는데, 어째서 그 성과를 올리지 못하고 있는가?

^{다케나카} 경제학자 입장에서 말하자면 투자자와 소비자는 기대에 따라 행동한다. 그 기대가 많이 변했다. 고이즈미의 개혁이 이뤄지고 있을 때는 대다수가 일본의 잠재적 경제성장률이 상승하리라 기대했다. 실제로 2003~2007년의 경제성장률은 약 2.5%였다. 주가상승률은 미국보다 훨씬 높았다. 그러나 리먼 쇼크 이후 경제성

---

2 1871년 일본에 우편제도가 시작되었을 때, 우편제도의 보급을 촉진하기 위해 지역의 명사나 대지주에게 우정사업을 위탁한 3등우편국 제도에서 유래했다.

장률은 처참한 지경에 이르렀다. 상황이 이렇다 보니, 투자자와 소비자의 행동 역시 미래에 대한 기대를 반영할 수밖에 없다.

Q 일본 정부의 개혁 마인드 결여가 생산자와 소비자의 기대를 낮췄다는 것인가?

다케나카 정확히 그렇다. 개혁의 가속도momentum가 저하됐다.

Q 예컨대 어떤 것들이 그런가?

다케나카 고이즈미 내각 당시 우리는 정부지출에 매우 엄격한 한도를 설정했고 규제완화로 경제를 활성화했다. 그리하여 기초재정수지 primary balance[3] 적자가 28조 엔에서 6조 엔으로 줄었다. 실질적 경제 재건은 성공적이었다는 말이다. 그러나 그 뒤 아소 다로 내각은 우리가 설정한 한도를 없앴다. 게다가 민주당 정권은 정부지출 규모를 늘리려 했다.

Q 규제완화는 어찌됐는가?

다케나카 규제완화 역시 중단됐다. 민주당은 집권 초기부터 '지나친 규제완화'라는 용어를 사용했다. 규제완화가 사회안정성을 파괴한

---

3 통합재정지출에서 국채이자지출을 제외해 계산한 재정수지.

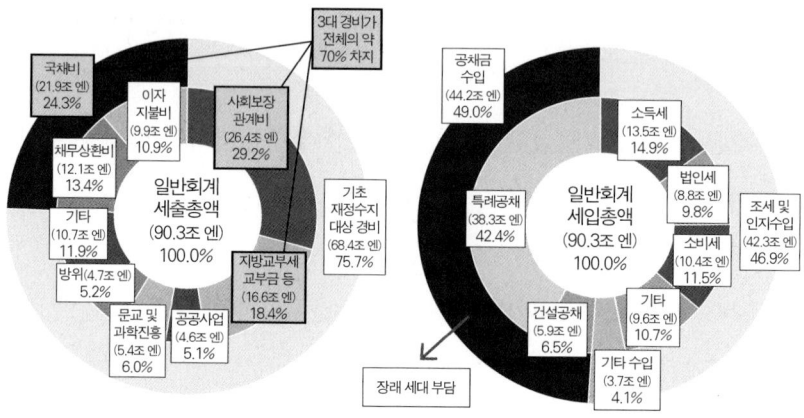

자료: 일본 재무성 홈페이지(http://www.mof.go.jp/tax_policy/summary/condition/002.htm)

다는 것이다. 물론 지금은 이 용어를 사용하지 않는다. 조금은 현실적이 돼서 규제완화의 필요성을 인정하게 됐다.

Q 법인세는 어떻게 됐는가?

다케나카　우리는 법인세율을 인하하려 노력했지만 심각한 재정적자 때문에 불가능했다. 적자가 일정 수준으로 축소되면 그 이후 법인세율을 인하하는 건 가능했다. 그러나 재정적자가 더 커지는 바람에 법인세 인하는 다시 불가능해졌고 그로 인해 많은 기업이 해외로 빠져나갔다.

Q 공동화 현상hollowing out effect을 말하는가?

다케나카 그렇다. 결국 기대가 중요한 것이다. 기대란 곧 '미래에 무슨 일이 일어날 것인가'를 의미한다. 고이즈미 내각 때 사람들은 미래가 밝을 것이라고 생각했다. 그러나 지금은 그런 기대를 가질 수 없다. 공동화 현상이 지속되고 세율이 계속 증가할 것으로 보기 때문이다. 실제로도 그런 일이 일어나고 있다.

Q 정치적 포퓰리즘 때문인가?

다케나카 그렇다.

Q 정치적으로는 고이즈미 총리 역시 매우 포퓰리즘적 성향을 띠지 않았나? 경제정책은 포퓰리즘이 아니었던 것인가?

다케나카 고이즈미 총리는 인기가 있었다. 하지만 그걸 포퓰리즘이라 하는 것은 옳지 않다. 고이즈미 총리는 "고통이 따른다 하더라도 그것을 뛰어넘어 개혁하자"고 명확히 말한 바 있다. 이것은 리더의 스타일이다. 국민과 영합한 게 아니다.

Q 조금 전 선생이 리먼 브러더스 사태를 언급했는데, 이런 글로벌 경제 문제와 관련해 정말 궁금한 것이 있다. 일본은 여전히 세계 제3의 경제대국이다. 그러나 놀랍게도, 글로벌 금융개혁과 경제개혁, 무역·금융 등의 의제가 국제사회에서 넘쳐나도 일본 정부의 혁신적 발상을 찾아보기는 매우 어렵다. 요컨대 경제적 이니셔티브가 없

는 것이다. G20이나 G8에서도 일본의 목소리는 잘 들리지 않는다. 중국과 미국은 G2를 논하고 서로 미묘한 조정을 하는데, 경제대국 일본은 이에 대해 경제적으로나 외교적으로도 대응하지 않는 것 같다. 왜 그런가?

다케나카 좋은 질문이다. 이런 혁신에 대해 아이디어를 가진 것은 누구인가? 바로 외무성이나 재무성 등의 관료다.

Q 일본 정부에 비판적인 일본은행 관료도 마찬가지 아닌가?

다케나카 그렇다. 하지만 현재 정치지도자와 관료 사이의 거리가 상당히 멀어졌다. 예전의 자민당은 관료에 완전히 의존했다. 그 당시 관료들은 새로운 아이디어를 제시하는 데 주저함이 없었다. 그러나 현재 관료들은 많이 주저한다. 정치지도층이 혁신의 지혜를 갖고 있다면 문제가 되지 않는다. '정치주도'란 정치인이 머리가 좋지 않으면 할 수 없는 일이다.

▌ 왜소해지는 일본의 경제 리더십

Q 고이즈미가 다시 총리가 되고 선생도 다시 그를 위해 일한다고 가정해보자. 세계경제에 대해서는 어떤 정책적 이니셔티브가 가능하겠는가? 먼저 무역에 대해 말해달라.

다케나카   가장 좋은 본보기를 보여주는 것이 중요하다. 일본 자체가 하나의 성공사례를 보여준다. 세율과 관세를 더 낮추면 좋은 결과를 만들어낼 수 있다.

Q 일본은 여전히 통상국가다. 통상국가는 다자 간 무역 구도를 지지해야 한다. WTO나 도하Doha 라운드의 개발 어젠더는 더욱 진전돼야 한다. 그러나 이와 관련한 일본의 목소리는 듣기 어렵다.

다케나카   최근까지 쌍무적 FTA가 논의됐지만, 일본은 그리 성공을 거두지 못했다. 만일 한국처럼, 그런 정책을 강력히 추진하는 지도자가 존재한다면 일본이 이니셔티브를 취할 수도 있겠지만 현재는 그렇지 못하다. 새로운 금융규제의 경우 일본은 이미 많은 경험을 했기 때문에 G8, G20 등에서 혁신적 아이디어를 제시할 수 있어야 한다. 하지만 반대로 아주 수동적 태도를 취하고 있다. 일본 정부가 별 영향력을 발휘하지 못하는 이유다.

Q 선생은 금융 분야를 감시하는 데 성공했고, 금융감독 역시 강화됐다. 은행들을 합병시키기도 했다. 이런 것이야말로 좋은 사례 아닌가? 하지만 다보스포럼에 참가해봐도 일본 측 인사들이 이런 성공사례를 이야기하는 경우는 거의 없다. 왜 그런가?

다케나카   사실이다. 나는 리먼 쇼크가 일어났을 때 아소 총리에게 개인적으로 제안한 바 있다. 미국은 강대국이고 일본이 미국에 기여할 수 있는 부분은 극히 제한적이다. 그렇지만 그런 상황을 타개하기 위해 양국 전문가를 모아 은행개혁을 목적으로 하는 공동위원회를 만들자는 것이었다. 이 방식은 아직도 가능하다. 그리스나 이탈리아는 현재 심각한 경제위기에 처했고, 이는 머잖아 은행위기로 이어질 것이다. 이 상황에선 유럽 국가들의 감시 시스템이 매우 중요하다. 내가 아는 한 유럽 국가들은 금융감시 시스템을 충분히 갖추고 있지 못하다. 우리의 경험이 그들을 도울 수 있을 것이다. 아니 그렇게 해야만 한다. 하지만 현 민주당 정권은 이 점을 전혀 이해하지 못하고 있다.

Q 그건 정말 심각한 문제다. 국제 포럼에서 일본은 거의 무시당하고 있는 것 같다. 일본이 더 공격적으로 아이디어를 제시하고 세계경제를 이끌어갈 수 있음에도 그렇게 하지 못하는 것이 안타깝다. 선생은 일본의 TPP 참가를 지지한다고 밝힌 바 있다. 2011년 11월 노다 요시히코 총리가 TPP 교섭참가를 표명했는데, 이를 지지하는가?

다케나카 너무 늦었다.

Q 무엇이 너무 늦었다는 말인가?

다케나카 민주당은 아주 중대한 실수를 했다. 그들은 지금까지 교섭참가 여부를 놓고 논의해왔다. 사실은 2010년에 교섭에 임했어야 했다. 이 결정은 당과 협의할 것이 아니라 총리와 내각이 결정할 일이다. 그러나 민주당 정권은 당과 협의했고, 이는 어리석은 일이다. 실제로도 늦은 결정이고 모든 것이 아직 미숙하다. TPP의 기본 틀을 생각해보라. 만일 일본이 교섭참가를 표명한다 해도 이를 평가하는 데만 두 달쯤 걸린다. 교섭에서 일본이 충분히 자신의 입장을 관철시킬 만한 시간적 여유가 없다.

Q 국내의 국회비준 절차가 필요하기 때문에 협의하는 것 아닌가?

다케나카 비준은 필요하다. 그러나 그것도 1년이나 지난 뒤의 일이다. 지금 당장 이뤄질 일은 아니다. 비준 과정에서 많은 교섭과 조정이 필요할 것이다. 교섭에 참가할지 말지 결정은 내각의 전관사항이므로 당이나 국회는 관계가 없다.

▎ 미국경제는 우려스럽지 않지만 유럽경제는 비관적

Q 미국경제의 미래를 어떻게 전망하는가?

다케나카 나는 미국경제가 여전히 강력하며 건전한 경제기반을 갖췄다고 본다. 그 이유는 두 가지다. 하나는 건강하고 유연한 기업지배구조이며, 다른 하나는 사회적 혁신이다. 그러나 미국은 '대차대조표 조정balance sheet adjustment' 문제로 고통받고 있다. 현재의 재정

국면을 극복하는 데 시간이 걸릴 것이다. 대차대조표가 안정적으로 회복되기 전까지는 경제성장률도 취약하리라 본다.

Q 워싱턴 정세를 고려할 때 희망이 보이는가?

다케나카 미국은 백악관과 의회가 국채의 발행규모를 둘러싸고 대립 중이다. 그러나 이는 정치 문제다. 정치가 미국경제를 약화시키지는 않을 것이다. 앞으로도 여러 대립이 생기겠지만 경제가 위험해지기 전에 합의점을 찾아낼 것이다. 미국에서 벌어지는 일은 바보 같은 정치게임이고 앞으로도 계속될 테지만, 치명적인 것은 아니라고 본다. 진짜 문제는 대차대조표 조정, 그리고 거기에 시간이 걸린다는 점이다. 티모시 가이트너Timothy Geithner 미국 재무장관의 계획은 정책방향에서 봤을 때 옳다. 그것이 충분한지 여부는 확신할 수 없다. 일본이 올바른 정책방향성을 세우기까지는 10년 이상 걸릴 것이다. 물론 미국은 이미 그 방향성을 갖고 있다. 그런 의미에서 나는 미국경제의 동향에 그리 비관적이지 않다. 하지만 유럽 경제에 대해서는 매우 비관적이다. 유럽은 유로화와 관련한 구조적이고 근본적인 문제를 안고 있다. 유로화는 매우 모순적인 시스템이다. 통화는 통합됐지만 재정정책은 통합되지 않았다. 이는 큰 문제이며 상황을 안정시키는 데 오랜 시간이 걸릴 것이다.

Q 얼마 전 유럽의회 의원과 한국 국회의원이 각각 10명씩 참가한 회의에 참석했다. 이 회의에서 EU 멤버들이 서로 대립각을 세우는

것을 목격했다. 독일 측 의원은 그리스나 포르투갈을 비판했고 포르투갈 측 의원은 독일도 통일 이후 힘든 시기를 겪을 때 재정관리를 올바로 하지 못했다고 반박했다. 유럽의 통화정책과 거시경제정책 사이에 크나큰 격차가 있다고 본다. 특히 재정관리는 매우 정치적인 문제다. 통화는 사실 그렇게 정치적인 문제는 아니다. 재정정책이 통화를 인질로 삼고 있는 것이다.

미국과 유럽의 경제가 그렇다면, 중국은 어떤가? 선생은 중국경제가 전반적으로 양호하지만 정치사회적 불안정이 심화될 수 있다고 내다봤다. 그러나 중국도 불량채권이나 부동산 버블 등 은행 및 금융 분야에 문제가 많지 않은가? 중국경제에 대해서는 어떻게 평가하는지 궁금하다.

다케나카 중국경제의 고도성장은 당분간 지속될 것이다. 그러나 윈스턴 처칠이 말했듯 성장은 모든 모순을 감추는 법이다. 경제성장률이 높기 때문에 현재는 사회적 문제들이 잘 보이지 않는다. 하지만 일단 경제성장률이 낮아지면 사회적 문제들이 돌출될 것이다. 그렇다면 언제쯤 경제성장이 저하될 것인가? 아마도 5년 이내에 노동인구가 줄어들기 시작할 것이다. 그러나 지방에 숨겨진 실업인구가 도시의 노동인구를 대체할 것이다. 따라서 당분간 경제성장은 유지된다. 이에 대한 논평에 따르면, 2020년 무렵 경제성장률이 저하되며, 적어도 2025년이나 2030년까지는 그런 상황이 계속될 것이라고 한다.

Q 2010년 한국의 대중국 무역수지 흑자는 거의 500억 달러에 달했다. 그리고 한국은 그 돈으로 약 300억 달러에 이르는 대일 무역적자를 메우고 있다. 이렇게 서로 밀접한 관계를 맺는 상황에서, 중국경제 침체가 동아시아와 세계 경제에 미칠 영향에 대해서는 어떻게 보는가?

다케나카 물론 경제성장에 매우 부정적인 영향을 끼칠 것이다. 이는 기본적으로 경제성장의 문제다. 하지만 중국의 사회적 불안정은 지역 내의 안정성에 다른 종류의 충격을 가할 것이다. 나는 이 점을 심히 우려한다. 예컨대 경제의 나쁜 부분을 감추기 위해 중국 정부가 역내 국가들에 대해 강한 압력을 행사할 수도 있다. 이게 더 심각한 문제라고 본다.

Q 예를 든다면 어떤 상황이 발생할 수 있는가?

다케나카 영토분쟁과 관련한 압력이다. 북한 문제에 대한 태도 역시 문제가 된다. 중국은 아주 상대하기 어려운 나라다. 현재 경제가 순조롭게 성장하고 있고 그것이 중국의 행동을 제약하는 요인으로 작용하고는 있지만, 성장이 침체되면 외국에 대해 예상치 못한 압력을 행사할 수도 있다.

Q 중국은 브레이크 없는 자전거로 비유될 수 있다. 경제성장을 유지하기 위해 계속 달려가야만 하기 때문이다. 그러지 않으면 무너질

것 아닌가? 그래서 주변국가들도 걱정하는 것이라 보는데 선생의 견해는 어떤가?

다케나카 중국은 대국이다. 지금은 중앙정부의 통제가 강력하지만 사회적 불안이 가중되면 그 힘은 상대적으로 약화될 것이다. 그렇게 되면 지방정부가 군사력을 사용해 어떤 일을 벌일지도 모른다. 이런 종류의 불안정한 상황, 통치의 공백이 또 다른 문제들을 만들어낼 수 있다.

▌일본, 세계경제질서의 가교 역할 해야

Q 선생은 '월스트리트 점령운동'[4]에 대해 어떻게 생각하는가? 그런 운동이 현 자본주의 체제를 변화시킬 수 있을 것으로 보는가?

다케나카 그 사건은 소셜미디어의 영향력을 반영한다. 일반적으로 경제가 악화되면 사회적 불만이 표출된다. 그리하여 포퓰리즘 정치가 나타나고 경제는 여전히 회복되지 않는다. 따라서 다시 사회적 불만이 심화된다. 사회적 불만과 포퓰리즘의 악순환이다. 이는 미국과 유럽에서 실제로 나타나고 있는 현상이다. 정치지도자가 이

---

4 금융자본의 탐욕을 규탄하며 2011년 9월 17일 미국 뉴욕 맨해튼의 주코티공원에서 '월가를 점령하라 (Occupy Wall Street)'라는 구호를 내걸고 시작된 운동. 강제해산으로 73일 만에 사실상 막을 내렸지만, 1%에 의해 99%가 불행해지는 잘못된 틀을 바로잡아야 한다는 자각을 일깨운 운동으로 평가받는다.

러한 악순환을 끊지 않으면 안 된다.

Q 선생은 현 자본주의 체제에 어떤 문제도 없다고 보는가?

다케나카 현 자본주의 체제는 많은 문제점을 갖고 있다. 그러나 새로운 자본주의를 건설할 마술 같은 방법은 존재하지 않는다.

Q 월스트리트 은행가들의 탐욕을 보면 화가 치민다. 금융계의 탐욕을 규탄하는 목소리가 점차 커지고 있다. 어떻게 보는가?

다케나카 그건 다른 차원의 문제다. 월스트리트의 고소득자들은 세계에서도 특수한 부류다. 일본에는 그런 문제가 없고 유럽 역시 극히 소수의 이야기다.

Q 그다지 특수한 문제는 아니라고 생각한다. 누가 세계의 자본 흐름을 조정하는가? 바로 뉴욕의 금융가들이 규칙을 만들어내고 헤지펀드로 자본시장을 움직인다. 그들이 한중일 등 다른 나라의 일상적 삶에 영향을 미친다. 그래서 '구조적' 문제 아닌가?

다케나카 그건 기업지배구조의 문제다. 주주들은 CEO가 그만큼의 고소득을 받는 데 동의하며 이를 막기란 매우 어렵다. 지금 상황은 기업지배구조가 상대적으로 약화된 상태라고 할 수 있다. 따라서 초고소득자들에게 높은 세금을 부과하는 제도가 필요하다는 입장에는 동의한다. 하지만 이를 위해 강한 통제가 필요한지에 대해선 확신이 안 선다.

Q 자본주의의 다양성을 두고 논쟁이 있다. 일본의 자본주의를 영미 식 자본주의와 구분되는 특수한 형태의 자본주의라고 말한다. 일본이 특수한 형태의 자본주의라는 주장에 동의하는가? 아니면 자본주의는 단일하고 보편적인 현상이라 보는가?

다케나카 내가 보기에 자본주의는 그저 자본주의일 따름이다. 그러나 일본은 기업지배구조가 아주 약하다. 그리고 기득권익에 대한 언론의 감시 역시 약하다. 여기서 생겨나는 문제가 있다. 그러나 최근의 일본은 상황이 좀 바뀌었다. 앞서 말한 바와 같이 '철의 삼각형' 같은 기득권층은 상당히 붕괴됐다. 따라서 나는 자본주의 형태를 그런 식으로 구분하는 것이 그다지 가치 있는 일이라고는 생각지 않는다. 미국과 일본, 아니면 다른 나라들 간에 차이가 있는 건 분명하지만, 많은 게 바뀌고 있다.

Q 세계경제를 보면 브레튼우즈 통화체제[5]가 무너졌으며 정교한 국제금융구조란 존재하지 않는다. 무역기구 역시 도하라운드 실패로 실질적 마비 상태다. 선생은 일본 입장에서 어떤 형태의 세계경제

5 1944년 7월 미국 뉴햄프셔 주의 브레튼우즈에서 44개 연합국 대표들이 참석한 가운데 전후의 국제통화질서를 규정하는 협정을 체결한 것. 핵심 내용은 미국 달러화를 축으로 한 '조정가능한 고정환율제도'를 도입한 것으로, 이러한 국제통화제도를 관장하는 기구로 IMF와 세계은행이 설립됐다.

질서가 가장 바람직하다고 보는가?

다케나카   일본의 상황은 여전히 어렵다. 세계경제포럼은 향후 필요한 통치governance 형태로 '다중이해관계자multi-stakeholder'라는 용어를 자주 사용한다. 나는 그에 전적으로 동의한다. 그러나 무엇이 바람직한 다중이해관계의 통치형태인지는 잘 모르겠다. 먼저 G20 같은 형태가 필요하다. 이를 지탱하는 데 G2와 예전의 G8G7(미국, 프랑스, 영국, 독일, 일본, 이탈리아, 캐나다)과 러시아이 중요한 역할을 수행할 것이다. G20와 G8, G20와 G2 사이에 일종의 건설적 긴장관계가 필요하다. 또한 국가안전보장에서도 지역적 합의가 필요하며 지역적 안보질서와 세계적 안보질서 사이에도 건설적 긴장관계가 필요하다.

Q 그러나 G20은 거의 아무런 성과도 내지 못하고 있다. G20 서울회의를 보라.

다케나카   G20의 성과를 비판하기는 쉽다. 그러나 달리 방법도 없다. 언젠가는 G20에도 상설 사무국과 유엔 사무총장 같은 의장이 필요할 것이다. 이러한 진화가 필요하지만 현재의 G20는 시작단계에 불과하다.

Q 이에 대한 일본의 정책은 무엇인가?

다케나카   현재의 민주당 정권은 이 문제를 심각하게 고려하지 않고 있다. 일본은 보다 적극적인 역할을 해야 한다. 동양과 서양, 선진국과 개발도상국 사이의 가교 역할을 해야 한다.

Q 그러려면 일본에 선견지명이 있는 리더십이 필요할 것이다. 장기적으로 안정성을 갖춘 총리가 나와야 한다. 안 그런가?

다케나카 정확한 이야기다. 나는 예전에, 비공식 G20 재무장관회의에 대리참석을 한 적이 있다. 나는 재무장관이 아니라 경제재정정책 담당 장관이었지만 재무장관이 참석할 수 없는 상태라 대신 간 것이다. 거기서 내가 가장 먼저 받은 질문은 일본의 재무장관이 누구냐는 것이었다. 다른 국가들은 재무장관이 5~7년간 재임한다. 반면 일본의 재무장관은 매년 바뀐다. 아무도 일본의 재무장관이 누구인지 기억하지 못했다.

▌동일본대재해 같은 위기 때는 보다 큰 그림이 필요

Q 선생은 위기관리의 관점에서 동일본대재해와 관련해 강력히 문제제기를 하며 비판했다. 일본의 위기관리에는 어떤 문제가 있었나?

다케나카 지금까지 일본은 긴급경보 시스템 등을 정비해왔으며 이는 대지진 때 효율적으로 작동했다. 대지진이 일어난 뒤 곧 쓰나미 경보가 해당 지역의 모든 마을에 울렸다. 또 당시 27편의 신칸센이 이동 중이었는데 지진으로 인한 P파$_{\text{P-wave}}$를 감지해 자동으로 멈출 수 있었다. 모든 신칸센이 지진파가 도달하기 전에 정지했다. 이는 일본이 보유한 첨단기술 덕분이다. 센다이에 공급되던 도시가스 역시 각 가정에 있는 특수한 마이크로미터로 진동을 관측해 자동으로 차단됐다. 이는 일본의 위기관리가 한편으로는 성공적이었음을 보여준다.

그러나 추가예산을 편성하는 과정에서 적잖은 문제가 있었다. 피해지역의 지원과 구조, 복구를 위해선 추가예산이 필요했다. 1995년 고베대지진의 경우 지진 발생 40일 후 첫 번째 추가예산이 편성됐다. 이번에는 50일이 지나서였다. 첫 번째 추가예산이 편성된 기간 자체는 크게 다르지 않지만, 문제는 주요 추가예산이었다. 고베대지진은 4개월쯤 지났을 때 주요 추가예산을 편성할 수 있었지만, 이번에는 8개월이나 걸렸다. 이는 정치의 무능이다.

Q 이노구치 다카시 교수는 허리케인 카트리나로 인한 루이지애나 주 뉴올리언스의 피해와 비교해보라고 지적한다. 미국은 재해 발생 후 4년이 지난 지금도 복구처리가 제대로 안 된 반면 일본은 훌륭하게 복구작업을 시행했다는 것이다. 이 주장에 동의하는가?

다케나카 미국과 비교하면 확실히 그렇다. 그러나 과거 일본에서 일어난 재해대응에 비추어보면 문제가 많다. 그게 핵심이다. 인도네시아도 그렇지만 다른 나라에선 일단 쓰나미 피해를 입은 지역은 절대 복구되지 않는다. 그 땅을 포기해버린다. 반면 일본은 생활공간

자체가 매우 제한돼 있다. 따라서 사람들이 되돌아온다. 일본은 매우 다른 역사가 있어서 다른 나라와 비교하는 건 의미가 없다.

예를 하나 더 들어보자. 1923년 간토대지진이 일어났다. 당시 도쿄시장이자 제도부흥원帝都復興院 총재였던 고토 신페이後藤新平는 재해복구에 중요한 역할을 했는데, 그의 가장 큰 공헌은 큰 그림을 그려냈다는 데 있다. 경제학 용어로 '매몰비용sunk cost'이라는 게 있다. 도호쿠 지역에 스마트시티smart city를 만들려면 원래 거기 있던 건물들을 철거해야 한다. 이것이 매몰비용이다. 그러나 지진은 매우 특수한 경우로, 매몰비용이 제로이다. 따라서 우리는 바람직한 도시, 농장을 지을 수 있다. 큰 그림이 필요한 이유다. 당시 고토 신페이는 지나치게 큰 그림을 그린다는 비판을 받았지만, 그의 안목 덕분에 현재와 같은 도쿄의 프레임워크가 만들어졌다. 그때 건설된 쇼와昭和거리가 아직도 남아 있다. 그러나 지금 일본에는 그런 큰 그림이 없다. 지금 '부흥구상회의' 의장으로 있는 전 고베대학교 교수 이오키베 마코토는 훌륭한 학자이며 정치사의 대가로, 나는 그를 존경한다. 하지만 큰 그림을 제시하지 못하는 부흥구상회의는 비판하지 않을 수 없다. 물론 나는 이오키베에게 공감하지만 부흥구상회의 자체는 관료들에 의해 움직이고 있다.

Q 처음에는 적잖은 경제적 비용이 들겠지만, 전체적으로 보면 그리 막대한 비용이 들 것 같지 않다. 아닌가?

다케나카 그것이 또 하나의 논쟁거리다. 예를 들어 방사능 오염 지역의 복구비용을 포함시킨다면 경제적 비용은 막대할 것이다. 비용 문제에 대한 논의는 아직 끝나지 않았다. 현재까지 고정자산에 대한 직접적 피해는 17조 엔이며, 이는 GDP의 3.5%이다. 고베대지진으로 인한 피해는 9.9조 엔으로 GDP의 2%였다. 고베대지진 때와 비교하면 직접적 피해액은 이미 2배에 달한다. 방사능 오염과 같은 간접적 피해까지 합한다면 전체 비용은 2~3배에 달할 것이다.

▌한국경제에 대한 기대감 높아

Q 선생이 쓴, 이명박 대통령과 한국의 경제정책을 높이 평가한 글을 읽었다. 진심혼네, 本音인가, 아니면 공치사다테마에, 建前인가?

다케나카 반은 진심이다. 한국 대통령은 일본 총리와 달리 5년 임기가 보장돼 있어서 강력한 정책추진이 가능한 것이 사실이다. 다만 일관된 근거를 갖고 그에 기초해 정책이 추진되느냐에 대해선 의문이 있다.

Q 현재 한국 내에선 경제에 대한 걱정이 많다. 경제성장률이 3%대고, 실업률은 증가하고 있으며, 소득과 부의 양극화 현상도 매우 심각하다. 외부적으로 보면, 선진국 일본과 추격해 오는 중국 사이에서 샌드위치 상태다. 그렇기 때문에 FTA 및 기타 정책들을 생존전략으로 추진하고 있는 것이다. 한국경제에 대한 선생의 평가와

전망은 어떠한가?

다케나카   일본은 미국과 중국 사이에서 샌드위치 상태다. 그리고 한국
은 미국과 일본, 중국 사이에서 샌드위치 상태다. 양국 모두 현재
상황은 매우 어렵다. 하지만 한국은 위기에 대한 건강한 감각이 있
다는 점을 나는 강조하고 싶다. 한국은 1997년 외환위기를 경험한
뒤 이 감각을 획득했고 스스로 세계화에 적응하고자 했다. 일본에
비해 국내시장이 제한된 덕분에 오히려 삼성과 현대는 세계 으뜸
의 기업이 됐다. 또한 당시 빅딜big deal이 있어, 삼성은 전자제품 생
산, 현대는 자동차 생산에 집중하게 됐다. 빅딜로 인해 이 회사들
이 대규모로 성장할 수 있었던 것이다. 일본과 마찬가지로 한국도
수출에 크게 의존한다. 따라서 유럽의 경제동향이나 환율에 영향
을 받는다. 당분간 세계경제의 성장속도가 늦춰질 테니 낙관적으
로 볼 수는 없을 것이다. 단, 한국은 1997년의 위기를 계기로 인재
육성에 진력했고 그것이 중기적 성장에 기여하리라 예상된다.

Q 1980년대 초부터 한국 정부는 기업개혁과 보다 투명한 기업지배
구조를 만들기 위해 노력했지만 실패했다. 그러다가 김대중 정부
는 단 3개월 만에 금융개혁을 단행했다. 이런 측면에서 보면 일본
에 비해 한국은 개혁이 빠르게 진행됐다. 하지만 미래에 대한 불안
감은 여전하다.

다케나카 동의한다. 한국경제의 약점 중 하나는 삼성 등 소수 대기업에

지나치게 의존한다는 것이다. 삼성의 점유율이 너무 높아 삼성에 무슨 일이 생기면 한국경제 전체가 큰 영향을 받을 것이다. 현재 상황에서 가장 좋은 점은 한국이 아직 발전 중이라는 사실이다.

Q 현재 일본 국내에서 논쟁이 되고 있는 소비세 인상에 대한 선생의 견해는 무엇인가?

다케나카 나는 '악어의 입mouth of alligator'이라는 말을 자주 쓴다. 세출은 지속적으로 증가하고 세입은 점차 감소한다. 이를 그래프로 그리면 마치 악어가 입을 벌린 것 같은 모양이 된다. 중요한 건 경제성장률 이다. 소비세가 인상된다면 경기는 침체될 것이다. 세입의 상승률 은 명목GDP에 달려 있다. 세출과 세입 사이의 격차가 다시 증가 하게 되는 것이다. 따라서 소비세를 인상해도 재정건전화가 달성되 지는 않으리라 본다. 고이즈미 정권 때는 정부지출에 한도를 두고 규제완화와 불량채권 처리로 경제를 활성화해 세출을 줄이고 세입 을 늘렸다. 이런 게 가능하다면 소비세 인상은 필요 없다.

Q 선진국 경제라면 모두들 그런 성장을 원하지만, 현실에선 잘되지 않는다.

다케나카 일본의 경우는 좀 특수하다. 장기불황을 겪었기 때문이다. 불황을 타개하면 명목GDP 성장이 가능해질 수도 있다. 만일 실 질GDP 성장률이 2%이고 물가상승률이 2%라면 명목GDP 성장률은 4%가 된다. 그 정도라면 세출과 세입의 격차를 줄이기가 쉽다.

Q 현재 일본의 명목GDP 성장률은 어느 정도인가?

다케나카 제로 또는 마이너스다. 만일 특수special demands가 있다 해도 명목GDP 성장률은 1%대일 것이다. 이런 상황에서 소비세 인상은 아무런 의미가 없다. 세출과 세입의 격차만 늘릴 뿐이다.

Q 마지막으로 일본경제 및 동아시아경제의 전망에 대해 한마디 부탁한다.

다케나카 2001년 'BRICs'라는 말이 등장한 이후 인구가 경제발전에 미치는 긍정적 힘이 주목받게 됐다. 이를 계기로 최근에는 ASEAN도 주목받고 있다. ASEAN 10개국의 인구 6억 명은 EU의 5억 명을 상회한다. 하지만 이런 나라들이 더욱 발전하려면 새로운 혁신이 필요하다. 이 점에서 일본과 한국에 대한 기대가 크다. 거꾸로 말하면 그것이 일본과 한국의 활로이기도 하다. 글로벌 환경에서 변화를 비관하지 말고 거기에 적극 관여해나가는 자세가 필요하다.

Q 매우 유익한 대담이었다. 일본 정부가 선생의 제안을 받아들여 일본경제가 반전의 계기를 마련할 수 있기를 바란다. 다시 한 번 감사드린다.